中国科学院院史研究中心资助出版

钱三强传

葛能全 著

人民出版社

1999 年 9 月 18 日，中共中央、国务院、中央军委追授钱三强的"两弹一星功勋奖章"

1984 年法国总统签署授予钱三强的"法兰西荣誉军团军官勋章"

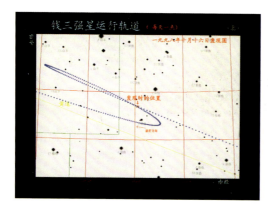

2003 年国际天文学联合会命名的"钱三强星（25240）"运行轨道图和命名证书

目 录

第 一 篇

1

第　五　篇

附　录

出版前言

这本《钱三强传》，是为了纪念钱三强先生诞辰 110 周年重新系统修订撰写的。

核实验物理学家钱三强，是公众十分熟悉的人物。关于他的故事，见诸文字、影视及言传的不算少，但人们还是希望更多地知道一个真实的钱三强。

笔者着手写钱三强先生的传记，始自 20 世纪 80 年代末。那时中国科学技术协会决定编纂出版《中国科学技术专家传略》，其中理学编拟收入钱先生的传略。他积极支持这一浩大计划，便让葛能全和黄胜年合写他的传稿。1991 年初写成初稿，经过钱先生两次修改，还多次亲自到办公室一起讨论稿子，一段一段推敲，而后定了稿，这就是第一篇关于钱先生的传记《钱三强传略》，全文不到两万字。这篇传略不是最先刊于中国科协的上述丛书中，而是作为悼念钱先生逝世的署名文章，发表于 1992 年 7 月 4 日（钱先生追悼会次日）的《科技日报》和《科学时报》，并且收进了《新华月报》。

几乎与以上同时间，开始整理钱先生的学术年表。1994 年附于《钱三强文选》（浙江科学技术出版社）后五万余字的《钱三强重要活动纪事（1913—1992）》，后来成为《钱三强年谱长编》（2013 年科学出版社）的初始基础。

第一本关于钱先生的生平详传《钱三强传》，是在 2003 年钱先生九十诞辰前夕出版的，后又纳入"老科学家学术成长资料采集工程"出了修订版。《钱三强传》出版后，受到科学技术界和熟悉钱先生人士的热情关注和认可，九秩高龄的于光远先生、化学家胡亚东先生，都亲自撰文作过介绍和点评；龚育之先生读后写来信，说了"谢谢你写了这样一本好书"的勉励话；还先后被评为"科学时报读书杯"最佳传记奖和"第二届吴大猷科普著作奖"单项奖。

《钱三强传》所以能引起大家关注并获得好评，毫无疑问是因为传主钱三强先生经历丰富，遇到的事情多，以及事迹鲜活感人，笔者只是本着对历史、对读者应有的责任心，作了材料的整理和文字记述。

三十多年中，一直努力对钱先生所亲历的那些科学的、政治的、社会的重要事件，不断进行资料信息采集、求证与思考，总想多知道些背景和细节，以尽可能精准地重建那段远去的历史，特别是其中的一些关节，做到言之确凿，信而有征。

近些年，随着历史档案陆续解密和一些亲历者发表忆述，许多关联事件有了新的眉目和进展。有些材料，除了对重建传主的生平经历、思想风貌和学术成长具有历史价值，同时有助于客观、公允地认识钱三强，以及与之相关的一些事和人。这就是在 2013 年版《钱三强传》基础上，重新修订撰写这本《钱三强传》的出发点。

在本书"序章"，读者会读到钱先生转告记者的一封亲笔信，他告诫写他的文章不要"过奖"，"过则不实"，而应该"还我原来面貌"。钱先生的告诫，笔者是最先最多的领教者，也一直是努力践行者。这些年里，每涉笔钱先生的文字，总怕犯"不实"之过，不好向钱先生和历史作交代。

"还我原来面貌"，是为本书宗旨。

序　章

有句典故词语叫"无巧不成书"，常被用来比喻事情的巧合。

公元 1964 年 10 月 16 日，中国第一颗原子弹试爆成功。这天，正是本书主人公——核物理学家、原子能研究所所长钱三强的五十一岁生日。

这纯粹是巧合。

然而，钱三强与中国原子弹的关系，却是世所有知的。随着中国开始研制原子弹，或是半知不知内情的国人，或是惯于猎奇的海外媒体，甚或一些西方国家的情治机构，出于不同原因，常常把钱三强的名字同中国原子弹联系在一起。

"钱三强是中国原子弹之父"的说法，就出自那时的报刊上。此说最先见诸文字，是 1965 年 6 月巴黎出版的《科学与生活》（月刊）登载的一则"公报"，标题是《在中国科学的后面是什么?》（见右图），文中写道："中国的科学研

Communique

QU'Y A-T-IL DERRIERE LA SCIENCE CHINOISE ?

Sept milliards de francs actuels ont été consacrés par la Chine à son programme atomique et de missiles.

C'est l'Academia Sinica (on appelle ainsi l'Académie chinoise) qui dirige la recherche scientifique chinoise. A la tête de l'Institut atomique de Pékin se trouve un physicien ayant fait ses études à la Sorbonne, le docteur Ch'ien San Chiang, qui est le véritable père de la bombe A chinoise. Telles sont quelques-unes des révélations que fait Science et Vie dans son numéro de juin où, pour la première fois en France, le dossier de la science chinoise est ouvert.

1965 年法国报纸关于钱三强与中国原子弹的"公报"原文

1

究工作是由中国科学院领导的。北京原子能研究所的领导人，是曾在巴黎大学 Sorbonne 部学习过的物理学家钱三强博士。他才真正是中国的原子弹之父。"

1967 年 6 月 17 日，中国第一颗氢弹爆炸成功。当晚，英国《星期日泰晤士报》发消息、法新社发电讯，除了惊讶中国的发展速度，又都写到钱三强是"中国核弹之父"。次日，新华社编印的《内部参考》下午版，全文译载了这些报道。

自此以后，在国内一些热心人笔下，抑或言谈中，时有"之父"一类的字眼形容钱三强在我国原子能科学事业发展中的作用（也有用于形容别位科学家的），但钱三强本人从不接受，也不同意在国内使用这样的形容词。

这里所以说到此事，因为这类出自人们自发而非钱三强本意的说法，使他感觉到隐隐约约罩在一层不明不白的阴影中——有人似乎以为是他本人有意抢功所为。

这层阴影一直延续到了 20 世纪 80 年代，或许更晚。

1984 年 12 月下旬，钱三强先前任职过的部门，安排他出面宴请到访的法国原子能委员会快中子堆专家万德里耶斯（G.Vendryes），席间万氏问到，中国的氢弹发展为什么那样快。钱三强原则性地讲了主要是注意了预见性，以及正确对待科学储备与任务的关系问题，没有讲到任何单位和个人，更没有把这些和自己相联系。可事过不久，他的这次谈话引起了猜疑。

次年 3 月 15 日，钱三强写了一张字条，请陪同接待万德里耶斯的中国科学院外事局人员写份材料，证明那天的谈话内容。3 月 18 日，科学院外事局西欧处写出证明材料："您（钱三强——注）和他（万德里耶斯——注）吃饭时谈过的中国爆炸原子弹、氢弹的事，确实如您所回忆的。"[1]

如果说，这件事发生在 60 年代或者 70 年代，钱三强也许不会这样在意，因为那时候他已经感受习惯了，他会采取是非终日有、不听自然无的超然态度，自己消化掉的。可是已经到了 80 年代了，那层阴云还在出现，这是他没有想到的，尽管心里想再"超然"，而在他笔下，却掩饰不住丝丝苦楚。

事实上，钱三强并没有为自己争功，他写的文章和发表的讲话，可以说明这一点。以他一篇代表性文章为例，1987 年钱三强和朱洪元[2]合写过一篇系统回顾中国核科学发展的文章——《新中国原子核科学技术发展简史（1950—1985）》，全文约一万六千字，文中写到有关科技人员和管理者的名字近二百人，起过重要作用的科学技术专家，文章多次写到，就连那些刚从学校毕业作出了成绩的青年，也没有遗漏他们。

前面说到的那个氢弹话题，钱、朱文章也写到了，下面照引这段原文：

> 1964 年 10 月 16 日，我国第一颗原子弹爆炸，我国便成为继美、苏、英、法以后第五个制成原子弹的国家。同时受二机部党组委托，1960 年在所内，由钱三强组织黄祖洽、于敏等一批理论研究人员，开始做热核材料性能和热核反应机理的探索性研究，分析研究了基本现象和规律，探讨了不少关键性的概念，为氢弹研制作了一定理论准备。1965 年年初，原子能所这部分干部中的31 人（包括于敏和黄祖洽）合并到核武器研制机构。我国第一颗

[1] 《钱三强年谱长编》，科学出版社 2013 年版。
[2] 朱洪元（1917—1992），理论物理学家，英国曼彻斯特大学物理学博士，中国科学院学部委员（院士），时为中国科学院高能物理研究所研究员、理论组组长。

3

原子弹爆炸后仅两年零八个月就爆炸了氢弹，我国成为继美、苏、英以后第四个制成氢弹的国家，而且成为世界上从原子弹到氢弹发展最快的国家。之所以能有如此高速的进展，氢弹原理预研是其重要原因之一。[1]

知情者大多赞成这样写法，认为较好反映了当时情况，符合实际。

改革开放后，国内不少媒体采访钱三强，在报道他的成就和贡献时，多次用"中国原子弹之父"词语来形容他，但凡他审稿见到的统统删去了。他向作者解释："外国人往往看重个人的价值，喜欢用'之父'之类的形容词，我们中国人还是多讲点集体主义好，多讲点默默无闻好。"

写他的文章出现一些不太符合实际的溢美之词，只要经他审阅，同样不会放过。1987年5月，《经济日报》记者（任欣发）写了一篇关于钱三强的长文，尽管钱先生认为记者写的文章"抓住了重点……没有搞平铺直叙与繁琐哲学"，给予肯定，但对文中一些不够实事求是的形容词提出了异议，并就此给葛能全写信，让其郑重告诉那位记者："他（指记者——注）有些对我过奖了，'过'则'不实'。因此我提了一些'还我原来面貌'的意见，多数已用铅笔改了。"[2]

1992年初春，中国改革开放的总设计师邓小平视察南方，发表一系列纵论国家长治久安的谈话。邓小平在讲到要抓住时机发展自己时，

[1] 《钱三强文选》，浙江科学技术出版社1994年版，第150页。

[2] 1987年5月21日致葛能全手函："任欣发同志的稿件，我看了一下。我看他是下了功夫的，你供给他的材料，他是充分利用了，并且作了一些调查。能在几次谈话后，写出这样一篇文章，我觉得是很成功的。请你向他表示祝贺，并代我致以谢意。①他抓住重点，刻画出了人物的性格与走过道路的总线条。没有搞平铺直叙与繁琐哲学。②他有些对我过奖了，'过'则'不实'。因此我提了一些'还我原来面貌'的意见，多数已用铅笔改了。"

深怀激情和期望：

> 每一行都树立一个明确的战略目标，一定要打赢。高科技领域，中国也要在世界占有一席之地。我是个外行，但我要感谢科技工作者为国家作出的贡献和争得的荣誉。大家要记住那个年代，钱学森、李四光、钱三强那一批老科学家，在那么困难的条件下，把两弹一星和好多高科技搞起来。[1]

3 月的一天，钱三强到科学院机要室借阅刊载邓小平南方谈话要点全文的中央文件，他仔仔细细、一遍又一遍阅读了整整两个小时。他不仅仅是兴奋，也不只是感激，更多的是对未来中国的信念和勾起他对"那个年代"的记忆与联想。

1992 年 5 月 14 日，长期主管全国科学技术工作的聂荣臻逝世。为了缅怀聂总领导科技工作的功绩，5 月 29 日，首都科技界在北京人民大会堂海南厅举行座谈会，钱三强在座谈会上作了情真意切的发言。他，同时把所有在座的人们，带到了那个激荡人心的年代。回首以往，诸事如昨，讲着讲着，他哽咽了……

这样动情的场景，1983 年 6 月也曾发生过一次。那时《光明日报》特约钱三强写一篇回顾聂总领导科技工作的文章，他答应了，并且经过几天思考，用铅笔密密麻麻写下两页纸的素材，让葛能全帮助做些文字整理，然后亲自字斟句酌定稿。为了写出来不干巴，又贴切实际，他向葛细说当年，说得有情有景，时喜时悲。当讲到经济困难时期聂总等中央领导人时刻把科技人员放在心上，关心大家的疾苦时，他声音沙哑，

---

[1]《邓小平文选》第三卷，人民出版社 1993 年版，第 378 页。

感激涕零，深情感叹道："古人有言，'士为知己者死'。我们有这样的知心领导人，还有什么困难不能克服！"正是他这一画龙点睛之语，那年他发表在《光明日报》的文章和他在缅怀聂总座谈会上的发言，用了同一个题目——科技工作者的知心领导人。

钱三强亲自撰写了 5 月 29 日座谈会上的发言稿。他从 28 日伏案写作，熬夜到次日凌晨两点多钟，往事萦绕，辗转反侧，整夜无眠。

心脏病最忌讳情绪激动，而熟悉钱三强的人都知道，他最容易动真情。就在参加完纪念聂总座谈会的当天晚上，已经患过两次心肌梗死的钱三强，心脏病再次严重复发，6 月 28 日 0 时 28 分，他带着对那个年代的激情和无尽的回忆走了，永远地离去了。

在钱三强离去的夜半深更时刻，时任中共中央书记处候补书记、中央办公厅主任温家宝，获报后迅即亲往北京医院，伫立在病床前向钱老沉痛作别。7 月 3 日，中共中央总书记、国家主席江泽民亲自给钱三强夫人何泽慧打电话，对钱三强逝世表示深切哀悼，说钱三强同志对国家对科学事业贡献杰出，将永载史册，后人不会忘记他的。

1999 年 9 月 18 日，在喜迎新中国成立 50 周年和"勿忘九一八"的忌日，中共中央、国务院、中央军委作出决定，授予包括已故钱三强在内的 23 位科学技术专家"两弹一星功勋奖章"，被誉为人民共和国的强国功臣。那天，江泽民在授奖大会上发表讲话，同样对那个年代充满激情和自豪。他说：

> 我们要永远记住那火热的战斗岁月，永远记住那光荣的历史足印：一九六四年十月十六日，我国第一颗原子弹爆炸成功；一九六六年十月二十七日，我国第一颗装有核弹头的地地导弹飞行爆炸成功；一九六七年六月十七日，我国第一颗氢弹空爆试

验成功；一九七〇年四月二十四日，我国第一颗人造卫星发射成功。这是中国人民在攀登现代科技高峰的征途中创造的非凡的人间奇迹。〔1〕

江泽民特别重述了邓小平一段言近旨远的讲话："如果六十年代以来中国没有原子弹、氢弹，没有发射卫星，中国就不能叫有重要影响的大国，就没有现在这样的国际地位。这些东西反映一个民族的能力，也是一个民族、一个国家兴旺发达的标志。"〔2〕

纵观钱三强所走过的道路，他一生所追求的就是在圆他心中的一个梦想——让自己深爱的祖国兴旺发达起来。

钱三强圆梦的历程是那样多姿多彩，可歌可泣。

〔1〕 江泽民：《在表彰为研制"两弹一星"作出突出贡献的科技专家大会上的讲话》，《人民日报》1999 年 9 月 19 日。

〔2〕 《邓小平文选》第三卷，人民出版社 1993 年版，第 279 页。

第一篇

第一章
家世与熏陶

| 吴绍书门之后 |

浙北古城吴兴、浙东名城绍兴，是钱三强的两个故乡。前者为父籍，是钱家的祖居地；后者乃母籍，也是他的出生地。

偌大中国版图上，悠悠历史长河中，吴兴和绍兴，算得上江南人文高地上的两颗耀眼之星。有研究者对先秦以来杰出学者的地域分布作过统计，在全国四百几十个城府中，绍兴和吴兴分别位列第六和第十；仅明清两代，绍兴出进士 610 名，吴兴为 444 名；绍兴在明清时期出高第巍科（指解元、会员、状元）人物 21 名，位居全国第四；清代吴兴出了 6 名状元，居浙江全省之首，位列全国第二。[1]因此，吴兴和绍兴素有"人文甲天下"的称誉。

在吴兴城南鲍山钱家浜（今湖州市道场乡），世居着一个钱姓家族。追溯其源，当属吴越国武肃王钱镠后裔，是他的孙子忠懿王钱俶分出的穆文公尚书派的一个分支。吴兴钱氏，初时家境清贫，以渔田耕稼为业，遇上不好年景，连温饱也难以为继，甚至有的家族成员穷得娶不起妻室，有的生下孩子无力养育送给渔户家，有的则送到庙里做和尚。

---

[1] 缪进鸿：《长江三角洲与其它地区人才的比较研究》，转引自邱巍：《吴兴钱家：近代学术文化家族的断裂与传承》，浙江大学出版社 2009 年版。

吴兴钱家崛起，始于钱三强的曾祖父钱广泰，成于伯祖父钱振伦和祖父钱振常。

钱振伦在道光十八年（1838年），少年得志，22岁考中进士，殿试得二甲17名，授翰林编修。他参加的这次考试，是史上有名的"戊戌会试"，以出名人多而著称，后来鼎鼎大名的曾国藩（时年28岁，得三甲45名），还有林则徐之子林汝舟、李鸿章之父李文玕等，都与钱氏同榜；而且这些人脉后来得以延续，有的发展成联姻关系，如他的妻子任氏过世后，便娶了大学士翁心存的次女，即翁同龢之妹翁端恩续弦。

继兄长戊戌会试33年之后，同治十年（1871年），46岁的钱振常几经波折也终于考中进士，殿试得二甲99名，签分礼部主事，跟他同榜的也是名人不少，如瞿鸿禨、劳乃宣、张佩纶，以及鲁迅的祖父周福清等。钱振常同样以其文辞才思不凡享誉一时，四位总考官给他的评语分别是："力厚思沉"，"志和音雅"，"气息渊懿"，"义蕴精深"。[1]

然而，钱氏兄弟虽文才杰出，人脉条件又好，却官运不达，长长十年京曹，升迁总是与己无缘。总结后人的研究文字，钱氏兄弟没有升官发家的原因，不外乎这样几点：一是清高且性情急；二是对于官场的经世致用之学研习素浅；再则不善于经营人际关系。无奈之下，他们的后半世均以教书终生，分别执掌过杭州、淮阴、扬州、绍兴、常州的多处书院，教出不少文人名士。著名学者蔡元培就是钱振常在绍兴龙山书院教过的学生，蔡氏《自写年谱》写道："我的八股文是用经、子中古字义古句法凑成的，龙山书院钱先生很赏识。"钱振常在龙山书院教过的学生，还有一位名叫徐元钊，后来成为了钱三强的外祖父。

【1】《钱振常会试卷》，转引自邱巍：《吴兴钱家：近代学术文化家族的断裂与传承》，浙江大学出版社2009年版。

钱振常有两个儿子。长子钱恂（1853—1927）是清末外交家，出使过日本、荷兰、意大利、俄国、德国、法国、英国等，授二品官衔，因有功于朝，曾受光绪皇帝特旨召见；次子由侧室周氏所出，他就是钱三强的父亲钱玄同。钱玄同出生时，他父亲钱振常已是 62 岁高龄，异母兄长钱恂也已经 34 岁了。

钱恂（右）与旧年好友、外交总长陆徵祥

说到钱三强的母籍故乡绍兴，必要说道以"存古开新，平等共享"为宗旨的"古越藏书楼"。

这座藏书楼，坐落于绍兴城西的古贡院，是一处四进楼房，前部用作藏书、校书、印书。那时藏书量达到 7.1 万余卷，仅书目就有 35 卷之多，种类十分广泛，除了经、史、子古籍外，也有许多时务、实业类的新书，还有外国文献；而且开创了全新的分类方法，将全部藏书分为学、政两大部，共 48 类。藏书楼的中厅辟作公共阅览室，桌椅器具一应俱全，除了重要节日，每天对外开放。管理很健全，设有总理、监督、司书、司事及门丁、杂役，各司其职。鉴于这些原因，任继愈主编的《中国藏书楼》（辽宁人民出版社 2001 年版），称其为开创中国近代新式公共藏书楼之先河。现为"全国古籍重点保护单位"。

古越藏书楼的创办者是钱三强的外曾祖父徐树兰，光绪二年（1876年）举人，授兵部郎中，改知府，封一品官职，后因母病归乡不出，以

古越藏书楼门楼

兴学育才为使命。他先捐银 32900 两购地、盖楼、置书，每年再捐银洋 1000 元作为藏书楼的日常开销，惠及四方。蔡元培有亲历记述："同乡徐树兰藏书甚富，且喜校书印书。因六叔铭恩任徐家塾师之关系，被邀至徐氏'古越藏书楼'为其校订所刻图书。自一八八六年至一八八九年，均在徐家读书校书，遂得以博览群书，学乃大进。"[1]

父亲和母亲

绍兴徐树兰有个孙女，名叫婠贞，自幼生活在书山学海中，先在古越藏书楼受教，专聘有塾师指导，后入祖父捐资创办的新式学校——绍郡中西学堂（现绍兴市第一中学），开始接触新学，还听过杜亚泉讲述物竞天择进化论一类的西学，再后来，又离家到上海念中学，成为徐家的一位新型知识女性。1904 年，这位 18 岁的绍兴女子，与吴兴 17 岁的钱玄同订婚，两年后他们在上海成了亲。

说起来，钱玄同和徐婠贞联姻也算门当户对，但他们是一宗包办婚

〔1〕 高叔平编著：《蔡元培年谱》，中华书局 1980 年版。

姻。男方的包办者是兄长钱恂，女方包办者为乃父徐元钊。钱玄同自撰年谱里有记载，如写 1904 年订婚："是年冬阿兄为予定姻于会稽徐氏，徐元钊为先子龙山书院门生也。" 1906 年 5 月的婚礼，也是他奉兄命办理的，婚后不久便去了日本。

钱玄同的经历，造成他唯兄命是从的习惯。他自小被父亲管教极严，"不许出外与市井群儿嬉"，4 岁开始读《尔雅》识字，5 岁读《易经》，8 岁读《尚书》《礼记》，10 岁读四子书，11 岁读《左传》。12 岁时父亲过世后，严父的角色遂由兄长钱恂代替，人生大小诸事都处在兄长说了算的地位。兄命难违这一习惯，在钱玄同一直没有改变，直到他后来叱咤风云向旧礼教和封建道德激烈宣战，而钱恂还在世那几年，他生怕他发表在《新青年》上的革命言论被兄长看见而挨训；每当论及社会，他很是激昂慷慨，而对年迈的兄长还是恭顺如初，过农历年时，他依旧遵命带着妻儿登门行跪拜礼。

1906 年 9 月，钱玄同由兄长出资赴日本早稻田大学进修师范。他常去听章太炎在大成学校开办的国学讲习会，并师从章氏始研国学，改名钱夏；1907 年加入孙中山领导的同盟会，主张变法，推翻清王朝；同年，与许寿

钱三强（中）和父母在北平家中（1937 年）

15

棠、周树人、周作人、钱家治、龚宝铨、朱希祖等在东京组织"国学振起社"，邀章太炎每星期日在《民报》社开讲《说文解字》及音韵、训诂课；还与章太炎等创办《教育今语》，提出"保存国故，振兴学艺，提倡平民普及教育"作为办刊宗旨。

钱玄同 1910 年 5 月回国，先后携眷在嘉兴中学、海宁中学、湖州中学教授国文。这些讲授属于代课性质，各处时间都不长，但造成的反响很好，譬如他在湖州中学代理一位杨姓先生教国文课，短短一个月中，教了史可法的《答清摄政王书》《太平天国檄文》，黄遵宪的《台湾行》和梁启超的《横渡太平洋长歌》等，讲得学生眼界洞开。那时听过课的乌镇学生沈德鸿（后笔名茅盾），七十年过后还留下清晰记忆：

> 钱夏先生代课时期……那时，我们都觉得新鲜，现在杨先生又来上课了，我们都要求他也讲些新鲜的。杨先生说，钱先生所讲，虽只寥寥数篇，但都有扫除房秽，再造山河的宗旨，不能有比它再新鲜的了。杨先生想了想，又说，幸而还有文天祥的《正气歌》。我对杨先生说：讲些和时事有关的文章，不知有没有？杨先生忽然大笑，说："钱先生教你们读史可法答摄政王书，真有意义。现在也是摄政王临朝。不过现在的摄政王比史可法那时的摄政王有天壤之别"。[1]

辛亥革命后（民国元年），钱恂受任浙江图书馆馆长，并着手整理文澜阁的《四库全书》。钱玄同遂于同年 3 月随兄到杭州就任沈钧儒主事的浙江教育司视学科员。这时候，徐婠贞已经生育二男一女，即 5 岁的秉雄和不足两岁的秉弘，女儿秉工生下不久病亡。

---

〔1〕 茅盾：《我走过的道路》（上），人民文学出版社 1997 年版，第 88 页。

民国二年（农历癸丑）九月十七，即公元 1913 年 10 月 16 日，徐婠贞在绍兴家中生下第四个孩子，他就是本书主人公钱三强。

那时，钱三强不叫这个名字，父亲按"东"韵，给他起名"秉穹"。他兄弟姐妹六人名字的后一个字都押"东"韵，依次为：秉雄、秉弘、秉工、秉穹、秉东、秉充（秉弘、秉东年幼时病亡）。

秉穹出生时，父亲钱玄同正在浙江教育司办理辞职。回家后他告诉产后的妻子，说准备去北京高等师范学校（1923 年改称师范大学）附属中学，做国文教员，还说这也是秉承其兄长的旨意。这年春季，钱恂离杭就职于北洋政府的教育部社会教育司，1914 年任参政院参政，住进了中南海别墅内。他离开杭州前要玄同携全家赴京执教，为了能够照他的主张行事，钱恂先把刚 5 岁的大侄儿秉雄带去了北京。

第二年盛夏时节，母亲怀抱刚足 9 个月的秉穹，风尘仆仆来到北京城，住在哥嫂安置的西四北石老娘胡同一处大院中。后来，多次迁徙住所，原因就是秉雄所说的："我们家在北京住了二十多年，搬了七次家，原因总起来不外乎三种：一、逃难；二、子女病死；三、为了子女就近读书。"[1]

| 朦胧感受新文化运动 |

秉穹生活的家庭，思想开明不守旧，气氛友爱。家里成员无论大人和小孩，男人和女人，都可以言其所思，行其所志，平等相处，彼此尊重。钱玄同在朋友们面前常幽默称自己的儿子为"世兄"，很关爱他们。

---

[1] 钱秉雄：《片断回忆——忆父亲钱玄同》，见《我的父辈与北京大学》，北京大学出版社 2006 年版。

语言学家黎锦熙写钱玄同说："他的'小世兄'初入小学时，他在外常打电话到家里问问，没有事，才放心，总怕他在路上被人家的汽车压坏了。这是钱先生对于'父子'、'兄弟'两伦的'尽分'。"[1]

由此可见，那些旧式封建习气，在秉穹兄弟生活的家庭环境中已是荡然无存。

秉穹刚会走路就喜欢在父亲的书房里跑来跑去，常常逗得埋头写作的父亲放下笔来跟他一起嬉戏。随着年龄长大，秉穹开始要听故事，要看书识字，父亲用收入不丰的薪水给订了《小朋友》《儿童世界》，还不时从书店买些连环画回家。特别是他在繁忙教务之余，舍得把时间花在儿女们教育上——滔滔不绝地讲些别出心裁的故事，让似懂非懂的秉穹听得入神。

五四新文化运动时期的钱玄同

钱玄同通古博识，凡事又有自己的独到见解，这在当时学界人所共知。他在北京大学、北京高等师范学校讲授文字学、音韵学、说文研究、经学史略、先秦古书真伪略说等课，总是听者踊

〔1〕黎锦熙：《钱玄同先生传》，1939 年 5 月于陕西城固，见《钱玄同印象》，学林出版社 1997 年版。

跃。后来成为著名语言学家的丁树声，在北大读书时不单喜欢选修钱玄同的课，他的毕业论文也是选定由钱先生指导，被称为"得意门生"。在判卷评分时，钱玄同给了丁树声的论文一百分，一时传为美谈。[1]

钱玄同讲故事的时候，总是让秉穹独自坐在小凳子上，还要面对面地坐着。他以为，只有听其声、观其形，才能精神集中，启发思考，加深记忆。他讲故事从不干巴巴地说八股味的语句，他认为即使把每句话都记熟了，而不解其意，也不会有所长进。他习惯用通俗的语言讲述故事的情节，时而把某些情节加以延伸，在引起悬念的地方故意设问，勾起想象。

秉穹5岁以后，很难听到父亲讲故事了，甚至和父亲同桌吃饭的机会也越来越少，因为钱玄同这时除了任教于北京高等师范，又被兼聘为北大教授，还接受陈独秀邀约做了《新青年》杂志的轮流编辑，经常要和另外几位轮流编辑陈独秀、胡适、刘半农、沈尹默、李大钊等一起讨论问题，策划文章。他们同是蔡元培邀聘的北京大学的文科教授，又志同道合，举起"民主""科学"的旗帜，反对旧道德，提倡新道德，反对旧文学，提倡新文学，把《新青年》办得红红火火，成为最受进步青年喜爱的革命刊物。

最早提出"文学革命"口号的，是胡适和陈独秀，而推动这一运动的急先锋则是钱玄同，这是时人共同认为的。有人这样评说："文学革命发端时，一般抱着所谓国粹不掉的先生们，以为胡适是留美学生，他来推翻中国的宝贝，有媚外的嫌疑，大家对于他自然是反对的了。钱玄同是国学大师章太炎的学生，对于中国文字学很有研究。因此一般人不用说是注意他的言论的。自他参加了文学革命以后，文学革命的声势，

---

[1] 曹述敬：《钱玄同年谱》，齐鲁书社1986年版，"后记"。

突然大起来了。"[1]

钱玄同成为这场运动的先锋健将，是抱有明确信念和目的的。他说过："讲到现在的中国人，工艺与政治固然很坏，固然应该革命，而道德与思想更糟糕到了极点，尤其是非革命不可。"又说："这种糟糕的道德与思想，可用一言以蔽之曰'不拿人当人'，他们不但不拿别人当人，也不拿自己当人。"[2]

钱玄同的这种信念，对于家庭教养和子女关爱方面也大有关系。他明白表示："'三纲'者，三条麻绳也，缠在我们头上，祖传父，父缠子，子缠孙，代代相传，缠了二千年。新文化运动起，大呼'解放'，解放这头上的三条麻绳！我们以后绝对不得再把这三条麻绳缠在孩子们的头上！孩子们也永远不得再缠在下一辈孩子们的头上！可是我们自己头上的麻绳不要解下来，至少新文化运动者不要解下来，再至少我自己就永远不会解下来。为什么呢？我若解了下来，反对新文化维持'旧礼教'的人，就要说我们所以大呼解放，为的是自私自利，如果借着提倡新文化来自私自利，新文化还有什么信用？还有什么效力？还有什么价值？所以我自己拼着牺牲，只救青年，只救孩子！"[3]

| 印象中的"双簧信"和《狂人日记》 |

在秉穹稚嫩的意识里，留下许多朦胧记忆，父亲在《新青年》上合演"双簧信"，还有父亲催约鲁迅写成《狂人日记》，是他印象最深

---

[1] 王丰园：《中国新文学运动评述》，见《钱玄同印象》，学林出版社 1997 年版。

[2] 殷尘：《钱玄同先生的学术思想》，原载《图书月刊》1946 年第 3 期，见《钱玄同印象》，学林出版社 1997 年版。

[3] 黎锦熙：《钱玄同先生传》，见《钱玄同印象》，学林出版社 1997 年版，第 74 页。

刻的事。

　　所谓演"双簧信"，那是《新青年》扛起文学革命大旗之初，顽固派除了背地里诋毁谩骂而外，他们的反抗言论竟是寂寂无闻。为了挑起战斗，给反抗者们痛快一击，钱玄同与刘半农经过一番煞费苦心的策划，由钱化名"王敬轩"扮演一个反对新文化运动的顽固派角色，把反抗者的种种陈腐荒谬言论归纳一起，以《文学革命之反响》致编者信的形式，在1918年3月第四卷第三号《新青年》上发表，用一种令人生厌的旧文学体裁，疯狂攻击

钱玄同（左）与刘半农在一起策划文章

1918年发表鲁迅《狂人日记》的第四卷第五号《新青年》杂志封面及《狂人日记》首页（右）

《新青年》；而刘则以更长的信《奉答王敬轩书》，在同一期《新青年》上作答，把那个假托的王敬轩，批驳得淋漓痛快。他们故意制造的这出"双簧信"论战，果然收到了扩大新文化运动影响的良好效应，被鲁迅称之

为新文化运动中值得纪念的一次"大仗"。

秉穹记事不久，有一回父亲很高兴地回到家，没等坐下就跟母亲说起劝周树人写文章的事："你的那个同乡，好一个倔脾气哟！终于说成了。"说话时父亲流露出胜利的喜悦。

大哥秉雄觉得父亲的喜悦非同平常，便去问了母亲，知道《新青年》刊登了一篇署名"鲁迅"的白话小说《狂人日记》，是经父亲约稿劝说写成的。后来秉穹读鲁迅的小说集《呐喊》，读到鲁迅在"自序"里记述父亲劝他写成《狂人日记》的情形：

> 那时偶或来谈的是一个老朋友金心异（钱玄同别号——注），将手提的大皮夹放在破桌上，脱下长衫，对面坐下了，因为怕狗，似乎心房还在怦怦跳动。
>
> "你钞了这些有什么用？"有一夜，他翻着我那古碑的钞本，发了研究的质问了。
>
> "没有什么用。"
>
> "那么，你钞它是什么意思呢？"
>
> "没有什么意思。"
>
> "我想，你可以做点文章……"
>
> 我懂得他的意思了，他们正办《新青年》，然而那时不特没有人来赞同，并且也还没有人来反对，我想，他们许是感到寂寞了，但是说：
>
> "假如一间铁屋子，是绝无窗户而万难破毁的，里面有许多熟睡的人们，不久都要闷死了，然而是从昏睡入死灭，并不感到就死的悲哀。现在你大嚷起来，惊起了较为清醒的几个人，使这不幸的少数者来受无可挽救的临终的苦楚，你倒以为对得起他们么？"

"然而几个人既起来，你不能说决没有毁坏这铁屋的希望。"

是的，我虽然自有我的确信，然而说到希望，却是不能抹杀的，因为希望是在于将来，决不能以我之必无的证明，来折服了他之所谓可有，于是我终于答应他也做文章了，这便是最初的一篇《狂人日记》。从此以后，便一发不可收……

鲁迅逝世后，秉穹又读到父亲的文章《我对于周豫才君之追忆与略评》，关于约鲁迅写成《狂人日记》的事，父亲也有回忆：

我因为我的理智告诉我，"旧文化之不合理者应该打倒"，"文章应该用白话做"，所以我是十分赞同仲甫（陈独秀——注）所办的《新青年》杂志，愿意给他当一名摇旗呐喊的小卒。我认为周氏兄弟的思想，是国内数一数二的，所以竭力怂恿他们给《新青年》写文章。七年一月起，就有启明（周作人——注）的文章，那是《新青年》第四卷第一号，接着第二三四诸号都有启明的文章。但豫才则尚无文章送来，我常常到绍兴会馆去催促，于是他的《狂人日记》小说居然做成而登在第四卷第五号里了。自此以后，豫才便常有文章送来，有论文、随感录、诗、译稿等，直到《新青年》第九卷止(十年下半年)。[1]

那时秉穹兄弟知道，父亲常去宣武门外南半截胡同绍兴会馆，且多在午休过后，但去那里见何人办何事，却不曾知晓，也从不探问，只是后来从种种文字和友人的信息中，知道父亲每去绍兴会馆多是去会补树

---

[1]　钱玄同：《我对于周豫才君之追忆与略评》，《文化与教育旬话》，1936 年，见《中国现代名家名作文库·钱玄同》，中国戏剧出版社 2001 年版。

书屋的鲁迅。他们各自畅抒所见所感，难以尽言。谈兴极浓时，鲁迅便留下吃便饭，从附近的广和居订来一些炸丸子、酸辣汤之类的小吃，一边吃，一边继续高谈阔论。据他们的老朋友沈尹默所说："他们两位（钱玄同和鲁迅——注）碰在一起，别人在旁只有洗耳恭听的份儿，是没有插嘴的余地的。"

秉穹兄弟听说过许多关于父亲和鲁迅交谊亲密的趣事，譬如他们互相取绰号逗乐，是学界周知的。还在日本初识时，钱玄同和鲁迅等都到《民报》社听章太炎讲《说文解字》，师生聚集在一间陋室，围着一张小茶几席地而坐。钱玄同最爱提问请先生解答，他还喜欢在木地板上爬行，因而鲁迅便给起了一个绰号，叫他"爬来爬去"，又称"爬翁"。钱玄同也不示弱，后来回敬鲁迅称他为"猫头鹰"，意思是说鲁迅平日不修边幅，头发留得很长不理，又常常冷然默坐，就像一只兀立枝头的猫头鹰[1]。同人们知道，这是他们之间的友善和亲近。

由于说不清道不明的原因，两位"战斗的伙伴"后来反目了。

秉穹兄弟当时感受到了两人间的反差。1927 年起，钱玄同和鲁迅之间的来往渐渐地少了，言谈中也不大提到了。再到后来，他们的隔阂愈来愈深，乃至发生言语争执，或"默不与谈"，隔绝往来。

| 幸运的自由阅读 |

秉穹识字，是从学国语罗马字开始的。这也算是五四新文化运动的一种折射。

一段时间，钱玄同和黎锦熙、赵元任、林语堂等 11 人担纲国语罗

---

[1] 姜德明：《鲁迅与钱玄同》，《新文学史料》第三辑，1979 年。

马字委员会，在文化建设方面，着手做两件大事：一是创编白话的国语教科书；一是创修用注音字母注音的《国音字典》。对于用白话做文章和汉字革命，钱玄同不单是革命的激烈提倡者，更是革命的先行实践者。

他在家中对晚辈的教育方面，同样也是带头实践，所以秉穹兄弟有近水楼台先得月的好处。这样，秉穹从小就可以不囫囵吞枣地死背古文，允许自由阅读，即便当时传统观念认为的那些"闲书""杂书"，也不禁读。

钱玄同对晚辈的开明，是从自己的痛苦经历中得来的。他常用谭嗣同的话形容自己"少遭纲伦之厄"，说他3周岁时，就要站在他父亲的书桌前一条一条地背诵《尔雅》，站立时间长了，两条稚嫩的腿僵直得不能挪步；到了10岁时，不仅读完了"五经"，连《史记》《汉书》也背得滚瓜烂熟。有一次，钱玄同被父亲安排作背书比赛，当众背司马迁的文章，他竟能终篇一字不差，于是在乡里亲朋间获得了"神童"称誉，他的父亲更引以为自豪，把全部希望寄托在他身上。钱玄同15岁以前，一直在为科举发奋，一个人关在房里读经书，做八股，他父亲过世以后才算获得了自由。

但这时的钱玄同，已经吃够了苦头。

秉穹不止一次听到父亲发感慨：我这双腿一点力气都没有，实在吃亏大了，全是小时候念书站坏了！当我父亲在苏州住家的时候，我在家里跟先生念书，整天上下午站在"脚踏"上，等放学到内宅里去，脚麻腿软，走都不能走，奔到一张小凳子坐下好半天还不能立起来。现在走一步都骇怕！[1]

---

[1]　魏建功：《回忆敬爱的老师钱玄同先生》，《国文月刊》1946年第41期，见《钱玄同印象》，学林出版社1997年版。

秉穹印象中的父亲，最明显的特征是未老先衰，四十来岁就要挂拐杖走路，而他又是那样闲不住，还要强，即使在学校讲课，同事们知道他双腿落下毛病，搬来凳子让他坐着讲，他坚持不依，说坐着讲课讲不上劲儿来。

秉穹从小可以自由阅读，也是从父亲切身体验中获得的。父亲常讲他从幼小起就只准读经书，决不允许看其他闲书和杂书。说有一次，他偷偷地看《桃花扇》被塾师发现，不问青红皂白顺手一戒尺打了过来，结果在眉心上留下一道永久的疤痕。父亲到了16岁才与书房外面的世界接触，就在那年冬天，一个叫方青箱的朋友送给父亲两本书，一本章太炎的《驳康有为论革命书》，一本邹容的《革命军》，他读后思想上才"恍然大悟"，过去"尊清"的态度开始发生动摇了，剪了辫子，认为非革命不可，于是便有了后来为革命冲锋陷阵的钱玄同。

秉穹兄弟的幸运，不仅读什么书不受限制，父亲还请见过大世面的胡适为自称"世兄"的儿子推荐书单，胡适果然于1921年3月5日具信，提供了计18种书目的单子，而后写道："这些看完了，大概可以读中华书局新出的白话注解的《古文观止》了。"因而家中就像一个书店，各种书籍刊物，如各地出版的报章杂志、古典小说、现代小说，以及外国小说等，应有尽有。

秉穹一直庆幸自己有自由阅读的条件。1979年在纪念父亲逝世40周年时，他和大哥、五弟撰写纪念文章，特别讲了从小阅读的好处："父亲给我们的课外读物……这不仅丰富了我们的课余生活，还开阔了眼界，养成读书的习惯，对于接受先进的思想，接受新事物，不可保守，对于写作也有一定的帮助。"[1]

---

〔1〕 秉雄、三强、德充：《回忆我们的父亲——钱玄同》，《新文学史料》第三辑，1979年。

　　秉穹儿时读过的书籍中，留下深刻印象的人物和事件有许多许多，其中英国著名小说家丹尼尔·笛福的《鲁滨孙漂流记》，最让他感动。他是在上中学时读的这本自传体小说。半个多世纪后的 1986 年 7 月，老年秉穹钱三强，应邀出席中国科学技术协会举行的科学界青年学者座谈会，他在回顾自己青少年时代学习生活时，绘声绘色讲述了当时受到小说主人公鲁滨孙不怕凶险和困难的勇敢精神所吸引的情景。他说，鲁滨孙长期在外经商，历经过种种人生风险，在一次贩运黑奴海上航行中，突然狂风大作，船只触了礁，他死里逃生，孤身一人被海浪冲到了一个没有人迹的荒岛上，与世隔绝了。但是，为了生存下去，鲁滨孙开始自己动手制作工具，开荒种麦种稻，苦苦奋斗了 28 年。结果，通过自己的劳动，不仅生存下来了，有了种植园，有了牧场……

　　钱三强接着告诫出席座谈会的青年们：困难能压倒人，也能锻炼人，关键看你对待困难是什么态度，是不是具有拼搏精神。

第二章
德智体"三强"

| 新型少年 |

秉穹 6 岁（1919）那年，北京爆发了一场影响深远的革命运动，因为它发生的时间是五月四日，后来便以五四运动载入史册。

五四运动的起因，这年 4 月几个列强帝国一手操纵所谓"巴黎和会"，名义上重建战后世界和平，实则是以战胜国的身份重新瓜分世界，享受更多特权。中国作为主权国家，同时也是以战胜国的地位向巴黎和会严正提出，要求帝国主义放弃在中国的特权，取消 1915 年日本帝国主义霸占中国领土的秘密条款，收回日本在山东占有的权利。但中国的合理要求遭到和会操纵者拒绝。会议于 4 月 30 日作出决议，要将战败的德国在山东的一切权益转让给日本，而中国军政府居然屈从，准备在和约上签字。

丧权辱国的消息传开，举国愤慨。5 月 4 日下午，以北京大学等数千名学生，在天安门举行集会、演讲，会后游行，高呼"外争国权，内惩国贼"的口号。游行学生遭到军警拘压，32 名学生被捕。于是北京各校学生举行总罢课，全国各界热烈响应，工人罢工，商人罢市，开展了声势浩大的斗争。结果被捕学生获得释放，卖国者曹汝霖、陆宗舆、章宗祥被撤职，中国代表团拒绝在"和约"上签字。

说起 5 月 4 日北平学生游行，当时亲历者、北京高师英语部学生周谷城后来回忆说："五四运动当天，没有大学教授参加学生游行队伍，但表示同情，始终陪着学生走的也有，如钱玄同先生，即其中之一。"【1】

也是那天，好奇的小秉穹，追随大哥挤到胡同口去看热闹，看到学生举着旗子喊口号，特别是游行队列中那些学生童子军，更让他羡慕不已。他听到警车鸣叫，目睹军警打人，看见地上的血……后来他回忆"五四"说过，自打那以后，心里开始播下了要为正义而抗争的种子。

夏末初秋，经过五四运动洗礼的京城各大学、中学和小学，又敞开了校门，准备迎接新生入学。

秉穹发蒙的学校是北京高等师范学校附属小学。进高师附小的原因，其一是学校在和平门外离家（琉璃厂西北园）比较近，其二则因为父亲是高师的教授。秉穹一直记得，"1919 年我入小学的时候，读的是人、手、足、刀、尺和注音字母。父亲还为我订了中华书局和商务印书馆出版的《小朋友》和《儿童世界》作为课外读物，他很关心我们兄弟们的教育和成长"【2】。

秉穹入学时年龄不足 6 周岁，个头又长得比较小，每天上学放学都得有人接送，而家里人少，不准时接送的麻烦时而发生。一年后，他转到东城方巾巷华法教育会的孔德学校小学部就读，和在中学部学习的大哥秉雄同校，这样就能一同往返了。

说起孔德学校，那时在北京名声不小。这不单是校名冠了法国近代实证主义哲学家"孔德"（Auguste Comte）的姓，听起来感觉新鲜，更由于孔德学校始终遵循创办人蔡元培的办学宗旨，提倡德、智、体、美、劳平衡发展。留给秉穹的印象是："这个学校的特点，学生比较活

【1】　周谷城：《五四运动与青年学生》，《光明日报》1959 年 5 月 4 日。
【2】　钱三强：《锻炼身体　扩展视野　培养拼搏精神》，1986 年 7 月 13 日手写稿（应北京大学《中国名人》丛书和《东方世界》杂志之约而写）。

钱三强佩戴过的北京孔德学校校徽

泼，不大读死书。"

孔德学校最早实行十年一贯制教育，提倡白话文写作，学习注音字母，实行男女生同班。孔德学生的来源也特别，它有点像是北京大学的子弟学校，由蔡元培亲任校董，马隅卿任校务委员会主任，李石曾及北大的钱玄同、沈尹默、周作人、马衡、陈大齐等一批名教授兼任校务委员，参与办学。孔德的教师队伍讲求真才实学，注重教学效果。以物理课为例，当年秉穹就有这样的生动记忆：

特别要提到的是我们的物理老师吴郁周，他把物理真是教活了，电学和光学讲得特别好。他常常在家里画了一些图表，拿到班上边讲边指图表，比别的老师照本宣读有很大的差别。他把发电机的原理讲得很容易为学生理解，几何光学的成像、焦点、实像、虚像等基本原理由图表示得很清楚，使我一生都能在脑子里有个清楚的印象。[1]

中国的传统教育和认识上的保守思想，很是根深蒂固，即使在五四运动主张除旧布新的潮流下，许多人仍难以接受新的改革。孔德学校主张开明、学以致用的教学风格，曾经招来不少非议，但许多有识之士还是乐意把子弟送到孔德接受新型培养，所以孔德学校每年招收新生，名额总是爆满。

〔1〕 钱三强：《锻炼身体 扩展视野 培养拼搏精神》，1986 年 7 月 13 日手写稿。

秉穹在孔德学校，得到各课老师喜爱，他也没有辜负期望，把老师的关怀当作鞭策。平时老师布置作业，他要么提前完成，要么每道题做两遍甚至三遍，所以他的作业本总是比别人用得快用得多。即便上体育课、音乐课、图画课，他也是认认真真，从不敷衍了事。

在课外阅读方面，秉穹是见书成瘾。到他升入中学部的时候，孔德图书馆凡他能读懂的书，差不多都读遍了。但有一点，秉穹对那些八股经文却始终兴致不佳，直到很久很久以后，他这一兴趣始终没有培养起来。

老师都喜欢手不释卷的学生，这是中国教育的传统。但在孔德学校，更主张学生不读死书和不死读书，不鼓励培养小书呆子。

秉穹对音乐的兴趣，得益于教授音乐课的陶虞孙老师。陶虞孙本是留学日本学生物学的，由于自己的努力和天资，不仅生物主科学得好，钢琴弹得也很好，嗓音很优美。她在孔德既教生物课，又教音乐课，音乐课教得很有特色，她挑选了一些世界名曲，诸如《马赛曲》《伏尔加船夫曲》《横渡太平洋》《催眠曲》等，请文学家周作人为这些名曲配上中文词，然后教学生唱，唱出来很上口动听。相比之下，陶老师的教育方法，比当时一些学校照搬教会学校在课堂上生硬教唱英文词的歌曲，更能引发学生的兴趣。在孔德校园里，到处都能听到优美的歌声，有时还进行班级歌咏比赛。

秉穹入门图画，得益于卫天霖和王子云两位图画老师。他们除了在课堂上讲解画画的方法，在黑板上教画静物，还带领学生到中央公园（后改称中山公园）自行选择景物写生。正是这种灵活多样的教育方法，使得大家对图画课也学得津津有味。卫天霖后来成为声名卓著的美术教育家和油画大师，被誉为"亚洲的梵高"。20世纪80年代，秉穹在回忆卫老师当年的教育方法时深有体会：是他培养了学生对自然美的欣赏能力。

| 篮球乒乓玩新招发联想 |

1926 年，孔德学校成立篮球队，为了追求快速灵巧的战术，以"山猫"为队名。秉穹闻讯后跑去找体育老师兼篮球队教练报名："我要参加山猫篮球队。"

教练看看秉穹的个头，有点犹豫："你能行吗？恐怕还是打乒乓球更合适些。"

"我乒乓球也打，篮球也打。个头不高可以打后卫嘛。"秉穹想做什么事，总是表现出一股子牛脾性。

教练打量一下秉穹壮实的体魄，心动了，要当场测试他百米跑的速度。秉穹二话不说，立刻站到操场的起跑线上，一次、两次，连续三次跑下来，勉勉强强获得通过。他加入了山猫队，成为替补后卫。

钱三强（时名秉穹，左二）与山猫篮球队合影

秉穹加入山猫队后，认真琢磨，刻苦练习，又虚心听取队友的意见，渐渐和全队配合得默契了，组织进攻和防守大有起色。半年后成了主力后卫，在几次校际友谊赛中，山猫篮球队的成绩居于全市中学上游水平。他们每次参加校外比赛归来，全校热闹得就像过节一样。

时过 60 年之后，秉穹对山猫篮球队依然记忆清晰：

到我们十三四岁，以我们班为主成立"山猫队"，每星期练篮球，对正在发育年龄的青少年的身体成长有好处；同时对集体主义精神，特别是拼搏与创新精神的培养起了重要作用。当时"山猫队"的中锋周丰一和我（后卫）配合默契，由我作长距离投篮，他很快跑到篮板附近，不等球碰着篮板，就接住球轻轻而准确投进筐去，外校球队称它为"托盘"。在关键时刻用上几次，对胜负起了作用，"托盘"就是我们队练习时创出的方法。约两星期举行一次篮球比赛，常常是全校快乐的日子。[1]

走出篮球场，再打乒乓球，秉穹经常是大球小球轮番打。1928 年冬，欧美同学会举行北平市第一次乒乓球比赛，比赛场地设在米市大街基督教青年会。各校经过选拔，报名参赛的男女乒乓球选手数十人，编成几个组先进行分组赛，每组前三名进入淘汰赛，然后决赛。

孔德学校在这次比赛中大出风头。钱

钱三强获北平市第一次乒乓球
比赛第四名奖牌

---

〔1〕 钱三强：《锻炼身体 扩展视野 培养拼搏精神》，1986 年 7 月 13 日手写稿。

1935 年清华大学乒乓球队夺冠后合影（左一为钱三强）

秉穹一路过关斩将，进入男子单打半决赛，最后取得了第四名。取得男子单打第一名的周丰一和第三名金国光，也是孔德的学生，只有第二名落到了青年会的傅洵克手中。女子单打冠亚军，也都被孔德秉穹他们班包揽了，冠军金琼英，亚军陶凯孙。

钱秉穹的乒乓球爱好，后来带到了清华大学，1935 年他被选为清华校队主力队员参加北平五大学乒乓球表演赛，在男子团体决赛中，在大分零比二落后的形势下，他和王务义连扳三盘反败为胜，当时清华校刊赞写道："钱三强攻球稳固而锐利，守球落点准确。"[1]

秉穹爱琢磨事，喜欢弄出点新玩意儿，还往往一弄便灵光，篮球场上的"托盘"、乒乓台前手腕"弹球"这些新招，都发挥了作用。秉穹在参加体育运动的同时，注意动脑筋找新招、摸规律，所以能够获得身

---

〔1〕 《老清华体育轶事》，《水木清华》2012 年第 9 期。

体和精神的长效进益。从 1928 年参加北平市乒乓球比赛，到 1979 年在《体育报》发表文章畅谈乒乓创新，时隔 50 余年，他对乒乓球的琢磨与联想，一直在延续。

20 世纪 70 年代末，是中国准备大开国门的时候。那时，对于"创新"这个词语，人们还比较陌生，可是老年钱秉穹经常说到它。他用这个新鲜词儿和当年打乒乓球联系在一起琢磨后，发表他的感想：

> 当前根据各方面形势的发展，我们又要大量引进外国的设备和技术，这就更有必要吸取过去的经验，搞好今天的引进。要想真正实现四个现代化光靠翻版是很不够的，必须有创新才成。这个道理很简单，我们国家已经有一个方面给做出了榜样，就是体育方面的乒乓球。在这方面可以说，我们已经达到"现代化"了。我年轻时也喜欢打乒乓球。过去欧洲人打乒乓球是用横拍，日本人用直拍，日本的直拍在 50 年代曾处于领先地位。我们也是用直拍，经过一段摸索，在 26 届世界乒乓球锦标赛时，终于打败了日本队。其中一个重要原因是我们比日本掌握了更多的打直拍的规律。日本人抽球是甩大胳膊，我们则是用前臂和手腕子使劲，结果在速度上压倒了对方，日本人一时就没有办法，木村、荻村都输了。如果只是照搬日本的打法，不动脑子加以消化、改进和创造，是不可能超过他们的。也就是说要有"新招"。创新精神在各项工作中都要大大提倡，在从事科学研究中尤其重要。[1]

[1] 钱三强：《浅谈学习与创新》，《体育报》1979 年 2 月 2 日。

班里的领头羊

秉穹升入孔德学校高年级时，在校内已经小有名气了。这除了他的多面手表现而外，还有一个原因，就是他周围有一个好集体，大家做事心齐，关系融洽。

在这个集体当中，秉穹有两个最要好的同学。一个是篮球场上那个擅长"托盘"的周丰一，他是文学家周作人的儿子，但性格不是那样斯文内向，而是活泼顽皮，特别习惯鼓动别人跟他一起做事；秉穹另一个最要好的同学，则是以文见长的李志中，他性格文静，文质彬彬，又有些文才，尤其诗写得好，班上同学都叫他"诗人"。这种看似不合理的组合，他们却能数年相处无间，彼此视为知己，有求必应，热心相助。

钱三强（右一）在孔德学校同部分同学和老师合影

正是因为这样的缘故，他们在班里的影响，往往起着领头羊的作用。

李志中笔头功夫过硬，他的作文常常被选作范文在全校推广，还登过报纸。有一年，北平《华北日报》邀聘李志中做了该报副刊《跡》（周刊）的撰稿人，这样一来，带动了全班同学踊跃投稿，稿子登出来他们不习惯用笔名，弄得全校扬名，经常有别班同学当面跷出大拇指，真是好让他们开心。

不过，领头羊作用的另一面也时而发生。秉穹所在班一度课堂秩序不好，学生净给老师出难题，甚至搞些恶作剧，闹得课堂大乱，为首的也是周丰一这个活泼分子。钱秉穹出于友谊为重，对自己失去约束，跟着起哄。领受过这种"待遇"的老师中，受刁难和恶作剧痛苦最多的，是教地理和自然课的郁维民（又名士元，后任西北大学教授）。关于这件事，几十年过去后，在周丰一和钱秉穹心中依然留下深深的羞愧。

1987 年 3 月 19 日，年届 75 岁的周丰一教授在给当年钱秉穹的一封长信中，毫无隐讳地写出了他们那种羞愧的心情：其次一件事让我至今羞愧的。矿物老师郁维民先生，他是最受班里欺负的老师，而我又是极突出的捣乱分子之一，你大约不会忘记课堂上的秩序有多乱了。50年代郁先生从西安西北大学来京开会，我妹夫，即周静子的丈夫也在该校执教，托郁先生捎来了东西，要我到郁先生住处西安饭店去拿。我找上前去，一见认出郁先生，旁边是同来的西大校长。郁先生介绍我时说他在班上很活泼。这活泼二字岂非捣蛋二字吗？我不记得怎么对付这种局面的了。事后心里总不是滋味……[1]

钱秉穹对周信所言颇有同感。为了追悔过去，他曾经向孔德的同学

---

[1] 《周丰一复钱三强》（1987 年 3 月 19 日），见《钱三强往来书信集注》，世界图书出版公司 2023 年版。

打听几位健在老师的工作处，并且有的进行了联系。1985 年第一个教师节的时候，他还在《中国教育报》发表署名文章《难忘的教诲　由衷的感谢》，深情感怀中学和大学的老师们。他的文章写道：

> 尊重知识，尊重人才，必然联系到尊师。古人说过："师者，传道授业解惑也。"如果用今天的话来解释，意思就是：教师是培养人的，是传授知识的，是人类灵魂的工程师。这不是一个抽象的定义，也不是一种人为的解释，事实正是如此。也许有的老师不曾意识到，在所有经历过求学生活的人中，他的最美好、最难忘的回忆里有重要一席是属于对老师的，而且这种感情不以时间的流逝而淡薄，不以环境的改变而改变。我本人就深有体会。岁月流逝，时过境迁，几十年前的许多往事都已印象模糊了，惟独老师的指点和教诲，记忆犹新，如在眼前。[1]

| 改名"三强"的来历和趣事 |

钱秉穹在家里兄弟中行三，秉雄叫他三弟，秉充称三哥；他在学校李志中、周丰一三人集体里，按年龄和个头正好也在三人的末位，但他体格强壮，李志中排三人之首，却身体瘦弱，两人形成鲜明反差。淘气的周丰一首先发觉这一特点，便给二人各送了一个外号，称呼李志中为"大弱"，叫钱秉穹为"三强"。李志中倒是很乐意接受这个雅号，常常以"大弱"自诩。渐渐地，在他们通信中也这样称呼起来。

巧事是这样发生的。1925 年冬，秉穹母亲患妇女病日益加重，父

[1]　钱三强：《难忘的教诲　由衷的感谢》，《中国教育报》1985 年 9 月 10 日。

亲很着急，亲往赵元任妻子杨步伟开的诊所询诊，"可是结结巴巴的说不出所以然来，在房内走来走去半天才对我们说他的太太要死了。我问是什么病请医生看了没有？他说妇人病不肯看，我笑说休息休息也许会好，钱一定说不会好的，他又说和他太太很早结婚虽无感情，可是多年在一道的伴侣了"[1]。

一段时间后，母亲被诊断患了子宫颈肿瘤，紧急住医院治疗，主要是采用镭照射。那时全北京城只有协和医院一家有这种放射疗法，费用相当昂贵，每天要花二十几块大洋，所以再请不起人了，只好由家里人轮流看护。好长一段时间秉穹不能正常到学校上课，他要和大哥轮流去协和医院伺候重病的母亲，连身体本不好又教务极忙的父亲也不得不告假半年，参加看护。这件事还被同人戏谑，胡适1926年6月10日致信钱玄同称："你做了许久的'看护夫'，心情很不好，所以我总不曾来看你。"[2]

母亲的病情发展得很严重，一度被告知病危，连做寿衣等一应后事都准备了。后来，经过加重剂量照射，又兼吃名医陆仲庵特配的两种中药做试验，结果一种药吃了效果良好，渐渐地，母亲从死亡边缘脱险了，为了省钱，她硬是坚持及早出了院。母亲虽然回到家里，秉穹兄弟同样还要常请假照顾，上学仍是时断时续。李志中、周丰一生怕秉穹落下课太多，有时登门，有时写信寄到家里，通报授课进度，顺告学校的"新闻"。

一次，李志中写给秉穹的信，抬头是他们习以为常的戏称"三强"，信末署名"大弱"。

〔1〕 杨步伟：《杂记赵家》，（香港）中国文献出版社1999年版。
〔2〕 《胡适书信集》（上），北京大学出版社1996年版。

这封原本平常的信偶尔被钱玄同见到了，他随意问道："嘿，这封信是谁写给谁的呀？"

秉穹回答说："噢，那是我们班上同学李志中写给我的。"

"那信头信尾的'三强''大弱'又是什么意思？"父亲有些好奇。秉穹把其中原委作了解释，然后说："那是我们之间的戏称，随便写的。"

父亲听完秉穹的说明，引发他许多联想。好久以来，他想到为儿女起名字这件事，有违自己倡导中国文字要朝着大众化、平民化改革的主张，过于讲求文字音韵，不符合"致用务求其适"的原则。

其实钱玄同早已感受到，因为起名字过于讲求音韵，结果生出许多尴尬的事。他有过多次这样的经历，有时家中有急事打电话到学校，本来说的找秉雄，结果来接电话的却是秉穹；有时候要找秉穹，来接电话的又是秉雄。他曾经有过要给他们改改名字的念头，只是没有适当的机会，也一时想不出改什么名字好。

一天吃完晚饭，钱玄同把秉穹叫进书房，继续谈那个"三强"话题："你觉得'三强'这个名字怎么样？"父亲实际上是暗示有意为秉穹改名儿，但秉穹一下子想不到这上头，于是说："爸爸，那不是我的名字，只是几个同学瞎叫的外号。"

父亲这时直截了当说出自己的态度："依我看，'三强'意思不错，可以解释为德、智、体都争取进步。你愿意不愿意把名字改为'三强'？"

秉穹感觉很意外。他以为起名儿和改名儿是件大事，不可以随随便便的，要不然，他早就提出改名字的要求了。打心里说，自上学以后，他一直为书写自己的名字发愁，尤其那个"穹"字怎么写都不好看。好些同学也有同感，说还不如多写几笔写成"窮"字好看。既然现在父亲有了改名儿的意思，正是求之不得："只要父亲以为合适，我没有意见。"

说改就改，父亲又把秉雄和年仅五岁的秉充也叫了来，当着他们讲了改名儿的意见：名字本只是一个符号，我过去给你们起名字，过分讲求文字音韵，其实不合实用。老大秉雄的名字，就不必改了，秉穹、秉充都改一改，以免读音相近造成不便利。秉穹改为"三强"，这是他同学叫出来的，我以为意思还不错，符合现代进步潮流，也是父母所期望的。秉充可以只改一个字，叫"德充"。

人的一生中，改改名字或重新再起一个时兴的名字，本算不了什么，但像钱三强这样改名字的却是少有。所以一时之间，在孔德学校成了"新闻"。这场新闻的鼓动者，又是顽皮分子周丰一，他有事没事总爱当众呼叫，以此来显示自己"发明"的功绩，他逢人便表白说，是他给起的外号被大文字学家钱玄同采用了。

关于改名字这段经历，钱三强写过较为详细的回忆，但有时闲谈中，他也留下一点点遗憾，就是对"秉充"为何改为"德充"，不明缘由，当时他们没有问过父亲。2001年5月26日和2012年4月16日，笔者先后拜访时年82岁和91岁高龄的德充先生，谈及此事，他说那时年幼完全不记得了。

钱三强每当讲起自己名字的来历，总要提到那位自诩"大弱"的李志中。他说过，没有"大弱"就没有"三强"。李志中在钱三强所有孔德同学中，是占有重要位置的。

1982年5月上旬的一天，钱三强突然接到学友李志中逝世的讣告。他虽然时任中国科学院副院长，面前摆着不少公务，但那天他还是赶往八宝山，向"大弱"告别了。

钱三强曾经为李志中没有成为诗人和文学家感到惋惜，同时他又为"大弱"选择了医学，而且政治上进步得早，为中国的解放事业作出贡献深怀敬意。钱三强记得，李志中从孔德毕业后考入上海复旦大学医学院，1936 年参加了中国共产主义青年团，同年转为中国共产党党员，后赴延安负责领导人的保健工作，主持创办了卫生试验所，研制成当时最急需的破伤风抗毒素、类毒素、牛痘苗等，是当之无愧的"人民功臣"。

1986 年夏，钱三强在亲笔撰写回顾孔德求学经历的文章里，加重介绍了男生和女生各一人，其中男生便是李志中，除了叙述他的主要经历，特别讲道："他比较有才华，会写诗，和我感情较好。"[1]

---

〔1〕 钱三强：《锻炼身体 扩展视野 培养拼搏精神》，1986 年 7 月 13 日手写稿。

第三章
"从牛到爱"

| 憧憬实业　志在学工 |

1929年春，离高中毕业还有一段时间，班上好多同学早早地在父母安排下，作着各自的升学计划，只有钱三强却迟迟拿不定主意。因为父母不为此操心，由他自己做主，而不到十六岁的他一时想不清该学什么好。

一天，钱三强无意中发现学校图书馆进了不少新书，其中有单行本印刷的孙中山著作，顿时引起对这位伟人的仰慕与好奇。

钱三强记得，父亲说过他在日本加入同盟会，孙中山那时是同盟会的总理。孙中山当年领导确立的革命纲领"驱除鞑虏，恢复中华，创立民国，平均地权"，父亲极表拥护，不止一次在饭桌上讲到，如果实行了这项纲领，中国就会成为现代国家。当有人诋毁孙中山的"三民主义"和"孙文学说"时，父亲还写文章旗帜鲜明地怒斥那帮诋毁者："夫彼孙公中山者，宁非当世伟人？彼之《三民主义》，《孙文学说》，虽不高明之言论也颇有，然他的功业一定比得上王安石，他的著作（即《三》《孙》）一定比得上黄梨洲之《明夷待访录》。老实说，我是觉得不谈政治则已，苟谈政治，救中国之策莫良于三民主义矣。"[1]

【1】　钱玄同：《致周作人（1926年3月14日）》，见《钱玄同五四时期言论集》，东方出版中心1988年版。

1925 年春，少年钱三强还亲历了伤感的一幕。头年，孙中山为了谋求全国统一，毅然扶病北上，不到半年便在铁狮子胡同临时行辕内与世长辞，时年 59 岁。4 月 2 日，孙中山的灵柩由中央公园暂时移往西山碧云寺，这天全北京城悲伤气氛特别浓。一大早，钱三强含悲肃立在无以数计的市民和学生行列中，流泪恭送这位伟人。

毕业前夕，当钱三强聚精会神细读《三民主义》和《建国方略》两本著作后，他发觉自己的兴趣，同喜欢"孙文学说""三民主义"的父亲不尽相同，激发产生向往的，倒是孙中山提出的关于未来中国物质建设的《实业计划》，他认为这才是实在而应该做的。孙中山《建国方略》中提出的六方面实业计划，给钱三强留下印象最深刻的是要大兴港口建设、铁路建设和工业建设，用它推动中国振兴，"这顿时使我感到要使国家摆脱多少年来受帝国主义侵略的屈辱，走向富强，非建立强大工业不可，因而决定要学电机工程"[1]。

钱三强回到家，对父亲讲了他读孙中山实业计划的想法：爸爸，我要学工科，将来做电机工程师。

钱玄同对孙中山的《实业计划》并不陌生。那是在民国元年孙中山提出辞职咨文后，他准备投身于振兴实业，设想寻求外国资金来发展中国的实业，亲自用英文写了《国际共同发展实业计划》，寄给各国政府和巴黎和会。但实业计划提出已经许多年了，各方反应平平，学界见仁见智，并未闻未见拿出实行的策略来，而完全没有想到的是，中学毕业的儿子居然对《实业计划》产生如此强烈追求，他既高兴又颇觉意外。

父亲略作思考后问三强：学工科做工程师是不错，那你准备考哪个学校？

----

〔1〕 钱三强：《锻炼身体　扩展视野　培养拼搏精神》，1986 年 7 月 13 日手写稿。

三强随口便答：考上海交通大学。

钱玄同马上想到一个问题，提醒道："你想过没有，就我所知交大教学用的是英文教本，你能跟得上吗？"

三强一听愣住了，他真没有想到这一点——孔德学校一直用法文教学，到了交大一下子要适应英文教学，而且专业课又那么多，谈何容易。

父亲见三强面露愁色，怕他误会是在干涉他的志愿，于是立刻表明态度："你们将来学什么，我不包办代替出主意，由你们自己去选择。但是一个人应该有科学的头脑，对于一切事物，应该用自己的理智去分析，研求其真相，判断其是非、对错，然后决定实行的措施。"[1]

钱三强经过和孔德几个有同样想法的同学商量，合计出一个办法——先考北京大学读理科预科，打好英文基础，再考交大学电机工程。只是要有人跟

在读北京大学理科预科时的钱三强

【1】 秉雄、三强、德充：《回忆我们的父亲——钱玄同》，《新文学史料》第三辑，1979 年。

北大校方说说情况，准许用法文考预科。

几天后，父亲告诉说他亲自找了北大预科主任关应麟[1]，关先生说文科预科是可以用英、德、法、日任一种外文应考，而理科预科则主要用英文应试，偶有用德文应试的情况，但法文应试尚无先例。

面对新情况，钱三强并没有打退堂鼓放弃自己志愿的打算。在他的影响下，孔德高中毕业班最后有三人（另有女生陶凯孙和男生卓励），坚持说服北大允考预科。

钱三强再次求助父亲。说他们有三个同学商量还是要考北大理科预科，将来若是英文跟不上，他们情愿留级，只求北大破一回例允许用法文作入学考试。

关应麟得知这番决心后被感动了，他对"说情"的钱玄同说："这几个学生有这样态度，也是难得，就让他们考吧。"

1929 年钱三强考入北大理科预科以后的情况，他本人在 1986 年写过一段回忆文字：

北大预科开学以后，新生约二百人，从全国各地来的，分为四个班。以外文（英文）程度先分为三个班，第四班是用德文与法文考进来的和英文程度比较差的，我们三人自然就在第四班了。当时一方面非常兴奋，有点长大了的感觉，另外也确实有点担忧——英文问题。开学以后英文有两门课：一是读本，学法兰克林自传；二是修辞学。理科的课程数学、物理、化学、生物都是用英文课本，老师们很可能由于习惯努力或维护"尊严"（那时是半封建半殖民地的旧中国），直接用英语讲，这对我是很大威胁。幸亏第二星期

[1] 关应麟，数学家，广东梅州人，数学家关肇直的叔父。

46

起逐渐地改为以普通话为主，夹杂着英文的科学术语，这样我就能听懂大意，在课堂努力做笔记，下课后在图书室或在家里努力查字典，将英文课本的内容与笔记对照，获得科学知识。[1]

收到学期考试成绩单时，钱三强的英文得了 65 分，高兴得很，父母也为他英文及格而高兴，父亲还同母亲说："他是属牛的，倒真有股子牛劲！"

改初愿　与物理学结缘

初来乍到时，钱三强不大习惯北大的主动学习气氛，加之自己英文水平较差，年纪小，又是预科生，心里有时有点儿胆怯。一年过后，感觉不一样了，他开始凭着自己的好奇心去"扩大知识范围"，物理系高年级的课去旁听，课外讲演也去听，几位清华大学教授在北大兼课和做实验演示，他都积极参加。

钱三强在北大第一次听清华教授吴有训的课是 1930 年，留下印象极深。他记得吴有训没有夹着大皮包走进教室，手里只拿了几页纸和一些长短不一的绳子，还有几节废电池，完全没有那种名教授的派头。那次吴有训讲授的是"振动与共振"。他先把带来的一根长绳子横拉在讲堂上，然后在长绳的每一等距离位置系一根短绳线，共系了 8 根，再在每根长度相等的短绳线下垂吊一节电池，作为重物体。

吴有训用一口江西话讲课，音调特别高。他首先讲解两个基本概念，一个是"高谐振动"，一个是"共振现象"。

[1]　钱三强：《锻炼身体　扩展视野　培养拼搏精神》，1986 年 7 月 13 日手写稿。

尽管吴有训讲得很通俗，但对于钱三强这些初学者并不易懂。吴有训像是洞察了学生们的表情，便开始做实验演示。他在长绳的垂直方向，用手推动垂吊的第一节电池，于是第一节电池开始做单摆运动；不一会儿，第一节电池摆动渐渐减弱，而第二节电池则开始自动摆动起来；再接下去，第三节、第四节直至第八节电池，节节都是由运动，到减弱，到停止，完成一个周期。有意思的是，等到把垂下的绳线改变成为不同长度时，这种现象就不再发生了。随着实验演示进行，课堂上气氛渐渐轻松活跃起来，大家开始有兴趣了。过了很多年后钱三强回忆说，他就是在这堂课上懂得了物理量随时间的周期运动概念，懂得了什么是共振现象，并且在后来的科学工作中有时还起到作用。

钱三强在北大预科，特别当他不再为英文基础不好而担心以后，他对理科专业课学习的劲头十足，听了物理系颜任光教授的仪器仪表设计制造课，并由龙际云指导在实验室做了简单操作，于是便产生了学习兴趣转移：

> 从这时起，我初步认识到课堂和书本上讲的原理是根据观测的实践，通过实验对原理就了解得比较清楚些。比如力学章节里，"加速度"的概念不大好懂，经过自己操作的实验，就比较容易懂了。化学老师虞正宏讲物理化学章时，从化学当量到分子、原子，概念讲得清楚，开始引起我对物质结构的兴趣。物理老师张佩瑚是有经验的先生，他从真空放电、电子、X射线一直讲到放射性现象，把19世纪末20世纪初物理的革命描绘得非常清楚。[1]

[1] 钱三强：《锻炼身体　扩展视野　培养拼搏精神》，1986年7月13日手写稿。

这个时候，钱三强的课外阅读又开始多起来，他读了不少科学著作，特别是英国科学家罗素的《原子新论》，书中关于原子结构的叙述，对他的兴趣转到物质结构上，产生了重要影响。

促使钱三强的兴趣转变，他自己总结还有一个外部原因，就是"外界环境又是日本侵略东北，发动'九一八'事变，而政府却不抵抗，当时的南京政府也没按《建国方略》的蓝图来建设中国。内部与外部因素加在一起，使我放弃了学电机工程的初愿，决心入物理系了，同时对实验科学有了很浓厚的兴趣"[1]。

同样，读北大预科的孔德另外两位同学，也都没有按原定目标去实现，他们重新选择了各自的道路。这里要说说那位女生陶凯孙，钱三强和她有过亲密的友谊，虽然不能说就是那种少男少女间的感情萌发，但在同学们的眼光看来，钱和陶的关系确实比一般同学更亲近一些。他们之间的亲近关系，只保持到1931年。

那一年，陶凯孙放弃学工科的志愿，从北大预科考入北大地质系，同年加入中国共产主义青年团，并在九一八事变后积极参加南下请愿，要求当局对日作战。后来她离开北大，走上了职业革命者的道路。

钱三强知道陶凯孙离开北大以后的情况，是时过半个多世纪的1986年。这年，钱三强从一位孔德同学处见到一份中央纪律检查委员会为已故陶凯孙昭雪平反的文件，他从文件中知道，陶凯孙1933年就加入了中国共产党，担任过许多领导职务；还知道她23岁那年（1935年）同一位朝鲜族同事结了婚，并且生有一子一女，1937年她怀抱刚出生的女儿到达延安，在中央党校学习。就在陶凯孙到延安后的第二年，她被诬陷除了"奸"，死时年方26岁。

---

[1] 钱三强：《锻炼身体　扩展视野　培养拼搏精神》，1986年7月13日手写稿。

| 转考清华物理系　注重实用技术 |

钱玄同为三强手书的"从牛到爱"

钱三强考入北大物理系本科刚读完一年，在多次听了几位清华物理系教授来北大兼课后，他又觉得"相比之下，北大物理系本科教授就教得比较逊色。加上'九一八'事变后，北大学生活动比较多，我自己那时政治觉悟又不高，书不好念下去，因此就产生了考清华大学物理系的念头"。

1932 年，钱三强放弃北大预科本科三年学历，考入清华物理系重读一年级。这年他 19 岁。

钱玄同对三强改变初衷转考清华物理系，还是本着他早年表明过的态度："讲到某人研究什么学问，我是主张完全要用自己的兴趣来决定，万不可由别人用了功利主义做标准来'指派'。"他别出心裁书写了"从牛到爱"的横条送给三强，含蓄表达父亲对儿子的殷殷之心；书写日子"双十节"，也是用心思挑选的，因为他曾经主张将辛亥革命成功的十月十日，取代农历新年庆祝。1933 年的"双十节"那天，钱三强参加完清华的庆祝会回到家，父亲把写好的字拿出来。起初，三强和家人都不理解"从牛到爱"的含义，钱玄同于是作了解释：写这样几个字寓意有二，一是勉励三强发扬属牛的那股子牛劲，二是在科学上不断进取，向牛顿、爱因斯坦学习。

自那以后，钱三强以"从牛到爱"为座右铭，人到哪里就把它带到哪里，曾经带到了巴黎和里昂，后又带回国，相伴了60年。1992年钱三强逝世后，这四个遒劲有力的隶体字，被镌刻在北京福田公墓钱三强墓的大理石盖石上，下面埋葬着钱三强的部分骨灰（另一部分骨灰埋葬在中国原子能研究院他的铜像下），紧挨着父亲钱玄同和母亲徐婠贞的合葬墓，他们相依安息在"福田"。

话题再回到清华园，这里是物理学家钱三强成长的摇篮。

1932年刚入清华校门，正遇上中国物理学会成立并在清华大学科学馆举行首次年会，到会的19位物理学家清华物理系人数最多，叶企孙、吴有训还都兼任物理学会的要职（首任理事长为李书华）。就这一点，很让钱三强感到荣耀，也无形中产生鞭策和激励。时光荏苒，半个世纪后的1982年，当年刚入门的钱三强，当选为中国物理学会理事长，这时的物理学会会员有两三万人，下属20多个分会和专业委员会。

钱三强入清华后，明显感觉到这里跟北大有许多不同，尤其物理系的教授多是留学美国归来，一色的美国教育方式，上课讲解例题，介绍最新发展，启发思考，注重培养学生既动脑又动手的能力。

北京福田公墓中钱三强墓（紧邻父母的墓）大理石盖石上镌刻着"从牛到爱"

他以萨本栋讲授普通物理课作过说明:"萨本栋先生是用自己编的中文教本,这在当时还是比较少的。他讲电磁学那一章时,基本概念也是讲得十分清楚。他有时一上课先用十分钟要学生做一道小考题,看看上一堂讲的那些概念,学生们懂了没有。这种办法对促进学习,加强理解,确是有作用的。"

钱三强对叶企孙讲授热力学课一直记忆犹新:

> 我至今还记忆比较清楚的是叶企孙先生在 1933 年讲热力学时的情景。热力学是一门比较不好懂的课程,加之叶先生讲话又是上海口音,而且有点口吃,但这些并没有妨碍他把热力学这门课讲好,他把基本概念讲得非常清楚。在那些重要而关键的地方,他不厌其烦地重复讲解,直到学生完全记住弄懂为止。他的讲课过了四五十年之后,今天回忆起来,还记忆犹新,并且非常钦佩。他上课时有参考用书,但从来不按书上内容宣读。他在两三年内,给不同班次讲热力学,每年所举的例子几乎从不重复,因此有时叫我们看看上一班同学的笔记,后来我才知道,他备课是很用心的,几乎都是用热力学最新发展方面的例子来作讲课内容的。他教课的过程,就是他吸收国外最近研究成果的过程。[1]

清华物理系还有一个特点,许多教授除了授课,同时亲自进行科学研究,如吴有训进行 X 射线对金属结构的研究,赵忠尧和霍秉权研究原子核物理,萨本栋与任之恭进行电路与电子学方面的研究,周培源进

---

[1] 钱三强:《我对吴有训、叶企孙、萨本栋先生的点滴回忆》,见《钱三强文选》,浙江科学技术出版社 1994 年版。

行理论物理方面的研究，叶企孙进行光谱学研究等。钱三强认为，这样教学科研相结合，在当时旧中国那种体制下，是比较少有的。

有一次，钱三强听赵忠尧作课外讲演，介绍他用盖革计数器研究γ射线、人工放射性和中子物理的情况，其中讲到英

钱三强在清华大学无线电实验室做实验

国物理学家查德威克刚刚发现一种不带电荷、具有质量的中性粒子。他在讲解了中子的质量、性质及在原子核内部的作用后，还介绍了发现中子的简单过程。在好奇心强的钱三强听来，那是一个生动的故事。

本来，这项发现应该由两位法国物理学家取得，是居里夫人的女儿和女婿最先在实验中观察到一种γ射线的能量大得惊人，能够在石蜡和玻璃纸等含氢物质中打出能量很高的质子，实际上这就是不带电的中性粒子流，但他们在发表实验结果时，把这种奇异现象解释为γ射线对质子的一种散射。正是两位法国科学家为查德威克提供了机遇，他去重复他们的实验，发现了同样的奇异现象，但他作出了正确的解释。这样，中子的发现权落到了查德威克名下，还因此得了诺贝尔奖。

清华物理系十分注重培养学生手脑兼用的能力，规定学生选修实验课的学分，不得少于理论课的二分之一。那时物理系开设的实验课种类

很多，既有供全校选修的实验课，也有物理系学生专修的实验课，更难得的是，有些实验课都由知名教授直接指导学生动手操作。很多教授从总结西方的经验中认识到，实用技术对摆脱国家工业落后有关键性作用，因而许久以来在清华形成一种习惯，不少教授按照校方的休假条例**[1]**，纷纷利用假期出国深造或短期工作，以便掌握科学技术发展的最新前沿，特别是最新实用技术。

钱三强学会吹制玻璃技术，就是参加 1935 年吴有训休假返国后开设"实验技术"选修课的收获。请看他 50 多年后的回顾：

> 日本侵占我东北后，我国有不少爱国的知识分子到国外去学习能实用的技术。吴有训先生在 1934 年曾到美国去了一段时间，想为国家制造真空管做些工作。他从国外带回一些吹玻璃的设备、玻璃真空泵与各种口径的玻璃管等。1935 年他就开了一堂"实验技术"的选修课，我们班中有五六个人都参加了，我也是其中之一。他手把手地教我们，让我们掌握烧玻璃的火候和吹玻璃的关键所在，并随时指出我们的缺点，我感到得益不少。**[2]**

这里要说到一件事，钱三强爱好和重视实用技术，还影响过气象学家叶笃正（中国科学院院士，2005 年度国家最高科学技术奖获得者）一生的事业选择。那是 1935 年，叶笃正从南开中学毕业考入清华大学，他听了钱三强的劝告，放弃原本想学物理的打算，改学了气象。对于这件

---

[1] 休假条例规定，连续服务五年可休假研究一年，用以进修专业，提高学术水平。休假研究期间，除享受本薪外，还给予来往旅费 520 美元和每月 100 美元研究费等。

[2] 钱三强：《我对吴有训、叶企孙、萨本栋先生的点滴回忆》，见《钱三强文选》，浙江科学技术出版社 1994 年版。

事，叶笃正在心里记了 70 多年：进入清华后"第一件事是选系，我本来想进物理系，可是当时物理系四年级的学长钱三强劝我学气象（钱三强先生和我一起打乒乓球，这样就熟起来），他说气象也是物理的一部分，但比较实用，我接受了他的劝告，这就决定了我一生的事业"[1]。叶先生发表这段回忆，用的标题是《乒乓球桌旁友谊决定一生事业》。

| 从不问政治到成为冲城门先锋 |

钱三强追求科学知识和实用技术，有着入迷的爱好，这跟他所处环境下的思想认识密切相关："当时生活在反对帝国主义、封建主义压迫的时期，因此产生了爱国主义思想，要求祖国富强的愿望促进我走上工业救国、科学救国的道路。"他认为，科学和技术可以使国家走向富强，除此以外的其他事情，在他的追求中都处于次要地位。

钱三强的清华同班同学于光远，作为钱三强的入党介绍人之一，他 1953 年 4 月 7 日在钱三强填写的入党志愿书上写了一段话，介绍钱三强在清华时期的政治表现。于光远写道："钱三强同志在清华时是不问政治的学生，没有参加过什么政治组织，但有些正义感，对反动学生的行为有时不很满意，有时也偶然参加全校性的群众行动。"[2]于光远写的这段话，在支部大会念之前钱三强看了，他从心里接受，认为于光远的介绍是符合实际的。

1935 年，以清华学生为先锋，北平各校学生发起一二·九运动，反对当局向日本帝国主义出卖华北。那天，钱三强如同往日一样坐在图

---

〔1〕 叶笃正：《乒乓球桌旁友谊决定一生事业》，《水木清华》2012 年第 9 期，"老清华体育轶事"。

〔2〕 转引自"钱三强档案"阅档记录。

书馆用功，没有参加上街游行。第二天，当他得知游行学生百余人被军警打伤、数十人被拘捕的消息后，顿时震惊了。尤其在他读了平津学生宣言和清华文刊《怒吼吧》(12 月 10 日第一期) 刊载的《告全国民众书》，上面白纸黑字写着的一件件事实，使不问政治的钱三强，内心受到猛烈冲击。

平津学生宣言书用事实说话，掷地有声：

奠都以来，青年之遭戮杀者，报纸记载 30 万人之多，而失踪监禁者更不可胜计。杀之不快，更施以活埋；禁之不足，复加以毒刑。地狱现形，人间何世？"九一八"事变，三天失地万里，吾民岂不知尸责者谁，特以外患当前，不愿与政府歧趋。然政府则利用此种心理，借口划一国策，熬煎相逼，无所不至。昔可以"赤化"作口实，今复可以"妨碍邦交"为罪名，而吾民则举动均有犯罪之机会矣。杀身之祸，人人不敢避免，吾民何辜，而至于斯！北京大学学生组织"帝国主义研究会"，清华大学学生组织"现代座谈会"，此乃约法所许之权利，而政府则解散之，逮捕之。……此外刊物之被禁，作家之被捕，更不可胜计。焚书坑儒之现象，不图复见于今日之中国，此诚吾民百思莫解者矣。[1]

触目惊心的事实刺激了钱三强，正义感和激情之火被点燃了，他以自己实际行动响应学生救国会的号召，参加到了反对借成立"冀察政务委员会"向日本帝国主义出卖华北的大游行中。

12 月 16 日一大早，钱三强站到清华游行队伍的行列，和大家一起

[1] 王春江：《裂变之光——记核物理学家钱三强》，中国青年出版社 1990 年版。

1934 年北平五大学举行拔河比赛，清华大学获得冠军。左为冠军奖牌，右为冠军队员钱三强的奖牌

高呼"挽救危亡，共赴国难"的口号向城内进发。游行队伍先到达西直门，城门紧闭；从西直门又转到阜成门，城门同样紧闭；再从城外绕到西便门。虽然辗转行进体力消耗很大，又受到饥饿和寒冷的夹击，但爱国热情依然高涨，大家抱定不达目的不罢休的决心，决意用血肉之躯冲开西便门的城门。

在轮番冲撞城门行动中，钱三强毫不畏缩，他以清华校拔河队员的全身力气，和着"一二三冲！"的号令，一次次发起冲撞。随着一声闷响，西便门的城门终于冲开了。冲进城门在与军警发生冲突中，他的衣服被撕破了，腿被军警从城头上砸的砖石砸伤流血了……

傍晚回到家，父亲钱玄同看出三强不是往常星期六从清华回家的样子，他问起这次示威运动的情况，特别关心冲城门中有没有学生伤亡。还用赞许的口吻对母亲讲："他们干得对！"说话时，就像他自己在五四运动那天陪着学生游行队伍一齐前进的神情一样。**〔1〕**

〔1〕 秉雄、三强：《钱玄同年谱》，"跋"，见《钱玄同印象》，学林出版社 1997 年版。

第四章

开启科学生涯

毕业实验一次失败的启示

到了四年级准备作毕业论文的时候，钱三强所在的清华物理系八级同学，由 1932 年入学时的 28 人，后来逐年减少，已经只剩下 10 名学生了（见下图毕业照，其中于光远是 1934 年从上海大同大学转入清华

清华大学物理系八级毕业合影
前排左起：王大珩　黄葳　许孝慰　何泽慧　于光远
后排左起：钱三强　杨振邦　陈亚伦　杨龙生　谢毓章

的）。因为毕业生少，老师
指导学生毕业论文，差不多
是一对一，这就使得该级以
作毕业论文比较系统严谨著
称。从老师指定题目、参
阅文献、设计实验、制造
设备、进行实验、分析数
据，到写作论文，几乎要经
历研究工作的全过程，而这
对毕业后进行实际工作大有
益处。

钱三强的毕业论文由物
理系主任吴有训指导，研究
金属钠对真空度的影响。吴
有训认为，钠蒸气会影响真

钱三强 1936 年夏在清华大学用自制的玻璃真空系统
做毕业论文实验

空系统的真空度，虽然是已知的了，但究竟有多大影响，与钠的含量、
温度的高低、真空度的大小等这些因素有什么样的关系，需要进一步弄
清楚。吴老师提供一只扩散真空泵和一些玻璃管材，作为实验的基本材
料，然后由钱三强自行设计和制作。

1936 年春，钱三强开始查阅资料，设计管道图，并到金工车间用
角钢焊接了一个支架，用一支扩散真空泵和一些玻璃管材制作了一台真
空系统。一天，他刚启动抽真空，突然"嘭"的一声响，整个玻璃真空
系统爆炸了，扩散真空泵中的水银流了一地。钱三强吓得不知所措，慌
忙跑去报告吴有训。吴老师先吩咐赶快把实验室的门窗打开，人暂时不
要进去，以免摄入水银蒸气中毒。

两天后，钱三强和吴有训一同来到实验室。经过总结分析，发生爆炸的原因是玻璃制品的结构应力不均匀，而关键在于吹制玻璃设备时，没有掌握好退火时机和退火的操作程序。钱三强接受老师的指点和鼓励，重新再干，细心操作，实验终于取得成功。他的毕业论文得了90分。

通过这件事，钱三强获得了做科学研究的初步经验，同时也从失败教训中懂得科学研究必须有一丝不苟的严谨态度。他非常珍惜这次经历给自己的启示，感激吴有训老师的教诲：

> 结果毕业论文的实验完成了。1937年我到法国作原子核物理研究，由于在清华大学时学过吹玻璃技术和选修过"金工实习"课，所以对简单的实验设备和放射化学用的玻璃仪器一般都能自己动手做，比什么都求人方便得多。1948年回国后，我也同样鼓励青年同志要敢于动手自己做仪器设备，这对他们后来成长大有好处。回忆这段事实，说明我在清华大学时受到的教育，特别是吴先生鼓励我们敢于动手的教育是非常重要的，对我一生是有意义的。[1]

到了80年代末，钱三强还勉励物理学史研究者，要好好研究清华物理系的这些历史经验，建议要特别注意吴有训先生注重实验的主张。他说："吴有训先生和他的同事们致力于清华大学物理系，其目的就是要建立一个我国自己的科学中心，发展立足于我国的科学技术基础，培养我们自己的专家学者，使科学技术真正在我国生根。"[2]

[1] 钱三强：《我对吴有训、叶企孙、萨本栋先生的点滴回忆》，见《钱三强文选》，浙江科学技术出版社1994年版。

[2] 郭奕玲、沈慧君：《怀念钱三强先生》，《现代物理知识》1997年第9卷第1期。

1936 年 6 月清华组织的毕业参观，也给钱三强留下好印象。那时清华每年收取学生的学费每人 20 块大洋，到毕业时，校方再把这笔学费如数返还用于学生。这样，毕业同学每人有 80 块大洋，他们到各地进行毕业参观，吃住行都用这笔钱花销。校方组织毕业参观，主要目的是扩大学生的视野，同时也借以为毕业学生谋求就业岗位。

钱三强记得，当年物理系的毕业参观由年轻教授任之恭带队，先在北平就地参观协和医学院及其所属的研究机构，还有北平研究院的物理研究所；再往南京、上海，参观资源委员会、国防部兵工署所属的国防科学机构，以及中央大学、交通大学等。

| 本命年发表第一篇科学论文 |

清华物理系八级全班同学一半以上找到了工作，有的是通过毕业参观面洽，有的则由校方推介。钱三强当时有两个可供选择的就业去处，一个是南京国防部兵工署，一个是北平研究院物理研究所，都是他参观过的，便有了可作比较的印象。要是单凭个人意愿行事，他可以立刻拿定主意，但想到择业是件大事，关系个人一生的努力方向，应该先征得父母意见。父亲听后不说自己的意见，而反问三强本人有何想法。

三强实话实说：依我个人的兴趣，我当然愿意到北平研究院物理研究所，可是有同学主张去南京兵工署，说那里条件好，聘请了德国顾问，还说那里薪金高，个人发展机遇也多。

"我还是原来的态度，你们自己的事情自己决定。"钱玄同从心里不赞成选择兵工署，他想想又说，"既然你有兴趣从事物理科学研究，我看也是不错的。"

万事唯求平安的母亲，更不愿意三强同军事、政治发生瓜葛，她立刻表示意见说：不要去南京，还是留在北平好。

钱三强把决定到北平研究院物理所的想法报告了吴有训，也获得支持，他并且给所长严济慈写了推荐信。

那时中国的科学研究机构规模都很小，一般的十来个人，经费更是少得可怜。但有一样，各个研究所的所长都很有学术造诣，在国际上也蛮有影响。钱三强选择物理研究所，其中就有慕严济慈大名的因素。他听说过严济慈在学术上的地位和影响，与叶企孙、饶毓泰、吴有训并称为中国物理界"四大名家"（指当时物理学领域4个分支学科的代表人物——注），是为数不多在法国获得博士学位，并在那里从事科学研究多年的学者，在现代物理学领域特别对光谱学和晶体的压电性能研究方面卓有成就。

物理所是一处红漆大门的老四合院，院子很大，除了保持旧式格局，新建了一栋三层的理化大楼，为物理所和化学所合用，楼内研究室、实验室、金工场一应俱全。至于研究工作，和各处的科学机构一样都是处于盲目和无计划状态，境况惨淡，但难能可贵的是，一些科学机构的学术领导人，凭着使命感和预见性，在困难环境中充分发挥个人的能力，专心于做研究，确也取得不错的成就。北研院物理所同样人才辈出，学术研究空气浓厚，邀聘有资望很深的学者任专任研究员，还有基础打得好的研究助理员。在钱三强到所前，师兄辈的研究助理员先后有过陆学善、钟盛标、钱临照、吴学蔺、方声恒、翁文波等。

1936年7月的一天，严济慈在理化大楼办公室接待钱三强，他交代钱三强先在光谱学方面做些研究，并告知其职衔为研究助理员，月薪80块大洋，再兼做一份无报酬的辅助性工作——图书室管理员。钱三强领到第一个月工资后，为父亲的写字台配了块玻璃板，父亲用手摸了摸没有说话。

钱三强开始做关于带状光谱的分析和测量，即用色散分光仪观察分析光谱，得到一条条宽度不等的光带的光谱，带光谱的结构和性质随分子而异，通过对带光谱的研究，可以了解分子的结构。这以前，研究所内在光谱学方面开展了几个方面的研究，诸如吸收光谱及发射光谱、电场对于碱金属光谱的影响、外气对于碱金属吸收光谱的效应等。钱三强研究的是化学元素铷的紫蓝色光带，分析测量它的游离能量。

几个月紧张努力，研究工作比预想的要顺利。钱三强好多年后谈体会，其中一个重要的原因是有比较好的工作条件，尤其所内做光谱研究的仪器设备相当完善和先进，有从德国进口的多种型号的摄谱仪、大口径拉曼摄谱仪、恒偏向分光仪、氟石棱镜真空摄谱仪、显微光度计、各种光源以及 10 英尺光栅摄谱仪等。有了这样先进的设备，取得数据和进行分析，效率自然要高得多。

到年底实验全部做完，严济慈看了整理的数据，认为应该写成文章发表，他还特别提醒，文章写好后要送给清华老师叶企孙、吴有训他们看看。1937 年 3 月 18 日钱三强写成 *Band Spectra and Energy of Dissociation of the Rubidium Molecule*（《铷分子离解的带状光谱和能量》）的英文稿，和严济慈联名寄给美国《物理评论》，同年 7 月 15 日发表于该刊第 52 卷。

钱三强的第一篇研究文章，发表在自己的本命年（牛年），正巧合了首开"从牛到爱"科学生涯的记录。

文言文不好险些影响留学

经过半年实际考察，严济慈对钱三强留下好感。按照他从长远着眼培养人才的习惯做法，当协助他工作的青年取得好的研究进展，或表现出具有独立工作能力和良好发展前途的，便不误时机地推荐到国外的研究机构或大学去深造。

1937年初的一天，严济慈和钱三强有一次紧张工作后的交谈，谈话内容钱三强记得："有一个星期六的下午，严先生找我去谈话，问我是不是学过法语。我说在孔德学校时学过。他就到图书室取来一本法文科技书，让我念给他听听。他听了一会儿，说我'法语程度还不错'之后，才告诉我为什么要考察我的法文，原来是想让我去考中法教育基金委员会到法国留学的公费生。"[1]

又一天下班后，钱三强正在实验室用机械计算器整理数据，严济慈走进来告诉说，中法教育基金会将进行留法考试，镭学、流体力学和微生物学各有一个名额，他建议钱报考巴黎大学居里实验室的镭学研究生。

留法考试是5月间进行的。钱三强按规定的科目先后考了物理、数学、外语（法文、英文两种答卷任选）和语文四门课的卷子，各课考题都由考试委员会统一拟定。等到最后考完语文，钱三强心里开始发凉了。因为一个时期以来，国内文化教育领域正逆新文化运动宗旨而行，刮起一股复古风，中法教育基金会这次出语文考试题也受此影响。出文科考题的戴传贤规定考生写两篇作文，一篇用白话作，一篇用文言作。写文言文正是钱三强的先天不足，见了考题心里就发怵，文章自然不会写得好。其实，他早知自己存在两大弱点——文言文和毛笔字，只不过因为选学了理科没有觉得是大问题，这次留法考试使他有了切身体验，体会到一个人的长处和短处往往是共存的，一碰到实际便显露出来。

钱三强的两个弱点，他自己并不讳言，而且认为跟父亲有直接关

---

[1] 钱三强：《重原子三分裂与四分裂的发现》，科学技术文献出版社1989年版。

系。他从小受到父亲文学革命激进主张的熏陶，把文言文视为"死文字"，认为白话绝对是文学正宗，自小不习文言文，不用毛笔写字，后来到了真正要用时觉得是问题了，意识到了自己的弱点，而又为时已晚。他从中得到启示：事情一旦做得绝对了，过了头，往往带来负面影响。

1986 年，钱三强应邀为中国科学院计算技术研究所所庆题词，要求最好用毛笔书写，这使他很为难。他在给葛能全的一封信中讲到自己的体会：

> 他们要求有点使我难于满足，希望我用毛笔字写。我的毛笔字实在拿不出。……但你又说可以用粗碳水笔写，这样我勇气又大了一些，试着写了，看来的确是不如毛笔写的好。……总之，我父亲当初的革命性主张：白话，横写，自左到右，并且主张用钢笔写字。看来"五四"时期的主张可能过头了一点，但对我这个"五四"时期入小学的人，要改还是不容易的。当初他主张白话文，我出国考试时，戴传贤主张复古，一定要白话文以外，还要作一篇文言文，结果成绩也受了一点的影响。优点和缺点在一个人身上常常是同时存在的，因情况条件不同，会表现结果不一样。这也是辩证法。[1]

事情正如钱三强自己所料，考试委员会确实认为他的文言文写得不大好，而物理、数学成绩则比较好，几门课平衡下来综合成绩还不错。综合成绩不错的考生还有一人，他是用英文答的卷，尤其文言文写得好，但物理、数学成绩不如钱三强，结果评委们认为，去法国巴黎大学读镭

---

〔1〕《钱三强年谱长编》，科学出版社 2013 年版。

学研究生，取法文答卷的钱三强更合适，决定公费资助三年，每月合2000 法郎（旧币）。

时过半个世纪，钱三强在回顾这段往事时认为这是他的幸运：经严济慈所长鼓励，参加了中法教育基金会组织的留法学生考试，考取了镭学名额，而且是到世界上原子科学研究最先进的机构之一——巴黎大学居里实验室；指导从事研究工作的导师，正好又是发现人工放射性的约里奥-居里夫妇。可以想象，这一切对于一个刚迈出学校大门，充满幻想的科学青年该是何等幸运！【1】

│ 一件幸事和一段佳话 │

1937 年初夏，中国物理界迎来一大幸事，世界知名的丹麦物理学家尼尔斯·玻尔（N. Bohr）应邀到中国访问。5 月 20 日玻尔偕夫人和儿子汉斯乘船抵达上海，先后在上海、杭州、南京作了参观和演讲；5 月 29 日来到北平，计划参访北京大学、清华大学和北平研究院物理研究所，还要游览古老的长城。

其时，钱三强只是中国物理界一个无名的小字辈，又正焦急等待留法考试结果，但他对目睹科学伟人风采和聆听他的演讲抱有强烈愿望。因为此时的钱三强不仅兴趣爱好上，而且理性认识上已经确定了自己的目标，不论留学法国成功与否，他与物理学结下的缘分，不会再解开了。

6 月 4 日上午，玻尔参观北平研究院物理研究所。那天，钱三强早

【1】 钱三强：《中国原子核科学发展的片段回忆》，香港《紫荆》杂志创刊号，1990 年10 月。

早来到所里，他特别穿了一身浅色西服，迎候大师参观自己工作的实验室。当玻尔在身着长袍的李书华副院长陪同下走进实验室时，钱三强上前握手欢迎，并向玻尔介绍实验设备和刚完成的铷分子带状光谱与离解能量的实验，玻尔对北研院物理所有这样优良的设备做实验表示钦佩。参观结束后，钱三强同玻尔一起照了合影，留下了历史性的那一刻。

　　午后，他又骑车赶到北京大学理学院听玻尔演讲，讲题为《原子物理中的因果关系》，其中印象深刻的一个论点是，主张抛弃经典的因果性形式，而支持纯统计学的描述。这是钱三强第二次聆听世界科学大师的演讲，前一次是 1935 年在清华园听狄拉克（P. Dirac）讲解正电子，那是当时国际物理学界最热门、最前沿的课题。不过，他那时还没有真正接触物理学研究，许多概念听起来似懂非懂，而这次听玻尔演讲，留

钱三强（二排右二）在北平研究院同玻尔（前排左）合影（前排右为李书华）

下的印象难以磨灭。

1985 年，中国物理学界为了纪念玻尔诞辰 100 周年举行报告会，时为中国物理学会理事长的钱三强发表讲话，开启他近半个世纪的记忆之门。他说道：

> 1937 年夏天，玻尔夫妇和儿子汉斯来中国，访问了上海、杭州、南京，北平等地，在中央研究院、浙江大学、北京大学等单位作了关于原子和原子核的演讲。我那时刚从清华大学毕业不久，在北平研究院物理研究所工作，玻尔来参观物理研究所，又在北京大学演讲，对原子的结构和原子核的图像讲得深入浅出，深深地吸引了我们这些听众。他的关于复合核的概念对于我后来做有关裂变工作有很大启发。[1]

钱三强赴法原本定在 6 月与严济慈同行，因为严新当选法国物理学会理事，要赶去巴黎出席理事会，他的法国导师法布里（C. Fabry）退休开庆祝会也要参加，还要陪同李石曾代表中国在巴黎出席国际文化合作会议，他建议钱三强与其同行，既可以解除旅途寂寞，又能顺便带领钱去熟悉巴黎的环境。但是家人觉得行期太仓促，来不及做准备，改在 7 月中单独前往。

那时，出国深造在青年学子中可谓凤毛麟角，去世界文化名都巴黎，到居里夫人创建的实验室攻读博士学位，更是让人羡慕。因为这种缘故，钱三强行前除了做些必需物品的准备，少不了和同学、朋友应酬，主要是孔德学校尚在北平的同学隔三差五就有一小聚，而清华同学

---

[1] 钱三强：《纪念尼尔斯·玻尔 100 周年诞辰》，《物理》1986 年第 15 卷第 4 期。

本来人少，又分散各地，倒是来往得极少。

忽然有一天，钱三强家难得来了一位清华同学，他便是毕业后去了广州岭南大学任助教的于光远，说是登门话别来了。他们谈得很投机，分手时于光远在钱三强的一个纪念册上写了临别赠言，原文是："科学与民族解放都是我们所迫切需要的。民族解放事业需要科学的协助，科学也只能在自由独立的国土上开花。让我们将科学与民族解放事业紧紧地配合起来。"〔1〕

于光远写在纪念册上的话，钱三强一直视为诤友之言。1953年他在自传里不仅全文记录了于光远当年写下的那段原话，还表达了他对这几句话的真实心迹：这几句话使我深深地记在心头，在国外常常想，三年留学完毕，可以将学得的东西贡献给民族事业了。

许多年后，于光远和钱三强这次话别引出一则故事，这个故事见诸文字，是1992年7月于光远为悼念钱三强逝世而写的《告别钱三强》一文，现摘录如下：

1937年初，我在广州由于自己组织的一个革命团体被国民党当局破坏，不得不离开岭南大学的教师职位。到北平后知道三强已报名应约里奥-居里的研究生考试，三强考取了。出国前，我在他的一本纪念册里写了一段这样意思的话："你出国深造钻研科学，我在国内干革命工作，等你学成回国，中国革命取得了胜利，你用你学得的知识为革命服务。"（于光远的记忆有别于原文——引注）

1961年坂田昌一到中国，在一次我和三强都在的场合，三强对坂田讲了这段故事，并说那本纪念册他还保存着。1948年他回

〔1〕　钱三强：《自传》，1953年2月20日，存于"钱三强档案"。

国，1949 年北平就解放了，三强果真在革命胜利后的中国，用他的学识，为新中国的科学事业、特别是为原子能科学事业作出卓越的贡献。坂田回日本后在他写的《中国科学界的新风貌》中介绍了这个故事，说是中国科学界的"佳话"。1991 年我想起看一看三强保存的纪念册，复印一份也留个纪念，三强告诉我这个本子在"文化大革命"中丢失了。真可惜。[1]

[1]　于光远：《告别三强》，见《自然辩证法研究》1992 年第 8 卷第 8 期。

第二篇

第五章
勇敢复兴可爱的祖国吧

| 含愤离家国 |

钱三强要远行，最忙碌的是母亲徐婠贞，她事事为儿子操心。听说坐轮船在海上要航行一个多月，她操心三强在船上吃什么、用什么，晕船备什么药，到了巴黎穿什么、戴什么，宗宗都想备齐带够，把行李箱塞得满满当当的。三强呢，又总是一遍一遍地清理箱子，每次把清理出的东西偷偷地放回到母亲的柜子里，还反复央求母亲不要再往箱子里塞东西了。可是不顶用，母亲说："儿行千里母担忧啊！这一走多少年，往后不要说带东西，连见面都难了。"

进入 7 月，全家人都在数着日子过。

7 月 7 日是小暑，北平又是一个闷热的天气，直到傍晚，才有徐徐微风吹进庭院，炎热开始有些消减。钱玄同和家人都摇着蒲扇坐在平时饮茶小憩的廊檐下，享受着夏夜难得的清静。可万万没有想到，就在这个宁静的夜晚，北平城西南郊宛平卢沟桥，发生了震惊中外的"七七事变"，并从此拉开了中国人民全面抗日战争的序幕。

面对危在旦夕的恶劣局势，钱三强不得不重新考虑还要不要离家去国外求学。

他担忧父亲的安危。父亲患有严重的高血压、血管硬化、神经衰弱、腿打颤等多种疾病。究其原因，正是与日军侵华所受刺激紧密相关。就如国语运动同人黎锦熙在《钱玄同先生传》中写的："但'九一八'以后北平的环境和刺激，也是使病加重的原因：他虽曾在日本留学，但向来不喜欢日本人。'九一八'以前，有时朋友介绍日本人来访问国语和音韵学之类，他还勉强敷衍，以后就拒绝往来，凡宴会有日本人在座就不赴席；民二十二'塘沽协定'以后，看见日本人就远远地躲开，和我们谈话时只名之曰'我们的敌人'。"[1]

1936 年 8 月，日军耀武扬威进攻绥远，第五十九军在怀柔奋起抗敌，击退了日军的进攻。这次战役，中国军队虽有不少伤亡，但终究取得了对日战争的局部胜利，鼓舞了军民士气，显示了中华民族不畏外敌的气势。为了纪念这次抗战中英勇牺牲的五十九军将士，在大青山下修建了一座"华北军团第五十九军抗日战死斗士墓碑"，新文化运动的另一位革命先锋胡适作了碑文，钱玄同则自告奋勇亲笔手书刻于碑石上。碑文的末尾是这样写的："这里长眠的是二百零三个中国好男子！他们把他们的生命献给他们的祖国。我们与我们的子孙，来这里凭吊敬礼的，要想想我们应该用什么报答他们的血！"[2]

卢沟桥事变对钱玄同的刺激，更是如同针扎在心，骤然间血压升高，几乎不能坐立，躺在床上独自一人闭目沉思。

钱三强想到国家所处的形势，真可谓到了国破家亡的危急关头了。他记起两年前上街游行喊过的口号——"挽救危亡，共赴国难"，如若这时出国留学，不是自己食言了么！他思想斗争很激烈。后来他描述当时的心迹时说：

[1] 黎锦熙：《钱玄同先生传》，见《钱玄同印象》，学林出版社 1997 年版，第 60 页。

[2] 黎锦熙：《钱玄同先生传》，见《钱玄同印象》，学林出版社 1997 年版，第 60 页。

现实的中国却总是如此不幸。正当我赴法行期在即，卢沟桥事变爆发，侵略者的铁蹄踏到了中国人的脊梁上。民众的心在剧痛，在流血！加之，家父由于忧愤国事，高血压病骤然加重，凶吉难卜。我开始踌躇了：国难家患临头，我能忍心离去吗？[1]

于是钱三强准备给在巴黎的严济慈发电报，告诉他暂时不去法国求学了。

知子莫如父。钱玄同从自己的切身体验察觉了三强的心思，"九一八"时他怀有过同样的心情。那时，他责怪自己不能操干戈保卫社稷的激越言辞，是见之于文字发表的，不仅学界同人，甚至连"我们的敌人"也知道："噫！国难深矣！不佞既无执干戈以卫社稷之能力，只因在过去读了四十年死书，到得现在，靠了做颜习斋所讥之'林间咳嗽病猕猴'之生涯以骗钱糊口，无聊极矣！可耻极矣！"[2]

然而，七七事变后的钱玄同多了一些理性思考，他强忍病痛与离愁，对三强先晓以大义：弹丸之地的日本，敢对偌大中国发起侵略，还不是因为我们国家落后吗！你这次出国深造，是极难得的机会，你现在的所学，将来对国家定能有所用。报效国家，造福社会，发奋之路还远得很哩。男儿之志，不能只顾近忧啊！接着，他又对三强动之以情：我的体质虽不如你们的伯父和祖父，他们都活到七十四五岁，但我想我活到六十多岁是可能的。[3]

钱玄同为了表示决不做日军占领下的"顺民"，他趁此时刻亲自操

〔1〕　钱三强：《中国原子核科学发展的片段回忆》，香港《紫荆》杂志创刊号，1990年10月。

〔2〕　方师铎：《钱玄同先生的生平及其著作》，台湾《图书馆学报》1965年第7期，转引自《钱玄同印象》，学林出版社1997年版。

〔3〕　秉雄、三强、德充：《回忆我们的父亲——钱玄同》，《新文学史料》第三辑，1979年。

办了大儿子秉雄的订婚仪式，同时借以为三强祝行。仪式是 7 月 15 日在中央公园"来今雨轩"举行的，钱玄同选择"来今雨轩"，寄托着他的另一番心意。

"来今雨轩"是当时北平的著名茶轩，尤其文化、学术界人士更慕其名号的寓涵。"来今雨"，出自唐代诗人杜甫一首诗的题序。杜甫当年（唐天宝十年）去官闲居闹市长安，贫病交加，门可罗雀。一天突然有一位魏姓朋友冒着雨来看望他，杜甫很是感慨，便写了一首题为《秋述》的诗，借以抒发对人情势利的感慨，还为这首诗作了序，交代作诗背景。杜甫诗序里写道："秋，杜子卧病长安旅次，多雨生鱼，青苔及榻，常时车马之客，旧雨来，今雨不来。"

久而久之，"来今雨轩"遂成为北平文化人士饮餐聚会的最佳去处，一边品着茶点，一边发着文学、人生、志趣的宏论。钱玄同和《新青年》那几位编辑大家，都曾是"来今雨轩"的常客。

眼下日寇侵占北平，时势险危，钱玄同想让朋友们不要因为敌人入

钱三强赴法前夕与家人在北平中央公园"来今雨轩"合影（右起：钱三强、父钱玄同、嫂徐幽湘、母徐婠贞、兄钱秉雄、弟钱德充）

侵而忘却往日的"来今雨轩"。他邀请了父子两代的朋友、同学（其称之为"旧雨、今雨们"）百来人出席仪式，从策划、拟定邀请名单及书写请帖，一应由钱玄同带病亲自操持。仪式开始时，他首先向来者致辞，特别讲到：儿女们的婚姻诸事，我是向来反对包办代替的，应该由他们自由选择，自己去争取。**[1]**

仪式结束后，阖家六人照了全家福，以作离别纪念。

7 月 17 日，又是一个酷热的周末，钱三强早早起了床。他刚走到院子里，一阵刺耳的轰鸣声，顿时响彻北平晨空——日本飞机又肆发淫威了。敌机掠过之后，城外响起了隆隆炮声……

就在这一天，钱三强忍着悲愤与痛楚，"在很矛盾的心情中离开了北平"，踏上远去巴黎的行程。

| 见识巴黎的心声 |

钱三强越洋赴法，初坐外国建造和经营的大轮船，风平浪静的时候，海上航行很是惬意。举目望去，只见海面平静光滑，如同一块无边无际的透明水晶，尤其每当清晨和傍晚时分，太阳斜射在水天相融的空气中，呈现出色彩缤纷的霞光，令人心旷神怡。但等到时间长了，这些美景渐渐地不觉得新鲜了，反而容易使人困顿，感觉单调生烦。他除了看书，没有别的方法打发时间，在船上好几天没有遇到一个能够敞开心扉说话的人。常常独自一人在甲板上踱步，时而面对大海沉思，时而翻阅那些看了多遍的报纸，偶尔和初识者寒暄几句。

就在随意寒暄中，钱三强巧遇了中央大学数学系毕业的江苏青年吴

【1】　黎锦熙：《钱玄同先生传》，见《钱玄同印象》，学林出版社 1997 年版。

新谋，他比钱年长三岁，也是去巴黎大学学习，研读线性偏微分方程，从此他们经常在一起消磨时间，直到同车抵达巴黎。船上这两位偶识者，在后来漫长岁月里，他们虽然学术上不同行，政治上却时常被缠绕在一起：1946年吴新谋在巴黎加入中国共产党组织时，中共旅法支部曾启发钱三强向吴学习参加党，但钱当时因为舍不得放弃科学研究的宝贵时间，而没有同吴新谋一同入党，后来当他主动申请入党时，又反复检讨自己纯技术观点的毛病，觉得很惭愧[1]。再后来"文革"中，吴新谋在研究所里被作为"特务"批斗，钱三强便由此多出一条"特务嫌疑"线索，硬要钱和吴互相写揭发材料……

1937年9月上旬，钱三强抵达巴黎后最先面晤严济慈，得知伊莱娜·居里（I. Curie）将亲自指导做博士论文的好消息，使他一个多月的舟车疲劳和矛盾心情，顿时都烟消云散了。

严济慈还介绍了他在世界文化合作协会大会上发言，向各国代表揭露日本侵略者占领古都北平的罪恶行径："请大家注意一个现实问题，此刻，就在我们神圣的会议正在讨论保护各国文物古迹时，日本侵略者已经威胁要轰炸北平。北平是闻名于世的千年古都，我提请世界舆论共同谴责日本侵略者这一毁灭文化的罪恶企图。"[2]平时少言温和的严济慈，在国难临头时竟然这样态度刚烈，无所顾忌，实在让钱三强感佩不已。

在等待面见导师的时间里，钱三强凭着一张巴黎地图做向导，选择几处早在心中熟识的景点，去走马看花了一番。他到了拿破仑一世建造的凯旋门，当看到那巨型雕塑，就好像在向初到巴黎的他发出呼唤：为

---

〔1〕 钱三强：《自传》，1953年2月20日，存于"钱三强档案"。

〔2〕 金涛：《严济慈先生二三事》，见《严济慈文选》，上海教育出版社2000年版。

了达到目标，必须努力再努力。

钱三强登上埃菲尔铁塔，俯视巴黎市景，如同一张摆满了棋子的棋盘，令人目不暇接。他觉得这里的一切与熟悉的北平迥然不同，最佳地体现出旧与新、古老与现代的融合。

他来到最具法国封建专制制度象征意义的巴士底狱城堡，知道了原来法国资产阶级革命，就是从1789年7月14日巴黎人民起义并攻陷巴士底狱开始的。而从此，这一天被定为法国的国庆日。

更有机缘的是，初出国门的钱三强正好赶上在巴黎举行的世界博览会。他花一天时间马不停蹄参观了十多个国家的展览馆，单就那各具特色的建筑外形便使他大饱眼福，心得不少。他没有照相机，无法留下实景，便买了一些印有标志性建筑的明信片，准备送给国内亲友作纪念。

在1938年新年到来的时候，他把一枚印有苏联馆建筑外形——两个男女青年手举镰刀斧头的明信片，寄给曾在清华大学同班同宿舍的艾维超（后转入清华电机系），并在明信片的背面写下这样的话：

> 这是巴黎一九三七年博览会的苏俄馆的外形。你看这建筑上的一对青年，多么朴实，多么勇敢，象征着复兴国家的精神。维超兄，希望你将来也这样勇敢的参加复兴我们可爱的祖国的工作！

> 三强 一九三七年底[1]

这枚明信片，被艾维超珍藏整整70年之后，由他的女儿在2007年捐赠给上海世界博览会。

----

[1] 《钱三强的一张世博明信片》，《解放日报》2007年11月21日。

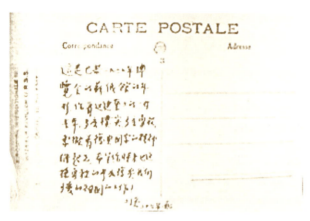

钱三强寄艾维超明信片上手写的新年寄语　　　　明信片正面图像

领略科学"皇族"传统

9 月中旬的一天，经过预先约定，钱三强在严济慈引领下来到巴黎第五区皮埃尔·居里街 11 号。它是一处不算高大的建筑，地面三层，地下一层，正面有一道四季常青的绿化带，楼后有一个小花园。称它为花园，因为实验室的创建者老居里夫人习惯这样叫，说它小，对外人来说算不上真正的花园。

这就是闻名全世界，被称为科学皇宫的居里实验室。

居里实验室时下的主人伊莱娜·居里，是严济慈熟悉

当时的巴黎大学镭学研究所居里实验室外景

的同辈人（严和约里奥同年，比伊莱娜小三岁）。20 年代严济慈到法国求学，在法布里指导下做博士论文，测量居里压电效应"反现象"，曾经向老居里夫人借用过石英晶体片，还帮助居里夫人安装调试过一架新购置的显微光度计，并且用它做测量，发表了研究论文；1930 年严回国时，居里夫人表示愿意送给一些放射性氧化铅，支持中国开展放射学研究；严担任北研院物理所所长后，筹建放射性实验室和镭学所等，还得到居里夫人的书信指导。严济慈和约里奥-居里夫妇早有交往，他和约里奥又同于 1936 年当选法国物理学会理事，不久前一起出席了理事会会议。

皮埃尔·居里街 11 号，记载着老居里夫人的勤劳和心愿。她的二女儿艾芙·居里在《居里夫人传》中，生动记述了当时的情景："实验室在施工时，她常常亲自跑到建筑工地，在那里拟定计划并且与工程师讨论。她当然想着自己的工作，但是她尤其愿意建筑一个可以用 30 年、50 年的实验室，愿意这个实验室在她化为灰尘之后还可以用好多年，她要求宽大的屋子，要求研究室有充满阳光的大窗户……至于花园，她

两代"居里夫妇"

1924 年正在做实验的老居里夫人　　　　　约里奥-居里夫妇在实验室

亲切地自己去安排。她热心地争取各建筑之间的每一米空地……她亲自栽种攀缘的蔷薇，挥动着铲子，用双手在没有盖成的墙脚下堆土，她每天浇水，当她立起来站在风里的时候，她似乎是在看着那些无生气的石头和有生命的树木一起长高。"[1]

关于居里实验室，钱三强也有一段回忆：

居里夫人即使在成名之后，很长时间内也还没有一个真正的实验室。直到她的晚年，法国政府才拨款在巴黎大学建造了一个镭学研究所，由她主持研究工作。居里实验室就是镭学研究所的组成部分。可惜时间太晚了，由于多年的劳累，加上早期放射性工作缺少

[1]　艾芙·居里：《居里夫人传》（修订第 5 版），商务印书馆 1984 年版。

必要的防护而受到的损伤，居里夫人身体日益衰弱，终于在 1934 年与世长辞。[1]

1984 年，钱三强还应约为《居里夫人传》（修订第 5 版）写过序，其中写道：

> 我到法国去做研究工作时，居里夫人已经去世。但我在居里实验室工作了十年，我的老师正是居里夫人的长女约里奥-居里夫人。她的简朴的生活，对虚荣的蔑视态度和对青年的热情关心与指导，以及研究室里的深厚的学术和民主讨论的气氛等，都继承着居里夫人的优良传统，使我荣幸地，又是间接地受到了居里夫人的学术和品德的教育。

很久以后，钱三强还清楚地记得他第一次走进居里实验室面见伊莱娜·居里的情景。当时虽然有严济慈作向导，他心里还是有些紧张。他们先进到首层一间光线充足却不很宽敞的普通房间，房里摆放的一张橡木写字台是老居里夫人曾经用过的，另有一把皮面扶手椅、一个文件柜、一排书架、一台旧打字机；墙上醒目处挂着一张放大的老居里夫人的照片，她左手拿着一个烧瓶，右手握着试管，正在为揭开科学的奥秘而工作。这就是科学皇宫主人伊莱娜·居里的工作室。

关于伊莱娜·居里本人，钱三强早先从许多途径听说她与众不同。说她不注重外表，服装简单粗糙；不少人认为她像一位公主，不拘束于

---

[1]　钱三强：《重原子核三分裂与四分裂的发现》，科学技术文献出版社 1989 年版，第 23—24 页。

通常的举止和言谈方式，喜欢以自己的眼光和判断行事；有人对她的性格产生敬畏感，不敢接近这位科学"皇族"。

但钱三强面晤后的感觉有些不同。

中等身材、穿着白色工作服的伊莱娜，起身热情招呼两位中国客人："欢迎你们到来。"

严济慈向伊莱娜介绍钱三强后，她随即伸过手，"欢迎你加入我们的实验室"。她提议，一起到小花园去说话——她多年形成在花园讨论问题的习惯，她说："在实验室工作的人最需要呼吸新鲜空气。"

谈话是多方面而简洁的。证实了科学界普遍传闻的伊莱娜不善言辞，踏实稳重，直率甚至有点冷漠的性格特点，而同时她又很细心，为别人着想。交谈中，伊莱娜很注意听钱三强讲话，她用信任的眼光看着对方。

与伊莱娜的谈话很顺利，她确认将直接指导钱三强的博士论文，以攻读原子核物理为主，兼做放射化学工作。为了工作方便又省钱，伊莱娜建议钱三强住到巴黎大学学生宿舍（习惯称"大学城"）。

第六章

在原子沸腾关节时

初试锋芒——改建"可变压力云雾室"

1937 年 10 月 25 日，是钱三强在居里实验室的第一个正式工作日。这之前，他主要熟悉实验室的情况，听伊莱娜·居里开设的"放射学"基础课，她每周亲自讲授两次，外加阅读指定文献，还举行讨论交流会。再就是，他抽空帮别人做些清理实验台、洗瓶子之类的杂事。

用云雾室研究含氢物质在 α 粒子轰击下的质子群，定为钱三强的博士论文。伊莱娜认为这是当前原子核科学发展的前沿课题，又是原子物理学与化学的结合点，而且与实验室内正在开展的研究工作，既不重复，又相互衔接，各有侧重。

钱三强对于要做的研究课题，可以说一切都要从头开始。他如同在北大预科攻英文、在

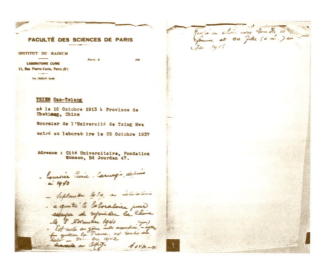

钱三强1937年进入巴黎大学理学院镭学研究所注册的学籍卡（原件存巴黎居里博物馆）

清华做毕业论文那样，全神贯注地投入，采取"东问问，西问问"的虚心态度向人请教，同时他也热心助人，经常帮别人"打杂"。这样时间不久，他在居里实验室这个国际科学集体里，初步树立起良好印象，老资格的化学师郭黛勒夫人曾当众赞扬说："你们有什么事做不了，要人帮忙的话，可以找钱来做，他有挺好的基础，又愿意效力。"[1]

伊莱娜对实验室里发生的各种情况了如指掌。12月的一天，她突然找到钱三强说：约里奥在法兰西学院核化学实验室，正在改建一台云雾室，需要一位助手去帮助他，你愿意去帮他的忙吗？她同时强调，如果愿意的话，博士论文可以由改建云雾室设备开始做，这对完成你的论文是必要的。

钱三强同约里奥仅有过一面之识，那是他刚到居里实验室不久的一个星期日，伊莱娜约请研究室里的几个青年到家里做客，在安东尼勒诺特大街76号那座老式别墅内，她教青年们跳舞、打网球。钱三强教约里奥-居里夫妇的小儿子打乒乓球，约里奥先生穿一件白底黑条的夹克，手里端着一杯咖啡，先是站在旁边看热闹，兴趣上来后，他也一起参加进来玩乒乓球。

约里奥让钱三强参观了他家中的工作室，看到这里如同伊莱娜的办公室一样，陈设简陋却十分得体。约里奥的书桌面向落地式玻璃长窗，透过窗户可以看到园中的网球场；书桌的左边，是一排半墙高的书橱，橱里摆放着一些半衰期很短的放射性样品，还有云雾室粒子径迹照片；座椅背后的墙壁上，挂了几幅照片，有伊莱娜和孩子们的，也有约里奥和自己父母在一起的。钱三强注意到约里奥是位抽烟的科学家，书桌上有个烟灰缸，里面有烟头。

---

〔1〕 钱三强：《重原子核三分裂与四分裂的发现》，科学技术文献出版社1989年版。

当时的法兰西学院主楼外景

　　同约里奥的第一次交谈，使钱三强既感到亲切又增加信心。约里奥先问了关于中国的情况，他特别关心中国遭受日军侵略的处境。言谈中，约里奥对中国人民寄以同情，但他不理解为什么一个大国遭受一个小邻国侵占，而政府不号召人民起来反抗，赶走他们。

　　在谈到科学工作时，约里奥提醒钱三强，原子核物理学与原子核化学密不可分。他谈兴很浓，又爽朗幽默："我的原子核化学实验室，同伊莱娜的实验室一直联系密切。我们生活上分不开，工作上也分不开。"

　　按照伊莱娜的安排，钱三强第二天便到法兰西学院面见约里奥。约里奥简明扼要介绍了工作意图，想对现有的威尔逊云雾室进行两项改进：一是改进充气压力，并使它达到可以人为调节，测量粒子的能量范围能够自由控制；另一项改进，将膨胀速度放慢，让有效灵敏时间延长一些，使得每次实验得到尽可能多的粒子径迹数据。

云雾室（又称"云室"），是由苏格兰物理学家威尔逊（C. T. R. Wilson）1912 年发明的用以观察和拍摄带电粒子径迹的仪器，并且因此获得了 1927 年的诺贝尔物理学奖，后来称这种仪器为威尔逊云雾室。从那以后，威尔逊云雾室成为一种研究原子核粒子径迹的基本设备。钱三强来法国之前没有见过云雾室，更不了解它的构造和应用，但他明白一个道理，要懂得自己不知道的东西，除了学习和钻研，没有别的捷径。

接受改进云雾室任务后，钱三强首先想要知道云雾室为何物，懂得如何使用，并利用现有的云雾室做实验练习，以便建立感性认识。他就这样一步一步往前走，一点一点积累知识。

经过一段时间摸索，当约里奥把设想改进云雾室的图样交给他时，钱三强开始心中有点谱了，但他对这件事丝毫不马虎，心中只有一个念头，不论遇到什么困难，一定要把到巴黎后的第一件工作做好。他专心钻研，经常把吃饭、下班的时间忘在脑后。

钱三强感觉到，约里奥信任他的责任心和吃苦精神，但对他的动手能力持怀疑态度。因为约里奥过去接触过中国青年学生，他从他们身上体会到中国的教育，重视理论概念和抽象思维，而忽视培养动手解决实际问题的能力。因此开始一段时间内，除非他外出，每隔一两天就要到钱三强的实验室查看一下；后来，他来得少了，有时个把星期来看一次；再往后，间隔的时间更长了。

几个月过后，云雾室的主要构件都有了眉目。有的是钱三强自己动手制作的，一些因条件所限自己不能制作的构件，如金属底盘、金属网、金属丝等这些部件，是他画好图纸亲自拿到巴黎郊外的一家金工厂，和那里的技术工人一起边制作边修改完成的，有时要返工好几次。

约里奥感到很惊讶，问钱三强怎么这么短时间都学会了。钱三强说，在清华大学时就热心参加老师的实验技术课，注意培养自己的技能。他还告诉约里奥，自己和金工厂已经建立了很好的配合关系。

钱三强在法兰西学院协助改建的可变压力云雾室（上方系用它拍到的裂变径迹照片）

1938 年冬，云雾室的两项改进顺利完成。经过实验检测，改进后的两种效果都不错，其中有效灵敏时间，由原来的 0.1—0.2 秒，提高到了 0.3—0.5 秒。

接着，约里奥让钱三强再设计制作一个自动照相系统，要求能自动卷片，使瞬间出现的粒子径迹能自动记录下来，既提高工作效率，又能避免或减少实验中因配合失误而漏掉观察。没有多久时间，自动卷片的照相系统，也由钱三强制作完成。

这种改建后的云雾室，约里奥称它为"可变压力威尔逊云雾室"，一度成为他实验室一件基本设备，在后来的一些实验中起过重要作用。1939 年初，约里奥就是用"可变压力威尔逊云雾室"，首次记录到铀受中子轰击时产生裂变碎片的径迹，那是世界上第一张用云雾室拍到的铀裂变照片，并于同年 2 月 20 日在法国科学院《周报》上公之于世。

正是由于"可变压力威尔逊云雾室"发挥过历史作用，很久以后它被作为重要纪念物珍藏于巴黎居里博物馆，它的说明文字写道：

"法兰西学院内由钱三强改建的威尔逊云雾室（1938 年）。"[1]

云雾室改建完成后，约里奥少有地在实验室的公众场合表扬了钱三强所参与的工作，但他对钱三强的一次偶尔失误却从未说起，而钱三强总是忘不了那次在暗室里由于粗心大意造成的差错。

约里奥有个习惯，常常在实验室吃些小点心之类，尤其爱吃草莓，喜欢和助手聊天，讲些有趣的事。

1939 年初一天下午，钱三强协助约里奥在暗室冲洗用云雾室拍下的照片，约里奥也是有说有笑，气氛很轻松。就在这种轻松气氛中，钱三强一不经心把配好的显影液和定影液的位置放颠倒了，结果使冲洗的照片全部报废。

约里奥当时很懊丧，他长长地叹了一口气："唉！今天白干啦！"钱三强惊慌中马上自我检讨："都怪我一时粗心大意，把事情搞坏了。"

约里奥没有再责备，反而为钱三强减轻思想压力："这样的事，我也干过，工作中难免出错，今天就算是一段小插曲吧。"[2]

后来钱三强知道，那次被废掉的实验照片，原来是约里奥和伊莱娜读了哈恩认为铀核很可能在中子轰击下分成两半（即核裂变）的文章后，想马上搞清楚造成这一现象的机理，设计了一次简单而新颖的实验所获得的第一批照片。约里奥不得不重新用可变压力云雾室再做实验，终于记录到第一张裂变碎片径迹的照片。

这次初试锋芒，钱三强获得了意外惊喜，他的博士论文将由伊莱娜和约里奥共同指导，并且两个实验室的仪器设备都可以使用，这是约里奥亲口对他说的。

[1] 皮埃尔·拉德瓦尼教授查阅巴黎居里博物馆材料，2002 年 1 月 22 日寄给钱思进的复印件。

[2] 王春江：《裂变之光——记钱三强》，中国青年出版社 1990 年版。

| 见证核裂变发现一段历史 |

许多物理学家和科学史家有一种共同的认知：现代发现发明很少有像核裂变那样，对人类产生如此迅速而深远的影响，也很少会有如此复杂而具戏剧性的历史。

20 世纪 30 年代末，围绕着富有神奇色彩的核裂变的发现，一时间，各国物理学家都把注意力集中在进一步认识其中的奥秘上，尤其当时几个著名的研究机构，英国的卡文迪许实验室、德国的柏林达列姆威廉皇帝化学研究所、法国的居里实验室等，形成一种"只争朝夕"的竞赛局面，并在原子核科学领域起着互动作用。

钱三强刚好赶上这次科学竞赛，耳闻目睹了又一幸运与遗憾的事件发生。关于这一点，1989 年他在《我对五十年前发现裂变现象前后的一些回忆》文中有生动记述：

> 我清楚地记得，1938 年秋天，有一次，伊莱娜·居里夫人在居里实验室作报告。她走上讲台就说："今天我讲的东西，开始你们大家都能懂得，但后来可能大家都不懂，报告结束时，你们大概会和我一样糊涂。照道理讲应该是什么元素，可实际上就不是。"

那天伊莱娜报告的，是她和萨维奇（P. Savtch）新近做的一项实验，他们用快中子或慢中子轰击铀，都能产生与钡共沉淀的三种半衰期各不相同的放射性物质。它们的子体与镧"共沉淀"（即某种沉淀形成时，将原不应沉淀的其他组分连带析出），相应的半衰期也都不一样，这说明，三种母体的化学性质与钡相似，而三种子体与镧相似。按照当时的常识理解，三种半衰期的衰变子体应归之于锕-231 的三种同核异能态，但当伊莱娜用精细化学方法对这些放射性物质做进一步研究后，发现一种半衰期为3.5小时的所谓"锕"，其实更像是镧。这样问题就出来了，中子与铀原子核发生反应，怎么会产生元素表上离得很远的镧呢？所以伊莱娜说大家听了后都会糊涂。

事实上，伊莱娜和萨维奇的实验，已经接近发现核裂变现象了，但他们没有从矛盾和困惑中作出正确解释，而被别人捷足先登了。

关于他人趁机捷足先登的经过，钱三强是这样记述的：

伊莱娜·居里和萨维奇的文章发表之后，传到柏林威廉皇帝化学研究所，斯特劳斯曼（F. Strassmann）看到了伊莱娜的论文，把它送到哈恩（O. Hahn）面前，并说"这篇文章您一定要读"。哈恩一看文章，就坐不住了。他与斯特劳斯曼立即来到实验室，动手再做实验，对所谓的"镭"和"锕"放射性作严格的化学鉴定。镭的化学性质与钡非常相似。已经证明，不是镭就是钡。为了确定究竟是镭还是钡，哈恩和斯特劳斯曼设计了专门的实验，来区分它们。结果出乎意料，所谓的"镭"，竟是跟着钡走的。中子轰击铀产生的这些放射性物质，并不是镭的同位素，而确实是钡的同位素。伊莱娜·居里的锕镧之谜，也真是镧而不是锕。

钱三强接着写道：

哈恩把新结果迅速告诉了身在瑞典的老合作者梅特纳（L. Meitner）。梅特纳深信，哈恩的实验不会错。她与当时与她做伴的外甥弗立许（O. R. Frisch，也是一位核物理学家）讨论这一实验事实的含义，终于理解了：原来是一个重原子核分成了两块！这样就会形成两个中等质量的原子核（后来被称为裂变碎片）。根据原子核物理的基本知识，他们立即判断出，原子核分裂成两块时，应该释放出高达 200 兆电子伏的能量。弗立许很快用电离室观察到了裂变碎片巨大能量引起的高幅度脉冲信号，证实了这一推断。仿照生物学中细胞分裂的概念，把这个新现象叫作"原子核裂变"（Nuclear fission）。[1]

以上这段亲历文字，从科学史特别是原子核科学发展史的角度说，它给后人留下了一份十分珍贵的历史见证，它对全面考察和研究裂变现象发现的来龙去脉，以及科学家个人在其中的成功与失败、经验与教训，定会有所裨益。

由于这段经历恰好是在钱三强刚踏进科学之门的时候，它对于他的整个科学生涯，所起到的启迪作用尤为意义非常，就如他在回顾自己科学道路的文章中作的总结：科学发现需要胆识，更需要勤奋。我们所亲身接触的和间接了解的，几乎所有有所成就的科学工作者，不论中外，都是十分勤奋的，他们把全身心放在科学工作上，在紧要关头，更是达到了废寝忘食的程度。只有胆识而没有勤奋的工作，我想是很难有成绩的；反过来，只有勤奋而缺乏胆识，则可能只有较小的成果而难以有重大突破，甚至会让重要发现从自己手中白白溜走。

伊莱娜·居里指导的第一项实验

裂变现象刚一发现，1939 年初伊莱娜让钱三强和她一起进行一项

---

[1] 钱三强：《重原子核三分裂与四分裂的发现》，科学技术文献出版社 1989 年版，第 50—51 页。

新实验，用中子轰击铀和钍观测其产生的与镧相似的放射性元素，证实它们放出的 β 射线能谱是不是相同，以便进一步验证核裂变现象。

做这样的实验，射线源是很关键的，而且射线源要越强越好。伊莱娜决定亲自做 α 射线源，这是她最得心应手的工作，她和约里奥早年合作的一项重要工作，就是制备出了当时世界上最强的 α 射线源，解决了那时进行原子核裂变实验、研究放射性领域各种新现象的基本手段。钱三强则先仿制一个"可变压力云雾室"。在实验进行中，伊莱娜反复叮嘱钱三强，不要总把注意力集中在预想得到的结果上，而要尽可能找出那些有差别甚至矛盾的现象，这样计算出的结果才可靠。

最后，他们获得的实验结果证明，铀和钍受中子照射后产生的镧 α 射线是相同的。这就是说，用不同方式发生的裂变，可以获得同样的裂变产物。

钱三强在居里实验室用仿制的可变压力云雾室做实验

这项实验报告——《铀和钍产生的稀土放射性同位素辐射的比较》，由伊莱娜·居里和钱三强共同署名，于 1939 年 10 月发表在法国物理学会的《物理学与镭学学报》第 10 卷。文章的结论写道："人们看到，在实验误差范围内，铀和钍受中子打击后提炼出来的半衰期为 3.5 小时的放射性同位素的 β 射线谱是同等的，很可能它涉及到在两种情况下得到的同一种放射性同位素。"钱三强清楚记得，这段结论文字经过伊莱娜斟字酌句认真推敲，还亲笔加了"在实验误差范围内"这句话，让钱三强感触尤深："你看，到这时候，她还要写'在实验误差范围内'这样的话，她的科学精神，她那朴实无华的结论风格，给我树立了很好的学习榜样。"

可以这样说，钱三强在伊莱娜直接指导下首次完成的这项实验，既是物理学上第一个支持裂变现象的成功实验，也是他接受严谨科学态度熏陶的难得机会。

对钱三强参与的这项实验，伊莱娜在 1941 年 11 月 8 日的一份书面文件中，有过这样的评价："钱三强先生 1937 年起在居里实验室工作。开始他装配一台威尔逊云室，用这台设备他研究了 α 射线穿过含氢物质时产生的质子的径迹和分布。这项工作不但给出了非常好的实验结果，而且带动了理论分析。"[1]

钱三强并不满足于按部就班做博士论文，还想多学些实用技术，以便回国后适应面更宽些。一天，他主动向伊莱娜提出，希望有机会参加一些放射化学的工作，说得很具体想学会制备放射源。伊莱娜把他介绍给法国籍波兰女化学师郭黛勒（S. Cotelle）夫人，请她指导钱三强做放

---

〔1〕　1946 年 11 月 8 日伊莱娜居里对钱三强工作的评语，引自钱祖玄提供的法文复印件和中文译稿。

射源实验。

郭黛勒是伊莱娜的老同学，是一位要求严格而技术娴熟的化学实验师。她不是手把手教钱三强怎么做，而是先由自己示范，然后让钱三强单独制作，制作好后由她来检验。钱三强一次制作了四个钋的放射源样品，经过郭黛勒亲自检测，四个源的放射性强度有三个强度相同，一个略有差异，但在允许的误差之内。郭黛勒评价做得不错。短短一段时间，钱三强学会制备放射源这门本领，同时与郭黛勒夫人建立了良好的合作关系，在核化学实验方面获益不少。但很遗憾，郭黛勒夫人因为长期从事放射化学实验，加以当时防护措施不很完善，她过多受到有害物质伤害，不久患白血病逝世了，她的名字在钱三强心里记了几十年。

直接感受"链式反应"的国际竞赛

1939 年到 1940 年短短一年时间里，约里奥主持的法兰西学院核化学实验室和伊莱娜主持的巴黎大学居里实验室，完成了一系列有关裂变的重要研究，有的是钱三强直接参与其中的，有的是他耳闻目睹其始末的，他后来谈当时的感觉说："那真是科学上的沸腾岁月，时常眼花缭乱，最激动人心。"

由于得到伊莱娜和约里奥的共同指导，还可以使用两个实验室的设备做实验这样的优越条件，钱三强有更多机会接触到原子核物理学"诱人的"最新发展。

1938 年底和 1939 年初发现裂变现象，钱三强只是荣幸地间接见证了，而接踵开始的又一轮接力赛——证明铀核裂变引起链式反应的可能性，他却是一个直接感受者。

前面说到，1939 年初钱三强协助约里奥冲洗实验照片，其实那时约里奥正带领他的两名高级助手（来自奥地利的哈尔班和来自波兰的柯伐斯基），集中精力在做一个目的性很强而又很神秘的实验，这就是裂变过程中的中子散射（即释放能量）问题。

钱三强虽然不是中子散射实验的参与者，但他从一些迹象感觉到这项实验的重要性。他不止一次听到约里奥说：我相信，这个时候一定有许多物理学家在做同样的实验。1939 年 3 月的一天，约里奥在法兰西学院的实验室里向大家讲了一次实验显示的中子散射情况，钱三强现场看到的显示结果证明，一个中子引起铀原子核分裂，放射出的中子能量很大，于是约里奥提出了"中子过剩"概念，它预示着有可能发生新的反应。约里奥当时显得既兴奋又紧张，并没有多说话，在场的人都表现出一种期待的喜悦感。

接下去，约里奥和两位助手进一步用热中子照射铀原子核使它放射出中子。实验做完后，约里奥几天杜门谢客，独自进行一系列演算，他计算出放射的中子的能量至少有 11 兆电子伏。据此，约里奥马上得出判断，这样大的能量会有可能引起"链式反应"。

稍后，约里奥小组首先实现了一次"递减的链式反应"（即没有达到临界的链式反应）的实验，并且预计如果用不易吸收中子的重水作为慢化剂，就能实现"递增的链式反应"（即自持式链式反应）。他们当时推测，每次裂变释放出的中子约接近 3 个。这就不言而喻，链式反应是完全可能的。这一实验结果发表于 1939 年 4 月 7 日。

钱三强 1989 年在回顾他的这次经历时，将"链式反应"接力赛整理出一份时间进程，他写道：

> 在约里奥进行中子散射实验的同时，费米（E. Fermi，当时刚刚逃离墨索里尼统治下的意大利）在纽约，库尔恰托夫（И. В.

Курнатов）在苏联列宁格勒，都在赶做同类的实验。结果是，约里奥等 1939 年 4 月 7 日领先发表了实验结果：热中子（即平均速度为 2200 米／秒的慢中子）引起铀原子核裂变时，确实会发射中子，它们的平均数目是，每次裂变发射接近三个中子（后来更精确的测量得出是 2.4 个中子）。也就是说，链式反应是可能的！仅仅三天以后，4 月 10 日，库尔恰托夫就在列宁格勒技术物理研究所的讨论会上报告了类似的结果。4 月 17 日，费米小组的同样结果也在美国物理评论杂志上刊出了。这又一次说明了，科学发现问题上竞争的激烈程度。[1]

"链式反应"这个术语用于核裂变，出自约里奥 1935 年 12 月 12 日在斯德哥尔摩的诺贝尔奖颁奖典礼演讲中。后来，约里奥的传记作者披露说，他的精彩演讲是经过字斟句酌的，字字重要。以下是约里奥的那段演讲词："我们有理由认为科学研究工作者，如能随意合成或分裂元素时，就会知道将怎样引起具有爆炸性的转变，正像化学链式反应一样，由一种转变将引起更多的转变。如果物质里发生这种转变，我们可以预期将有大量有用的能量释放出来。不幸的是，如果我们地球上所有的元素都这样被传染了，我们将忧心忡忡地看到这种巨变带来的后果。"[2]

1936 年 9 月 29 日，约里奥应邀在莫斯科出席第一届门捷列夫会议时，他又一次重复了他的预言性讲话，特别强调说："我们有理由担心而提出这个问题：如果有一天我们创造了利用这种反应的必要条件，将

[1] 钱三强：《重原子核三分裂与四分裂的发现》，科学技术文献出版社 1989 年版。
[2] [英]莫里斯·戈德史密斯：《约里奥-居里传》，施莘译，原子能出版社 1982 年版。

会产生什么样的后果？"他试问道："如果有一天科学工作者找到了正确的方法，他会做这个实验吗？"他自己马上作出回答："我认为他会做的，因为科学工作者有好奇心，爱冒险。"[1]

│ 科学家的责任和良知 │

情况正如约里奥所料，他所说的令人"忧心忡忡"的事，很快出现了。在原子核物理学沸腾的同时，来自希特勒的威胁也在不断迫近，法西斯主义的那把达摩克利斯之剑已经高悬在欧洲上空。

在英、法对德开战后，为了防止利用链式反应制造原子武器残害人类，约里奥不得不将他《用含有铀的媒介物造成一个无限的链式反应的可能性》的实验报告，封存进法国科学院的保密柜里。文件封存时，他和哈尔班、柯伐斯基三个当事人共同签了字。约里奥所以要封存自己的实验报告，是出于科学家的良知和责任——科学成果不为战争所用，因为他的实验报告阐明了实现"链式反应"所必需的条件和途径，任何一个国家只要具备一定条件，都可以据此研制成新的武器用于战争。

譬如，他在实验报告结论中，明确而具体地指出了"链式反应"的两条途径，这就是：

（1）天然铀是由以100比1的两种同位素的混合物构成的。根据一致同意的分析，那种含量很少的同位素要比那种含量很多的同位素对中子敏感得多。如果能够用人工方法生产（或浓缩）如天然铀中含量稀少的那种铀的同位素，就能容易地造成一种对产生链式

---

[1]　[英]莫里斯·戈德史密斯：《约里奥-居里传》，施莘译，原子能出版社1982年版。

反应起促进作用的介质。

（2）用氢作为慢化元素，有吸收中子，以及因而减少铀原子之间相互"接触感染"机会的缺点。其他轻元素没有这个缺点：如果限于最轻的元素，而使慢化作用有效，最好选用氘或氦。后者则因为其物理化学性质而不能用；只有用氘。就我们现在所知，由适量的铀和氘构成的混合物具备了造成链式反应，直到放出巨大的原子能所需的一切有利条件。由于我们还不可能提供这样一种介质，所以对是否会放出能量还没有把握，但是就我们对这一现象的了解看来，目前看不出任何能阻止它放出能量的理由。[1]

尽管这份最早记录着"链式反应"的秘密文件，在法国科学院的保险柜里封存了近 10 年，到 1948 年 8 月 18 日才启封，然而，"链式反应"早已成为物理学界周知的事实，并且已经从科学家的实验室里转到了政治人物的战争天平上，都在不择手段抢先占有它。

钱三强对这段历史颇有感触，1989 年他甚至发过这样的遐想："要不是战争打断了弗莱德里克·约里奥-居里的既定工作计划，很可能世界上第一座原子核反应堆会在法国首先建成。"

这里必要说到，"链式反应"曾经给钱三强带来过一段政治历险。事情发生在 1944 年秋，那时，钱三强到法国后最早认识的中共旅法支部成员孟雨，介绍他认识同在巴黎大学巴斯德实验室从事微生物学研究的法籍苏联女子盖兰夫人，他们偶尔一起到苏联驻法国大使馆去看过电影。

[1] [英]莫里斯·戈德史密斯：《约里奥-居里传》，施莘译，原子能出版社 1982 年版，第 84—85 页。

一次交谈中，这位法籍苏联女子暗示钱三强，能不能将约里奥做的关于"链式反应"的实验资料弄到手，提供给他们（指苏驻法大使馆）。钱三强听后，同样出于责任和良知，他当着孟雨的面立刻表示了两点态度：一是说，我不知道你说的这些资料；二是说，自己只是一个科学工作者，觉得不该做此事，明确拒绝了提出的要求。同时，孟雨也表示赞成钱三强的态度，不应该做这种事。此后，盖兰夫人再未提过这件事。

尽管如此，书生气的钱三强，觉得应该以光明磊落态度对人对事，他首先把这件事如实告诉了约里奥-居里；回国后，他又主动向组织作了说明。然而没有想到，"链式反应"竟把他卷入到国内的政治旋涡，成为他政治经历中一个不大不小的问号，后来"文革"中，更是成了他"里通外国嫌疑"的现成材料。[1]

---

〔1〕　二机部：《关于钱三强同志情况的报告及附件》，1977 年 4 月 7 日。

第七章
家国情仇游子心

｜ 庆祝台儿庄大捷交挚友 ｜

"实验室内气氛融洽，确实是一个攻读最新知识、进行科学实验的头等优良环境。但实验室外面的局势，却总使我心中十分不安。中国正受到日本的侵略，从祖国战场上传来的，都是些坏消息……"[1] 这是海外游子钱三强心系家国命运的真切情怀。

到巴黎短短一年多时间，国内抗日战场上的坏消息，在法国的几种中文报纸上几乎接连未断。最感觉震惊和痛心的，继北平七七事变之后，上海发生了八一三事变，爆发了淞沪会战，同年 11 月 12 日上海沦陷；日军后又兵分三路进逼南京，12 月 13 日南京被占领；日军在南京丧尽天良进行 40 多天大屠杀，被枪杀、火烧、活埋的中国军民达数十万，惨绝人寰……

钱三强每读到一条这样的坏消息，他心如针刺。有时，偶尔见到一条好消息，他兴奋不已。

1937 年 9 月的"平型关大捷"，是钱三强到法国后所见到的第一条中国军队战胜日本侵略军的大好消息。太原会战中，八路军开赴前线积极参战，结果歼灭日军精锐板垣师团 1000 余人，打破了日军不可战胜

【1】　钱三强：《重原子核三分裂与四分裂的发现》，科学技术文献出版社 1989 年版。

102

的神话。

翌年 4 月，报纸上又登出"台儿庄大捷"的好消息。巴黎的中文报纸《祖国抗日情报》报道的内容最为翔实：3 月 23 日，日军第五、第十师团分布在 100 多公里的战线上向台儿庄进攻，20 多个师的 12 万中国军力抗战，先是敌我展开拉锯战，整整进行了五昼夜。4 月 3 日，台儿庄大部被日军占领，4 月 4 日中国军队联合作战，以 40 万优势兵力开始反击，6 日晚发动总攻，将士们怀着满腔复仇怒火，冲向敌军阵地，喊杀声震天动地，围歼占据台儿庄的日军万余人，缴获敌军坦克 30 余辆，还有大炮、机枪等大量军用物资……

钱三强看了这样战果辉煌的好消息，从未有过的心情痛快。但他发现一个奇怪现象，同样是巴黎出版的中文报纸，报道台儿庄战役的态度却大不一样。《三民导报》的报道只是轻描淡写，寥寥几行字，而且多是纯客观叙述，就像法国人的报纸报道中国的战事，看了当时心里很不舒服。但不管怎么样，终归是打了大胜仗，值得好好庆祝一下，他和大学城的另外一些中国学生，高兴之下每人凑出 20 法郎在一家"东方饭店"聚餐，喝了啤酒，为来自祖国抗日战场上的好消息开怀欢庆。

东方饭店是一家很吸引人的华人餐馆，经营中式饭菜和中国土特产品。老板名叫王守义，河北高阳人，是当年勤工俭学运动的重要人物，他 1920 年 11 月与周恩来等 197 人，同乘"博尔多斯"号轮船赴法勤工俭学。王守义为人热情仗义，爱国心强，他开设东方饭店，也是为到巴黎的中国人提供方便，帮助过不少困难国人，如后来成为机械学家的张德禄、天文学家程茂兰等，都接受过他的学费资助；还有赫赫名声的女画家潘玉良，更是在王守义鼎力帮助下租了画室、购置绘画和雕塑材料，还举办各种艺术沙龙，终于得以摆脱困境成就事业，并且他们成为晚年伴侣，相依走完人生路。当潘玉良 1977 年病故后，王守义把经营了几十年的东方饭店卖掉，在巴黎租了一处为期100年的墓地安葬她。

钱三强到东方饭店是头一回，尽管他对这里的环境和人事比较生疏，但他并不拘谨，说话很多。大家都觉得打了胜仗扬眉吐气，整个聚会的话题都是关于台儿庄战役。

钱三强的言谈，引起了东方饭店另一个中年人的注意，他就是后来成为钱三强忘年挚友的孟雨。孟雨机灵和气，有幽默感，也是中国青年学生赴法勤工俭学的先行者。孟雨说过，他1919年3月17日从上海外滩码头乘"因幡号"到法国，同船共有89名青年求学者，比他还小两岁的新民会会员蔡和森和18岁的四川青年陈毅也在其中。

孟雨到法国后，进入巴黎大学一边学习一边打工，使自己能够生活下来。他从1932年起在巴黎大学镭学研究所巴斯德实验室从事细菌学学习与研究，过去长时间在东方饭店做小工，这里便成为他常来之地。

孟雨比钱三强年长20岁。那天，他主动上前同钱三强打招呼："你是约里奥-居里先生的学生？"钱三强礼貌地作了回答。他们互相简单介绍情况后，谈话很快转到了《三民导报》和《祖国抗日情报》两张报纸上。

孟雨问钱三强平时读不读这两张报纸，钱说："为了知道国内发生的事情，两张报纸每期必读。"

"怎么样？我是说你有什么印象。"孟雨问。

钱三强正好谈了他对两报报道"平型关大捷"和"台儿庄大捷"的不同感觉，直说了他对《三民导报》的报道不太理解："对待日本人的态度方面，《三民导报》为什么显出有些胆小？"钱三强是个有话直说的人，不知道孟雨爱听还是不爱听，没等孟雨开口，他又接着说，"不都是中国人在巴黎办的报纸吗，怎么会是这样？"

孟雨是老巴黎了，他不仅对此有同感，而且很知其中底细，但他不便马上对初识的钱三强细说，只是含蓄地表示了自己的看法："中国人倒是中国人，但并不都是一样的。有的中国人就是怕日本鬼子，就像有的法国人怕希特勒一样。"

幽默感十足的孟雨，说话间向钱三强伸出一个手指来，他把指头往左边一歪，含笑说："你是这个倾向？"

钱三强懂了孟雨的意思，他诚实回答："我只是爱国。政治倾向性没有，要说有的话，是个中不溜。"说完，两人都发出了笑声。

孟雨问钱三强想不想认识《祖国抗日情报》的人。于是，钱三强在东方饭店又新识了一位朋友，他就是《祖国抗日情报》的负责人雷子声。

父亲的凶讯频传

除了从报纸上见到的文字消息，在巴黎大学城的中国学生中，常常流传一些关于国内的"市井新闻"。大凡从这里传开来的所谓"新闻"，多是有一定知名度的，还都是些不太好的方面，这正好应了那句"好事不出门，恶事传千里"的中国谚语。

传播的"市井新闻"中，也有过关于钱三强父亲钱玄同的。

第一次听到关于父亲的传闻，说他精神完全崩溃了，不论旁人对他讲什么，他总是如聋

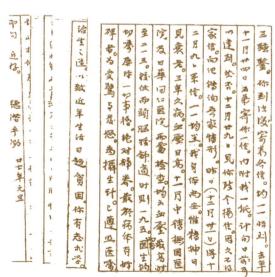

钱玄同 1938 年元旦写给钱三强的信

似哑；说他发起疯来，把客厅里的陶瓷瓶摔得粉碎；又说他的妻子见人便解释，说他患病几年了，经常糊糊涂涂，脑筋完全不行了，没有办法再会客了；云云。

钱三强深信这是讹传，他相信父亲不会突然这样的。可是好久见不到家里的信，怎么能够辨别传说真假呢，真是焦急得很。他连夜给在北平的孔德学友沈令扬发了一封航空信，侧面打探家中近况。

一个月后，忧心如焚的钱三强盼到了一封家书。一看信封上那熟悉的魏体行书，就知道是父亲的亲笔，说明父亲并非传说的糊涂了。拆开信封，还是封长信，4页竖行宣纸，毛笔字写得工工整整、刚劲有力，一点也看不出和以前有什么不一样。父亲写这封信的时间是"（民国）廿七年元旦"，即公历1938年1月1日。

钱三强到法国后共收到过父亲三封信，前两封都是便条式的三言两语，唯有这封信从内容到格式都郑重其事。关于健康状况，信中写道：

> 我身体尚安，惟精神日见衰老。三年久病，血压日高。十一月中请德国医院及日华同仁医院两处检查，均云血压最高时至二一五，较低而头脑较舒适时则一九五。两处医生均切嘱摒除一切事务，绝对静养。最于病体有妨碍者，为受惊与发怒。为摄生计，已遵照医嘱，谢绝一切应酬，杜门不出，安心养病。偶有老友来访，必先告以只谈风月，或商量旧学，万勿以不相干之事相聒。欲期病体康复，不得不如此也。

钱玄同是一位有过抱负，有过追求，同时也有过教训的开明学人，懂得自然法则，对于生老病死这一类的事看得透彻。他寄希望于后生，特别是留学法国的三强，信中谆谆告诫：

你常有信来，固所欣盼。惟求学之时，光阴最可宝贵，以后来信，大可简单，我所欲知者，为学业之进度与身体之健康，其余均可不谈。不但家信如此，即与此间诸学友如沈、陈诸君通信，亦当如此。此乃时间经济之道也，切记切记。**(1)**

一波方平一波又起。过了不久，又一则关于钱玄同的消息在巴黎大学城传开。这回传得很是有根有据，说有人见到报纸上登了钱玄同在北平逝世的讣告。三强一听心急火燎，他又给家里发急信，询问父亲近时情况。

大哥回了信，巴黎传开的消息果然事出有因。1938 年夏，汉口的英文《楚报》真是发过一则"钱玄同在北平逝世"的讣告，不过，那是报社方面把逝者的名字张冠李戴了。其时，北平恰好有一钱姓人士逝世，名叫"钱桐"（江苏人氏，时任日伪古物陈列所所长），结果《楚报》记者捕风捉影报为"钱玄同"。那一阵，有不少南方的朋友和学生寄挽联到家里来，家人怕父亲见了难过，瞒着他都给烧了，不巧有一位名叫张凤举的寄到家里的吊唁信，被父亲看到了，他自己也不禁大笑起来。

大哥信中还讲到，父亲对于"死"的传闻已经习惯了，他根本不在意。早在他 40 岁那年就讹传了一次，那是因为他曾经针对中年以上的人容易犯固执和专制的毛病，而愤然说过这样的玩笑话："人到四十岁就该死，不死也该枪毙。"于是他几个幽默的朋友胡适、周作人、刘半农等就和他开玩笑，说他已到该枪毙的年龄了，打算在《语丝》周刊里发刊一期"钱玄同先生成仁专号"，讣告、挽联、挽诗之类，他们真的

(1) 钱玄同写给钱三强的信（1938 年 1 月 1 日），见《钱三强年谱长编》，科学出版社 2013 年版。

准备了一些稿子，都是些"幽默"的作品，读者若不是判别能力欠缺，或者不了解他们之间关系的局外人，决不会认以为真的。但因那时正逢张作霖在北京自称大元帅，怕惹出误会，这个专号终于没有刊行。不过，《语丝》在南方刊物上的交换广告，已经把这个专号的预告目录全部照登了，弄得有些朋友和学生信以为真，有人写信到北平家中吊唁慰问。这是讹传父亲凶讯的第一次。

钱三强每遇传闻发生的焦急不安，都是在从实验室下班回到大学城学生宿舍一个人闲下的时候，前后关于父亲的凶讯，也都是在巴黎的部分中国人圈子里。因而他在实验室以外的另一种心境，他的导师和其他外国同事并不知晓，平时的言谈行止也尽可能不表露出来，他知道外国人不容易理解中国人爱嚼舌的习惯。

1939 年 2 月发生的情况不一样了。这次，钱三强不是焦急不安，而是悲痛欲绝——大哥写来了报丧信。那是一只素白的信封，钱三强一看心里就发慌，他哆嗦着打开信封，没等看完两行字，眼泪不禁夺眶而出……父亲真的辞世了，并且丧事已经办理完毕：

> 父亲于一月十七日下午九时三刻逝世。是日午饭后父亲还出门，下午四时余归家，我在五点左右课毕回家，父亲还和我闲谈。六时余，正预备吃晚饭，父亲突然一阵头晕睡在床上，急往扶起已不能言语，只做手势命拍背部，吐出痰唾液甚多。我们急请德国医院史大夫来诊，注射一针，医嘱送医院救治。当就雇病车送往德国医院，经其内科主任伊大夫诊断为右脑部溢血，病势危急。当时又打了一针，仍不清醒，只是呼吸稍匀而带痰声。我当时以为还有希望，谁想得到不久呼吸便突然停止，脉搏也渐细了。唉！从那时候起，我们弟兄三个已是无父的孤儿了！

这次父亲的突然逝世，我无论如何也想不到。灵柩在家停了七天，后移殡于法源寺暂厝。讣闻等诸事因路远不便计议，好在父亲生前朋友、学生均极操劳……父亲已葬于北平一个乡间墓地（即福田公墓——注），业已入土为安了……[1]

敬慰与激励

1937年离家时，那个最叫人撕肝裂肺的场景又浮现在钱三强眼前。那是在"来今雨轩"举行饯别后的当天晚间，父亲把操办到的一点外钞交给母亲，叫缝在三强的衣服夹层里，叮嘱在国外万一遇上不测，就拿它买船票回来，一定要回来，旁的什么都可以不要。三强记得，父亲是面墙说这些话的，母亲则一边忍着眼泪一边缝线……可眼下的事实实在令人难以接受。离别才一年多时间，前封信中父亲还说他身体尚安，怎么突然就再也见不到了呢，可他才五十岁刚出头呀！

从大哥来信和友人记述中知道，卢沟桥事变后，父亲没有少受日寇的刺激和羞辱，他是饱含忧愤离去的。

七七事变后一个月，也就是8月8日，日本侵略军开进北平城，全天实行禁街。那天，正在中南海中国大辞典编纂处上班的钱玄同，被阻拦在一处街角里不能自由行动，直至深夜解禁后回到家中，他极度气恼，原本就已很高的高血压，又骤然升高，头晕目眩，躺在床上几天不能下地。

北平沦陷后，钱玄同任教的师大和北大均迁往陕西，成立西北联大，他因病不能随校西迁，但他对师大校方汪秘书说："请转告诸友，

---

[1] 魏建功：《回忆敬爱的老师钱玄同先生》，见《钱玄同印象》，学林出版社1997年版。

钱玄同决不污伪命。"这是他那段时间的常谈，凡为伪满及日寇找事做或受聘教课的，他都称之为"污伪命"。他说到做到，师大留北平同事中有少数软骨头，听任伪命在北平继续办学以示"亲善"，他们再三到钱家中相邀，执意要他出来任教。钱玄同先是以有病在身为由加以推诿，看到实在没有效果，他硬是冷下脸来对相邀的人说："你所办的学校，对我毫无关系！"为保持清操，他做到了大义凛然。

1937 年冬的一天，日本人派驻北平做文化侵略的服部宇之吉的儿子（都叫他"小服部"），找了一些乐于为他们游说的人，登门邀约留在北平的一些教授谈话，做"亲善"工作。钱玄同听说游说的人要来，他便称病杜门，连同这些人的面都不见。一次，日本文化特务武田熙们发函，邀各校在北平的教授到怀仁堂开见面会，那天钱玄同自己开门正接着了函件，他看也不看立刻交还给送信人，说："钱玄同回南方去了，没有在家。"又给顶了回去。

更有甚者，那段时间里钱玄同与外界的通信和交往，一直受到日本特务监视和检查。有友人和学生从南方写信来，因信中习惯用些古奥隐语和幽默的话，竟招来不速之客几次登门盘查，有一次差一点要带走给他"优待"一番。

这一切都使钱玄同积郁成疾，累怨成仇。为了表示自己的不屈态度，他 1938 年干脆恢复早已弃用的旧名"夏"，宣示他仍是原来的"夏"（中国人自称），而非"夷"（旧指外国人），决不做顺民。

钱玄同逝世半年后（1939 年 7 月），国民政府对其予以明令褒扬：

国立北平师范大学教授钱玄同，品德高洁，学识甚深。抗战军兴，适以宿疾不良于行，未即离平。历时既久，环境益艰，仍能潜修国学，永葆清操。辛因蛰居抑郁，切齿九雠，病体日颓，赍志长逝。溯其生平致力教育事业，历二十余载。所为文学，见重一时，不仅贻惠士林；实亦有功党国。应予明令褒扬，以彰幽潜，而昭激劝。此令![1]

悲恸之中，三强对于父亲的所言所为深感敬慰，但仍无法摆脱突如其来的痛苦，心中惶惶，甚至觉得前途渺茫。他想告假几天，单独在宿舍平静一下，先给遭受意外打击的母亲写封信，不能见面也使她见信后增加一份宽慰。他连夜从箱子里找出父亲的单人照片和合影，放大挂在住室墙壁上，遥寄哀思。

在向伊莱娜·居里请假的时候，钱三强佯称自己身体不适。细心的伊莱娜马上察觉情形不对，因为这种事情以前从未有过，何况现在刚

钱三强接获父亲逝世噩耗后在巴黎住所遥寄哀思

【1】　陈敬之：《钱玄同》，见《钱玄同印象》，学林出版社 1997 年版。

开始做测定放射性镧的 β 能谱新课题。她看了看面前的钱三强，从他红肿的眼睛发现了疑点，她靠近一步小声问道："到底发生了什么事？"钱三强只好如实相告。

伊莱娜没有多说劝慰的话，她以紧紧握手向钱三强表示深切同情，轻声说："我能理解！我能理解！"她告诉钱三强，她也有过同样痛苦的经历，是常人难以想象的痛苦。

伊莱娜·居里遭遇的丧父之痛，现在已是世人皆知。

那是伊莱娜刚 9 岁的时候，即 1906 年 4 月 19 日，父亲皮埃尔·居里一清早就离开家，要去参加理学院教授们的聚餐，再去出版社看自己著作的校样，还要到法兰西科学院去办事。出门前，他向妻子玛丽·居里和两个女儿一一道别。

下午两点半钟的时候，皮埃尔向聚餐的理学院教授们提前告辞，准备到出版社去。当时，天正下着雨，皮埃尔撑开携带的雨伞，在雨中走向出版社所在地——塞纳区；这天又正遇上工人罢工，出版社没有人上班，大门是关闭的；他于是转身走向巴黎旧区一条狭窄喧闹的街道多非纳路，这里行人拥挤，马车在人群中穿来穿去，还夹杂着有轨电车刺耳的当当响声。皮埃尔准备从这里步行到科学院去，完成他这天要办的最后一件事。他为了充分利用时间，习惯走路时也思考问题，对周围的事有些心不在焉。当他正要穿过马路到对面人行道上去的时候，刚一挪步，一辆载重四轮马车冲了过来，把皮埃尔撞倒了，然后车轮从他的头上碾轧过去，脑颅轧碎了……

那一年，伊莱娜的父亲皮埃尔·居里刚 47 岁，母亲玛丽·居里只有 39 岁，她还有一个两岁的妹妹艾芙·居里。现实对于她和她的家庭真可谓残酷至极！

遭受痛苦最深和打击最残酷的是玛丽·居里。这位坚强的女性曾经这样说过："1906 年，正当我们要离开我们使用多年的并给我们无限愉快的棚屋时，一场可怕的灾难降临了。这场灾难夺走了我的皮埃尔，让我一个人孤苦伶仃地抚养孩子，让我只身一人继续我们的研究。这次灾难使我失去了人生旅途中最亲密的伴侣和最好的朋友，它所造成的深远又严重的影响，不是我的笔墨所能表述的。"[1]

此时此刻，伊莱娜对钱三强说出"我能理解"的话，这不单是一种安慰，而且给了他化解内心悲痛的力量。

【1】 [法] 玛丽·居里：《居里夫人自传 (1867—1934)》，杨建邺译，哈尔滨出版社2004 年版。

第八章
二战风云中的巴黎岁月

| 为清华同学游欧排险 |

随着希特勒军队先后占领奥地利和捷克斯洛伐克之后，第二次世界大战的阴霾越来越临近法国了，而这个时候，正是钱三强的博士论文工作进行全面总结、计算和撰写报告的紧要关头。1939 年 4 月 24 日，他先将前一段时间做完的实验，整理出一篇论文概要呈交导师伊莱娜，她审阅后随即推荐给《法国科学院公报》，以简报形式在该刊第 208 期刊出。

此后，钱三强的工作计划安排得更加紧凑，经常在法兰西学院和巴黎大学两个实验室穿梭做实验计算，核实数据，很少按时回到大学城宿舍，即便周末和假日也不例外。时有来访者找不见他，就在房门上贴一张字条，或在宿舍楼传达室留下一封信，所有应酬之类的聚会，他一概谢绝参加。

7 月的一天，钱三强突然接到清华同班同学王大珩寄自伦敦的信，说他和彭桓武等四人已约好，趁暑假到欧洲大陆旅游，首站将是巴黎。这是钱三强第一次接到王大珩的信，许多印象从这封信重新记起。他知道王大珩晚自己一年考取赴英庚款，在伦敦帝国学院物理系攻读技术光学；记得当年王大珩在清华做毕业论文选的也是光谱学方面的课题，由叶企孙指导，后又师从赵忠尧专攻原子核物理；他还联想起和王大珩在孔德学校小学部同学两年的朦胧印象，这个小个子特别机灵，但不顽皮，后来他转学到了汇文学校，直到清华物理系再同班。

彭桓武虽然是高一年级的清华物理系同学，不像和王大珩那样朝夕相处，知根知底，但彼此也不陌生。有一件事给钱三强留下印象很深：1935 年上半年，清华组织学生参加军事训练，他和彭桓武编在一个班，一天夜晚巡逻时，突然天空电闪雷鸣，就在电光刚落、雷声骤起之际，只见彭桓武抬腕看手表，眼睛盯着秒针，随口说出相距的准确时间，在场的人都感到惊讶。彭桓武后来考了周培源的研究生，用广义相对论的电磁波方程求光强，1938 年他也考留英庚款到了爱丁堡大学，师从量子力学创始人玻恩（M. Born）研究理论物理。

几位清华同学在巴黎会面的时候，那情景就像回到了从前，特别是来自爱丁堡的彭桓武，他见了巴黎的太阳，仰头望着天空又笑又叫，就像发疯了似的。原来爱丁堡是终年不见太阳的地方，他因此患上了厌食的怪病。他这次到欧洲大陆度假，一个重要的目的是出来晒太阳治病，

钱三强（左二）与彭桓武（左一）、王大珩（左三）等在巴黎凡尔赛宫前大花园合影

115

后来果然见效，厌食病彻底根治了。

除了巴黎，彭、王他们还计划去德国，已经写信通知了在柏林的何泽慧。他们动员钱三强一起去，钱三强很想同往，除了旅游休闲的因素，也有意去看看整三年未见面的何泽慧。但冷静一想，又马上打消了念头，他自己不仅手头有实验在做，不便突然停下，还有一个原因，从种种迹象感觉，战争可能随时触发，一旦德国对英法开战，首先是交通全线断绝，如果都阻隔在柏林，个人学业中断不说，甚至还会发生难以预料的不安全后果。于是钱三强决定留在巴黎作联络，一有紧急情况，随时通知何泽慧转告王大珩和彭桓武他们，赶快返回。

就在 8 月 24 日凌晨，德国和苏联出乎人们意外，签订了《互不侵犯条约》和《秘密补充协定书》。消息一公布，在法国就像炸开了锅，巴黎的大报小报无一例外地都惊呼战争即在眼前。可是在德国的感觉却完全不同，人们反而为战争松了口气。正是在"战争一时打不起来"气氛影响之下，王大珩、彭桓武满想放下心来在柏林再玩几天。就在这时，钱三强的电报到了柏林，何泽慧拿着电报一念，电文只有四个字：见电速回。

王大珩和彭桓武在不很理解中，按照钱三强的电报做了。当他们坐上火车才发觉情况异常，全路各站都人山人海，拥挤不堪——原来他们乘坐的是大战前最后一趟直达伦敦的火车。不论时光过去多久，彭桓武和王大珩始终没有忘记这次历险旅游，没有忘记钱三强及时发给的那份排险电报。

1992 年，彭桓武撰文悼念钱三强逝世，文中所感怀的第一件事就是这趟欧洲历险记。他写道："钱三强和我虽然是清华物理系只差一级的同学，但我结识他却是 1939 年暑假与王大珩等从伦敦到巴黎和柏林旅游的时候。那时局势和战不定。我们从巴黎到柏林时受到何泽慧的招待。在报纸上见到德苏外长签订互不侵犯协定，并受当地市民和平气氛的鼓舞，我们正想作多日停留的打算，却收到三强从巴黎发来的和我们事先约定的电报。我们马上乘车返巴黎，来时所住的巴黎大学，此时住满了军队，他督促我们立刻换车回伦敦。事后才知道这是最后一次直达车。如若没有钱三强的帮助，我当时就会被困在柏林，后果不堪设想。"[1]

不寻常的论文答辩

进入 1940 年，钱三强的博士论文进度，无意之中恰似在跟希特勒的战争计划竞跑。1 月间，写好的论文业已吸收导师伊莱娜意见作了修改，并经她推荐在《物理学与镭学学报》发表，因为文章比较长，包括图表共有 20 多页，发表时分为 A、B 两部分先后刊登，总题目为《含氢物质在 Po–α 粒子轰击下所产生的质子群》。同时将论文及附件提交法国科学院，申请评审答辩。

法国科学院照章行事，组成了论文评审委员会，由老资格的放射化学家德比艾纳担任评审委员会主席。德比艾纳在法国科学界大名鼎鼎，他 1899 年首先发现锕元素，后来一直致力于锕系放射性研究，并且卓有成就；他有很深的科学资历，是老居里夫妇的亲密同事，1934 年居里夫人逝世后，由他接任居里实验室的第二任主任职务；他曾经与伊莱娜合作证明锕的一种衰变子体 Ack，其实就是元素表里的第 87 号元素，由他们提议正式把它命名为"钫"（Francium 即"法国素"），以此纪念自己的祖国法兰西。

[1]　彭桓武：《钱三强和我》，见《彭桓武诗文集》，北京大学出版社 2001 年版。

117

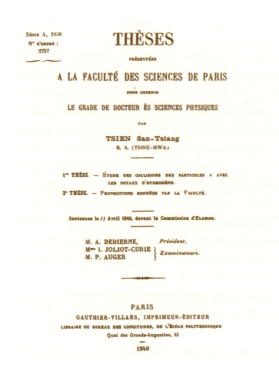

1940 年 4 月 11 日，钱三强的博士论文在评审委员会答辩通过后，由法国科学院印刷的封面

另外两位评审委员，一位是伊莱娜·居里，一位是巴黎大学教授奥热（M. P. Auger），都是名冠法国科学界的人物。可以说，这样的博士论文评审委员会阵营，在法国核科学领域称得上是顶级规格和最具权威的。

后来的事实作出了佐证，当 1945 年法国成立掌管全国原子能科学、工业和国防的"法国原子能总署"时，三名论文答辩委员有两人，即伊莱娜和奥热同时被戴高乐总统（兼任原子能委员会主席）任命为专员，这个委员会共设有三个专员职务，伊莱娜负责委员会核化学方面的工作，奥热负责核原料供应。钱三强的另一位博士论文指导者约里奥，则被任命为原子能总署唯一的高级专员，对法国原子能科学技术负总责。

论文答辩会是 4 月 11 日进行的。评审委员除了一致确认钱三强博士论文的科学性，还听取伊莱娜本人并代表约里奥对钱三强工作精神的介绍，说他勤奋、热忱和具备领悟科学的天分。话虽不多，但由从不恭维人的伊莱娜说出来就能显出它的分量。博士论文通过后，即刊发于《法国科学院周报》，还登了论文作者的照片。

photo de famille : les de Gaulle et les Wilson.　Tsien San-tsiang, ancien élève de Joliot-Curie, l'un des « patrons » de la bombe chinoise.

1940 年 5 月，《法国科学院周报》发表钱三强的博士论文《含氢物质在 Po-α 粒子轰击下所产生的质子群》（原件存巴黎居里博物馆，2011 年葛能全摄于清华大学百年校庆举办的"居里研究所与清华人展览"）

　　钱三强获得法国理学博士学位时，离他三年公费资助还有几个月到期。他想，虽然战争的火药味很浓，但从舆论听到的说法，都认为英法联军对德军作战有绝对优势。既然这样，战争未必能对法国尤其首都巴黎造成直接危险，不妨再工作几个月多学点东西回国。

　　然而，刚过一个多月即 5 月 21 日，德军快速部队神不知鬼不觉中已经到达英吉利海峡沿岸，并且先把英法联军分割开来，开始大举进攻法国。转眼间，以为平安无事的巴黎，已经战云密布了。

接近死亡的异域逃难记

　　战争形势一天天恶化，其速度之快，正如钱三强后来在《自传》里形容的，"发生闪电般的变化"。

这种变化，是法国人及欧洲人都没有想到的。因为法国和英国、美国共同奉行一种绥靖政策，默认希特勒占领一些小国，企图用既得利益来打消他的扩张野心。但事与愿违，先被占领的小国奥地利和捷克斯洛伐克，反而成了希特勒的两块跳板，从这里长驱直入，开始了更大范围的扩张。

1940 年 4 月 9 日，德军先从西线发动进攻，只用 4 个小时就占领了丹麦，两个月后占领挪威；接着，几天之内又先后占领了卢森堡、比利时、荷兰。结果，花了几年时间建成的马其诺防线，完全失效了，英国远征军不得不溃退到英伦三岛。

然后，希特勒集中 148 个师的兵力和数千架飞机，还有大量坦克，首先从法国北部的阿布维尔到莱茵河上游发动进攻。而这时，法国的精锐部队在比利时战场伤亡严重，能够同德军作战的兵力，往满里算也只有五六个师，既众寡悬殊，又缺乏斗志，德军所到之处就像无遮拦的洪水迅猛涌来，很快就占领了法兰西一半的国土。

钱三强眼底下的巴黎，到处是一片慌乱景象：街头遍地是德国飞机撒的传单，大楼的玻璃门窗，有的用油漆漆成蓝色或黑色，有的贴上了胶布条；在车站，拥满慌忙疏散的人群，最让人心疼的是那成群结队的小学生，他们身上个个都缝着自己的名字和去往目的地的标签……

茫然中的钱三强来到居里实验室，希望能问到些情况。当他一见到意大利犹太同事庞德科沃（原是费米的学生，并一起发现慢中子活化反应），对方很惊讶，问钱三强为什么还没有走，说全所的人都走了。他提醒赶紧往南方逃，要是让德国人抓走，会派去挖壕沟的。[1]

---

[1] 钱三强：《自传》，1953 年 2 月 20 日，存于"钱三强档案"。

　　钱三强急忙带些简单行李用物，骑自行车跟随逃难的人群，毫无目的地向南方行进。一路上，遇到德国飞机轰炸，人群便一哄而散，四处躲避；待飞机飞远了，人群又自动会合到一起，继续南逃。

　　逃出巴黎后的一个晚上，钱三强和许多人摸黑走进一所大房子，里边空空的，正好都能找到躺下睡觉的地方。天刚一亮，有人发现这房子是一处刚撤空的军营，怕成为飞机轰炸的目标，大家又匆忙跑出来。带的干粮吃光了，没有力气走路，他和一些难民跑到地里拔胡萝卜充饥解渴；实在没有办法了，有时到村镇上去向人乞讨残羹剩饭……

　　走了几天，听难民说到了奥丽阳大桥，这是法国南方和北方的一处分界线，以为过了桥进入南方就安全了。没想到守桥的法国士兵把钱三强当成日本人，枪口指着他不让过桥。就在这时，碰巧又来了一个中国人，他名叫张德禄，比钱三强大十几岁。他18岁那年就到法国留学，学应用物理，已经在法国的军工部门找到工作了。张德禄这次奉命南下，带着过硬的有效证件，还有两个法国工人跟随他。钱三强得到张德禄证明身份不是日本人，才一起过了桥，并且开始结伴而行。

　　一天夜里，钱三强和张德禄等睡在一间堆着麦草的房子里，忽然听到传来坦克隆隆声，心想一定是法国军队开赴前线作战吧。可等近了一看，每辆坦克上都有刺眼的卐字旗，原来德国军队已经跑到难民前面了，用坦克挡住南逃的去路，一个劲地喝令难民往回撤。

　　又饿又累的钱三强，好不容易挤上一列没有座位的筒子火车，同大批难民折回巴黎，结束了十几天的战乱大逃亡。这段异域逃难经历，在钱三强的记忆中是难以忘却的，因为那是接近过死亡的经历。他1953年的《自传》也写到了这次逃难，尽管这时离他异域逃难的日子，已经过去整整13年，而他留下的那段没有故事、没有掩饰的文字，依然深深触及战争带给人的恐怖和创伤："我的论文刚通过不到两个月，德国占领了法国，为了不想替德国军队掘壕沟，我曾与法国人民一起步行了十余日去逃难，最后还是被德军追上被迫回巴黎了。一路上饱受饥饿与轰炸的滋味，思想上对人生起了一些轻视的看法，觉得死是那么容易，死了也不坏。"

德军已在 6 月 14 日占领了巴黎。当钱三强灰头土脸拖着疲惫的身子走出巴黎火车站，所看到的是满街走着德国士兵，跑的是德国汽车，巴黎已经变成了一座德国城市，连凯旋门和埃菲尔铁塔上都飘起了卐字旗。

钱三强听说，巴黎沦陷后的 6 月 17 日，接任总理刚一天的贝当元帅，正式命令法国军队投降。这位第一次世界大战的英雄，无奈地对自己的军队说："为了减轻法国人民的忧愁，除了向德国放下武器以外，别无他法。"于是在矿泉区维希（Vichy），临时组织了一个失去国家中心的偏安政府。

可就在第二天，法国人又听到了另一个声音，它发自伦敦布什大厦的播音室："我，戴高乐将军，现在在伦敦向法国的官兵发出请求，请你们相信，我是根据对事实的充分了解说话的。我告诉你们，法国并没有失败，使我们失败的那些因素总有一天会使我们转败为胜。无论发生什么事，法兰西的抗战烽火都不会被扑灭，也绝不可能被扑灭。"[1] 这时的戴高乐，本是被法国当局宣布为死刑而逃亡的人，但他的爱国热情和必胜信念，受到法国人民的信任与尊敬。

在后来的日子里，钱三强深刻感受到法国各界人士和民众，都按照戴高乐的话去做，纷纷解囊，捐献出自己的金戒指和各种财物，支持他领导的"自由法国"（后改称"战斗法国"）运动。

法兰西没有沦亡，抵抗的火焰到处在燃烧。

〔1〕 王书君：《第二次世界大战——百幕风云》（上），蓝天出版社 1994 年版。

| 在被占领下的法兰西学院 |

钱三强逃难回到巴黎后的生活，一天天苦下去，中法教育基金会的公费资助到期终止了，回国不能成行，留下来又没有工作，甚至连吃饭也成了问题。

转机发生在断了公费后的 8 月。钱三强记得，有一天，他在巴黎一条小路上散步沉思，抬头间突然看见约里奥先生正朝他走来，心里不由得一阵惊诧，他竟然也没有走，留在沦陷的巴黎。于是，两人找一个僻静咖啡店畅叙了别后经历，约里奥很同情钱三强诉说的处境，他丝毫没犹豫表示欢迎钱三强回到他的实验室工作，说的话让钱三强铭感至深。约里奥当时说：

> 回到实验室来吧。只要实验室还开着，你仍然可以继续你的研究工作，只要我们能生活下去，你就能够生活下去。

钱三强从这次谈话中知道，德国派在巴黎的机构中有几位物理学家了解约里奥的实验室，有的还曾经在约里奥指导下做过研究工作，所以他的实验室没有遭到破坏，德军派有荷枪士兵把守，不准无关人员进入。

为了政治和军事的需要，德国自然科学部主任夏尔·莫兰出面给约里奥写信，请他回研究室继续进行科学研究。德国人表面上对约里奥-居里夫妇另眼相待，并同意双方签一份协议：法兰西学院在建的回旋加速器加紧建完，约里奥的实验室接受四名德国研究人员工作，约里奥则仍是实验室唯一的主任；实验室只进行基本的、非军事性的研究；任何时间所进行的任何工作，都要向他报告。巴黎大学的居里实验室，主持人伊莱娜也按照以上协议行事。

显然，德国方面这样"宽待"约里奥-居里夫妇，目的在于所看重的回旋加速器和约里奥掌握的核裂变材料重水，还有他的关键实验数据，这是希特勒企图抢先研制原子武器最关紧要的。许多情报证明，自从链式反应被实验证明后，希特勒一直挖空心思在这方面采取措施，尤其对产生链式反应最理想的减速剂——重水倍加重视，在挪威大量订购了氧化重水；他们占领捷克斯洛伐克后，又立即下令禁止那里的铀矿出口。正是担心希特勒险恶的原子武器计划，约里奥赶在德军占领巴黎之前也采取了措施，把实验室的重水派人装船运送到英国去了。

事情果然未出所料，1940 年 8 月 13 日，德军一位将军埃里希·舒曼（著名作曲家舒曼的后裔）正式约见约里奥，地点在法兰西学院约里奥的实验室。刚刚重回实验室的钱三强和其他工作人员，先被召集一起听舒曼讲话，当时的情形，有位英国传记作家是这样记述的："舒曼将军以最令人作呕的措辞说，他十分赞赏约里奥所进行的伟大的工作，他希望他们为了科学保证共同前进，并希望每个人都愿意有一个富有成果的合作时期。然后德国人到了约里奥的私室。气氛大大地变了：德国人粗暴、露骨、蛮横。"[1]

舒曼到约里奥私室后的谈话，实验室的其他人都不在场，只有约里奥和舒曼及德国翻译根特纳三个人。这次私密谈话，根据后来公开的记录，真好像是一次对嫌犯的审讯：

> "重水哪里去了？"舒曼开口就质问。
>
> 约里奥："在波尔多装到一艘英国船上去了。"

---

[1] [英]莫里斯·戈德史密斯：《约里奥-居里传》，施荦译，原子能出版社 1982 年版。

"你的铀哪里去了？"

约里奥："军备部收走了。"

"送到什么地方去了？"

"我不知道。没有告诉我送去的地方。"

"你是说你不知道铀被送到哪里去了吗？"

"是的。"

"可是，别人不知道，你肯定知道。"

约里奥："我不知道。"

"你的回旋加速器的情况怎么样？"

约里奥："正在安装中。"

"你估计什么时候可以完成？"

约里奥："到时候就能完成。"[1]

好在舒曼的翻译根特纳（W. Gentner）是熟人，他曾在约里奥的实验室工作过两三年，并且彼此信任，一直保持友谊，但在舒曼面前，他们装作互不相识。私密谈话结束后，根特纳故意走在后头，他暗示要和约里奥单独见面。

当天晚上，约里奥和根特纳在圣米歇尔一家小餐馆私下会见。根特纳告知，海德堡大学物理学家波特（W. Bothe）将名义上负责这里的工作，实际由根特纳进驻法兰西学院，作为派驻实验室的监督，领导一个小组加快回旋加速器的安装调试，他对此感到很为难。约里奥感激根特纳的谈话，并且说："你能来到巴黎，这对我太好了。我们需要你的帮助。"根特纳没有受到希特勒作风的感染，他诚实地作出表示："我不是

---

〔1〕　[英]莫里斯·戈德史密斯：《约里奥-居里传》，施莘译，原子能出版社1982年版。

有权力的人，但是为了科学和人类，我将尽一切努力帮助你。"

接着，斗争在安装回旋加速器上首先开始了。

约里奥秘密布置参加安装的法国人，要用机智不让德国人达到目的——大家心里都清楚，回旋加速器是用来研究铀的，德国人要加紧安装它的目的也在此。德方负责在回旋加速器上做安装调试的，是一个名叫莫勒的物理学家，和他一起在操纵台工作的法国机械师叫台尔曼。每次调试开始，台尔曼就找借口回到他的工作间去，他顺道把冷却系统某个水龙头关掉。不出几分钟，莫勒便急忙给台尔曼打电话："快来呀！机器出毛病了！"于是就把所有开关都关掉停机检查，结果发现绝缘体被烧坏了。这类的"事故"发生过好多次，而德国人一直被蒙在鼓里。

钱三强没有参加回旋加速器的工作，他在楼上实验室做他的课题——用不同方法研究天然放射性物质释放的 γ 射线的强度和能量。每当约里奥上楼来讲起在楼下发生的事情，他们都忍不住笑出声来，实验室短时间又回到从前的气氛中。

钱三强本人很幸运，他从 1940 年 10 月起获得了"居里—卡内基奖学金"，不仅吃饭不成问题了，而且享有独立进行科学研究的经费，还算是一种荣誉。这项奖学金是老居里夫人 1907 年得到美国慈善家安德鲁·卡内基（A. Carnegie）一笔捐赠款而创立的，她亲自订立宗旨为："使一些成绩斐然的学生和科学家可以全心致力于研究。可以使那些有志于研究和有研究才能的学者不会中断研究，从而完成他们的志愿"。[1]奖学金的时下主持者伊莱娜·居里，认为钱三强符合该奖学金的宗旨。

---

〔1〕 [法] 玛丽·居里：《居里夫人自传》，杨建邺译，哈尔滨出版社 2004 年版，第 39 页。

| 师生间心照不宣的秘密 |

1940 年冬季开始，实验室外面的斗争形势愈来愈严峻，法国各界的抵抗运动也同时活跃起来。约里奥在法兰西学院组织了抵抗行动组，并且很快发展成为巴黎各大学"自由运动"的核心。而纳粹德国则以搜捕犹太人名义疯狂镇压抵抗者，许多不愿意跟他们合作的人，被列进了盖世太保的黑名单，巴黎参加抵抗运动的人士，遭到逮捕、拷打或杀害的事件屡屡发生，而且更加可怕的是，盖世太保不择手段在知识界策反一些有野心、贪私利的内部叛变者为他们效忠，破坏抵抗运动，大家称这种人为"法奸"。

由于居里家族的名声和影响，德国人表面上给约里奥-居里夫妇所谓"自由"，而实际上他们时时处在被暗中监视之下，他们的实验室里同样也是这种处境。

一次，《巴黎太阳报》蓄意炮制出一篇攻击巴黎学术界的文章，造谣说约里奥是"犹太人的保护人"。接着一天下午，约里奥的实验室里突然闯进几个德国人，指名道姓要他交出一个在这里工作的犹太人。其实，这个人在巴黎沦陷前已经逃到英国去了，只是他有一个妹妹当时没有带走，留在约里奥的实验室做杂工，后来料到风声紧张，由伊莱娜把她藏到居里实验室一个不易察觉的地方。这件事钱三强知道，他跟去了英国的犹太同事很熟悉，和那个善良的犹太姑娘有过工作接触，很同情她整天提心吊胆的处境。

闯进实验室的德国人见人便问，也很凶地询问钱三强："犹太人藏在哪里？"钱三强从容不慌回答："早已逃到英国去了，其他什么也不知道。"德国人得到的都是同样的回答，实在找不出破绽，搜寻一番悻悻离去。第二天，那个犹太姑娘被伊莱娜派人秘密送到乡下当挤奶工去了。

德军投降后，实验室于是传开钱三强保护犹太人的故事，故事也传到了巴黎的中国人圈里。事情一经传说，难免有些走样。当时在巴斯德实验室工作的中共旅法支部成员孟雨，1950 年 1 月在一份向组织提交的材料中，还讲到钱三强这段故事。他是这样写的：

> 钱三强为人刚毅忠实，他到法国居里实验室研究原子能问题，多年来与之相知甚深，过往极多，他不但在原子能物理上已有了贡献，即在祖国的抗日战争中，巴黎的沦陷中及胜利后，均曾表现他对于反暴反帝反独裁的斗争精神。巴黎沦陷后他不顾危险藏匿了一个被德军追捕的抗德的犹太同事（亦是约里奥的学生），直至巴黎解放后为止。[1]

在那种恶劣形势下，约里奥开始转入有组织的秘密抵抗活动，并在 1941 年 5 月和 12 月，先后担任法国全国阵线主席和全国大学阵线主席，领导法国知识界的反法西斯斗争，因而德国人开始暗中紧紧盯住他。就在那年 6 月 29 日，约里奥突然被盖世太保逮捕，列了他三条罪名，一说他是共产国际的成员，二说他登记参加了第三国际，三说他是共产党内一个有影响的共产党员。在约里奥镇定自若的反驳下，条条都查无实据，很快被释放了，但从此不允许他离开巴黎占领区。

谁都知道，在那时的恐怖环境里，要做一名共产党员等于"自找死路"，可是约里奥在 1942 年硬是这样做了，他为了法国的解放和自由，就是准备面对死亡。他宣誓自己的入党动机说："我之成为一个共产党员，是因为我是一个爱国者。"

---

[1] 孟稜崖（即孟雨）：1950 年 1 月 9 日写给党组织的证明材料，存于"钱三强档案"。

　　凑巧的是，约里奥秘密入党的材料和他准备万一时使用的假证件，一段时间就藏在法兰西学院的实验室里，这间实验室同时也是钱三强的工作室。有一天，钱三强因做实验需要，在一个放杂物的柜子里寻找一截电线，偶然中顺着电线扯出一个扁扁的纸袋，打开一看，他不由得神经立刻紧张了起来，原来里面是约里奥的入党材料和化名电器工程师的假护照。钱三强当然清楚这些材料的严重性，万一落到德国特工或者法奸手里，老师必遭杀身之祸。想想后，他不打算冒失惊扰约里奥，小心翼翼把材料放回原处，并且在杂物柜内做了一番巧妙伪装，使外人更不容易发现它。同时，他有意加强了暗中监护，警惕外人进到实验室。

　　过了几天，钱三强再查看杂物柜时，发现纸袋不见了，而约里奥安然无恙，他这才放下了心。

　　对于这件事，钱三强和约里奥心照不宣，但他们都守口如瓶，直到1952年他们才言明这桩秘密。那年3月底，时任世界和平理事会主席的约里奥–居里，在挪威首都奥斯陆主持召开世界和平理事会执行委员会特别会议，钱三强作为中国代表团成员陪同郭沫若团长出席会议，其间和约里奥有过多次谈话，气氛非常亲切。在谈到领导建立新中国的共产党时，钱三强便提起了当年在实验室里见过约里奥秘密加入法共的材料（约里奥的法共党员身份于1948年公开），约里奥接下话说："我知道这一点。你还帮我把材料藏得更难找了。"钱三强听后一愣，对约里奥的细心感到惊异。约里奥接着说："在我取走材料时，发现这一切，我想准是你干的。"说完两人会心一笑。

第九章
滞留里昂的困苦与欣幸

| 勾起回国念头 |

　　巴黎的政治环境日益恶劣，生活条件也非常艰苦，钱三强每月得到配给的食品不够吃，有时只好用配售的酒和烟去跟别人换些面包和咸肉充饥。但即使这样，他这段时间的科学研究工作，仍然坚持进行，并且时有文章发表。

1941 年钱三强在实验室工作之余

1941 年初，他在法兰西学院实验室做的关于钍的射线强度的研究报告《射钍的 γ 射线》刚一完成（后发表于《法国科学院公报》第 213 卷），伊莱娜在居里实验室又交给他一个课题，让他制作一个氙气电离室，用以测量钫-223 的低能 γ 射线的强度。前文说到，第 87 号元素钫的发现，曾经是居里实验室的重要贡献之一，二三十年来关于钫的研究弄清楚了其中不少问题，但伊莱娜实验中注意到一种新现象，钫-223 偶尔会放射出一种能量很低的 γ 射线，所以她要找钱三强来研究它。到 4 月间，钱三强做完这项实验，写的研究报告《放射反冲的扩散及其本性》，发表在同年法国的《物理学与镭学学报》第二卷。收获不仅仅是发表一篇文章，后来钱三强总结说：他通过做这项实验，又掌握了过去没有接触过的电离室制作技术，并且研究了各种气体对电离室性能的影响。无形中扩大了知识面，积累了科学工作的经验。

这一年，钱三强还和别人合作做了两项实验。这里要提出的，是 10 月底完成的对射锕 γ 射线的研究，他用简明又巧妙的方法测定 γ 射线的能量为 ±2KeV。这项研究结果在《物理学与镭学学报》发表后，受到普遍重视。

1941 年冬，德国占领当局为了完全实现巴黎的殖民化，要各个国家驻法国的外交机构撤离占领区巴黎，迁往贝当傀儡政府所在地维希。随后，钱三强接到中国驻法使馆通知，在巴黎的中国人如自愿可以随同南迁，也可以继续留在巴黎。

一天，逃难途中相识的张德禄来找钱三强，说他已经失业了，生活很艰难想回国。他听说马赛与远东的海上航线并未完全中断，有时能买到去香港或上海的船票。这个新情况勾起了钱三强的回国念头：

我在沦陷后的巴黎，度过了 1940 年和 1941 年。虽然在科学工作上又有了不少长进，但心中总是很不安，一直思念着自己的祖国。这时听到有回国的可能性，我就决定回国。[1]

钱三强把想法告诉约里奥-居里夫妇，两位老师认为眼下他们实验室的研究条件已今非昔比，目前要做出很有意义的工作有困难；再从安全角度考虑，他们支持所有外国学者暂时离开。细心周到的伊莱娜，特意写了很长一份书面文件交给钱三强，对他四年来的成绩和研究能力作出评价，称他"在几年研究工作中，不但表现出是一个很有才华的实验工作者，而且有很高的科学素养，这使他能够在与同行进行讨论时富有成效。他同时拥有物理学家和化学家的能力，这点对这门科学来讲是绝对必要的"[2]。伊莱娜写这份文件的时间，是 1941 年 11 月 8 日。

11 月底，钱三强和张德禄离巴黎去马赛途中，一路上听到消息，都说太平洋近时绝无战事发生。认为的理由是，英、美制订了援苏抗德计划，在大西洋呈进攻之势；而在太平洋则采取守势，不仅不打日本，美国还同日本缔结了《美日谅解方案》，公然承认伪满洲国，并允许日本可以用和平方式取得南太平洋地区的资源等等。因此人们以为，日本人的野心得到了满足，会相安无事，太平洋上就打不起仗来。

在这样的气氛下，钱三强和张德禄不打算急于赶往马赛，想在里昂小住一时，顺便领略这座中世纪古城的风貌。没想到事情发生得非常突然，连美国人也被诡秘的日本人搞得措手不及，眼看着他们的太平洋舰队基地遭到袭击，造成重创。钱三强的回国计划发生了意外，情况正如他《自传》里说的：1941 年底，他从巴黎刚到里昂不久，就得到日美开

〔1〕 钱三强：《重原子核三分裂与四分裂的发现》，科学技术文献出版社 1989 年版。
〔2〕 钱祖玄提供复印件和译文。

战的消息，一切与远东的海上交通工具都断绝了。不得已，他只好暂时在里昂留住下来。

| 里昂大学的临时工 |

里昂那时虽属"自由区"，相对于占领区的巴黎恐怖气氛没有了，但它和占领区之间视为法德国境，从里昂去巴黎算进入德国，必须由占领当局发放入境签证。这就使得钱三强处于既无法回国又不能返回巴黎的尴尬境地。

一天张德禄又告诉说，往北美的轮船还能通行，他准备去美国找工作，问钱有没有改去美国的想法。钱三强没有这样的思想准备，离开巴黎只是想回国，他表示再等一段时间，没有和张德禄前往美国。

钱三强在里昂大学物理实验室做重水分离实验

里昂有一所利用"庚子赔款"创办的中法大学，主要为勤工俭学的中国学生提供住所、学习法文，而后选择适合的专业留学。钱三强那时借住在中法大学学生宿舍，一段时间过后，许多实际问题出现了，用他自己的话说，当时的境况真是快要到囊中羞涩的地步，连学生食堂的饭也吃不起了。里昂和巴黎一样，生活费用奇贵，在学生食堂吃一餐最廉价的饭，至少要花二三十法郎，还只是七八成饱，至于牛奶、鸡蛋之类，是他根本不敢问津的高档奢侈品；连洗衣服的肥皂也要凭证供给，像他这样的暂住人口又不发供给证，许多日常用品买不着，好在有几位中国学生发起"募捐"，才勉强有肥皂洗衣服。

依靠救济和施舍过日子的那种滋味，更让钱三强苦不堪言，他记忆中的情况是："在里昂生活更苦起来，借住的中法大学宿舍中的同学们，也因吃不饱，对于外来生客有时有些不痛快，这样使我更增加了精神上的孤僻感。"于是他想尽快改变困境。

1942年初，钱三强通过毛遂自荐，开始在里昂大学物理研究所一边做些临时性的工作，一边到图书馆读些早就想读的有关量子力学方面的著作，时间虽然不长，他感觉通过自学量子力学，了解了理论物理的重要性，思想进一步开阔了。

里昂大学有位比利时籍物理学教授莫朗（M. Morand），他一天找到钱三强，问他有没有放射性物质带出来，钱三强回答说只有很少一点。于是莫朗让钱三强带两个大学生做毕业论文，并帮助他申请国家研究中心的经费。莫朗的邀请如同雪中送炭，不仅有了工作可做，不虚度时光，更实际的一点帮助解决了滞留里昂的生计问题，所以钱三强没有提出任何条件就答应了。

但是能做的实验很有限，制作云雾室、电离室、计数管、磁谱仪等条件都不具备。后来了解到，里昂正好有一家生产照相底片的工厂，钱三强去厂里弄来一些片子，用从巴黎带的一点钋 α 源，带领学生自己制作一个扁形真空盒，研究 α 粒子在照相胶片上的感光作用。结果有了意外收获：钋的 α 粒子能够在照相底版上留下八九个黑点，有点像云雾室中的粒子径迹。用不同品种的片子做实验，发现含银量不一样，黑点的大小和数目也不一样。再有，改变底版的处理方法或条件，也可以改变点子的粗细程度。[1]

钱三强在里昂物理学会报告了这一研究结果，颇受好评，连照相底版工厂的技术人员也来参加听讲。更没有想到的是，钱三强在里昂的这段工作经历，使他后来在原子核乳胶工作中起了重要作用。

钱三强在里昂写成实验报告《用照相乳胶记录带电粒子》，1943 年6 月在法国《物理学手册》上发表。两年后，当英国鲍威尔（C.F.Powell）教授发明核乳胶技术时，伊莱娜·居里想起钱三强在里昂用照相底版记录 α 粒子的工作，认为他是派去英国学习核乳胶技术的合适人选，就把他派去了。也正是由于钱三强有在里昂的工作基础，他很快就学会了，并且后来成为法国应用核乳胶技术的开创者。

老师解难　重回占领区巴黎

1942 年下半年，随着美国太平洋舰队中途岛重创日本海军，太平洋战争一度出现转机，恢复航行又有了希望，这是回国心急的钱三强从善良人们那里获得的信息。殊不知，日本军国主义的狼子野心并不就此收场，战争丝毫没有停止的迹象；加以这时候美、英、苏在对德作战方面各有盘算，战争形势反而益发复杂起来。钱三强这才意识到，近期回

---

〔1〕　钱三强：《重原子核三分裂与四分裂的发现》，科学技术文献出版社 1989 年版。

国完全没有可能，继续留在里昂大学做研究，又受到条件限制，许多想做的工作无法进行，他想最好的去路是再回到巴黎。

问题是，从自由区里昂去占领区巴黎，必须有占领当局认为合理的证明文件，尤其对非法国籍的外国人还要办理繁杂的手续。除了求助两位法国老师没有别的门路，钱三强于是鼓起勇气给约里奥先生写了一封短信，试探性地问问情况。

回信是伊莱娜·居里从自由区莱辛疗养院写的，她约钱三强去那里见面。

同年秋，钱三强从里昂到了莱辛结核病疗养院。这所条件不错的疗养院，是属于瑞士大学管理的，设在瑞法两国边境处。伊莱娜并不是患了一般的传染性结核病，而是因为她年轻时帮助母亲到战争前线救护伤员，大量 X 射线侵入体内造成多种慢性病变，近时由于巴黎被外敌占领，心情不好，病情显著加重了，连走路和呼吸也有些困难。

钱三强到来的时候，伊莱娜的情况已经大有好转，食欲好多了，体重也有所增加。她高兴地向钱三强讲起，她在疗养院吃到了好久没有吃过的鲑鱼和食用蜗牛，说味道很美。伊莱娜还介绍说，她要准备做一次膈神经外科手术，以便促进结核病变的吸收与愈合。当钱三强表示可以在莱辛陪她做完手术时，伊莱娜谢绝了，说那只是一个小的常规手术。

在谈到钱三强回巴黎工作时，伊莱娜说她和约里奥都很欢迎，只是所有到巴黎工作的人，按占领当局要求必须有合法的"工作证明文件"，才能获准去巴黎的签证。她表示这些都不会有问题，只要有了最后决定，约里奥会在巴黎把一切手续办好，只是需要一些时间。

交谈中伊莱娜讲到，约里奥本人现在的处境实际上是不自由的，他既不能离开占领区，和外界通信也要受到暗中检查，连他们夫妻之间的来往信件也不例外。因此，伊莱娜在外地疗养期间写给约里奥的信，都

钱三强在瑞士疗养院与伊莱娜·居里郊游登山小憩

钱三强在瑞士疗养院

20世纪40年代初，钱三强（左二）与伊莱娜（左一）、约里奥（左三）及全家合影

是通过德国人派在约里奥实验室的根特纳转交的，这样才能躲过检查。

好长时间里，约里奥和伊莱娜，还有根特纳本人，都以为德国主管当局没有察觉他们之间的关系，其实不然，他们并没有逃脱盖世太保的严密监控。就在这之后不久，根特纳突然被调回了德国，甚至和约里奥是不辞而别。

这里插一段巧合的故事。根特纳回到海德堡波特领导的威廉皇家学院核物理研究所工作后，正好和刚从柏林转来这里的何泽慧成了同事，后来何泽慧又从海德堡转到了巴黎居里实验室。20世纪70年代中，时任联邦德国马克斯·普朗克学会副主席的根特纳，作为副团长率领马普学会代表团首次访问中国，在北京人民大会堂会谈时，他首先认出曾经在巴黎的同事钱三强和在海德堡的同事何泽慧。在当时国际及国内政治条件下，他们都不便单独多交谈，但当根特纳知道他的两位不同时不同地的同事，竟然成为夫妻了，顿时表情惊喜得有点发愣。

钱三强要回巴黎的消息，在里昂中法大学引起一阵不小的反响。一些对立面学生巴不得他快些走，但那些对国内事情抱有正义观念的中国学生和华侨，则舍不得钱三强离开，认为有他在，同学会方面许多有意义的活动，组织起来增加了无形的推动力和号召力。

有当时的亲历者，几十年后写下一篇回忆，其中是这样讲钱三强与里昂中法大学的：1942年初，由于钱三强的到来，中法大学同学会联合组织起一个有20多人参加的"救亡歌咏团"，钱三强被邀请担任歌咏团总指挥，在他的带动下，音乐家陈德义出任钢琴伴奏和指导，他们经过几个月业余练习，在1942年4月举行了一场具有相当规模的演唱会。这件事的举办，鼓舞了大家的抗日情绪，加强了对未来胜利的信心，又增进了同学和华侨之间的团结。[1]

这年12月，钱三强如愿从里昂回到巴黎，并且作为法国国家科学研究中心讲学金资助者，又开始在居里实验室和法兰西学院核化学实验室继续他的研究工作。

---

[1]　王振基：《里昂中法大学生活的回忆》，见《北京工业学院院刊专辑——中法大学校会专刊》，1986年6月。

第十章
科学以外的新觉醒

| 爱国遭诽谤　险些流血 |

钱三强回到巴黎后不久，被任为法国国家科学研究中心副研究员，并受约里奥委托在法兰西学院指导两名法国研究生做一项实验，带领他们用电离室和线性放大器相连接，测量"原锕"的 α 能谱的精细结构。此外，他还和 γ 谱仪专家弗里莱（M. Frilley）、β 谱仪专家许力克（J. Surugue）等合作，完成其他几项实验。在工作条件比较艰难的情况下，1943 年他发表 6 篇文章，足见其精神专注和工作称心顺意。

可是科学以外的许多事情，譬如说政治，钱三强对于它却是另一种情形。

> 到了法国，巴黎的中国人的政治情况即是中国国内情况的缩影，在国内由于封锁看不到的消息，在巴黎反而看到了。《祖国抗日情报》及《三民导报》内容的对比，使我更清楚地知道"左翼"是抗日爱国的。

这是钱三强《自传》里写他到巴黎后对中国人圈内政治的新觉悟，并且旗帜鲜明地表达自己的爱国情怀。当他经过孟雨介绍，结识了代表正义力量的《祖国抗日情报》主编雷子声，很快成为好朋友，他从心里愿意跟他们来往。一段时间里，《祖国抗日情报》编辑部所在地——巴黎万花楼饭店，成了钱三强时常出入的场所，他一度热情很高，又是捐款，又是兼做义务编辑工作。

这样时间一长，钱三强不知不觉中被卷进了政治旋涡，一些别有用心的人在大学城，散播出种种谣言诋毁他，说他是"共产党的走狗""共产党的外围"等等。

钱三强自小被熏陶萌发的爱国热忱和对事物的正义感，受到这般恶意中伤，实在忍无可忍，便在大学城和几个公开的反共分子进行辩论，斥责他们歪曲事实，不讲道理，是"血口喷人"。对方理屈词穷、恼羞成怒之际，有一个操纵学生会的丁姓头头，拿着一把刀子威胁钱三强，幸好被众人拉住，没有发生流血事件。事后有人告诉钱三强，那个拿刀子的人是"三民主义力行社"（简称"力行社"或"蓝衣社"）的小头目，法西斯倾向很厉害，专门暗算爱国进步人士，提醒以后要小心他。

这次事件，对钱三强刺激很大，增加了他内心对那些不光明正大、背后制造谣言搞诬陷的人的蔑视。从那次起，一些胆小怕惹事的人，也开始与钱三强拉开距离，不敢多来往了；而钱三强则认为，既然话说不到一起，也不值得交往，他每天从实验室回到大学城宿舍不再搭理他们；谁想到这又招来攻击："共产党骄傲""脾气大不要惹他"等等，一时间成为他们圈子里对钱三强的指称了。

缺乏政治阅历的一介书生钱三强，对政治圈内的许多问题搞不明白，他也花不起时间和精力去弄清楚这些问题，他只是关注国内抗战发展的形势，希望听到更多的好消息，还想到回国服务有期，必须多掌握点知识和本领，更专心于自己的科学工作，不为那些闲言碎语所扰。

141

这时，法西斯德国开始在巴黎进行大搜捕，许多法国人被抓走并秘密处死，雷子声也因共产党员身份等政治问题被捕了。钱三强于是想到，一些投机分子可能会乘机搞陷害，他除了埋头实验室做研究，更不跟一般中国人来往。

钱三强一直保持联系的就剩下孟雨，一切消息都从他那里得到，有时还从他那里看到一些马列主义小册子。印象最深的是，从孟雨那里常听到一些勤工俭学的中国青年们的事迹，还有中国共产党刚组建时的情况。钱三强后来写入党自传特别说道："这些真实的故事，使我明确地对中国共产党有了向往的情绪。"

也是这个时候，钱三强托在英国的清华同学王大珩帮助，开始订阅伦敦"左翼书籍俱乐部"出版的书籍，其中有一本 1937 年刚出版的美国作家埃德加·斯诺写的《红星照耀中国》（后译中文版《西行漫记》），是钱三强到法国后读的最感兴趣的第一本非科学著作。事实上，他真正了解中国共产党人和他们为之奋斗的主张，就是从阅读这本书中的事迹开始的，并且有幸最先认识了斯诺笔下一位赫赫有名的人物，就是早年参加过香港海员大罢工、时任中央工农民主政府政治保卫局局长邓发将军。

认识邓发　喜读《论联合政府》

巴黎从希特勒占领下解放后不久，约里奥–居里被任命为法国国家科学研究中心的主任，他领导的法兰西学院核化学实验室和伊莱娜领导的居里实验室，很快又恢复起活跃于科学前沿的国际集体声誉。

1945 年初夏，当核乳胶技术在英国刚一露出苗头，已是法国国家科研中心研究员的钱三强，被伊莱娜·居里派到英国布列斯托尔大学鲍威尔的实验室，去学习新发明的核乳胶技术。临行前，孟雨代表中共旅法支部告诉钱三强，伦敦海员工会将有人要会见他。

一天，钱三强如约去了伦敦海员工会，随后有人领他到一家旅馆，一个四十来岁身着整洁西服的人出来接待他，并且先作自我介绍。钱三强一听到他的名字，真好比如雷贯耳，原来眼前这位文质彬彬、举止大方的人，就是斯诺笔下那个极有传奇色彩的邓发将军。

邓发的言谈举止，钱三强越看越不像一位武将。邓告诉钱说，他是陪同董必武同志出席旧金山联合国制宪会议后，途经伦敦暂留一些时间，在这里与钱博士会面，很高兴。他还向钱三强介绍了一同前来的世界青年联合会执行委员陈家康。钱三强早已对《西行漫记》中的邓发充满好奇心，这次伦敦突然相会，又增加了几分神秘感。

交谈中邓发问钱三强："听说，你的法国老师约里奥-居里是法共党员？"

"他是在希特勒对共产党实行大搜捕大屠杀的时候秘密加入的，至今还没有公开共产党员身份。他

1945年5月2日，全文刊载毛泽东《论联合政府》的《解放日报》头版。邓发赠钱三强的该剪报因争相传阅失存

还是巴黎公社社员的儿子。"钱三强以实相告。

邓发介绍了延安和全国的革命形势，钱三强介绍了德军占领下的法国科学界，特别是约里奥领导进行的英勇斗争。让钱三强感到意外的是，邓发也问了他为什么不以老师为榜样参加中国共产党。钱三强没有细说，因为这件事几句话说不清楚。此前孟雨也问过类似的话，他也没有作正面回答。其实他心里想的是，无论哪方面自己都不能和约里奥相比，约里奥有举世公认的科学成就，又对自己的祖国卓有贡献。但这些想法不便对人说，即便很熟悉的孟雨。

和邓发初识，犹如故友相逢。临别时，邓发送给钱三强一份延安出版的《解放日报》剪报，上面刊载的是毛泽东作的报告《论联合政府》，邓对钱说：有时间读一读，有什么问题可以跟旅法支部联系。邓还谈到：二战结束，日本帝国主义投降，天下并不是一切太平了，中国的政治局面非常严峻，还存在两种可能性、两个发展前途。国际政治关系也很复杂，并且同中国的前途命运紧相联系。所以，毛泽东主席在中国共产党第七次全国代表大会上发表这份报告，提醒大家要有清楚的认识。

钱三强这次意外与邓发相见和阅读《论联合政府》以后的体会，如同他高中毕业读了孙中山的《建国方略》一样满心向往。他1953年有这样的记述：

在他们（指邓发和陈家康——注）那里知道不少的关于解放区的情况，并且看到了毛主席的《论联合政府》的剪报。这是我第一次看到毛主席的著作，使我感到文字内容非常有气魄有远见，并且科学性非常之强，当时我的直觉的反应是"孙中山第二"。在那里我第一次了解到新民主主义革命的性质及中国共产党对联合政府的温和与合理的政策，当时我感觉这样一个合理主张，任何人都不能拒绝接受。邓发同志的气魄与果断，生活的朴素，对于许多事物的分析能力，使我对于中国共产党及他的负责同志的尊敬与爱慕大大的提高，并且可以说是一个新的发现。[1]

　　钱三强迫不及待从伦敦去了伯明翰，他要把消息告诉在昌司公司工作的王大珩。两人一起到斯特拉福镇参观了莎士比亚的出生地，划着小船在埃温河上一边阅读《论联合政府》，一边畅谈联合政府建立后的中国未来，以及个人应为此做好准备。

　　钱三强得知王大珩刚获得英国首届"青年仪器发展奖"，赞羡他三年前放弃读博士学位改研光学玻璃的明智之举，说光学仪器是将来建设

1945 年钱三强同王大珩游莎士比亚故乡在埃
温河畔（王大珩　摄）

1945 年王大珩同钱三强游莎士比亚故乡在埃
温河畔小船上（钱三强　摄）

[1]　钱三强：《自传》，1953 年 2 月 20 日，存于"钱三强档案"。

国家广泛用得上的。王对钱所攻核物理也有一番赞誉，后来见诸他笔下的诗句如"四载清华攻'牛爱'，一朝出国成大贤"，并在诗后加注解说："我与三强相处，主要在大学学习及国外留学时期，他对于革命形势的理解，处世为人，以及从事科学的风格，身体力行，对我有着深厚的感受和影响。"[1]

二战后的第一个金秋时节，巴黎又恢复了她对全世界的魅力。世界职工联合会成立大会正在这里举行，各国代表云集，为解放后的巴黎增添了和平的气氛。

中国代表团中有解放区的职工代表，为首的便是兼任中共中央职工运动委员会书记的邓发。在巴黎，钱三强和邓发又有过两次见面，一次是在中国驻法国大使馆为欢迎中国代表团举行的华侨和留学生座谈会上——钱三强按照孟雨的叮嘱，见了邓发要装着不认识的样子。这种神秘兮兮的安排，钱三强开始很不习惯，后来知道这是中共旅法支部为了保护他在巴黎的安全。

钱三强在巴黎另一次见邓发，神秘气氛更加浓厚。那是一个晚上，孟雨邀他去参加一个小会，进会场时孟雨说了一句听不懂的话，门开了，也是为了安全规定的暗号，说如果不这样的话，那些无孔不入的这个帮那个社的特务们会来捣乱，甚至有被暗算的危险。

小会上先由旅法支部负责人袁葆华作简单介绍，邓发开始主讲。他说：今天是旅法支部扩大会，有的虽然不是党员，但是我们的同志，是可以信赖的。这时邓发向钱三强亲切地点点头，许多双眼睛也移向了他——钱三强开始明白过来，邓发说的可以信赖的同志是指他，这使他感到既自豪又愧疚。情况如他后来回忆所写的：

〔1〕 王大珩：《忆三强，我的挚友》，见《清华校友通讯丛书》，复26册。

　　（1946年初）他们回国前，邓发同志还热情地同我照相，并且动身前夜向在巴黎的党员谈话，还邀我参加。当时我很受感动，觉得很惭愧，因为舍不得放弃科学研究而不能同吴新谋同志一同入党。我还记得他说："我们与蒋介石在抗日立场上是联合的，但是他反复不定，将来可能与我们发生严重的斗争，因此同志们不要过分暴露，尤其是最近将来要回国的同志们。"邓发同志给我的印象与教育非常之深，我思想的进步和转变与他很有关系。[1]

　　过后不久（1946年4月），钱三强经历了一次意外的感情刺激。他从旅法支部听说，邓发回国后在从重庆返回延安途中发生空难不幸牺牲（同时罹难的有王若飞、叶挺、秦邦宪等），当时心情十分悲伤。他想去找巴黎分别时与邓发合影的照片，不知道拍照的人在何处；邓发在伦敦送他的那份《论联合政府》剪报，借给朋友们传看，也不知去向了。钱三强一直后悔没有留下任何关于邓发的纪念物，只有心存的念想。

智勇充当"李逵式的人物"

　　国内形势发展果不出毛泽东和邓发所言。在巴黎明显感觉到的，是1946年2月10日重庆发生较场口事件后，内战的风头便开始起来了。

　　巴黎的《华侨时报》报道了这次事件：2月10日，重庆万余人在较场口集会，庆祝政治协商会议成功召开及其通过的多项有利于和平、民主的决议，集会进行中，由一批特务纠集的所谓"工务会""农务会""商

────────

〔1〕　钱三强：《自传》，1953年2月20日，存于"钱三强档案"。

务会"人员冲击会场，抢占主席台，打伤大会主持人和演讲人李公朴、郭沫若、马寅初、章乃器等人士。事发后，当局又借机发动报纸、电台等宣传工具，对事件进行恶意煽动，嫁祸于共产党，组织大规模反共游行。

较场口事件一时震惊了全中国，也使在法国的中国留学生和华侨受到极大影响，并且以此形成的国共对立之势，在巴黎同样立见分明。

随着1946年6月蒋介石发动全面内战，同年7月7日，中共旅法支部决定召开华侨和留学生和平促进会成立大会，并借以声援国内和平，支持政协会议决议，反对独裁，反对内战。在巴黎学术界和华人中有了一定影响的钱三强，接受邀请准备在和平促进大会上作发言。一些好朋友（如汪德昭等）闻讯后，为了安全着想，好心劝说他不要去参加和平促进会，提醒钱三强说有人要破坏会议，以免发生不测。

钱三强问劝阻的朋友，参加和平促进会怎么会发生不测，朋友说听到消息，中国大使馆武官处准备组织人抢占会场，可能会出事。钱三强又问：他们为什么要这样做？朋友说，他们宣称中国红军到了巴黎了。他们冲会场还准备了手枪……

钱三强虽然什么组织也没有参加，但出于正义感，他拿定主意不退缩。

那天，当钱三强和孟雨等刚一走进会场，发现情况果然异常。陌生面孔的人很多，从这些人粗野的举止和不整洁的衣着，可以断定不是实业界的华侨，更不像留学生。侧面打听知道，这帮人是大使馆武官处花钱专门从巴黎12区里昂车站雇来的小商贩，还有巴黎街头的无业者，说话操着浙江和福建口音。钱三强看到他们，蓦然想起他乘船来法国在底舱曾经见过的那些人。印象告诉他，这些人纯粹是为了弄钱糊口，未必懂得政治，也不会有什么主张。

突然间，只见有人举着一条"拥护蒋委员长戡乱救国方针"的大标语走上主席台，又有人以"会议主席"身份抢先讲话；台下则有人附和喊叫："用旅法华侨名义发通电，支持国民政府戡乱！"台上的人呼应："好！举手表决，以多数通过！"

袁葆华、孟雨等识破他们导演的阴谋，企图以多数压倒少数，把"和平促进会"改变为"拥蒋戡乱会"，于是立即决定相机行事，想办法把会议搅散。

钱三强心领神会，他灵机一动扯开嗓子大喊一声："我要发言！"并且迅步走上主席台。他先说，做事情要符合民愿，接着提议："既然要以旅法华侨名义发通电，我们每个人都要负起责任来。赞成发通电的，都到主席台上来签名。"台下那些进步华侨和旅法支部的人马上响应："对！都站出来签名！"

会场出现的这一突然变故，使几个阴谋操纵者一时措手无策，那些小商贩和无业者们既不敢上台签自己的名，又不知道应该听谁的，会场顿时乱成一窝蜂。

为了达到搅散会议的目的，钱三强趁机冒出一句粗话："要发通电又不敢签名，这是什么样的人呀！这种人是王八蛋！"

话音一落，喊声四起："怎么骂人？""谁是王八蛋？""打死他！打死他！"就这样，混乱中会议一哄而散。

第二天，巴黎的一些中文报纸，报道了会议被搅散的消息，有的风趣地称那个搅散会议的人为"李逵式的人物"。

多年后的"文革"中，审查钱三强在法国期间的政治历史问题，认为他有"通敌"之嫌。1969年4月6日，他们派人找那时在巴黎的声学家汪德昭，要他写揭发钱三强的材料，汪不惧压力，对钱三强那时的表现如实写在他的材料中：

钱在巴黎的群众中，公认他的主流还是进步的，例如他为了争取国内和平事业曾出席过一个会，会上和国民党反动派作了针锋相对的斗争，会后巴黎小报有所反映，称赞钱是"李逵式的人物"，单刀直入，敌人望风披靡。在开会的前一天，我曾为了他的安全，劝他不要出席，我拖了他的后腿。[1]

钱三强 1946 年在巴黎的这次举动，他自己和旁人都是很难忘记的，这不单因为斗争激烈和所遭遇的危险，还因为这次事件对他刺激很大，由此产生了新的思想认识。

1953 年，钱三强在申请加入中国共产党写的材料中，回顾这次经历写道：

不久，国内及法国报纸上都登载了政协被破坏事（即较场口事件——注），蒋介石动员打解放区，孟雨同志来与我商量组织留学生和华侨和平促进会，我即完全同意，并愿意积极参加。在开会时，敌人打手数百人已在场，而我们方面只有百余人。敌人一开始即主动包办会场，使当时情况有利于敌人，有可能通过敌人的议案："打电报给蒋介石，要他剿共到底，因为中国之无和平就是因为共产党拥有武器。"那时我的正义感及愤怒使我用骂人的姿态扰乱了会场，使之散会，后来才知道那次打手们是带了六把手枪来捣乱的。那次事情过后，我受到的刺激相当大，认识到了蒋介石的流氓手段，于是积极地参加了《和平呼声》的编辑，并且物资上也去

[1] 汪德昭：《证明钱三强在法国时的材料》，1969 年 4 月 6 日，转引自第二机械工业部 1977 年 4 月 7 日《关于钱三强同志的报告及附件》。

支持它。[1]

　　那次活动组织者、中共旅法支部的袁葆华和孟雨，对钱三强的表现同样都铭记在心，并向党组织提交材料。如孟雨 1950 年的材料写道：

　　1937 年他（指钱三强——注）参加巴黎旅欧华侨抗日救国联合会所出版的抗日情报编辑的工作。1946 年，又参加了巴黎的旅法华侨和平促进会，为反对独裁、争取和平而斗争。尤其是该年 7 月 7 日在巴黎召开的旅法华侨和平促进会成立大会上，他与蒋驻法使馆国民党特务头子所率领的浙江侨商 400 余人携带武器霸占会场的斗争，表现了他的大无畏的精神，他在紊乱的会场上，在特务势力的压迫下，曾正言厉色，不屈不挠的揭破蒋利用美元发动内战，以图消灭进步力量的迷梦，几有生命的危险。这是事实，这是为吾党在法的同志及在法的进步华侨所共知的事实。[2]

---

[1]　钱三强：《自传》，1953 年 2 月 20 日。

[2]　孟雨：1950 年 1 月 9 日写给党组织的证明材料，存于"钱三强档案"。

第十一章
科学伴侣

| 25 个单词打通七年隔断 |

1943 年 1 月，钱三强得到了法国国家科学研究中心的讲学金资助，有了固定的经费渠道，随而研究工作开始了一个新阶段，从事的研究课题涉及多个方面。1943 年他发表研究报告和论文 6 篇，1944 年为 4 篇，其中比较重要的是对于镭的放射线进行的系统研究，他的研究成果表明镭的 γ 光谱至少具有 6 条谱线，并分别对其特征及矛盾现象作了合理解释。在巴黎居里博物馆里，存有 1944 年 12 月约里奥对这项工作改定的一篇评述，作为他向国家科研中心推荐晋升钱三强为研究员的正式材料。

钱三强另一项比较重要的实验，是他根据贝特（H. A. Bethe）的高速带电粒子穿过物质阻挡而慢化的理论，用云雾室研究电子径迹末端的弯曲，并通过理论计算，首先求出 5 万电子伏特以下的中低能电子的"真射程"及与能量的关系，并由此得出电子射程与能量关系曲线。这既验证了贝特关于带电粒子与物质相互作用的理论，同时也是钱三强理论与实验相联系的一次成功尝试。

1944 年底，钱三强得到第一个高级科学头衔，他晋升为法国国家科研中心研究员。这年他 31 岁。

大局势方面，随着希特勒对苏作战屡屡受挫，自顾不暇的德军对被占领国的控制逐渐有所放松，加以国际红十字会出面干预，开放德国境内与占领地通邮便是一例。尽管对"通邮"有许多严格限定，如来往信件必须接受检查，每次通信的字数不得超过 25 个单词，等等，但毕竟开了一道透气的缝隙。

1943 年上半年，钱三强意外收到一封寄自柏林的短信，是何泽慧写来的。许多年后，他还记得这封信：内容大意是说，她与国内的家人已中断音信很久，问我有没有办法与国内通信，希望我能帮她向亲人转达平安消息。钱三强按地址给苏州何家写了信，转告何泽慧在德国安好。同年 7 月 27 日，何泽慧终于收到了久盼的家书。

就是这封 25 个单词的短信，打通了清华园别后七年的隔断，钱三强的印象重新记起：

泽慧和我是清华大学物理系的同班同学。同窗四年，彼此有着较深的了解。那时候，这位来自江南园林之城苏州的女同学，朴素文静，秀外慧中，曾经给了我很好的印象。她在 1936 年大学毕业后，不久就到德国柏林留学去了，攻读的专业方向是似乎与妇女离得较远的弹道学。后来又到西门子工厂弱电流实验室工作。选择这样的专业，主要是出自爱国之心，为使国家强大，不受外

何泽慧致钱三强信失存。此为同时间何泽慧通过国际红十字会寄给美国大姊何怡贞信

人欺负。同时，也说明了她性格中沉着刚强的一面。[1]

后来，又经过来回几次短信交往，到二战快结束时，钱三强知道何泽慧的情况更多了：她已经离开了西门子工厂弱电流实验室，到了海德堡。因为在柏林的时候，她住在光谱学老教授帕邢（F. Paschen）的家里，教授夫妇待她像亲孙女儿一样。教授担心柏林会遭到盟军轰炸，就把她介绍给海德堡的原子核物理学教授波特，她改而从事原子核物理的实验研究工作，与钱三强成为同行了。

核物理学家波特（W. Bothe），是个很有故事的人物。他在实验室里是严厉的领班，而在家里却是一个和善好客的主人，他对寄居在家中的何泽慧如同亲人。战时生活艰苦，波特把自己房前屋后的空地都种了土豆、西红柿，补充粮食不够的急需，而何泽慧在这里时时享受着家庭式的温暖和关爱。半个多世纪后她依然充满感念之情，2002 年 8 月 17 日，何泽慧先生向葛能全谈起她在海德堡与波特相处的那段时光，念念不忘地说，波特是她在德国继帕邢之后，遇上的又一位好长辈。她说这是她的运气好。

然而，波特本人的经历却曲折多艰。第一次世界大战时他服役于德国军队，曾被俘关进俄国监狱，被流放到西伯利亚过了一年囚徒生活。1920 年，他被遣返回德国，幸遇了物理学家盖革（H. Geiger）。1924 年，他在盖革发明的粒子计数器（称为盖革计数器）的基础上，发明了"计数器符合法"，就是把两个盖革计数器放在相隔一段距离的位置，让它们一起捕捉运动中的粒子，并首先发现一种新的辐射使盖革计数器放电。这项发明，虽然很快成为当时进行核物理和宇宙射线研究的时兴技

[1] 钱三强：《重原子核三分裂与四分裂的发现》，科学技术文献出版社 1989 年版。

术，获得广泛应用，但它的重要性，30 年后才得到承认，1954 年，波特终于因此获得了诺贝尔物理学奖。

二战中，波特成为纳粹德国原子能工程方面的首席科学家，并被派到占领地巴黎约里奥的实验室，名义上负责安装和使用回旋加速器。舆论一度认为他是纳粹的效忠者，但真正了解他的许多同行，其中包括约里奥–居里夫妇，认为波特一生致力于科学，他是为科学效忠。

报告何泽慧的"一项科学珍闻"

钱三强和何泽慧的新情谊，是在通信中萌生，以科学交流与合作加深的。

1945 年，何泽慧在海德堡核物理研究所利用磁云室研究锰–52 的正电子能谱时，从上千张照片中观察到一种近似于 S 形状的奇特径迹，经过分析，这原来是正负电子的弹性碰撞。关于这种现象，虽然印度理论物理学家巴巴（H. J. Bhabha）多年

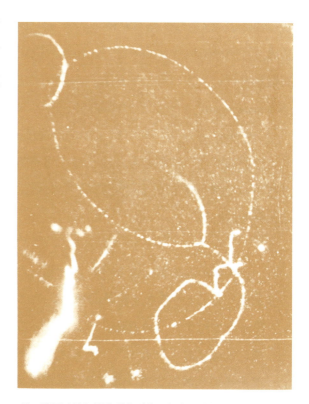

钱三强展示的何泽慧观察到的正负电子弹性碰撞照片

155

前曾预言过它的可能概率，但在何泽慧之前的实验中，由于很难辨别入射电子碰撞的轨迹和反冲电子的轨迹，因而一直没有人观察到，而何泽慧发现了，并且记录到许多这类碰撞事例。

她进行的测量结果表明，在总长 240 米的 2774 个正电子径迹中，有 178 个碰撞事例，它的能量交换与理论计算基本符合。她还观察到三个正电子湮没的事例，与根据狄拉克正电子理论计算得出的概率，也符合得很好。

科学发现的喜悦，何泽慧首先想到与钱三强共同分享。她把观察到的奇特径迹照片和测量结果的数据，寄给正在英国布列斯托尔大学短期工作和开会的钱三强。在 1945 年 9 月 25 日的英法宇宙线会议上，钱三强作了《γ 射线的结构》的报告，同时展示了何泽慧记录正负电子碰撞过程的径迹照片。出乎意外，当照片投影后立刻引起与会者的很大兴趣和好评，英国《自然》杂志作报道时，甚至用了"一项科学珍闻"（Science Curiosity）来称赞何泽慧的发现。

这件事，成为钱与何心有灵犀的首次成功合作，正是这次科学合作，也促成了他们珠联璧合。钱三强在回答访问者问他与何泽慧的结合过程时，他毫不掩饰讲到他们的第一次合作。1989 年更是详细描述了这次合作的经过：

> 我们两人的第一次合作，是这样一件事：泽慧在海德堡用磁云室研究锰-52 的正电子能谱的时候，观察到一种奇异的现象。她发现一条近似于 S 形的径迹，形状奇特，与一般的正电子径迹都不一样。经过分析，原来这是一个正电子与负电子相遇，但并没有像通常那样发生湮没作用。她曾把这张照片寄给我。1945 年 9 月下旬，在布列斯托尔举行英法宇宙线会议时，我曾将这张照片投射出来。

英国《自然》杂志（1945 年 11 月 3 日）报道了这次会议，并谈到这件事，说是"钱先生介绍了由中国年轻的科学工作者何博士发现的一项科学珍闻"。正电子与负电子相遇而不湮没，出现这种结果的概率非常小，确实可以说是一项"珍闻"。【1】

英法宇宙线会议一结束，钱三强就将会上的热烈反应写信告诉了何泽慧并向她祝贺，何马上回了信，说她要到法国来。

钱三强除了受派学习核乳胶技术和参加英法宇宙线会议，他当时还有一个自己的计划，准备到伦敦大学帝国学院汤姆逊（G. P. Thomson，习惯称小汤姆逊，获 1937 年诺贝尔物理学奖）的实验室做一段工作，增加自己的科学阅历，多了解原子核领域的新进展。因为他听说逃去英国的波兰籍同事柯伐斯基，也在小汤姆逊领导的"Mauad 委员会"（近似美国的"曼哈顿计划"）工作。行前，他向约里奥和伊莱娜说了自己的想法。两位老师一向主张科学要广泛交流，反对相互封闭，而且小汤姆逊是他们熟悉的朋友，不仅支持钱三强的想法，还为他写了介绍信。

1945 年 6 月初，钱三强一到伦敦便去拜访了小汤姆逊。得知钱三强来自约里奥-居里夫妇的实验室，又从信中了解到所做的研究工作，小汤姆逊热情介绍了他的实验室正在进行的原子核方面的研究方向，还谈到他与其父合著的《原子》这本书。当钱三强试探性讲到想在他的实验室做段工作时，从表情看出他是谨慎地表示欢迎。后来知道，第二天小汤姆逊为接受钱三强工作一事专门致信约里奥夫妇，信中说明

【1】 钱三强：《重原子核三分裂与四分裂的发现》，科学技术文献出版社 1989 年版，第 44 页。

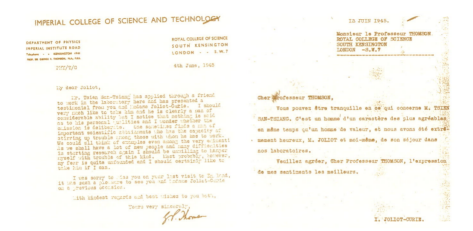

IMPERIAL COLLEGE OF SCIENCE AND TECHNOLOGY

DEPARTMENT OF PHYSICS
IMPERIAL INSTITUTE ROAD

ROYAL COLLEGE OF SCIENCE
SOUTH KENSINGTON
LONDON · · S.W.7

4th June, 1945

My dear Joliot,

1945 年 6 月 4 日 G. P. 汤姆逊致约里奥-居里的信

12 JUIN 1945.

Monsieur le Professeur THOMSON.
ROYAL COLLEGE OF SCIENCE
SOUTH KENSINGTON
LONDON -S.W.7

Cher Professeur THOMSON,

I. JOLIOT-CURIE.

1945 年 6 月 12 日伊莱娜·居里回复 G. P. 汤姆逊的信

了他对钱三强表示谨慎态度的原因。信的译文如下：

> 亲爱的约里奥：
>
> 钱三强先生通过一位朋友申请到我的实验室来工作。他出示了你和居里夫人的证明信。他是一位相当有能力的人，我也十分愿意接受他。只是你们信中未曾提及他的个人品德，不知是否有意忽略。我们不时发现某人在科学上有重大成就，但他却不断与身边的同事发生矛盾。这样的事例你我都可在一些名人中找到。因为我们研究室将会有许多新人加入，并且重新开始研究活动，将会遇到许多困难，因此，我很不愿意使自己困扰在这类麻烦之中。很可能我的担忧是多余的，但是如果我有机会接受他来工作的话，我将会在这方面加以注意。**【1】**

〔1〕 原信存巴黎居里博物馆。由 P. Radvanyi 教授提供复印件。

6月12日，伊莱娜亲自复信汤姆逊，对钱三强的情况作了补充证明：

亲爱的汤姆逊教授：

您应当对钱三强先生的情况放心。他是一个十分和蔼可亲的人，而且他又是一个人才。他在我们实验室工作期间，约里奥和我本人同他相处得极其愉快。[1]

后来，钱三强并没有去汤姆逊实验室工作。根据钱三强本人一些不直接、不系统的忆述加以解析，有两个因素对他改变主意可能起了作用：一个因素，他所学的核乳胶技术很快要回到法国应用；再就是，他与何泽慧的关系迅速"升温"。

钱三强在鲍威尔教授那里学习核乳胶技术出乎意外地顺利，约里奥–居里很希望这项新技术在法国迅速开展起来，使得钱三强成了法国应用核乳胶技术的开创者——他自己如是说：

正是由于我有以前的工作基础，很快就学会了。鲍威尔教授对我很友好，当时专门生产核乳胶依尔福特工厂还没有出正式产品，鲍威尔选了一些尚未出厂的乳胶版，给我带回法国试用。伊莱娜夫人和约里奥先生派了三个年轻人沙士戴勒（R. Chastel），微聂隆（L. Vigneron）和法拉吉（H. Faragi）夫人跟我学。我们就成了法国核乳胶工作的开创者。[2]

【1】 原信存巴黎居里博物馆。由 P. Radvanyi 教授提供复印件。
【2】 钱三强：《重原子核三分裂与四分裂的发现》，科学技术文献出版社 1989 年版，第 43 页。

自强自立的"苏州脸儿"

　　已过而立之年的钱三强，虽然学习和科学工作繁忙，但他并非不渴望爱情和组织家庭。在巴黎，每当他从实验室回到住地，何尝不是孤身只影凭栏处，种种思念之情油然而生。他想起过何泽慧，尤其1943年彼此开始通信以后，美好印象在思念中一次次加深。

　　钱三强出国时带了为数不多的几张照片，有两张看的次数最多，一张是全家在北平中央公园的临别合影，还有一张是清华全班10人的毕业照，照片中唯一梳着两根长辫子的何泽慧格外与众不同。不仅在当年清华物理系，在全校女生中也是少有不剪短发而留辫子的，所以男同学给起了个外号叫她"小辫"。就是这张毕业照，钱三强当年拿回家时，绍兴籍的母亲见了，目光首先盯住何泽慧，平素少言的母亲还问起她的

何泽慧（前排右五长辫者）1932年苏州振华女校毕业合影

身世，更让三强惊异的是，母亲竟然辨认出何泽慧的"苏州脸儿"。

何泽慧的苏州脸，是因为那里的水土养育了她，而她并非苏州籍贯。她的父亲何澄（1880—1946，字亚农），山西灵石两渡村人，是山西近代史上赫赫有名的辛亥革命志士。他和钱玄同一样，也是早年留学日本，加入同盟会，他们所不同的只是从事革命活动的文武之别。何澄参加了同盟会的军事骨干组织——铁血丈夫团，在孙中山领导下从事革命活动，先后在太原、保定传播民主革命思想，在上海参加辛亥革命，曾任沪军第二师参谋长（师长为黄郛，蒋介石时任该师第五团团长），1912 年定居苏州兴办实业，致力教育，在自购的 8 亩多荒地里建起了闻名遐迩的花园住宅——十全街 151 号"灵石何寓"（现苏州南园饭店内）。

在清华时，钱三强对何泽慧的家庭了解不多，知道她来自苏州振华女校，但不知道振华女校的创办人女权主义者谢长达是她的外祖母，也不知道她家在北平王大人胡同还有一处能开进小汽车的"真山园"豪宅。何泽慧在校中生活克俭，从不乱花销，清华同学以为她出自贫寒人家，殊不知这是何泽慧在家风熏陶下养成的习惯。到了 1948 年，钱三强和何泽慧携长女回国在苏州小住时，才发现何泽慧家是大"富户"，同时知道了许多"发富"的经历。

何澄平生不置田产，热心实业和教育，酷爱钻研古代文物，搜集佳品，使其免于损毁。他经过三十多年辛勤经营，除了建设十全街住宅，还卖掉北京的房产，把屡遭战乱、年久失修、濒临坍塌之危的苏州"网师园"买下来，又亲自指导加以整修，使园内假山、树木、屋宇及室内众多古董家什面貌一新；他还不惜以巨资亲访寻购传世文物，设置于网师园中，既供人鉴赏，又使其免于流失。

何澄虽家道殷富，却一生克勤克俭，他殷殷嘱咐子女，必须勤学自立，决不能以父母的遗产作为享乐之本，而成为社会蠹虫。对其所有珍贵文物和园林屋宇，何澄向来认为，只暂为收藏维护而已，待将来政治安定，必还之于民。

何泽慧兄弟姊妹八人秉承父母遗志，在新中国成立后，遂将网师园和所藏一应珍贵文物，全部捐献给了国家。仅捐存于苏州博物馆就有1374件（套），其中一级文物31件，二级355件，三级381件，尚未定级607件；1990年再捐南京博物院72钮珍稀印章、印材，中有金银田黄、上品青田石、酱油青田石、寿山田黄、昌化冻地鸡血石等。他们保留下来的，是长期养成的勤学自立、不图安逸、耿直忠诚、服务社会的家风。

在这样家风熏陶下成长的何泽慧，不单养育了俊秀的苏州脸儿，她更有一种其时女性少有的自强性格。

钱三强对何泽慧产生好感，也是从佩服她的自强精神开始的。记得刚入清华时，由于受到歧视女性的社会风气影响，物理系有教授认为女生不宜学物理，劝她们转系或转校，但何泽慧心里不服，并和几个女生一起据理力争，质问在考试成绩之外为什么要附加性别条件，你们招生时也没有声明不招女生……无奈，系里同意她们试读一学期，不行的一定转走，结果全班五个女生只有三人坚持读到毕业，何泽慧便是其中之一。

1936年毕业时，女生就业又成了问题，她们找不到工作单位，校方也不肯对女生提供帮助。一个偶然机会，何泽慧听到山西同乡说起阎锡山当局有一条规定，凡国立大学毕业的山西籍学生，都给三年资助出国留学，每年一千大洋。清华毕业当年，何泽慧就是拿的这笔资助金独自坐火车闯去德国，投奔柏林高等工业大学技术物理系，选学了实验弹道专业。

何泽慧进入柏林高工，又是经过一番据理力争才达到目的。在国内时，她听同班同学王大珩说，柏林高工技术物理系的系主任、弹道权威克兰茨（C. Cranz）在南京兵工署当过顾问，正好她在清华听过周培源的"弹道学"选修课，所以就直接找到克兰茨。但是碰到难题了，那时的技术物理系属于军工保密范围，连它的建筑都跟学校其他专业分隔开来，在这里学习的没有外国人，至于实验弹道学专业，更是属于军事敏感领域。因此，对方表示不能接受她。

何泽慧不甘心，她反问克兰茨主任："你能到中国兵工署去当顾问，我怎么不能来这里学习呢？你也知道我的国家正遭受日本帝国主义侵略，我学弹道学的愿望，相信你能理解吧。"无奈之下，近八十高龄的系主任只好破例了。

结果，何泽慧成为柏林高工技术物理系那时的第一个外国学生，也是学习弹道学的唯一女生，她的实验还是由发明盖革粒子计数器的H. 盖革教授指导的。1940 年，她完成《一种新的精确简便测量子弹飞行速度的方法》的论文，获得该校工程博士学位。

在尖端机构接受了几年制造武器的训练，已经获得博士学位的何泽慧，第一件想到的事就是赶快回国，为抗击日本帝国主义效力，她甚至想好自己找到南京兵工署去，总不会因为是女性又拒之门外吧。

说起来，何泽慧不容轻视女性的态度到老未改。1991 年春节前夕，两位中央领导人来家探望，进门后刚一坐定，她就郑重其事提出一条意见："女同志五十五岁退休，比男同志早五年，这个规定不合理。女同志到五十五岁没有家务负担了，正好可以集中精力工作，却让她退休当家庭妇女，不是浪费人力么。男女应该平等嘛。"[1]

---

〔1〕　葛能全：《我知道的何泽慧先生》，见刘晓著：《卷舒开合任天真——何泽慧传》，中国科学技术出版社、上海交通大学出版社 2013 年版，"序言"。

何泽慧当年取得博士学位后，却回国未成。2002 年何泽慧向葛能全说起受阻的经历是这样的：她跑到中国驻柏林大使馆去（何先生说，这是她第一次去中国使馆），报告自己要回国。使馆的人告诉她，都什么时候了，德国政府早已有了规定，不允许外国人离开柏林。没有办法，她只好又回到寄居的老教授帕邢家，共同熬过几年战时生活。吃苦受难对于何泽慧不算一回事，她最遗憾的是没有为打败日本鬼子尽到力。何先生分析原因时，说自己那时没有政治关系，又不跟官方来往，消息不灵通，其实消息灵通的，与上层关系密切的，赶在德国下达禁令之前，想要走的都离开柏林了。她还说，蒋纬国那时也在德国学习，他就走成了（蒋纬国在苏州的家与何家紧邻）。

东方饭店的特殊婚宴

何泽慧第一次从海德堡到巴黎的情形，同样体现出她的性格特点，做事说做就做，毫不拖泥带水。那是 1945 年冬，她既不预先写信、拍电报，到达巴黎后也不打电话，一个人提着箱子突然登了门，把钱三强搞得措手不及。当时那个情形，钱三强一直没有忘记："这年冬天的一天，我正在巴黎寓所，她突然来了，随身只带了一个小箱子。使我惊讶的是，打开箱子一看，里面除了许多邮票之外，就都是些云室照片和曲线图等实验资料。她这次是先来看看，在巴黎逗留的日子不多。"[1]

提起箱子里带的邮票，何泽慧先生 2002 年一次向笔者作解释，她说在柏林受帕邢教授影响，养成了搜集邮票的习惯。帕邢除了潜心于光

[1] 钱三强：《重原子核三分裂与四分裂的发现》，科学技术文献出版社 1989 年版。

谱学研究，他的业余爱好是集邮，即使战争时期也没有间断。何先生说，那时柏林全城晚上停电，不准露出亮光来，怕遭抗德盟军轰炸。什么事也没法做，帕邢全家（连同寄居的何泽慧）四人经常聚集在一支蜡烛下，或道家常，或欣赏老人的集邮册，听他作介绍，久而久之，便受到感染了。但何先生声明，她只是发现有自己喜欢的邮票就把它从信封上剪下来，收集到一起，谈不上是集邮，因为那时候没有集邮的经济条件。依笔者所见，何泽慧先生剪截信封上邮票的习惯，持续到了很晚很晚的时期，起码到 20 世纪 90 年代初吧——笔者至今还保留有一些被何先生开了"天窗"（剪去邮票）的信封。

在巴黎短暂的时间里，钱三强和何泽慧除了一起讨论实验照片和曲线图，参观实验室，还领略了塞纳河上的落日，在埃菲尔铁塔上欣赏了巴黎的夜景。他们两颗本已相通的心，经过巴黎这次"碰撞"，已经融合到一起了。

这时何泽慧记起中国传统，她要钱三强写一封亲笔信给在美国留学的大姊

钱三强致何怡贞原信

钱三强、何泽慧结婚照

何怡贞，并通过她向国内父母正式求婚。钱三强照做了，但由于信中"句子造的曲折"，何母看了几遍没有看明白意思，何父看信后，则"一切均悉，甚慰。慧总算有结果矣，使余减一责任矣"[1]。

钱三强记得：第二年春天，泽慧才真正离开德国，来到法国。我们在中国驻法国大使馆办理了结婚手续。他说的第二年春天，具体时间是 1946 年 4 月 8 日。那天，钱三强和何泽慧按着传统首先来到代表自己国家的中国大使馆，请求批准他们的婚姻，正式履行了完婚手续。当天晚上，他们在王守义的"东方饭店"，举办了简朴而隆重的结婚晚宴，中外同人好友三十余人到场庆贺。

最使婚宴增辉的，是约里奥-居里夫妇两位科学大师一起光临。有

---

[1] 苏华、张济：《何澄（增订版）》（下），三晋出版社 2013 年版，第 769 页。

法国科学界和传记作者记述，约里奥-居里夫妇同时出席某个人的婚宴，即便在法国上层人士中，也极少有过。在法国科学界，谁都知道，小居里夫人和老居里夫人一样，最不情愿花时间参与应酬，但这天晚上她破例了。约里奥-居里夫妇的穿着，与平时比较，可谓判若两人，合身的晚礼服，显现出两位中年教授英姿犹存，成为婚宴的一个亮点——这无疑说明两位大师对婚宴主人的特殊好感和器重。

约里奥先生在婚宴上即席致辞，他笑容可掬地说：钱三强先生和何泽慧女士，都是做原子物理研究的，相信他们的结合，将来一定会在科学事业中开花结果。他停顿一下，用目光看看伊莱娜夫人，继续说，"正如大家知道的，居里先生和夫人的结合，开了一个先例，我和伊莱娜也受了'传染'。我们感到这种'传染'，对科学是非常有利的。"全场不约而同地响起了掌声，大家为约里奥的幽默和居里家族的荣光而鼓掌。

接着，约里奥挽起伊莱娜的手一起走到初次见面的何泽慧面前，表示良好祝愿，并且说：现在，我和伊莱娜欢迎你到巴黎来，希望你们两位婚后密切合作，在实验室里做出新的成绩。

说话间，全场目光都集中到了首次亮相的新娘何泽慧身上。她还是两根辫子披在肩后，没有按洋习惯穿白色婚纱，而穿一件暗红色的丝绸花旗袍。这件旗袍是她十年前出国时母亲在苏州定做的，一直少有合适机会穿，如今穿在身上仍然很合身，既有东方传统的女性美，又能展现她本人朴实无华的落落性格。

时光流逝四十三年后的 1989 年，钱三强旧事重提时说：从此，泽慧也到法兰西学院原子-核化学实验室和居里实验室来从事原子-核物理的实验研究，与我开始了共同的科学生涯。

钱三强和何泽慧的特殊婚宴，在巴黎东方饭店也是一页光辉历史，老板王守义和后来成为他伴侣的画家潘玉良，都珍藏着这份美好记忆。1978 年 10 月，王守义为了完成潘玉良的临终嘱托，专程回国向其前夫潘赞化的后人转交遗物途经北京时，他的留法勤工俭学同学聂荣臻，并且代表邓小平设宴款待，钱三强被邀去作陪，几十年前的那次婚宴仍然是他们席间的话题。【1】两天后的 10 月 26 日，钱三强又偕何泽慧做东，还邀请出席过 1946 年婚宴的汪德昭夫妇一起，在北京饭店招待王守义，"婚宴"成为开场话题，席间畅叙当年，好像又回到了东方饭店的那一夜。

【1】 谢炜、谢美生：《潘玉良的晚年伴侣王守义》，《名人传记》2003 年第 8 期。

第十二章
发现铀核三分裂和四分裂现象

| 一张投影照片引发的兴趣 |

　　二战结束后，遭受战争之苦的各国科学家，在医治战争创伤的同时，积极恢复研究工作，开始了新的科学竞赛。

　　在法国，原子科学应用于制造核武器方面，虽然比美国落后了，而关于它的基本研究水平，仍不失为世界前列，有着深厚传统的约

钱三强、何泽慧在英国剑桥

部分中国物理学家出席英国剑桥会议合影（右起：吴大猷、钱三强、何泽慧、周培源、彭桓武、胡宁、梅镇岳、胡济民）

里奥–居里夫妇领导的两个实验室，重新向世界展现出勃勃生机，许多外国学者又纷纷来到这里，进行原子核物理和放射化学的前沿研究。

在这些实验研究中，钱三强的工作从量到质上都是可以提到的。仅1945 年至 1946 年上半年，他先后在《法国科学院公报》、《物理学与镭学学报》、《物理学手册》和美国《物理评论》等刊物上，发表研究论文和实验报告 8 篇之多。其中具有代表性的，是两篇发表在《物理评论》第 69 卷上的文章，即《镤 α 射线的精细结构》和《RaD 的 γ 射线》。前文是以钱三强为主与布依西艾（G. Bouissieres）、巴什莱（M. Bachelet）合作完成的，他们用电离室与线性放大器相连接，首次测出镤的 α 射线的精细结构，并且与电子内转换得到的 γ 谱线符合得很好。后者是钱三强独自完成的，该文总结了他对镭的放射线系统研究的成果，揭示了镭的 γ 光谱的多种特征。

代表钱三强更高阶段科学成就的工作，是他从 1946 年下半年开始的关于重原子核三分裂和四分裂的发现。这项工作，前后历时近两年，发表研究文章 10 余篇。

1946 年 7 月，钱三强偕何泽慧出席英国皇家学会因二战延期举办的纪念牛顿诞辰（1642 年）300 周年庆祝会，接着参加英国物理学会和卡文迪许实验室联合举办的基本粒子与低温会议。这是战后首次举行的一次国际科学大会，各国知名学者 300 余人出席，同时也是中国物理学家一次少有的大团聚，当时在美国、英国和爱尔兰、法国、加拿大的许多中国物理学家都来到剑桥。

何泽慧向会议提交了她在海德堡作的正负电子弹性碰撞的报告，为了表示对科学的共同追求，她请钱三强再次代为宣读。大家看了钱三强投影的照片和作的介绍，对所记录的正电子与负电子相遇而不湮没的现象，都感觉到新奇，并被收入会议论文集。

在同一次会议上，英国卡文迪许实验室费瑟（N. Feather，曾是卢瑟福的学生）指导的两名青年学者，格林（L. L. Green）和李弗西（D. L. Livesey）报告了他们用核乳胶研究原子核裂变的实验，投影了裂变碎

李弗西投影的"三分裂"照片（照片上细而长的径迹被解释为 α 粒子）

片（即二分裂）在乳胶里留下的径迹照片，能清楚看到裂变的两个碎片方向相反，径迹呈现一条直线，中间部分比较黑而浓密，两个末端的银颗粒则比较稀疏。在他们投影的二分裂变径迹照片中，偶尔出现了一个三叉形状的径迹，报告人只是随口一说，照片上那条射程较轻的第三条径迹，是裂变碎片射出的 α 粒子，与裂变无关。与会者也未对此引起注意。

有心人钱三强对那个偶尔出现的三叉形径迹，却发生了浓厚兴趣。他 1989 年回顾当初对这种现象感兴趣的原因时说：

> 为什么我当时对它特别感兴趣呢？原来，这时已是 1946 年，一年前，由于广岛和长崎两颗原子弹的爆炸，整个世界都被核武器巨大的杀伤力震惊了。而原子弹的基本原理，就是利用了重原子核的裂变反应。裂变已成为影响人类前途的重大问题了。可是，裂变的物理过程，尽管经过许多人的研究，当时还有许许多多不清楚的地方（实际上，即使到了裂变发现 50 年后的今天，对于这一复杂核反应的许多方面，还是没有弄清楚。有人甚至这么说："关于裂变，我们知道得还很少。"）。我自己早在 1939 年，就参与了裂变的研究。所以，看到这张照片，萌发出想对它进行深入研究的兴趣，是不奇怪的。[1]

从剑桥回到巴黎，钱三强立刻布置两名法国助手 R. 沙士戴勒和 L. 微聂隆开始做裂变实验，稍后何泽慧参加到这个研究小组。实验中，钱三强决定采用原子核乳胶作探测器，而不用云雾室。他认为，这种事

〔1〕 钱三强：《重原子核三分裂与四分裂的发现》，科学技术文献出版社 1989 年版。

例一定是很少出现的，估计要在大量的裂变径迹中去捕捉，而云雾室只有在它膨胀的瞬间才是灵敏的，每次膨胀的灵敏时间远达不到1秒钟，一次实验下来，只能记录到很少的裂变径迹；改用原子核乳胶，情况就会大不一样，它是一直灵敏的，还可以把铀夹进去，曝光的时间更长，在很小的体积内能够积累到许多裂变径迹，这样才有机会捕捉到各种稀少出现的事例。

同时，为了观测分析时易于区别裂变的原子核径迹和α粒子径迹，钱三强还想出一个办法，把乳胶片先用硝酸铀酰溶液浸泡一下，使其达到理想的减敏程度。经过这样处理，当裂变碎片和α粒子两种径迹出现时，就能减少互相干扰，使它们以不同的颗粒密度显现出来。

做这类科学实验，既要求想得周全、工作细致，同时也要承受得住钱三强所说的那种艰辛：在暗淡的视野里，长时间身体固定在一种姿势，注意力高度集中在显微镜下观察那些捉摸不定的径迹，会感到眼睛累、头痛、全身疲劳，确实是需要一点毅力和耐心的工作。否则，什么都发现不了。

第一篇论述三分裂的文章

钱三强小组经过几个星期的连续实验，收获很大，除了观察到大量的二分裂径迹，也找到不少三叉形径迹，是当时许多实验室获得三叉形径迹事例最多的。钱三强在与何泽慧首次合作实验中，对她的工作精神非常佩服：两个法国青年耐心不够，找到的较少。泽慧参加之后，由于她的细致和耐心，孜孜以求，结果是她找到的最多。[1]

〔1〕　钱三强：《重原子核三分裂与四分裂的发现》，科学技术文献出版社1989年版。

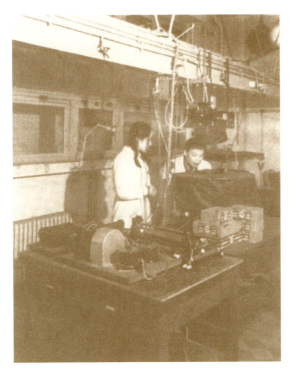

钱三强和何泽慧在法兰西学院用云雾室设备做三分裂实验

仅仅数量多并不说明问题，关键在于弄清楚这些三叉形径迹的性质。进一步的研究，是要借助高倍显微镜，因为核乳胶里的粒子径迹很细微，只有一根头发丝直径的三分之一，没有放大一千倍以上的显微镜就很难观察到，但那时这种高倍显微镜属于稀有仪器，即使闻名于世的居里实验室也只有一件，由伊莱娜本人专管专用。起初，钱三强不便开口借用，怕使老师为难，犹豫中当他试探性提出后，伊莱娜答应得非常爽快：这没有问题，你可以随时使用。

用上高倍显微镜后，经过对一些三叉形径迹进行精细观测，工作取得了重要进展——发现大多数情况下，三条径迹处在同一平面上（几何学称为"共面"），其中两条较短而且粗、黑，另一条则细而长，颗粒比较稀疏；进而分析，前两个粒子径迹与通常的裂变碎片差不多，是具有中等质量的原子核，而另一个粒子的质量则比较轻些，如果按照英国学者的观点，把它们解释为 α 粒子，那么这种 α 粒子绝不是天然 α 放射性产生的，因为尽管它们的射程有长有短，但多数都比天然 α 粒子射程长得多，这表明它的能量一定高于 α 粒子；还有一点钱三强认为也很重要，他发现三条径迹共面有共同的起点，这就说明不大可能是偶然碰巧的现象。

这时，钱三强、何泽慧等心情都很兴奋，他们开始意识到这是一种新的事例，很可能原子核发生裂变时一分为三。1946 年 11 月 18 日，钱三强领导研究小组整理出第一篇关于"三分裂"的实验报告。报告文字很短，法文只有两个页面，但资料充分，附了 5 例"三分裂"径迹照片及测量数据，初步结论认为，原子核裂变可能一分为三。

想到这份实验报告的重要性，而且会在国际核物理界产生反响，钱三强先送请伊莱娜和约里奥看了，他们都认为所做的实验和数据分析是合理的，支持先公开发表。由钱三强、沙士戴勒、何泽慧、微聂隆联名的初步研究报告，用《俘获中子引起的铀的三分裂》为题，发表于 12 月 9 日出版的《法国科学院公报》。

这里要说到关于"三分裂"的名称，像是一个小花絮。最初实验报

钱三强用伊莱娜的高倍显微镜进行观测

告中写法"铀原子核裂变一分为三",钱三强觉得文字不够简练,他请教于约里奥先生,在约里奥建议下,确定正式写法为"Ternary Fission",中文相应为"三分裂"。这一表述,后来成为国际通用的专有名词了。

文章发表并不是大功告成,钱三强甚至认为,研究还只是刚刚开始,为了弄清楚究竟是不是真的三分裂,还要进行一系列的、严格的、更加艰苦的实验和分析。

了解科学发展历史,寻求理论指导,是钱三强新的工作之一。1938年底发现核裂变现象后,美国普渡大学的普赖深特(R. D. Present),根据丹麦物理学家 N. 玻尔和美国物理学家 J. A. 惠勒 1939 年提出的液滴模型理论,在 1941 年曾发表短文,预言铀原子核在吸收一个中子后,获得足够的激发能,从动力学上估计,有可能分裂成三个带电核,释放能量高出二分裂变 10—20Mev。但几年时间里,这一理论预言未引起实验物理学家重视,没有获得实验证实。

由此分析自己做的工作,钱三强认识更清楚了。他总结为三个方面:

首先,看到的三叉径迹,会不会是二分裂碎片中的一个在极短距离内,与核乳胶中的一个原子核发生碰撞而形成的呢?要是那样,就不是什么三分裂,也不是二次发射,而只是由于使用了核乳胶这种工具而引起的假象。

第二,尽管从径迹的粗细程度和颗粒密度来看,这些事例的第三条径迹很像是 α 粒子,但到底是不是,并没有确证。或者,也有可能其中只有一部分是 α 粒子,另外一些是其他的原子核。换句话说,这些粒子的质量是单一的呢,还是有一个分布,存在一个质量谱?

第三，这些粒子是在裂变过程的哪一个阶段发射出来的？也就是说，在两个碎片断开之前，或之后，还是断开的同时发射出来的？[1]

何泽慧发现首例四分裂的故事

钱三强在结合理论考虑后的新认识指导下，又带领研究小组投入到紧张的实验中，他向小组同事强调：正确的答案只能来源于实验，实验是第一位的。经过共同努力，新的突破在 1946 年 11 月发生了。先是钱三强与何泽慧共同观察到一个新的三叉形事例，跟以前的所有二重一轻的径迹特点不同，这个事例的三条径迹都比较粗而且短，看起来明显不同于 α 粒子，这第三条径迹应该是具有比较重质量的原子核。

钱三强（后排左三）作为世界科学工作者联合会执行委员 1946 年 11 月在巴黎出席约里奥-居里（前排左二）领导的世界科学工作者联合会执行委员会（前左三为贝尔纳，后左二为叶渚沛——其代表中国涂长望出席）

[1]　钱三强：《重原子核三分裂与四分裂的发现》，科学技术文献出版社 1989 年版，第 61 页。

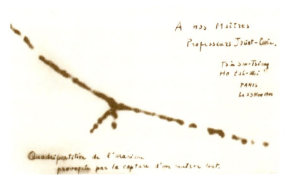

钱三强亲笔书写送给两位法国导师的首例四分裂照片。上方为："献给我们的导师约里奥–居里夫妇、钱三强、何泽慧、巴黎、1946 年 11 月 23 日"，下方为"俘获一个慢中子引起的铀的四分裂"

紧接着，又发现了一个从未见到过的特殊事例，这就是 11 月 22 日晚上，由何泽慧首先观察到的一个四分叉形状的径迹。待正出席世界科学工作者会议的钱三强一回到实验室，何泽慧马上叫来钱三强看，钱与何初步分析后想到，如果三叉形径迹是三分裂的话，那么这一事例说明还可能发生"四分裂"。

这一意外发现，钱三强第二天就向约里奥–居里夫妇报告了，并且送给他们一张四分裂径迹照片，还在照片上亲笔（法文）写了话和签名。这张照片一直珍藏于巴黎居里博物馆。它在中国首次出现，是 2011 年清华大学百年校庆期间举办的"清华校友与居里研究所图片展览"，由法方提供复制件展出。葛能全参观展览看到这张照片顿觉眼前一亮，心里有一种意外收获的兴奋感——因为它订正了发现第一例四分裂的准确时间，是 1946 年 11 月 22 日。

而此前，这个时间点一直成为悬案：钱三强本人 1989 年出版的《重原子核三分裂与四分裂的发现》一书中，他写的时间是"1946 年 12 月 20 日，泽慧发现了一个四分叉形状的径迹"。但在此前八天即 12 月 12 日，竺可桢（还有李书华和赵元任）在巴黎参观钱三强的实验室后，当天写下日记："钱三强夫妇近得照片，证明以中子打击铀，可分成四瓣，已由钱太太证明，实为重大发现。最近将登法国科学院公报。"

还要说的是，这张珍贵的四分裂照片，已被用作《中国现代科学家（五）》纪念邮票"核物理学家——钱三强"的背景图，于2011年5月正式发行，这更具有特殊的纪念意义和科学史价值。

《中国现代科学家（五）》中的"核物理学家——钱三强"邮票

"四分裂"的工作，首先由约里奥向法国科学院会议报告，随即正式发表于1946年12月23日《法国科学院公报》第223卷，文题为《铀四分裂的实验证据》，文章结论说：在铀捕获慢中子导致三分裂的后续研究中，何泽慧发现了一个必须用铀核四分裂才能解释的特殊事例。

一周后即1947年1月1日，钱三强在法国科普杂志《原子》刊文，介绍发现"四分裂"的经过写道：

直到1946年11月22日晚上，何泽慧在一张早前的底片上突然发现一个特殊事例。在显微镜的视野中，她看到从一个点发射出了四条粗线：两条长径迹，两条短径迹。第二天，我观测并确定了这些径迹。经过很长时间的讨论，我们判断这是一个铀的四分裂。四条径迹几乎在同一平面上。

何泽慧正在用高倍显微镜观察裂变径迹

何泽慧真不愧为捕捉实验新现象的高手，1947年2月，她又观察到第二例四分裂事例[1]。与前例二重二轻不同，这个事例中三个碎片是重的，一个是轻的，这更加符合钱三强小组提出的四分裂结论，并且经过校正，得到慢中子引起四分裂的平均动能与玻尔和惠勒的理论预测也倾向一致。

得到了这些新的重要发现，三分裂的探索是不是可以告一段落？钱三强认为必须进一步弄清楚本质问题。他很具体地布置研究小组：现在要做的事，是对每一个三叉事例进行细致的、精密的测量，测量出三条径迹在核乳胶中各自的射程，判断它们是不是在同一平面上；再要求测出三个夹角的角度大小，必要时，还要测量沿着径迹各段的颗粒密度；此外，对二分裂变径迹，不但要算出它们的数目，而且也要测量它们的长度，以取得核乳胶中裂变碎片射程的数据。

听下来，可想而知工作量之大，各个细节之繁杂，但他们为了同一个目标很齐心："再困难，再麻烦也要干。"

经过这样一系列的实验和数据分析，钱三强、何泽慧等完成研究

【1】 1951年，美国的艾伦（Allen）等人观察到第三例四分裂。20世纪80年代初，联邦德国的勃兰特（R. Brandt）等人用重离子加速器轰击钍、铀靶，得到许多四分裂事例。

论文《铀三分裂与四分裂的能量与几率》，发表于 1947 年 1 月 27 日出版的《法国科学院公报》第 224 卷。这篇文章，根据物理学的质量守恒、能量守恒和动量守恒等基本规律，经过精密计算，首次求出第三个碎片的能量约为 10—25 兆电子伏，概率最大的为 18 兆电子伏，远比天然放射性 α 粒子大；三个碎片的动能总和比二分裂时高出好几个电子伏；同时，还计算出三个碎片出现的概率（三分裂和二分裂之比）为 1∶300，即万次裂变中约有 30 次三分裂事例，四分裂出现的概率小于万分之二。

2 月 13 日，钱三强小组继而又完成一篇研究报告《铀核的新的裂变过程》，用英文撰写投稿美国《物理评论》（同年 3 月 15 日该刊第 71 卷刊发此文）。文章对三分裂和四分裂提出了解释。稍后，钱三强小组又写成《铀核的三分裂与四分裂》综合性研究论文，系统介绍和论述他们三分裂与四分裂的实验过程及对实验结果给出的合理解释。这篇文章于同年 6 月 7 日在英国《自然》杂志第 159 卷发表。

质疑声中完成《论铀三分裂的机制》

科学探索的道路是不平坦的。

那段时间里，钱三强领导的关于重原子核三分裂与四分裂的研究工作，在主要国家核物理界都有所知晓，而且有几个国家的研究所也在做同样的实验，或前或后发表了文章，但对钱三强小组的研究结论持疑问或否定意见。

先说英国的费瑟小组。自从他们在剑桥会议上简单解释第三个径迹是 α 粒子以后，还发表文章论证它是在两个碎片分裂后很短时间内从一个碎片发射出来的，他们称之为"二次发射"。当他们看到钱三强小组发表的几篇研究报告，特别是四分裂的报道后，既感兴趣又抱有疑问，于是打电话到巴黎，说想来实验室看一看。

接下来的情况，钱三强记忆是这样的：

> 我们回答说非常欢迎。他们动作很快，星期五打的电话，星期一早上就来了。我们也没有做什么准备。泽慧很有把握，一下子就把显微镜调整到原来的位置，将那个四分裂径迹找了出来。要知道，在显微镜下寻找一个特定的径迹，是非常困难的，只要有微小的变动，就不好找了。这说明泽慧的工作十分细致，记录也做得一丝不苟，英国人看了我们的资料感到很惊讶。我们把自己所做实验的各种细节，径迹的测量、分析和回归计算方法，都原原本本详细地告诉了他们。回到英国之后，他们又做了实验，找到了更多的三分裂径迹，只是没有看到四分裂。他们的结果公布于 1947 年 3 月的英国《自然》杂志上，不过他们认为第三个粒子是 α 粒子。[1]

费瑟小组为什么一再说第三条径迹是 α 粒子呢？因为他们认为它不是和另外两条径迹同时发射出来的，而是他们文章里断定的"二次发射"。相对而言，是他们实验观测中不够细致、分析不够精确的缘故，譬如他们忽略了三个碎片发射时呈现的垂直方向。要知道，只有三个碎片同时分开，才有可能是垂直的，而"二次发射"，其中较轻的碎片是各向同性的。

---

[1] 钱三强：《重原子核三分裂与四分裂的发现》，科学技术文献出版社 1989 年版，第 70—71 页。

在加拿大乔克河实验室，有一位叫德谟斯（P. Demers）的教授，那时也在做铀核裂变的实验。他采用的实验方法很独特，把一层薄铀盐夹在两层核乳胶中间，像一块三明治，这样能使裂变径迹的起点都在铀层处，可以在二分裂时把两条径迹清楚地区分开，所以他比较顺利观察到6个三叉形径迹事例。他的研究文章发表在钱三强公布初步实验结果后的1946年12月下旬，但德谟斯得出的结论，也认为第三个径迹是裂变产物放出的α粒子。根据发射点的误差，他估计α粒子的发射时间是在裂变发生后 2×10^{-14} 秒以内。

在美国，法维尔（G. Farwell）、薛格雷（E. Segre）和魏甘德（C. Wiegand）三位物理学家，用电信号探测器和符合法研究铀核裂变，也观察到若干三叉形径迹事例，他们的研究报告发表时间是1947年4月。报告结论同样认为，伴随着裂变发射出的第三个轻粒子是α粒子，肯定裂变和α粒子发射时间差小于 10^{-6} 秒。

这些不同的声音，即使有的出自权威人物，并没有对钱三强要弄清楚三分裂本质的想法产生干扰。他抱定的态度是，重视每一篇关于三分裂的报道文章，不轻视他人的工作，但也不动摇自己的决心和勇气，继续努力探索，把工作做得无懈可击。

1947年3月31日，钱三强独自完成了一篇研究论文《论铀三分裂的机制》。文章在大量实验测量的基础上，经过分析计算，得出质量、动能和角分布等关键数据，结合理论考虑，令人信服地论证了三分裂这一新的原子核裂变方式。限于当时实验条件，一些尚不能解释的问题，他在文中作了合理预言，后来由于半导体探测器的应用，这些预言大多得到验证。全文概括起来有这样几点论述：

（1）一个重原子核不但能分裂成两块，而且可以分裂成三块，第三个碎片是和另外两个"同时"放射出来的，而不是"二次发射"；

钱三强汉译的《论铀三分裂的机制》和写的《作者后记》手稿

（2）三分裂的第三个粒子的质量有一个分布，看来应该有一个质量谱；

（3）由于从比较重的原子核分裂成为较轻的原子核时中子会有多余，在这些轻粒子中应该有氚和氦-6核等一类粒子出现；

（4）轻粒子的能量有一个连续的分布，最大的能量要比天然 α 粒子大许多，并在相当于射程 28 厘米左右（空气当量）的概率最大；

（5）三分裂的概率，对于慢中子引起铀-235 裂变来说，是三百分之一，并且认为三分裂的概率，对于不同裂变体系是有差别的。

《论铀三分裂的机制》写成后，先向法国科学院周会作书面报告，后经约里奥推荐发表于同年的《法国科学院公报》第 224 卷。四十年后的 1987 年，论文作者钱三强应北京科技出版社《科技写作例文评析》主编之约，亲自将它译成中文在国内出版，作者还写了长长的后记。

荣誉与遗憾

正是因为《论铀三分裂的机制》这篇文章具有的科学性，它一直被视为这个研究领域的经典性文献之一而受到同行重视。

先说一件笔者耳闻目睹的事。1980 年 12 月 3 日，钱三强参观美国劳伦斯-利弗莫尔国家实验室，陪同参观的主人是发现超铀元素而获得诺贝尔奖的西博格（G. T. Seaborg，曾任美国原子能委员会主席），尽管他年纪比钱三强还大，但他精神饱满边走边谈陪了一个多小时，美方人员说这是西博格教授自己愿意做的。更令人意外的场面，在那天中午为钱三强举行的午宴上，西博格亲自将他一直保存的《论铀三分裂的机制》等三篇论文复印本，当面回赠给文章作者钱三强，并且说："对你的这篇文章，我一直留有深刻印象。"[1]

在美国，也曾发生过使钱三强留下遗憾的事。下面的一段引文，是他 1953 年在《自传》亲笔写的："我与何泽慧发现了铀原子核的三部分裂与四部分裂，当时颇为科学界注意，报纸采访亦甚多，美国记者与科学家也来访问过，但结果只有一家登载。与此相关的，不到三四个月美国连续在物理杂志上登了两三篇文章，谈到同样的现象，但是没有一个人提到我们的工作。"

约里奥和伊莱娜自始至终支持钱三强小组的研究工作。钱三强后来经常说到两件事：一件，伊莱娜爽快答应让用她的高倍显微镜。另一件，约里奥亲自斟酌并建议"三分裂"的正式名称。

约里奥和伊莱娜的支持，更重要的是在精神上。两位老师一直热心注视着每一步的进展，对取得的成绩及时给予鼓励。尤其使钱三强深为感激的是，当国际上几个知名实验室陆续发表文章排斥"三分裂"解释的时候，1947 年春，约里奥在巴黎召开的世界科学工作者协会会议上，亲自宣布了"三分裂"和"四分裂"的发现，他说：

---

〔1〕　《钱三强访美报告》，1980 年 12 月。存于中国科学院文书档案。西博格回赠的三篇文章，现由葛能全保存。

这是第二次世界大战以后物理学上一项有意义的工作。它是由两位中国青年科学家和两位法国青年研究人员共同完成的，是国际合作的产物。我们遵循国际科学界的准则和传统，决定立即公开发表它。我们反对某些国家把基本科学研究列入保密范围的做法，反对独占各国都作出贡献的知识成果。[1]

当时钱三强立刻感受到这一支持的效果，他记得：约里奥先生头天讲了这番话，第二天就有记者上门来访问，报纸上登载了消息，鲍威尔教授从英国写信祝贺。从此，三分裂和四分裂的发现，就为各国科学界所知了。

一段时间内，法国的《人道报》《人民报》，还有官方的《时代报》先后发消息，有的还刊登了访问钱三强的特稿。中国国内学术界和新闻媒体诸如《中央日报》《大公报》《新民报》等都登出文章，更是不乏赞美之词。那时，正值米高梅的大片《镭的发明史：居里夫人》在上海公映，加以国内方方面面形成的原子能热潮，于是钱三强和何泽慧被喻为"中国的居里夫妇"。

在英国，钱三强的工作所得到的反响迥然不同。

布列斯托尔大学鲍威尔教授，在约里奥宣布消息后第二天（1947年2月3日），致信钱三强表示祝贺，写道：非常感谢您的铀四分裂照片，我将珍藏。在英国，我们已经从《新闻纪事报》上的一篇报道中得知了此事，并且我们得到了"反射过来的荣誉"。钱三强明白这句话的意思是，发现三分裂和四分裂，使用的是原子核乳胶技术，而这项技术

---

[1] 钱三强：《重原子核三分裂与四分裂的发现》，科学技术文献出版社1989年版，第74页。

正是钱三强在他那里学会的。鲍威尔发明的核乳胶技术，经过几年一系列成功应用，获得了包括三分裂和四分裂在内的许多新发现，使物理学家认识到这项技术是可靠而又实用的，它的科学地位和作用，可以与威尔逊云雾室和盖革计数器相媲美，因而三年后的 1950 年，鲍威尔因为发明核乳胶技术获得了诺贝尔物理学奖。

英国的另一位权威人物费瑟教授，他接受三分裂的解释，经历了漫长的过程。1969 年在维也纳举行裂变物理和化学国际会议，费瑟老人走上讲台演讲，他在回顾裂变研究的历史时讲到，他愿意放弃二十二年前认为的第三个径迹是 α 粒子的观点，同意关于三分裂机制的解释。

可此时正值"文革"高潮，钱三强处于被隔离审查中，无法知道外面的信息；时光再流逝二十年，当钱三强确切知道了费瑟的讲话后，他由衷地感慨，并在《四十年后的回顾》一文中写下这样的话："同时，我们应该向格林与李弗西（费瑟当年的学生）等四十年代中期各国有关核科学工作者表示谢意，没有他们工作的启发，我们是做不出这些有意义的工作的。"

在法国，钱三强则享受到许多非法国籍学者难得享有的待遇和荣誉。1946 年底，法国科学院授予钱三强亨利·德帕惟（Henri de Parville）物理学奖金，这是法国科学院用以奖励科学领域杰出工作的主要奖项之一，钱三强是获得该项奖励的唯一中国学者；1947 年夏，34 岁的钱三强升任法国国家科学研究中心研究导师，这是当时外国学者极少能获得的学术高职。

1984 年，已经离开法国三十六个春秋，年逾古稀的钱三强，又获得一项象征法国国家声誉的褒奖——"法兰西荣誉军团军官勋章"（比它低一级的"法兰西荣誉军团骑士勋章"，中国有多人获得——注）。这项奖励，通常是授予极少数杰出人士的，它由时任法国总统密特朗签署

1984 年法国总统密特朗签署授予钱三强的"法兰西荣誉军团军官勋章"证书

1985 年，钱三强（左一）出席法国大使馆举行的授勋仪式

并亲自授予，因钱三强患过急性心肌梗塞，遵医嘱他没有去巴黎，1985年5月由法国驻中国大使，代表法兰西总统在北京授予勋章。大使致辞时特别强调，由钱三强领导发现的三分裂和四分裂现象，是一项杰出的科学成就。

对于钱三强本人来说，发现三分裂现象是他科学生涯一个阶段的高峰。他为以自己的实验为开端引发出后来的一系列研究，从而证明原子核裂变反应的复杂性和多样性，感到欣慰。但同时，通过历史长河大浪淘沙，他也意识到过去的工作也存在不足，譬如他讲到，对于快中子引起铀、钍裂变，当时没有观察到三分裂现象，而后来其他国家的工作表明，与慢中子裂变一样，铀、钍核素在用快中子引发裂变时，同样也能发生三分裂，只是概率略有差别。他很认真地反思了原因，说那时做实验时，为了不使快中子在乳胶中产生大量反冲质子的干扰，对乳胶采取了减低灵敏度的措施，但做得过分了，以至于 α 粒子附近的轻粒子也观察不到。钱三强不无遗憾地说："这说明我们工作有些还是考虑不够周全，经不住历史考验。"

第三篇

第十三章
报效祖国不违初心

| 约定回国一起好好干 |

到 1947 年的时候，钱三强在法国科学界的学术地位已经开始令人瞩目，由此而来的将定会有更好的工作条件和更多的研究基金，以及个人的优渥待遇，加上他又已在巴黎建立了家庭。因为这些理由，居里实验室和法兰西学院的同事们，都以为中国的钱博士一定会继续留在法国干下去。

然而，面对接踵而至的科学成就以及所获得的荣誉，钱三强和何泽慧却是另外一种想法：

我和泽慧都很清楚，继续留在巴黎，对自己的科学工作当然是十分有利的；回到贫穷落后、战火纷飞（当时中国正处在解放战争将进入转折阶段之时）的中国，恐怕很难在科学实验上有所作为。不过，我们更加清楚的是：虽然科学没有国界，但科学家却是有祖国的。正因为祖国贫穷落后，才更需要科学工作者努力去改变她的面貌。我们当年背井离乡、远涉重洋，到欧洲留学，目的就是为了学到先进的科学技术，好回去报效祖国。我们怎能改变自己的初衷呢？应该回到祖国去，和其他科学家一起，使原子核这门新兴科学在祖国的土地上生根、开花、结果。[1]

可以这样认为，钱三强自 1937 年登船求学那一刻起，就一直在践行着自己心中报效祖国的计划。他开始做博士论文时，不满足于实验物理学，主动要求加学放射化学知识，掌握多种探测技术，学会自己动手做放射源、建造实验设备；他 1942 年滞留里昂时，不放过机会自学量子力学；1945 年他准备到英国汤姆逊的研究所工作，为的是多了解原子能的最新发展……这些都是他为回国效力做的种种准备。

曾经有法国同事问他为什么要这样做，他回答说："我比不得你们，你们这里有那么多人，各人干各人的事。我回国后只有我自己一个人，什么都得会干才行。例如放射源的提取，我自己不做，又有谁给我提取

钱三强、何泽慧和王大珩（右）在伯明翰

[1] 钱三强：《重原子核三分裂与四分裂的发现》，科学技术文献出版社 1989 年版。

呢？所以样样都得学会才行。"这正是钱三强对祖国的那种使命感。

中国的知识分子，即便在旧社会里，许多人都抱有钱三强同样的使命感，哪怕在艰险环境下依然不改初衷。钱三强的想法不仅与妻子何泽慧完全一致，也与许多中国学者息息相通，时在欧洲的清华同学王大珩和彭桓武，都是唯国家需要是从的爱国者，并共同约定于1948年上半年回国。

还在1945年二战刚结束时，钱三强和王大珩在莎士比亚故乡斯特拉福德镇，荡桨埃温河上，同读毛泽东在延安刚发表的《论联合政府》，憧憬着一个未来的中国。1946年夏，钱三强、何泽慧一走出剑桥基本粒子会议会场，就约王大珩游雾都，看故迹，谈时局，凑巧王大珩也刚读了斯诺的《红星照耀中国》，他们的许多话题从这里引起，海阔天空，政治、科技、人生无所不及。钱三强由衷赞赏王大珩为了国家将来需要，主动放弃在读博士学位改做光学玻璃实验师，时过几十年（1982年）仍钦佩不已："大珩不是不知道没有博士学位，对个人的不利影响，但他为了国家将来需要，做了与众不同选择，在那个时候真是难得。"

1946年英国分手时，钱三强和王大珩约定：随时做好回国准备，待到形势明朗后就回去，为将来建设一个强盛的中国一齐效力。

1947年夏，彭桓武又一次到了巴黎，他是代表国内云南大学（受聘尚未到校）从爱尔兰到布鲁塞尔出席"国际大学教授会议"，专程绕道巴黎来看钱三强和何泽慧。他们谈到回国的打算，也是不约而同，不过彭桓武的去向选择有点特别，他既没有选择南京，也没有选择北平，而是挑了相对偏远的云南大学，他说为了答谢熊庆来校长1937年逃难时收留他做了教员，现在他需要我，应该去。还说也是为了避开战乱去云大安心教书。

彭桓武赞赏钱三强有远见的想法，要促使国内机构和人员联合起来

1945年彭桓武（右）与诺贝尔奖获得者 E. 薛定谔在一起

发展原子能科学。他们都希望国家尽快安定下来，那样的话，将来一起好好干。两人还相互鼓励一番，钱说，你是学长，将来我跟着你干。彭则说，不，将来你领头，我来帮助你。

　　时至 2006 年，91 岁高龄的彭桓武先生仍然清楚地记得那次巴黎约定，3 月的一天下午，他在中关村寓所对葛能全说：其实那时我们谁也没有说得很直白，说是回去要搞原子弹什么的，只是说一起好好干，因为说这话时美国已在日本投了原子弹，一说好好干，彼此都明白是什么意思。

| 几家相亲——北大胡适抢在先 |

　　钱三强回国前遇到了一个不大不小的难题，这就是他后来风趣说的，面对"几家相亲"的局面，如何作出选择。

先是胡适校长邀请他到北京大学任教。1945年秋，钱三强在英国短期学习和工作时，恰遇胡适和语言学家赵元任来伦敦出席制订联合国教科文组织宪章会议，他们念及旧友钱玄同的友谊，以示对晚辈关心，同时也为北大长远发展延揽物理学人才着想，通过中国驻英大使馆约见了钱三强。谈话中，胡适很赏识钱三强师从约里奥-居里夫妇研究原子物理学，并已取得博士学位，做了法国国家科研中心的研究员，他几乎不容分说决意要钱三强回国到北大执教和做研究。

胡适行动迅速，他回国后即寄来正式聘任钱三强和何泽慧做北大物理系教授的聘书，汇了两人的800美元归国路费。不仅如此，胡适继而到处罗致原子物理学人才，并且设想出一个"关系国家大计"的计划，而钱三强则成为他计划中的主角。

胡适的计划，是他1947年春以书面报告方式，郑重向国民政府国防部部长和参谋总长提出的。胡适的信开宗明义：

我今天要向你们两位谈一件关系国家大计的事，还要请你们两位把这个意思转给主席，请他考虑这件事。

简单说来，我要提议在北京大学集中全国研究原子能的第一流物理学者，专门研究最新的物理学理论与实验，并训练青年学者，以为国家将来国防工业之用。现在中国专治这种最新学问的人才，尚多在国外，其总数不过七八人，切不可使其分散各地，必须集中研究，始可收最大的成效。此七八人之名如下：

钱三强　现在法国居礼（里）实验室，已接受北大聘约。

何泽慧女士（钱三强夫人，其成绩与其夫相埒）　现在法国居里实验室，已接受北大聘约。

接着，胡适依次列出以下七位尚在国外的物理学家，他们是：爱尔兰国立研究院的胡宁、美国哥伦比亚大学的吴健雄、美国普林斯顿大学的张文裕、英国剑桥大学的张宗燧、美国密西根大学的吴大猷、美国普林斯顿研究院的马仕俊和美国普林斯顿大学的袁家骝。而后胡适写道："以上九人，可谓全国之选，皆已允来北大。故敢请国家给他们增强设备。我可以断定，我们在四五年内一定可以有满意的成绩出来。"[1]

北大之后，又有清华大学连连相邀。1946年同在剑桥参加国际会议时及会后到巴黎，周培源代表清华向钱三强盛情表示，希望他回母校服务，讲到吴有训调离后，清华实验物理研究没有人负责，钱三强归校最好不过。周返国后即与理学院院长叶企孙商议，于同年11月11日，由叶向梅贻琦校长提出邀聘钱三强的书面报告：

> 梅校长钧鉴：敬陈者：本校物理系毕业生钱三强君于抗战前考取法庚款公费，赴巴黎留学，迄今在法国师从 Joeliot 教授夫妇从事研究原子核物理，六七年以来发表论文多篇，成绩斐然，实为留法学生中成绩最优者之一。查原子核物理占当代物理研究之中心，本校虽有赵（赵忠尧——注）霍（霍秉权——注）两教授从事于此，尚嫌不强，拟请提出聘任委员会，准予添聘钱三强君为教授。[2]

梅贻琦及清华聘任委员会旋即批准叶的报告，并于11月21日由梅

---

[1] 胡适：《致白崇禧、陈诚》，见《胡适书信集》（中），北京大学出版社1996年版。
[2] 叶企孙：《致梅校长函》，1946年11月11日。原件存于清华大学档案馆，卷号183。

校长先向钱三强发电报，随后寄出正式邀聘文函，汇寄 600 美元路费。

在此同时，北平研究院副院长李书华和所长严济慈，不止一次当面或写信对钱三强有话，要他仍回北平研究院，允其或在原物理研究所，或重新组建研究机构。

在北大、清华和北平研究院频频寄信发电相约的当儿，南京中央大学物理系主任赵忠尧多次写信邀钱三强到中大执教，信中殷殷言辞不少，似有振兴中大物理系唯寄厚望于他的意思。还有南京中央研究院，一度对原子核领域的最新发展兴致极浓，由院务会议决议，尽速致函尚在国外的原子物理学家钱三强、张文裕、彭桓武、吴健雄，邀请他们回国任物理研究所专任研究员。中研院总干事萨本栋 1947 年初寄达信函时，正是钱三强举棋难定之际。

就个人发展和国家科学事业而言，获得多家邀聘，都是件大好的事情，而钱三强所以一时成为难题，主要出于情面和礼貌上，他实在难以对其中任何一方说出不受聘的话，哪怕是婉转的，感觉总是一种失敬。

经过一番权衡之后，钱三强作出了抉择。在回国后到南方还是北方的去向上，他选择了北平。这样选择的重要原因之一是因了母亲——他要在母亲身边补偿十多年没有尽到的孝道，使抱病在身的母亲舒心安度晚年。

北平三个机构中，钱三强选择了清华大学。这除了几位师长的盛情难却而外，母校情缘起的作用很大，他了解并喜欢清华物理系的科学传统，熟悉清华园的一草一木。至于清华大学方面，为了争取钱三强来校所抱的态度和下的力量，也很不一般。举一例说，学校素有定规夫妻不能在同系任教，而梅贻琦为了留住钱三强，竟亲自与北平研究院商量，帮助解决何泽慧的工作。钱三强读了 1947 年 5 月 15 日梅贻琦的第一封信，很为校长的热诚所感动。节引一段梅信：

> 前与李润章（李书华——注）先生谈及，足下聘来清华事，商量结果由北平研究院聘何泽慧女士，则两方皆可顾到，而于研究上更可收合作之效矣。十余年来，吾校物理系人才之盛，成就之大，恐系吾国近代学术史中重要之一点，而最近数年，因他方需要之迫切，先有萨先生之离校，继之吴赵二先生去中大，今日系中虽良师尚多，确需补充，尤以原子物理研究方面欲更求充实，故足下之来校最所期待者也。[1]

对于几个不准备就任的机构，钱三强不是简单拒绝了事，而是趁此机会从中做些撮合工作，促使各方打破门户界限，联合起来发展中国的科学和教育。他在婉辞北大邀聘时，先是自己写信给胡适校长细作说明，并郑重承诺：如果北大方面缺乏原子核物理教师，他可帮忙授课。钱三强还担心造成清华与北大之间的误会，又写信给梅贻琦托他代为向胡适解释。

踌躇满志——清华梅贻琦采纳建议

钱三强接受清华邀聘并且急着回国，还有一个当初不便张扬，实则是他最梦寐以求的愿望得到了满足，这就是清华大学同意建立一个原子物理研究中心，并答应拨出五万美金专款。

1947 年 2 月 1 日，钱三强在巴黎接到梅贻琦的聘任电报后回了信，

[1] 梅贻琦：《复钱三强信》，1947 年 5 月 15 日。原件存于清华大学档案馆，卷号 183。

在这封信中他向梅校长提出建议：

> 对于教学树人，生素感兴趣，在祖国目前情况下，尤觉重要。但生甚望教学工作外，尚能树立一原子核物理研究中心，此等意见，周师（周培源——注）亦极赞成。先生等对此等设备不知有无计划？据生在欧之经验，一小规模原子核物理实验室，设备费约需五万美金。详细情形，如蒙垂询，当即奉告。[1]

没想到事情这样遂心如愿，钱三强的建议正好合了国内许多物理学

1947 年 2 月 1 日，钱三强复梅贻琦信中左起第二段即为所提建议

【1】 钱三强：《致梅校长》，1947 年 2 月 1 日。原件存于清华大学档案馆，卷号 183。

家的想法，大家都希望中国的原子核科学早日起步。同年 5 月 15 日梅贻琦亲笔复信中表达了清华的积极态度：

尊处二月一日来函所提为供给原子核物理研究须有一小规模实验室设备，校中企孙、重衡（霍秉权——注）、培源诸先生均极赞成。盖原子核之研究，实今日科学上最重要之工作，而国内尚少推进。最近中央研究院有在南京举办之计划。建筑新研所用费颇巨，设备尚在筹划中，但即中央院计划成功，北平区域亦宜更有一研究中心，故清华在筹得美金五十万（除清华基金积存利息）作补充图书设备专款，时即决以五万元作原子核研究设备之用。[1]

梅信中还希望钱三强能绕道美国回国，"以便参观美国各方研究情形"，并决定在原来寄汇的 600 美元旅费基础上，再加给 200 美元。

钱三强是个爱想问题并且积极进取的性格，他凭着在法国十多年的经历，比国内众多留美学者更多更清楚原子核科学的复杂国际背景，他不打算绕道美国，而且还有进一步的具体想法，遂于 1948 年 3 月 7 日回信一并作出陈述：

故思之再三，决暂先归国。将来与校长、叶、霍、周诸师商定设备计划及组织方法后，再决定实施方法。因设立一研究中心，主要在一重要仪器（如 Cyclotron）之设置，若预备购买，则第一年之五万不够，似应将第一年及第二年之准备放在一起同时设计。故第一年已定之五万似乎不宜于先零星支用……对未来组织机构及

---

[1] 梅贻琦：《复钱三强信》，1947 年 5 月 15 日。

聘请研究师生及技术人员等事，事先似亦应有一筹划……生因顾虑
到将来，故决定先归国服务，以便与校长及叶师等请教此事，商得
一合适发展方式，以免因未思虑周全而浪费金钱。[1]

在这封信中，钱三强进而提议联合北大、北研院，甚至南京的中研
院及中大，建立一个联合原子核物理研究中心，做到教学研究合而为
一，促使理论与实验共同发展。让钱三强欣喜的是，他的这一建议又得
到清华积极回应，于是他和何泽慧果断决定 1948 年春回国，尽管他们
的第一个孩子在巴黎出生刚四个月。

一向处事周全的钱三强，在与国内一切商洽妥当后，想到巴黎几个
方面要适时通气。他先找了中共旅法支部负责人袁葆华，袁葆华不赞成
他急着回国，听来听去，理由是担心回国途中和回国后的安全问题，但
没把话说透，建议直接找负责欧洲工作的党组书记刘宁一谈谈。

钱三强和刘宁一相约在卢森堡公园见了面，很像两个交情至深的
朋友彼此谈心。刘宁一起初也劝说钱三强不要这时回去，最好等新形
势到来后回国。说他和旅法支部分析情况认为，钱三强多次出面与捣
乱势力斗争，暗中已有人在注意了，担心回国途中和回到国内后有人
算计，可能出危险。

钱三强则如实讲了决定回国的原因，据他后来写自传中讲的原因：
一是，他现在指导四个研究生，责任一天天大起来，怕科学上越陷越深
将来走不成；二是，母亲老生病，一再写信要他回去；再就是，他想回
国借机会弄点钱买些仪器，以备将来使用。

话说得很明白，也很实在，刘宁一没有再劝阻。他认为要回国回

[1] 钱三强：《致梅校长》，1948 年 3 月 7 日。

到北平好，还叮嘱说：就在那里埋头教书，什么会也不要参加，只讲科学，不讲政治。国内目前情形很复杂，谁进步谁落后，你一时闹不清，最好多观察，坚持到新形势到来。刘宁一向钱三强分析交底说："按照估计，三年左右发生大变化是可能的，到时候，我们会找你的。"

于是，钱三强抱定态度："刘宁一叫我这样坚持到解放。我答应了他，并且后来是照着他的话办了。"[1]

师长厚恩　爱国共情

钱三强离开法国之前，还要去解一个情感上的扭结——辞谢相处了十年的约里奥-居里夫妇。

用恩师来形容学生对老师的敬意，可以说已不一般了，但这还不足以表达钱三强对两位法国老师的真情实感。十年，对于一个人的科学生涯，乃至整个人生，都不算一个短暂的时间，而共同经历了战争患难的岁月，更不是用平常语言能够描述的。约里奥-居里夫妇也视钱三强非同一般师生关系，用他们的女儿伊莱娜·朗文-居里和儿子皮埃尔·约里奥-居里，后来回忆切身感觉说的：对于我们居里家族来讲，钱三强有着特殊的地位。在居里博物馆可以了解到钱三强这个人和他相关的事迹。[2]

钱三强先跟约里奥先生提出回国的想法，约里奥感觉有些突然：作为一个科学家，说实话，我不希望你这个时候回到战乱的中国去。你现在回国，不可能立刻顺利做科学工作，时间是宝贵的。又说，如果没有作

---

〔1〕　钱三强：《自传》，1953 年 2 月 20 日，存于"钱三强档案"。
〔2〕　叶娟：《居里夫人外孙、外孙女专访实录》，《中国核工业》2013 年第 10 期。

最后决定，我希望你在巴黎再留些时间，现在正是你科学上的重要时期。

钱三强动情地向约里奥表达了自己的心情：我也想到了这些，真舍不得离开这里。我的科学生涯，是在您和伊莱娜夫人指导下开始的，我永远不会忘记这一点。但同样，我从来也没有忘记我的祖国，现在我的国家很落后，正需要发展科学技术，我想应该尽早回去为祖国效力。

约里奥是位关心政治和通晓国际形势的科学家，他问了钱三强回到中国哪部分去，钱说回到北方。最后约里奥转变口吻说：我个人希望你多留一时，但是，我完全能理解你的理由，因为假如我处在你的地位，我将采取同样的决定。[1]

约里奥的态度，在钱三强意料之中。他心里最清楚，约里奥的爱国精神比任何一位科学家都炽烈，为了抵抗入侵的德国法西斯，拯救自己的祖国，他冒着被杀头的危险参加法国共产

1948 年 4 月，钱三强（右）回国前同约里奥-居里夫妇在家中花园合影留念

〔1〕　钱三强：《自传》，1953 年 2 月 20 日，存于"钱三强档案"。

党，出生入死，一刻也没有停止过斗争；为了法兰西强大，他和他的夫人伊莱娜，继承父辈们为科学献身的伟大意志，在条件不能完全保障而科学实验必需的情况下，不惜以损伤自己的健康为代价，为国家为人类作出贡献。

对于钱三强来说，约里奥-居里早已成为他心仪的偶像。想到这些，钱三强抑制不住激情：这些年，我除了科学上的收获，在爱国精神方面受您的教益很多，我体会到，科学虽然没有国界，科学家却是有祖国的。约里奥接下话说：在这方面，居里夫人是我们的榜样。科学家应该是爱国者，不然，科学为谁而用呢！你回去为祖国服务，这是很自然的事情。

1948 年 4 月 20 日，钱三强如约来到巴黎安东尼约里奥-居里夫妇的家，他是相隔近十年第二次来到这座老式别墅，前一次来这里，是老师欢迎新来的学生，这次则是老师为学生归国饯别。

约里奥-居里夫妇亲笔题签赠给钱三强的照片

206

那天，伊莱娜以家庭主妇身份亲自准备了好几样法国菜点，约里奥往杯中斟上红葡萄酒。首先端起酒杯说话的是平时少言而厌烦应酬的伊莱娜，她对钱三强说：十年不是短时间，可我们一直相处愉快。你在原子物理学方面，已经有了很好的成就，化学方面的实验也做了不少。我们尊重你的选择，支持你们回国服务。随后，伊莱娜把准备好的一些关于放射性物质的研究资料，还有装在石英磨口瓶里半衰期比较长的放射源，交给钱三强：你把它带回去，别处不容易弄得到，将来也许你们用得着。

约里奥把钱三强单独叫到家中的工作室，谈了关于发展原子物理学的亲身经验和体会，特别用法国的教训讲了理论与实验相结合的重要性。他提醒钱三强：你这十年来只是弄科学，回到国内后情况不同了，所以一定要先从组织工作下手，组织好了以后才能工作。做组织工作

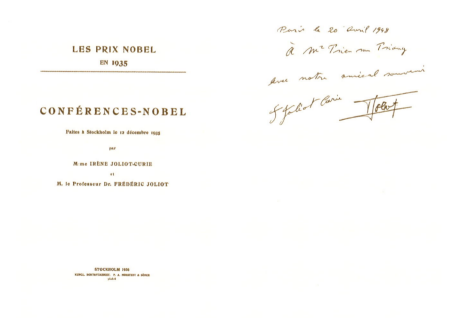

约里奥-居里夫妇共同签名赠送钱三强的 1935 年接受诺贝尔奖的演讲稿

时，必须要有毅力克服困难。约里奥还把一些保密的重要数据告诉了钱三强。

在告辞时，伊莱娜夫人送给钱三强两句临别赠言：要为科学服务，科学要为人民服务。钱三强深知这些告诫十分宝贵，他后来一直"紧紧地记着他们的有预见的指示与鼓励"。

两位老师将他们 1935 年 12 月 12 日在斯德哥尔摩接受诺贝尔奖时的演讲稿（印刷单册），还有他们各自最喜欢的单人标准照片，当场分别题签送给钱三强作纪念。

过了几天，伊莱娜又交给钱三强一件没有封口的书信，里面是两页密密麻麻写满法文、有伊莱娜和约里奥共同签署的信纸，说：我和约里奥想到，有必要把我们对你在这里十年工作的印象，用文字如实写出来，作为你在法国工作的记录。

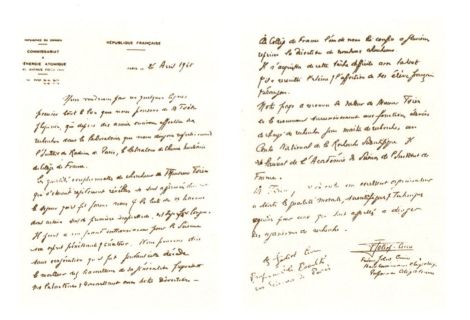

约里奥-居里夫妇书写并共同签署的对钱三强的评语（法文）

实际上，那是一份对钱三强十年工作成绩和个人品格的评议书。评议书的全部内容由伊莱娜亲笔书写，伊莱娜和约里奥都签上了自己的全名，时间是 1948 年 4 月 26 日。

评议书译文（张麟玉译）如下：

> 物理学家钱先生在我们分别领导的实验室——巴黎大学镭学研究所和法兰西学院核化学实验室从事研究工作，时近 10 年，现将我们对他的良好印象书写如下，以资佐证。
>
> 钱先生在与我们共事期间，证实了他那些早已显露了的研究人员的特殊品格，他的著述目录已经很长，其中有些具有头等的重要性。他对科学事业满腔热情，并且聪慧有创见。我们可以毫不夸张地说，10 年期间，在那些到我们实验室并由我们指导工作的同时代人当中，他最为优秀。我们这样说，并非言过其实。在法兰西学院，我们两人之一曾多次委托他指导多名研究人员，这项艰难的任务，他完成得很出色，从而赢得了他那些法国和外国学生们的尊敬与爱戴。
>
> 我们的国家承认钱先生的才干，曾先后任命他担任国家科学研究中心研究员和研究导师的高职。他曾受到法兰西科学院的嘉奖。
>
> 钱先生还是一位优秀的组织工作者，在精神、科学与技术方面，他具备研究机构的领导者所应有的各种品德。[1]

据法国科学界证实，约里奥-居里夫妇共同签署对一个外国青年学者的评议，而且书写如此之长之具体之全面，后来一直在巴黎科学界津

---

[1] 约里奥-居里夫妇关于钱三强在法国工作的评议书，系由钱三强自存的原件复印。

津乐道。也许正是因为这样，1985 年 5 月 20 日，法国驻中国大使代表法国总统授予钱三强"法兰西荣誉军团军官勋章"致辞时，向公众全文朗读了约里奥-居里夫妇的联名手稿，并对钱三强几十年中所取得的成就表示敬意。

那天，72 岁的钱三强深怀激情致了答词。他说：

我有幸接受法兰西荣誉军团军官勋章感到十分高兴。刚才大使阁下代表法国总统授予我的荣誉以及讲的许多赞扬我的话，使我深受感动。……大使阁下刚才还宣读了我从法国返回祖国前夕，约里奥-居里教授夫妇写的一篇手稿，使我的心绪不禁又回到了我在法国度过的岁月。现在全世界都在纪念战胜法西斯四十周年。我不仅从两位教授那里接受核科技的指导和关怀，他们的爱国热忱、对中国人民反侵略斗争的同情与支持，以及他们在保卫世界和平事业中所表现出来的胆略，都使我永远不能忘怀。[1]

---

〔1〕 钱三强：《在法国驻华大使代表授予"法兰西荣誉军团军官勋章"时致答辞》，见《钱三强年谱长编》，科学出版社 2013 年版。

第十四章

旧中国梦想难圆

| 带着勇气回国　全部行李被扣 |

　　钱三强准备启程回国的时候，在巴黎部分中国人中散布出一阵紧张空气，甚至有带威胁性的话传到他耳边。情况正如中共旅法组织负责人刘宁一、袁葆华所预料的，一些心怀歹意的人，总想找机会对那些同情或靠拢进步力量的人士搞阴的一套，不择手段制造事端，真有点刀光剑影的势头。

钱三强、何泽慧回国前游巴黎卢森堡公园留影

　　钱三强一度弄得神经紧张，怕发生万一。后来他追述当时的情形说："1948年5月1日带着勇气离开了居住过十一年的法国。在上船前曾听到一些中国人说：'他要回国，叫他登得了岸才怪。'袁葆华也说过替我担心。其实我自己也是捏着一把汗，

211

钱三强怀抱长女与何泽慧在回国轮船甲板上

因为我还有妻子和六个月的小女儿一块走。但是，最后还是走了。"[1]

所幸，海上航行一个多月没有发生大的意外，但每当乘坐的"安德烈·勒邦"（Andre Lebon）号轮船沿途靠岸，总有些蹊跷事不断发生。

第一次发生蹊跷事，是客船停靠新加坡。船刚靠码头，匆匆上来几个穿警服的人，后边紧随着几个穿便装的，说是记者来采访，其中一个自称是中央社的，可他举止不是堂堂正正，好像怕人家知道他的"记者"身份。他压低声音打探："哪位是钱三强？"当钱三强作出回答后，那位"记者"又不作采访，而是用冷冷的目光东看西看一会儿，然后没头没脑说了两声"对不住"，悻悻离去。

船到西贡，几乎是新加坡那一幕重演。到了香港，上来的人更多，盘问更叫人可憎可笑。

每遇到这种情形，何泽慧觉得莫名其妙："这些人到底想干什么呀？"

钱三强同样气恼，但他还得劝慰妻子："不管他们，随他去。"

[1] 钱三强：《自传》，1953年2月20日，存于"钱三强档案"。

话虽这样说，但钱三强心里真是生出某种不祥预感，最担心所带行李中，那些书籍资料，特别一些宝贵的放射源遭海关留难。于是当轮船5月27日在西贡停留时，他上岸给北平研究院李书华发出一封求助信。信中说：

> 生等离法时，行李除衣箱尚有书籍等共装九木箱，代研究院买之书籍杂志约装一箱共十箱。最近在船上听其他曾代人运寄书籍归国之同学称，上海海关常常留难，生等感到，书籍失去固已可惜，但尚有生数年集得之放射物亦在内，虽在他人视为不值一文，可抛入海中之物，但对国内未来工作及生个人实为不可复得之宝物。至于代研究院购买之书籍及 Geiger Muller 管若失去亦颇可惜。因此特望先生能个人或用研究院名义帮忙，使海关勿过分留难。[1]

随着几声长笛，轮船徐徐驶进黄浦江，阔别11年的上海渐渐出现在眼前。钱三强和何泽慧的心情一时兴奋起来，他们抱着7个月的女儿，站在甲板上不停地说："终于到了，我们到家啦！"

这天是1948年6月10日。掐指一数，他们在大海上足足颠簸了一个月单八天。

很巧，他们上岸的码头，正好是11年前钱三强登船远去的那个码头。如今这里物景依旧，几乎看不到什么变化，除了破旧脏乱，更多了许多伸手乞讨的人群，走不多几步就会有手伸到面前。看到这场景，钱三强心里顿时生出沉甸甸的感觉："怎么有这样多要饭的？"

---

[1]　孙汉诚、王甘棠：《核世纪风云录》，科学出版社2006年版。

赶来迎接姐姐姐夫的何泽诚，则不以为奇，随口凑了一句"这算不得什么"，便机灵地把话题扯开："你们人还没有到，消息早在报纸上传开了。"何泽诚正在《时事新报》晚刊做实习记者，人又热情爽朗，一见面就说开了新闻逸事。

原本以为在上海只落脚三五天，他们接受陆学善的安排，临时住到北平研究院上海武康路镭学研究所。这个所的主持人就是陆学善，陆夫人是何泽慧的表姐，正好得便叙家常。

登岸当天，担心的麻烦事发生了。何泽诚到海关提取行李时，海关告知：钱三强的行李统统被扣留了。

钱三强亲自跑到海关去论理：没有带任何违禁物件，为什么要扣留？你们如果不相信我说的，可以当面检查嘛。在再三追问下，海关人员回答说：这是执行命令，我们无权检查。陆学善以镭学研究所名义去海关作交涉，回答还是那句"执行命令"的话。

第二天，清华老师、时任中央研究院总干事萨本栋，受中央研究院代院长、教育部长朱家骅委托到沪迎接钱何夫妇，他以中央研究院官方名义向海关交涉，同样无济于事。

至于北平研究院李书华，20天后（6月17日）收到钱三强寄自西贡的信，立即跟海关作了交涉，他无奈地告诉钱三强："恐已无用矣。"

后来联系起一些事情来，真相算弄明白了，扣留钱三强行李的来头，既不是政府当局，也不在海关方面，而是美国的某个机构蓄意所为。

不做亏心事，不怕鬼敲门。在等待行李一个多月时间里，钱三强索性宽下心来，不断改变北上行期，他先送何泽慧和女儿回了苏州娘家，自己则趁机在上海、南京与学界同人见见面，彼此作些心得交流。

上海学界同人的激越心声

钱三强回国后的首场公开演讲，是 7 月 9 日在中研院物理研究所。虽然听讲者只有数十人，新闻记者却坐了一排，钱三强后来形容他们是来看"西洋景"的。第二天许多家报纸

《中央日报》刊登的钱三强回国消息和照片

刊登了消息，南京的《中央日报》和上海的《申报》，还配发了钱三强演讲的照片。《中央日报》报道说："负有国际盛誉之我国原子核物理学家钱三强氏，顷自法返国，首次于中央研究院物理研究所作学术演讲。按钱氏曾发现原子核在中子冲击之下，能分裂三部乃至四部，为一九四〇年以来物理学上之大贡献。"（见上图）这样，一股"钱三强回国"小热潮，在上海、南京和北平很快带起来了，前来邀请演讲者，真有点一发而不可收的势头。

同时，何泽慧则成为知识界女性的追星目标。上海《妇女杂志》派记者追到苏州访采何泽慧，从她的成长经历、女性从事科学研究的困难，到如何作出发明发现，问了许多问题，发表了篇幅很长的专访文章，标题是《成长中的中国居里夫人何泽慧女士》。

7 月 18 日，上海市立科学馆和中国物理学会联合主办学术讲演会，

专邀钱三强主讲"原子能科学之近期进展",报道称,听者从未有过的踊跃,反响热烈。后来成为中国加速器专家的杨燧春,回忆他当年听钱三强演讲的情形说:"我当时正在交通大学读书,第一次听到钱先生作关于原子弹的科普介绍,留下了永久的印象。"[1]

7月25日上午,中国科学社别开生面策划了一个学者自由交流讨论的座谈会,邀请钱三强主讲"欧洲研究组织的新动向",大家就此作探讨。演讲前,中国科学社创始人、会议主席任鸿隽首先致辞:

刊登钱三强演讲及座谈内容的1948年第10期《科学》封面

中国科学落后,在现今原子时代,我们似乎还没有研究原子物理的适当研究人与研究机构。现在钱三强先生偕同何泽慧夫人回国,夫妇俩对铀原子核的三部与四部的分裂研究,在原子物理工作方面是一个重要发现。钱先生现任法国法兰西学院原子核化学实验室的研究导师,在法国物理学方面也是领导的人物。今天科学社有机会请钱先生来此主讲欧洲研究组织的新动向,很是荣幸。我们知道研究与研究组织有极大的关系,我国科学研究的不

[1] 孙汉诚、王甘棠:《核世纪风云录》,科学出版社2006年版,第77页。

发达，可能是因为研究组织不健全的关系。

钱三强本已答应刘宁一，回国后不谈政治，但在学界同人的感染下，他憋不住心里的话，又开始真情实说。他侃侃而谈主讲了一个多小时，所讲内容归纳起来说明这样三点：

（一）有民主政权才能有大规模的科学研究；

（二）现代的科学研究已是一种有计划的集体工作；

（三）科学工作者的态度除其本身兴趣外，应不忘其对社会的责任。

钱三强的演讲如同打开一扇门窗，给与会者引出广泛的话题，自由探讨，各抒己见，会场气氛少有的热烈活跃。

陆学善先发言："我们梦想着有一天，我们中国有一个科学研究中心，我们探讨真理，我们为全民谋福利。这样一个机会的到来，恐怕还遥远得很，坐着等待而能实现，除非是一个奇迹。这责任都在我们科学工作者本身，挺起身来，争取一个合理的社会。"

接着，神经解剖学家卢于道、晶体学家吴乾章等把话题引到了大家感慨尤多的研究经费和人才培养上，有人说："在中国确实是收罗人才容易，征募基金为难。"陆学善插话又发起感慨来："说到经费，又使我感慨万端。我们现在研究仪器样样缺乏，竟是连一美元的外汇也难于请得。"

心直口快的钱三强，马上针对当下时弊发了一通议论，慷慨激昂，淋漓尽致：

国内的科学工作好像是一筹莫展，要打开一条路，方法有的是。方法是要用人力来争取的。我们并不太穷，可是我们糟蹋钱的地方太多了。就以留学政策而论，若办得恰当，可得良善的收获。

但是现在无计划地任青年学子到外国去，结果容易造成一批学不得用的分子。若是把每年留学的外汇用到本国研究工作，或是送真正的学者去留学，像法国、日本一样，我想成效一定要远过于现行政策。一般来说，二三年的留学时间要得优良成就并不是容易的事，但社会的习尚使青年盲目地走上出洋的路，结果有些有志者得不到适宜的发展机会，有些就靠着一个学位及特殊的个人关系在某机关里挂一个职衔，就这样自误误人地过了一辈子。……不论是公费或自费，一个普通留学生至少费用是一百美元一月。可是在国内的教授只合十美金一月。若是少派一留学生而以这笔外汇供养五位教授，使他们安心工作，实能造就更多的人才。

话题一说开来，与会者都有同感，你一言我一语纷纷作补充。张鸿年接下钱三强的话说得更激愤："话又说回来了，我们再看一看留学政策以外的外汇消耗吧，阔佬大官们，甚或是公子哥们在美国又要耗费多少外汇？或者甚至花一笔外汇来换一声妈咪。外汇都是由民脂

《工程界》1948年10月号辑录刊出钱三强在中国技术协会的主讲内容

民膏换来的。所以一定要争过来为人民谋福利。"[1]

热烈气氛之下，一直未作发言的几位学者相继示意要说话，但时钟已由三时指向五时，于是会议主席任鸿隽把话题又引回到座谈会的主题，请钱三强就东欧与北欧之科学情形和法国科学院与我国中研院、北研院之同异，作最后讲解，以为这次座谈会的结尾。

7月28日，钱三强还应中国技术协会之邀举行座谈会，主谈国际科学研究的集体合作。特别讲到：工科教育不仅是职业教育，单就现成的东西拿来就算，像一部机器一样。真正的工程师，要能创造，还会应用，要应用由自己脑子综合出来的东西。与会者视为精辟之言，并辑录刊于《工程界》杂志。

| 南京的别样气候 |

钱三强从上海抵达南京，感觉上大不一样了。在南京，学术气氛几乎一扫殆尽，官场莫测的味道浓了许多。

当天晚上朱家骅举行接待晚宴，不仅菜肴丰盛，座席上还来了一位更高规格而与科学无关的人物沈昌焕。听完介绍，沈氏竟是要职缠身，既是蒋介石的英文秘书，又是总统府侍从室主任，更始料未及的是，沈昌焕竟帮腔朱家骅劝钱三强"留在南边共事"。许愿钱三强接任中央研究院物理研究所所长的话，便是席间朱家骅与沈昌焕一唱一和说到的。

如此盛情和破格，钱三强真有点受宠若惊的感觉，但他心里牢记刘宁一"到北方去教书"的嘱咐，以及已经约定的北平原子物理中心计划，还有另一条埋在心底的原因——他后来在《自传》里写的"我因离政府

---

[1] 座谈会讲话，均引自中国科学社主办的《科学》（1948年）第三十卷第十期。

太近，不能接受"。他能在场面上说出来而且易于被理解的，只有一条"口头上的理由，就是回北平看望母亲"。这条理由果然见效，朱家骅听后连连说了"钱先生是孝子，应该如此，应该如此"，而后留下一个尾巴：也好，先回北平看看，以后随时可以南来。

1946年在剑桥出席宇宙线会议时，钱三强听当事人之一吴大猷说过，南京方面设想研究原子能，派人去美国学习。两年后，当他身临南京时，明显感觉到一些人的原子梦并未泯灭，接连有实力人物约谈发展原子能问题。

先送来请帖的是交通部，说俞部长要亲自会见。对于俞大维，钱三强虽未见过面但名字不陌生，他清华毕业参观兵工署，俞那时是兵工署署长，属于国防科技的主导人物。钱三强在就职兵工署的清华同学陈亚伦引领下，走进俞部长的办公室，便开门见山谈起了原子武器。俞大维问到，"从第一个原子反应堆发展到原子武器需要多长时间"。钱三强回答中讲了一个概略的年数，"约需三四年时间"[1]。

尽管是在办公室里说说官场话，钱三强仍不放过宣传原子科学重要和争取经费的机会，说得俞大维只好随口应诺"原子科学应该受到重视"，应付了事。

南京原子梦余波最热的要数国防部。8月初一天，钱三强应约到了国防部第六厅，厅长钱昌祚召集手下国防科技骨干，要同钱三强详细讨论发展原子武器问题。钱昌祚那天本来安排先在黄埔路励志社为钱三强接风，一边吃饭一边叙谈，然后回到办公室作专门讨论。席间，谈话内容差不多都是关于原子武器方面的。开始时是答问方式，钱昌祚问了种

---

〔1〕 陈亚伦：《关于交通部长俞大维接见钱三强的证明》，1968年9月10日。引自二机部《关于钱三强同志情况的报告及附件》。

种技术问题和各国研究进展情况，钱三强侃侃作答。渐渐放开话题后，钱三强相机讲了许多想法和必要措施，目的是想促请权力部门重视原子能的研究，舍得在这方面花点钱。

然而，钱三强的一番宣传言辞，不仅没有说动钱昌祚，反而触发了他的政治警觉性，他突然改变安排，不再和钱三强作专门讨论了。钱昌祚为何莫名其妙改变计划？当事人之一、时任第六厅处长葛正权，二十年后（1968年）揭开了其中底细："席间钱三强讲了话。他的谈锋很健，钱昌祚就怀疑他是一个共产党员。因此就不敢留他在第六厅开会讨论原子武器问题，叫我把他的车旅费送去了事。"[1]

钱昌祚的这层底细，钱三强并不清楚，他一直书生气地以为，这是政治人物纸上谈兵的老一套，根本没有往旁的方面去想。如他1953年在《自传》中这样写道：

> 就在到南京的第二天，国防部第六厅厅长钱昌祚请我吃了一顿饭。饭后说："我们已知道你在法国的情况，将来可能有合作的地方。听说你的先生是共产党员，美国对他很不满意。"我说："是的。我回来主要是看母亲，并且将到清华去教书。"他说："教书，很好。"就这样结束了这次会面。

北平原子物理计划遭美国封杀

这个时候，北平正有不少人等待钱三强的到来。

---

[1]　葛正权：《关于钱昌祚接见钱三强的证明》，1968年4月24日。引自二机部《关于钱三强同志情况的报告及附件》。葛正权1949年率雷达研究所起义，立一等功。

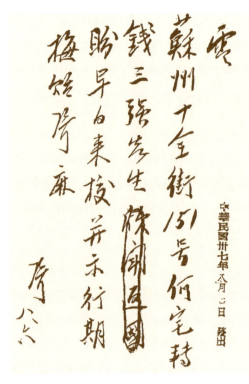

梅贻琦亲拟的电文（原件存清华大学档案馆）

母亲徐婠贞盼子归来的心情尤为急切，她撑着病弱的身体时而走到门口张望，时而靠在床头数日子：到上海这样久了，怎么还不见回北平的音信呀？她总是这样问身边的小儿子德充。

清华大学的梅贻琦、叶企孙也是等得心急火燎。一方面（8月3日）派叶企孙飞赴上海当面催促钱三强北上，一方面（8月6日）梅贻琦亲拟电报发至苏州何府催行："苏州十全街151号何宅转钱三强先生，盼早日来校并示行期。"

清华着急，一是因为等钱三强到校开近代物理课，同时据传出的消息，他们担心南京方面留住钱三强，使商定好的组建北平联合原子核物理研究中心的计划泡汤。叶企孙在飞往上海前一天，他和北平研究院李书华还一起商谈了合作计划，将情况带到上海向钱三强交了底，后又立即写信向梅贻琦报告，叶告梅说：

受业已于三日下午抵沪，飞行情形甚佳。六日晨与钱三强兄晤谈甚久，彼仍定乘船北上，约本月中左右可动身。受业曾于二日与李润章（李书华——注）谈及北平三机关清华、北大、北研院，对于原子核研究之合作问题。此次之谈系润章兄所约，可见彼现已认清合作之必要。结论为宜由三机关向政府合请外汇（以三年为期，每年美金九万元）。二日之会谈润章兄并未约树人（时北大物理系主任饶毓泰——注）兄参加，但受业表示意见，谓宜邀请北大参加，倘北大对此合作计划不起劲，只由清华与北研院定一合作计划，亦无不可。[1]

正当北平原子物理计划热度高涨、跃跃欲试之时，突然间出来一道封杀令——美国驻中国大使馆根据获悉的情报，开始紧急查询北平计划的"任何相关进展"。这道封杀令，是美国大使馆一等秘书卡尔·勃林格出面，于 1948 年 7 月 19 日发给中央研究院总干事萨本栋的，译文见下：

有报告说，北方一组科学家要求中国政府允许在北平建立原子能研究中心。根据美国大使馆得到的情报，一位姓钱的先生将领导所提议的这个研究中心。据报告，钱先生是法国约里奥-居里夫妇以前的学生，他发现了一种产生原子能的方法。我将十分感激您对这一报告所提供的任何情报。

如蒙允许，您对这一事件发展为我提供的真实情报和您对任何相关进展的可能性所作出的评论，将受到重视。[2]

因为事关紧急又机密，萨本栋便于当天亲拟了一纸密电，发给北

[1] 叶企孙：《致梅贻琦信》，1948 年 8 月 7 日。原件存于清华大学档案馆。
[2] 美国大使馆致萨本栋英文函，1948 年 7 月 19 日。原件存于清华大学档案馆。

萨本栋致梅贻琦、胡适密电稿

美国大使馆的查询函及萨本栋写的中文附言

平梅贻琦和胡适两位校长;第二天,他再致函梅贻琦称:"昨得美国大使来函,询问北方科学家拟请政府在北平创立原子能研究室,并已定由钱三强主办一节。窃以此项宣传,似非其时,曾电请转促注意。至恳赐办。"[1]

　　面对突如其来的外来干预,梅贻琦起初不甚理解,曾于 7 月 25 日写信向南京陈述北平计划的必要性;而另一方美国大使馆,继发函后又天天不断打电话到中央研究院,盯得非常紧急。无奈,萨本栋冒着泄露秘密的风险,把美国大使馆的查询函照原件复制寄给梅贻琦和胡适,还特别在英文函件上亲笔写了两处"附言",点明问题的关键所在。他的用意,是让梅贻琦和胡适知道底细,以便听从,不要自找麻烦。

〔1〕　萨本栋:《致梅校长函》,1948 年 7 月 20 日。原件存于清华大学档案馆。

| 解开了历史疑团和心中误会 |

本来，美国大使馆的查询函和萨本栋写的附言，是旁人和后人不可以见得到的，如今出现在本书中，是梅贻琦没有遵从萨本栋的叮嘱把它烧掉（即"付丙"），而被侥幸留了下来，成为一件铁定的历史证物。因为这一事件主要涉及钱三强，是他决定 1948 年自巴黎返国的主因，在此有必要作某些引述，以说明事情真相。

前页所出美国使馆英文函件上，可见萨本栋写有两处中文附言：

一处（横书）写道："对于此函，数处只用电话告彼这一煽动性消息已起起落落了很长时间。来函者对于国内原子研究已多次来院询问究竟，此为第一次之书面询问。外此，尚有其他为外交秘密不便奉告。"

另一处（竖书）附言写的是："月涵（梅贻琦号——注）夫子：赐函已奉悉。兹将美使馆函抄上，乞望收阅后付丙。适之先生处已另抄送矣。"

请注意以上附言中的一个关键词，即所谓不便奉告的"外交秘密"。从美国大使馆查询函的字里行间，再联系到美国那时间的所谓"安全政策"，"外交秘密"其所指，直接关系法国及钱三强的老师约里奥-居里。他的种种背景和言行，一直让美国当局伤透脑筋：约里奥既是法共党员，后又发起全世界反对美国制造核武器威胁世界和平，他公开指责美国"占有各国科学家的共同成果，而对别国保密"，多次宣称"原子弹原理也不是美国发明的"等等，因而，美国方面曾极力诋毁约里奥是"共产党的阴谋组织者"，拒绝他和他夫人伊莱娜·居里入境美国。就在 1948 年 3 月，伊莱娜·居里接受美国反法西斯难民联合委员会邀请赴美（爱因斯坦是邀请人士之一），在机场被当局拘留押至不受欢迎的人待的艾利斯岛，经过科学界发起抗议，拘押四天后获释。

钱三强曾是约里奥-居里夫妇的学生，也有共产党嫌疑（如前述钱昌祚认为的），由他主持北平原子能研究中心，美国断然不能容许；联系到钱三强的行李被美国操控的海关扣留近两个月，实际上这也是为了封杀北平计划所搞的动作。

不妨再看两个发生在美国，并且有一定关联的例子。

一个是爱因斯坦。他在得知链式反应成为可能，并且传说希特勒正在利用它制造新式武器之后，先后两次写信给罗斯福总统，建议美国加紧原子能研究，启动了"曼哈顿计划"，而他本人却被排除在这个计划之外。让他远离"曼哈顿计划"，是因为"鉴于他有过激进的背景"，而有这种背景的人，他们认为是不会成为一个忠诚的美国人的，因而一直受到美国联邦调查局的秘密监视。据美国人弗雷德·杰罗姆 2011 年出版的《爱因斯坦档案》披露，美国联邦调查局记了他 1800 页档案。

另一个例子是奥本海默。他被称为美国"原子弹之父"，但在反共运动下，却一下子被指为"苏联的间谍"，由艾森豪威尔总统签署命令，取消了他的安全特许权。指控他的 24 条罪状，前 23 条与其早期的左翼活动有关，如说他有复杂的政治经历，曾经是共产党的热情支持者，他的兄弟、夫人和他从前的未婚妻，在某个时期是共产党人，甚至说他"性格上的重大缺点，鲁莽而危险的交往"，都是会"损害美国安全利益"的原因。美国联邦调查局秘密监视奥本海默记录的档案，据近年公布的数字，比爱因斯坦还多（晚逝 12 年）。

由此而论，钱三强特别是约里奥-居里的背景，无论从哪一点上说，比起爱因斯坦和奥本海默来，要复杂而现实得多。法国人都知道，约里奥-居里就好像是美国人眼中的一颗钉子，甚至连他在法国原子能总署的高级专员职务，美国硬是迫使法国政府"采取实际步骤把他搞掉"了

（1950 年 4 月），否则，美国的安全会受到威胁。

还有一层原因，彼时中国面临的局势。美国当局很清楚，蒋介石政权已处在风雨飘摇之中，而且落败是不可能逆转的，如果准予在北平集中人力、购买设备建立原子能研究中心，这就等于给中国共产党备足一份厚礼。

以上这段头绪纷繁的旧案，都是因为梅贻琦没有按照萨本栋的交代把那件查询函烧掉，而引发出来的。同样，也因为梅贻琦做到守口如瓶保密了，连一同参与其事的叶企孙、周培源等全然不知，钱三强更是被蒙在鼓里至死不晓，所以又引出一些阴差阳错的事情来。

1948 年 8 月钱三强甫抵北平，本想趁热乎劲把已经商定好的计划早点干起来，可当他一提起此事，就好像以前书信中商议定的计划没有发生过，使他感到茫然不知何故。而这时，他为了做成事那种不管不顾的脾气又发作起来，便一一登门去催促去游说，但所到之处都是扫兴而归。他对此十分不理解，于是心中产生了怨气，这股子怨气一直沉积到他谢世。1990 年钱三强应约撰写中国发展原子能科学的回忆文章，当写到 1948 年北平那段经历时，字里行间依然流露出他对几位长辈的埋怨情绪。

譬如他对梅贻琦：当初我任教于清华大学，就首先找到校长梅贻琦。梅校长表示理解我的建议，但无能为力。他说：你的意见何尝不对，可现在是各立门户、各自为政，谁能顾得上这些呢！

又如他对胡适：接着，我又去登北京大学校长胡适的门。胡先生与我父亲多有交往，五四时期曾经轮流编辑过《新青年》。1945 年我从法国到英国学习核乳胶技术，在伦敦见过胡适，他还积极动员我回国。他现在既是名校长，又是可与最高层通话的要人，也许他比梅贻琦的作用大。在我讲明来意后，他摇了摇头，感叹道：门户之见，根深蒂固。北平有几摊，南京还有一摊，几个方面的人拢在一起，目前的情势下不易办得到。还是各尽其力吧。

再如对李书华：最后，我找到北平研究院副院长李书华，希望把北平的有关力量先联合起来，加强协作。他的回答是：在一定时期开开学术讨论会是可以的，其他恐怕难以办得到。

钱三强 1990 年给香港《紫荆》杂志写这篇文章时，美国直接封杀北平原子能研究中心的查询函，还尘封在清华大学档案馆里（他辞世 10 年后笔者查档才发现），他自始至终一无所知，不了解几位前辈当时难处，对他们的"出尔反尔"，误以为是对发展原子核物理不重视，缺乏真实的积极性。但很可贵也值得欣慰的是，钱三强由此悟出了一个没有过多责怪他们个人的认识：

> 不是中国没有发展科学事业的能力，也不是中国缺乏仁人志士，更不是中国人智力低下不如人，最主要的原因是当政者腐败无能。[1]

---

[1] 钱三强：《中国原子核科学发展的片段回忆》，香港《紫荆》1990 年 10 月创刊号。

第十五章
铭感难忘的一九四九年

| 在清华园活力再现 |

1948 年 8 月末，钱三强从上海辗转天津回到北平后，沉寂的北平学界，为了欢迎他一时活动频频。最为隆重的，要算北平研究院院长李石曾在怀仁堂举行的纪念该院建院十九周年暨欢迎会，后来有材料说，这个欢迎会是北研院建院以来最为盛大的一次。就在这次欢迎会后（9 月 10 日），北研院正式宣布组建原子学研究所，兼聘清华大学教授钱三强为所长，何泽慧任研究员。

清华大学、世界科学社，甚至连驻守北平的傅作义将军，也都安排了会见、接风，弄得钱三强疲于应付。有的倒是他很乐意的，如清华校方安排的与物理系师生的见面会（其实不只是物理系），气氛甚为热烈。

关于这次演讲见面会的情形，《中国新闻报》曾作了翔实报道。开头是这样写的：在开会前科学馆的门口挤满了同学，大家都以急切的心情，盼望着等待着一向景仰的钱先生的来临。钟声敲过了七点半，钱先生终于准时来了。中等的身材，穿着朴素的西服，满面的笑容，使人一见便泛起无限的钦仰。当主席略致欢迎词后，掌声中他起立了，开始对同学们作了下面的谈话。

钱三强先讲的是欧洲科学技术状况，所讲内容概括为：第二次世界大战，在一定意义上可以说是一次科学的战争，人们进一步认识到发展科学的迫切性，开始大规模充实研究机构，增加研究基金，扩大实验室；研究机构开始成为独立的系统，以科学研究为中心，教育只是它的一个旁支；欧洲的科学研究开始走向集体化，互相配合，同时并进；研究人员可以很安心地致力于研究工作。

联系到回国后的短暂见闻，钱三强坦言了自己的感受和寄予的希望：

> 这次，我回到祖国，看看国内科学界的情形与若干年前没有多大区别。各大学门户之见甚至各系之间的相互摩擦依然存在。诸位是未来科技界之后备军，我希望你们将来进入社会要根绝这种毛病，要打破为清华甚至为清华物理系努力的观念，你们要努力的是为整个中国物理界。

演讲后，钱三强即兴回答了学生们的提问。

有学生问：自然科学是不是超然的东西？目前科学工作者有两种态度，一种是，发掘自然界神秘的好奇心，以满足自己的兴趣和求知的欲望；另一种是，科学的研究是为了大众，把科学成果应用于人民福利的增进上。请问这两种态度孰为正确？

钱三强答：

> 当然后者是更正确，不过，也不要太重视功利主义。自然科学并不是超然的，但研究过程中多少要带着好奇心情。科学的研究是要给以相当的自由，并不是政治上所谓的自由，而是思想与心理上的自由。

又有学生问：自然科学的研究，是否以人为中心？由于科学上一天天新奇的发明，以致政治家的疯狂利用，有一天，是否人类会因科学的利器而毁灭？

对此，钱三强的回答是：

> 自然科学研究的对象是物，但研究的结果仍然会归结到人的方面来。说人类会因科学的利器而毁灭，我想不至于。以火来譬喻，燧人氏发明火时，何尝不说它是杀人的利器，但经过人类好好地利用它，便使它成为人类生活必需的东西。人类一旦知道某种东西的厉害，便会害怕，不会妄自利用来残害人类的。【1】

这次见面会上，钱三强快人快语、直言中的的风格，让物理系师生顿觉耳目一新。有人形容说，钱三强的这次演讲给清华园带来一股清新空气。

在清华，科学馆成了钱三强经常出入之处，他担任的普通物理和近代物理课都在这里讲授。他的课，不仅本系学生爱听，他系学生也积极选修，如电机工程系学生朱镕基（后任国务院总理），就选修过钱三强的近代物理，过了近半个世纪，他在一次会议上还说起：钱三强先生回国在清华物理系任教授，我在电机系当学生、去物理系听他讲近代物理，是名副其实的老师啊！【2】那时刚考入清华农业院的石元春（后当选为中国科学院院士、中国工程院院士），在选修哪位教授的物理课正犹豫不定时，忽然有人头也不抬地推荐说："钱三强"。时过七十余载，石元春《自

【1】　钱三强回国在清华大学物理系作演讲，1948 年 8 月。见王春江：《裂变之光——记钱三强》，中国青年出版社 1990 年版。

【2】　1996 年 6 月 4 日，朱镕基在中国科学院第八次院士大会和中国工程院第三次院士大会上的讲话。

1986 年清华物理系八级同学毕业 50 周年返校合影（左起：王大珩、谢毓章、黄瑾、于光远、何泽慧、钱三强、黄葳、杨龙生、许孝慰）

传》写道："这是我第一次听到，以后再也忘不了的名字。"[1]

钱三强的课，甚至对外校青年学子也产生吸引力。上海交大学生胡仁宇（后当选为中国科学院院士），1992 年写过这样的亲身经历：我第一次听到钱先生的名字是在进大学后不久。当时我哥哥胡仁芝在清华物理系念书，而我在上海交大。在他给我的信中提到，清华物理系很重视普通物理课程，开课的必须是著名的教授，当时钱先生就开过普通物理。他说钱先生的课讲得真好，语言生动，深入浅出，引人入胜。同时他还向我介绍了钱先生发现铀三分裂等科学上的成就。当时我年轻，好幻想，听到这些类似传奇式的故事，就开始对钱先生产生敬仰，也产生了对清华强烈的向往。1950 年秋天，我从交大转学到清华物理系。但可惜那时

〔1〕 石元春：《一儒——石元春自传》，人民出版社、中国科学技术出版社 2021 年版。

钱先生已到中国科学院去工作，没有机会见到，更没有听到过他讲课。对此总觉得有些遗憾。[1]

除了在清华授课，钱三强还在北平中法大学每周主讲一次原子物理学，各个大学的人都可以自由来听。这是他主动要求开设的，为的是训练更多将来可用的人，推进原子科学的发展。

钱三强还经常到东皇城根 42 号院，要花很多时间在那里负责组建北平研究院原子学研究所，他作为所长肩负着各项重任。那时建一个研究所非常艰难，要钱没钱要人没人，起初全所只有六个人，除了钱三强兼任所长、何泽慧任研究员，还有一名助理员、一名技术员和一名技工、一名事务员。仪器设备样样缺乏，官方每月拨给的研究经费只够买

钱三强、何泽慧回国抵北平后和母亲在一起

[1] 胡仁宇：《根深叶茂 功业长存——怀念我国原子能科学技术队伍的创业者钱三强先生》，1992 年于新疆新城子。见《钱三强文选》，浙江科学技术出版社 1994 年版。

十几只真空管的开销，什么实验也做不成。于是，钱三强和何泽慧骑自行车大街小巷跑旧货摊、废品站，好不容易从天桥市场买回来一台旧车床，试着自己制作一些简单的设备。

为了工作方便，钱三强在城里城外安了两个家。清华授课备课繁忙时，住在北院七号叶企孙住所，过了不久彭桓武从云南大学转到清华任教也同住北院。有一段时间，北院七号成为清华物理系的大本营，每天夜间，这里的灯光总是亮到很晚，他们有时高谈阔论，学术、时事无所不及；有时各自备课，寂静无声。

钱三强到东皇城根上班，住的是月牙胡同北平研究院的宿舍，他接来母亲一起住过一段，实想给多病体弱的母亲多一些亲情和安宁。然而，连这点心愿也没有实现。

坚留北平迎接新形势到来

1948 年 12 月中的一天，一辆汽车开到钱三强家门口，车里走出北平研究院总干事杨光弼，他带着几分紧张神色告诉钱三强：南京政府派来飞机接一批学术教育界知名人士南往，钱先生的名字列在其中。杨即把机票和通知书交给钱三强。

是年 11 月底至 12 月初，当南京政府处于风雨飘摇时刻，朱家骅、傅斯年、蒋经国等在蒋介石授意下，谋划出一个所谓"平津学术教育界知名人士抢救计划"，拟定了四类人士，即：（一）各院校馆所行政负责人；（二）因政治关系必离者；（三）中央研究院院士；（四）在学术上有贡献并自愿南来者。"抢救人员名单"约 40 余人，加眷属约 300 人，列为数批，分次乘机南往。钱三强以第四类列名。

事情虽然来得突兀，但钱三强不去南京这一点，早已拿定主意，只是眼下对不太知底细的总干事要说出合乎情理的借口，于是说：家母病重在身，孩子又小，我不能在这个时候离开她们去南方，请能体谅才是。

"钱先生真是决意不南往，最好先找地方避一避，以免出现意外。"杨光弼好心作了提醒。

当即，钱三强向五弟德充作好交代，便星夜骑车赶往清华园。到了北院七号，得知叶企孙也接到南往通知书，并且同样找了借口拒往。

进入 1948 年下半年，中国时值"政治南来，舆论北去"的大趋势，一般正直的知识界人士心里都装着这种感想。蒋介石已然败征毕露——9 月，人民解放军攻下济南；11 月初，辽沈战役结束，东北全境获得解放；紧接着，淮海战役、平津战役接连展开，孤守北平的傅作义部 25 万军力，已经处于欲战无力、欲守无能、欲逃无路的绝境，但他仍对蒋美存在幻想，动摇于和战难定状态。

也在这时，北平各校学生不断组织罢课，要求当局放弃抵抗，迎接和平解放。清华学生还是老传统，起着罢课的带头作用。校方承受上面的意图，要稳住学生用心学习，少惹事端，他们找到钱三强，要他以自己的影响去督促学生上课。钱三强一听便明白，这是要他扮演不光彩角色，他当然不干，但在复杂情势下，他的回答比较策略：我可以试试，效果怎样，很难说。

已经聚集在楼道里的学生，见钱教授夹着讲义走来，又纷纷回到教室，他们舍不得落下这堂课。钱三强面对一双双渴望求知的眼睛，十分理解他们此时的矛盾心情。"今天，全校同学约定罢课，你们肯定不想违约，但又怕耽搁了课程，是不是？"钱三强用平和而亲切的声音问同学们。

课堂上一阵笑声过后，立刻又安静下来。"那好，今天的课不上了，以后找时间补上。"钱三强出的点子正合了同学们的心意，一下子全教室沸腾起来，同学们一齐涌出了课堂。

12月17日海淀获得解放，清华园发生了改朝换代的变化。物理系有的学生一时革命热情高涨，不再安心学物理，要求改学更实用的专业，或者弃学从政从军。清华地下党组织派人请钱三强向学生做工作，并且获得了良好效果。他的讲话给许多人留下难忘的记忆。当时听过钱三强讲话的清华物理系学生何祚庥（后为中国科学院院士），后来写回忆文章讲了他的这段亲历：

> 1948年底，清华园首先获得了解放。解放后的同学大多数不安心于物理的学习，或者要求转系，或者要求去从事"革命"工作。为做好学生的思想工作，于是请了系主任钱三强教授还有其他老师们来和同学们座谈。在谈到中国建设的光明前途时，三强同志慷慨激昂地说：将来的新政府，必然会发展原子能。到了那个时候，不要说你们班上这些数目有限的学生，那就再加十倍也不够！未想到他这一"预言"，竟成为事实。1956年，我也就从宣传工作的一员，被三强同志网罗了去，参加到原子能的行列。[1]

清华大学新的领导机构——校务委员会组成，叶企孙任主任委员，周培源、吴晗任副主任委员。随后，叶企孙和周培源一起找钱三强，要他挑起清华物理系主任职务，他欣然接受，并且马不停蹄地努力工作。白天在清华园，晚上赶回城里陪伴病危处于弥留之际的母亲，直到

---

[1] 何祚庥：《回忆三强同志在原子能科学技术中的重大贡献》，《自然辩证法研究》1992年第8卷第8期。

1949 年 2 月 25 日母亲徐婠贞辞世。

2 月底一天，钱三强接到北平文管会张宗麟的开会通知，会上讨论全面接管北平文教界的事，在那里第一次认识了钱俊瑞、沙可夫、吴晗等。会后，周扬过来见钱三强并说：你的情况，党组织都知道，欢迎你和我们一起工作。

3 月初，钱三强被文管会任命为北平研究院临时院务维持委员会三人小组成员，却意外遭遇到一场集体反对风波。关于这场风波的缘起，实质上是新旧势力交替时，有人借任命钱三强故意挑事。这一点，18年过后有了确切答案，那是风波发起者化学研究员周发岐 1966 年写的一份材料，他说："文管会任命钱三强为三人小组成员。我们化学研究所曾与历史、动物、植物等所，联合派出代表表示对钱三强的任命不满，因为未经过酝酿讨论，表面上不满这次任命的不民主作风，实际上是反对钱三强的领导。过去我以为这是宗派性的斗争，现在认为这本质上是保守势力对进步势力的夺权斗争，它的目的是维护旧势力把持北平研究院院务。"[1]

钱三强对这场风波感到非常意外，也很困惑，他当时找人探问究竟，从党员植物学家吴征镒那里问到了另外部分原因，是他本身存在的缺点，思想上受到很大震动，使他第一次体会到应该如何正确认识自己。这件事，他 1953 年郑重写入了《自传》：

> 后来从吴征镒同志处知道，因为我回国时自高自大，不太理人，同时开研究员会时讨论如何办理北平研究院，我在议论上太尖锐，使别人的方案没有被接受。这种种一切使我遭了众怒。听到这

[1] 周发岐 1969 年 2 月 20 日手写稿。

些话，当时心中颇不能接受，因为还没有认识自己。[1]

西柏坡的第一笔科学外汇

1949 年 3 月中旬，北平文管会又派人面见钱三强，来人名叫丁瓒，早年毕业于中央大学心理学系，曾在蒋管区从事党的科学文化工作，后去美国芝加哥大学学习一年，于 1948 年回国。丁告知钱准备参加中国人民和平代表团出席世界和平拥护者大会(后改称"保卫世界和平大会"，简称"世界和大")。大会将在巴黎举行，大会主席是约里奥-居里。这个消息使钱三强感到惊喜。

从丁瓒谈话中还知道，中国代表团团长将是郭沫若，钱三强虽未见过面，却对他并不陌生。在很年轻的时候，常听父亲讲起郭沫若的作品，说其文才出众，通今博古。一次，父亲在饭桌上大谈郭沫若的《中国古代社会研究》和《甲骨文字研究》，赞不绝口，说这方面的成就，远非他人可比。

有一年，孔德学校搞校庆，高年级同学排演郭沫若的剧本《棠棣之花》。剧中姐姐聂嫈在母亲墓前吹奏洞箫，送别弟弟聂政去行刺奸臣，莫负天下苍生的悲壮场面，深深打动了少年钱三强的心。从那时起，他对剧本作者心萌敬意。

另一位老熟人，是曾在巴黎卢森堡公园促膝交谈的刘宁一，他将担任代表团的副团长兼秘书长。庞大的代表团里，集中了时在北平的各界知名人士三四十人，文化界人士居多，如马寅初、翦伯赞、徐悲鸿、田汉、曹禺、郑振铎、邓初民、程砚秋、洪深、丁玲、鲁迅夫人许广平

[1] 钱三强：《自传》，1953 年 2 月 20 日，存于"钱三强档案"。

等，真称得上群贤毕至，春风浩荡。

作为代表团内唯一的核物理学家，钱三强在想，若能借这次去巴黎托约里奥订购一些急需的仪器设备和图书资料，既便于打破封锁运带回国，又可以买到价格合理的东西，正是难得的好机会。可是又一想，此时此刻能拿得出外汇购买科学仪器么？他抱着成与不成试试看的心理，把想法找丁瓒说了。

"估计要带多少外汇？"丁瓒问。

"这次要买的仪器，是做原子科学研究最急需而旁的国家不可能卖给我们的。"钱三强想了想，他心里最想订购的是中型回旋加速器的电磁铁，然后说："总估算约二十万美金吧。一下子拿不出那么多，这次带五万美金也成。"

丁瓒一听惊讶得叫出声来："什么？二十万美金！"

钱三强马上作解释："原子核科学研究实验设备，都是很昂贵的，要花大钱的，按将来的需要来说，二十万是个小零头。不过可能不符合目前的实际情形，我的想法是先跟你商量，如果觉得不妥当，就不要往上反映了。"

3 月 25 日下午，一支车队载着从河北省平山县西柏坡村进京"赶考"的中共领导人，开进西苑机场。按照事先通知，钱三强和丁瓒、戈宝权等从北京饭店集体乘车到达机场，站在进步民主人士队列里，和健步走过的毛泽东、朱德、刘少奇、周恩来、任弼时等一一握手欢迎。大家初次见面，好像有说不完的话，足足和领导人站着交谈了半个小时。这时，只见周恩来看了看手表，对大家说：朋友们，先生们，谢谢大家到这里来欢迎毛主席、党中央和人民解放军总部进驻北平。天快黑了，请诸位先生早些回去休息吧，以后有机会再谈，以后见面的机会多得很。

关于带外汇出国买仪器的事，没有听到信息，钱三强开始不抱希望了，并且为自己的冒失感到内疚："我心中忐忑不安。我埋怨自己书生气太重，不识时务，不懂国情。战争还没有停息，刚解放的城市百废待举，农村要生产救灾，国家经济状况何等困难！怎么可能在这种时候拨出外汇购买科学仪器呢！这不是完全脱离实际的非分之想么？"[1]

就在领导人进城后第三天，钱三强被召到中南海，出面接待的是中共中央统战部部长李维汉。他五十岁出头，操湖南口音，是和毛泽东一起组织新民学会的老革命，还是赴法勤工俭学的老前辈，他和周恩来、李富春组织工学励进会和旅欧少年中国共产党。钱三强在法国早听孟雨说到他。

李维汉完全没有老革命的架子，他热情招呼钱三强："早就听说你了。你在法国的科学成就，是我们这些老留法学生的光荣。"谈话进入正题，"今天约你来，是商量一下你提的那个建议，中央研究过了，周恩来副主席认为很好。清查了一下银库，还有这个力量，决定支持你的建议。估计二十万美金不是一次使用，因此在代表团款项中，先拨出五万美金供你使用。"李维汉特别交代，"你是代表团成员，和代表团秘书长刘宁一同志又熟悉，用款时，你们商量着办就是了。"

好消息来得太突然了，钱三强顿时心如潮涌，不知道说什么好。

遗憾的是，钱三强生前并不知道周恩来是怎样批准他带外汇购买科学仪器的。1998年出版的《周恩来文化文选》中，有一份文献披露了这件事。那是中共中央在西柏坡举行的七届二中全会刚刚结束，周恩来正在白天黑夜连轴转主持起草《关于财政经济工作及后方勤务工作中若干问题的决定》，忙得不可开交，这时他得到北平方面关于钱三强建议带外汇的请示。3月22日，也就是中共中央机关离开西柏坡的前一天，周恩

〔1〕 钱三强：《中国原子核科学发展的片段回忆》，香港《紫荆》1990年10月创刊号。

来在他那间土屋的办公桌上签发了《关于参加世界和平拥护者大会的中国科学技术界团体及人员的意见》的电报，回复北平文管会有关问题的请示。电报共批复了八项事项，其中三项有关钱三强的内容转录如下：

　　（一）邀请团体，同意增加中国科学工作者协会。丁瓒、钱三强、卢于道、袁翰青均可去。曾昭抡已电香港邀请，尚未得复。

　　（六）同意以钱三强代钱伟长。

　　（八）钱三强购买实验设备事，请先调查外汇如何汇去，实验设备如何运回。到之，具体情况待面谈。[1]

周恩来签发电报后第二天上午，毛泽东率领中央机关进驻北平。

┃ 让人信服　给人希望 ┃

李维汉约钱三强面谈，是周恩来到北平并且亲自听了情况汇报，依照他作出的决定进行的。关于仪器设备如何运回问题，钱三强向李维汉作了说明，所购仪器设备并非都是大件，而且有的是托约里奥预订，不一定是现成的。至于能买到的小型仪器设备和图书资料，他讲了几种运回办法：最佳办法是代表团回国时捎带回来，但这样，时间上对约里奥先生造成的困难很大；第二种办法，托约里奥选购好以后，将来由回国的中国科学家分散带回；再有就是两种办法结合采取，代表团带回一部分，将来回国科学家再带回一部分。

[1]　周恩来：《关于参加世界和平拥护者大会的中国科技学术界团体及人员的意见》，见《周恩来文化文选》，中央文献出版社 1998 年版，第 477—478 页。

后来，因为在另地（布拉格）开会，没有机会见到约里奥，购买仪器和图书资料无法按原计划进行，钱三强与刘宁一商量，决定从五万美元专款中，支取五千美元现钞托约里奥的好友转交巴黎约里奥代购。

约里奥本人会支持新中国发展原子能科学，但在当时国际环境下，他为此所担当的政治责任和风险，是钱三强没有预计到的，他知道其中一些细节，是事过多年后的 1956 年。那年冬，约里奥-居里夫妇的女儿海伦来中国访问，便中她向钱三强讲起往事，说到约里奥收到钱三强托人转交的 5000 美元后，很是缜密行事，生怕发生意外，他亲自把美元包好，埋藏在自家花园的树下。约里奥自己去打听仪器，或者托朋友购买，还写信到英国请人代购，而他做这些时，都是以自己实验室需要为借口。从不隐瞒真相做事的约里奥先生，为了完成钱三强代表中国的委托，他不惜破例这样做了。

后来帮助购买的一些原材料和小型仪器（如 100 进位的进位器等），通过中国科学家顺利带回国了，一次是 1951 年上半年由核物理学家杨澄中从英国带回的，一次是同年 10 月由核化学家杨承宗从巴黎带回的。杨承宗回国时伊莱娜夫人赠给 10 克含微量镭盐的标准放射源，支持中国开展核科学事业。约里奥先生还托杨带话给毛泽东主席："你们要反对原子弹，你们必须要有原子弹。原子弹也不是那么可怕的，原子弹的原理也不是美国人发明的。"[1]这些话由时任所长钱三强按组织系统（胡乔木和中宣部）转报了中央领导。

新中国发展原子核科学的第一笔外汇，按现在说来数额不算大。然而，亲身经历了这一事件的钱三强，却对此刻骨铭心，终生未忘。1990

[1] 中国原子科学研究院院史办编：《中国原子能科学研究院大事记》第一册（1950—1959），1991 年。

年 10 月，他在回顾那段经历时，依然记忆清晰，激情难抑。

> 当我拿到那笔用于发展原子核科学的美元现钞时，喜悦之余，感慨万千。因为这些美元散发出一股霉味，显然是刚从潮湿的库洞中取出来的。不晓得战乱之中它曾有过多少火与血的经历！今天却把它交给了一位普通科学工作者。这一事实使我自己都无法想象。

对比之下使他想起 1948 年下半年刚回国时，曾经为了适当集中一下国内原子核科学研究力量，几番奔走呼号到处碰壁的情景：

> 几经碰壁，希望成为泡影。我苦思着，辗转反侧，夜不能寐。一个多世纪以来，中华民族落后挨打，遭蹂躏，受侵略，能够简单归咎于经济贫困，没有能力发展事业吗？能够说是中国缺乏仁人志士和中国人智力低下吗？自然不是。造成这种历史屈辱的根蒂，在于当政者愚昧、腐败、无能！
>
> 而眼下这些新的当政者，完全是另一种情况了。尽管五万美元对于发展原子核科学所需，不是过大的要求。然而，他们的远见卓识和治国安邦之道，一举之中昭然天下，让人信服，给人希望。[1]

布拉格之情

1949 年 3 月 29 日，中国和平代表团乘火车离开北平赴会，当 4 月 11 日抵达莫斯科后，方知法国政府拒绝给中国和一些共产党国家代表

---

[1]　钱三强：《中国原子核科学发展的片段回忆》，香港《紫荆》1990 年 10 月创刊号。

团发放入境签证。这显然是某些抱着敌视态度的西方国家，企图把世界和平拥护者大会变成他们的政治工具。

新的人民中国的第一次外交使命遭遇了大麻烦。

然而，主持正义的世界和平大会主席约里奥-居里，完全不听命于西方国家的图谋，他顶着巨大压力毅然作出决定，临时在捷克斯洛伐克首都布拉格设立和平大会分会场，接纳不能前往巴黎的一些国家代表团，并且想出绝妙办法，通过扬声器把无线电声音放大，来进行主会场与分会场的联络。约里奥还派了两位得力人士，代表巴黎总会到分会场作现场指导，传达大会主旨，共同协调行动。

4 月 20 日，第一次保卫世界和平大会开幕。主会场设在巴黎普莱耶尔礼堂。主席台上坐着约里奥-居里、《和平鸽》宣传画作者毕加索、作家阿拉贡等杰出人物；郭沫若和一些国家代表团团长则坐在布拉格分会场的主席台上。

扬声器响起钱三强十分熟悉的声音，是约里奥在主持开幕式发表讲话。他首先指责法国当局屈服于外界压力，拒绝一些国家代表团到巴黎参加和平大会的不公正行为，他激愤地说出了后来流传广泛的那句名言——真理的旅行是不需要签证的！话音一落，扬声器里和布拉格会场响起热烈的掌声和欢呼声，人们敬佩他对西方强权政治的公然藐视，感激他对渴望和平人民的支持和鼓舞。

过了好几分钟，又是约里奥的声音：“我很荣幸是世界科联的主席，世界科联热烈支持这次大会的召开。”他指出，在原子时代到来的时候，召开这次大会首要任务是维护和平，反对战争，全世界共同制止原子战争。

最后，约里奥-居里讲到各国科学家在反对战争势力中所承担的特殊责任。他向全世界发出呼吁：

不能用消极的和平主义来表达我们的和平愿望。对那些还没有认识到战争危险的人们，我们应向他们指出这种危险性；对于那些像我们一样愿意保卫和平的人，我们要给他们提供方便；对那些明知战争的危险而偏要战争的人们，我们要坚定而冷静地告诉他们：我们是要和你们清算的。我们呼吁一切善良的人们起来避免战祸。要充分认识到我们自己的力量，要相信，在这场斗争中，我们必将胜利。[1]

在布拉格分会场，最激动人心的场面发生在 4 月 23 日。正当会议进行中，会场广播里突然播出一条来自中国的最新消息：中国人民解放军胜利渡江占领南京，摘下了总统府大厦的国民党党旗，升起了鲜红的人民解放军军旗！

会场顿时沸腾起来，又是欢呼，又是鼓掌，许多国家的代表向中国代表围过来，抢着握手、拥抱，郭沫若在主席台上被几个代表团团长拥抱在一起。台下更是热情高涨，"见了中国人就道贺、拥抱，最后忽然把身体瘦小的代表丁瓒围起来，由几十个外国代表把他向空中抛起三次，气氛达到高潮，使得争取和平的勇气顿时增加"[2]。

友谊、欢乐的高潮一直延续到当天晚上。

布拉格大剧院安排了晚会，各国代表团自排自演节目，都是现学现演。中国代表团除了戴爱莲的独舞，还临时排演了一个秧歌剧，由钱三强担任演唱指挥，表演者有程砚秋、曹禺、戈宝权、丁玲等。他们"仅仅准备了五分钟就上台去唱了，赢得不少掌声。这种现学现演，在

[1]　[英]莫里斯·戈德史密斯：《约里奥-居里传》，施莘译，原子能出版社 1982 年版。
[2]　钱三强：《忆我尊敬的长者——郭老》，《光明日报》1982 年 11 月 17 日。

戏班里叫做'钻锅'。程砚秋后来对程夫人说他是有生以来还没有如此大胆，以往凡是他准备演出的戏，总是精镂细凿，演出时他总是提前化好妆，酝酿情绪，一出场就进入规定情境，故而塑出许多生动的人物形象。但是习惯归习惯，今天在国际舞台上，程砚秋为了呼吁和平，为了增进友谊，高涨的热情使他抛弃了种种顾虑而登台引吭高歌"[1]。

剧院广场是自由舞会，每当舞曲结束，友好的人们把一束束鲜花献给中国代表。钱三强等几位年轻的中国代表成为主角，十年前他在约里奥-居里夫人家学会的交谊舞第一次用上了，陪同热情的外国朋友尽情欢跳。

晚会结束已近凌晨，钱三强回到房间仍无睡意。中国代表团的每一个房间，全都亮着灯。

年近花甲的郭沫若兴奋得睡不着，他来找钱三强说话：今天，真使我们扬眉吐气！党中央多么英明决断啊！没想到就在今天把旗子插上了蒋介石的总统府！真叫全世界震惊呀！又说，这次会议真是收获大，其意义无可估量。你的老师约里奥是世界和平事业的一面大旗，敌人会闻风丧胆。

钱三强抑制不住对老师的敬意："他一向旗帜鲜明，无所畏惧。"

郭沫若虽尚未接触过约里奥先生，但经过这次和平大会，对他的正义精神产生了景仰之情，由衷赞叹道："真是一位伟大朋友，他不仅是中国的朋友，同时也是全世界的。"

许多中国代表在不眠之夜写下了这一天的日记。钱三强这天的日记写得很长，遗憾的是，这篇日记连同他几十年所写的日记，在"文革"中统统被抄家抄走了，下落不明。为了找回一点布拉格那个不眠之夜的

〔1〕 陈培仲、胡世均：《程砚秋传》，河北教育出版社1996年版。

实感，了解彼时一代中国人的情怀，这里引录中国代表团另一位成员、女作家丁玲 1949 年 4 月 23 日布拉格日记片段：

中国人民受了多少年的灾难才取得了这一天！我们该怎样来纪念这一天呵！我们从此解脱了帝国主义与封建主义的枷锁，我们要创造一个新的中国。我们回想着三十年来所牺牲的烈士，我们庆祝解放，我们感到幸福要来。

我们受够了痛苦，我们坚决斗争，我想着中国人民的欢欣，眼泪如泉涌，心怦怦跳动。我们沉重，虽愉快并不轻松，我们欢跃，但仍不能忘记国内斗争的紧张！

外国的朋友呵！你们拉我们手，用力抱我们，你们为我们感到愉快，你们一定也知道我们长期的斗争与痛苦的！……你们庆祝我们胜利，你们快乐，我想你们是懂得我们的，是懂得我们的笑与我们眼泪的……〔1〕

〔1〕　宗诚：《风雨人生——丁玲传》，中国文联出版社 1998 年版。

第十六章
新的起步

| 意外受器重　为毛主席当翻译 |

在庆祝胜利的时候，大家在想一个问题：蒋介石为什么这样快地"樯橹灰飞烟灭"？转眼间，那样庞大精良的武装居然溃不成军，一败涂地，是什么原因？

对这个问题，钱三强从清华园想到了布拉格，现在又从布拉格想到回国的旅途中。火车上，大家七嘴八舌谈论蒋垮台的原因，数落了好多道理，归结到根子上说两个字：贪腐。

这个原因的确切性，后来从蒋介石的《苏俄在中国》一书中得到证实——他为自己的失败做过这样的总结："为什么我们的部队会垮得这样快？利用接收之机，大发横财，做生意，买房屋、贪女色，骄奢淫逸，腐败堕落，弄得上下离心，军无斗志。这是军事上失败的根本所在。"李宗仁的体会则另是画龙点睛："'蒋介石'三字，成为中国政府贪污、无能、独裁、专制的代名词。"[1]甚至连美国总统杜鲁门1949年8月5日发表《美国与中国的关系》白皮书，也指称国民党堕落、腐败和无能，说蒋介石是"自招失败"。

从莫斯科返抵齐齐哈尔途中，一天广播里传来全国青年代表大会

---

〔1〕《李宗仁回忆录》（下），广西人民出版社1980年版，第1027页。

在北平胜利召开的消息，没有出席会议的钱三强当选为中华全国民主青年联合总会副主席之一（廖承志为主席）。他当时听了特别惊讶，代表团许多有阅历的前辈纷纷向他祝贺，并且说："缺席当选嘛，亦属正常。"

不到两个月时间，钱三强回到北平感觉大变样了，各项事业正开始紧张而有序地进行。科学技术界正发起组织全国自然科学工作者代表会议筹备促进会，经过酝酿提名拟定了 205 名筹备委员，钱三强被列其中。

6 月 19 日是个晴朗的星期天，灯市口中国工程师学会会所热闹非凡。钱三强同科技界许多熟悉和仅闻其名的学者，早早端坐在

参加"科筹会"时的钱三强

1949 年 9 月参加第一届人民政协会议的民主青联的代表合影（后排右二为钱三强，左三为廖承志）

布置得整洁、朴素的会场里，出席科代会筹备委员会第一次会议，朱德、陈云和林伯渠发表讲话后，按议程选举产生了科代会筹备委员会的领导机构。因为南方还在战事中，华中和华南数省的筹备委员未及赴会，只有北平、天津、东北和华东的筹备委员172人到会（达到三分之二的规定数），结果选举出35名常务委员，负责科代会的筹备工作，钱三强又当选为常委。

7月13日，中华全国自然科学工作者代表会议，在东皇城根中法大学礼堂举行正式筹备会，这是中国科学技术界从未有过的大团圆，不仅在国内的筹备委员都到会了，还邀请了各界来宾近百人。吴玉章致开幕词时说道："中国要实现经济上的真正独立，还要经过很长的时间和艰苦的奋斗，这个伟大的工作就落在我们科学工作者的身上。"

精彩的是当天下午周恩来向会议作报告，虽然讲了整整三个小时，但不觉得冗长。他没有一页稿纸，而用形象生动、朴实无华的语言，说明了几个众所关心的问题，这就是政治与自然科学的关系问题，自然科学的理论与实践问题，普及与提高问题等，他语重心长地勉励科学工作者通过实践认识中国共产党，靠拢中国共产党。周恩来讲道："不久的将来，我们必须成立为人民所有的科学院，希望大家参加筹划。"

钱三强见到周恩来这位留法学生的偶像，他的言谈举止让人耳目一新，精神为之一振。

到了9月政协会议，钱三强更多更直接感受到了新领导人的风格。他是全国青联出席政协会议的代表，并当选为全国政协委员，他还是"国旗国徽国都纪年方案审查委员会"的委员，讨论中他以主人翁的态度积极发言，直抒己见。如他指着一个国徽的图样说："这个白底红星的徽很容易和其他国家的相混。"郭沫若又拿出一个绘着蓝条和五星的国旗图案和大家商量："这个怎么样？"钱三强想了想说："改成黄色的好，我国长江、黄河就是黄色的嘛。"经过反复讨论，委员们一致同意国旗上的五星应当是黄色的。[1]

9月28日下午，政协会议正进行分组讨论，时任毛泽东政治秘书的胡乔木急忙找到钱三强，说毛主席和周副主席要接受讲法语的意大利《团结报》记者采访，请钱三强临时担任翻译。胡乔木特别告诉，这是毛主席进城后第一次接受外国记者访问，国内外都会格外关注，特别是那些敌视中国新政权的西方国家。

钱三强接受任务后，心里既高兴又有些紧张。他后来说，高兴是因为意外得到这份光荣，紧张是双方谈话没有稿子，也没有提纲，甚至连访谈范围也不加限定，记者要问什么不知道，毛泽东、周恩来怎样回答，更是无法推测。

采访是当天傍晚在中南海的一间宴会厅进行的。从头至尾问答的都是很严肃的话题，气氛却显得轻松活泼，斯诺笔下那个毛泽东的影子，再现在钱三强眼前。

采访记者名叫斯巴诺，是《团结报》的政论专栏记者兼评论。《团结报》是意大利社会党的机关报，在西方具有相当影响力。斯巴诺对这次独家专访有点受宠若惊——不仅毛泽东和周恩来一起接待，还安排边吃饭边访谈。斯巴诺按自己的思路，问了新政府的组成问题、经济建设问题、土地改革问题、财政问题、外交问题等，毛泽东一一作出回答，周恩来伺机作补充，有时还帮助钱三强翻译作提示。

斯巴诺关心和担心新中国的安全问题，问道："你们成立人民共和国，把国民党打垮了，美国人被赶走了，他们会甘心吗？如果美国进行直接干涉，你们怎么办？"

[1] 边东子：《为新中国揭幕》北京饭店的"科技档案"，《科学时报》2004年10月29日。

这是一个十分尖锐而现实的问题，钱三强如实作了翻译。毛泽东一边抽烟一边听，然后诙谐地笑着说："他们要干涉，就叫他们来吧。他们来了，就捅了一个马蜂窝了。马蜂被惹急了，会飞起来蜇他们的！"

毛泽东的话，语言生动，充满自信，但钱三强在翻译时出了一个小插曲。毛泽东的湖南话，读"马蜂"为"马烘"，钱三强弄不懂"马烘"是什么动物，停顿了一下，周恩来及时察觉，马上作了解释，钱三强恍然大悟，大家都笑了。斯巴诺连连点头，被这种通俗易懂、巧妙生动的回答逗乐了。[1]

筹建科学院的灵魂角色

1949 年 7 月的科代会筹委会上，钱三强成为活跃分子。这是因为他接受丁瓒转达上级交给的一个任务，要趁筹备自然科学工作者会议的机会，注意了解到会科学家的专长、成就和学术见解，以备新的政治协商会议提出组织、调整全国统一的科学研究机构方案，提供领导参考。[2] 于是，钱三强会中、会下便有意识地去接近更多的科学家，约他们（如冯德培、贝时璋、童第周、王淦昌等）谈话交流意见，大家也愿意认识他这位年轻有成就的核物理学家。

组织上交给钱三强任务不是临阵点将。早在 1949 年春出席世界和平大会回国途经莫斯科时，丁瓒要钱三强一起陪郭沫若访问苏联科学院，听取物理学家瓦维诺夫院长介绍苏联科学院的组织情况。丁并且向

[1]　钱三强：《自力更生、大力协同发展尖端技术——纪念毛泽东百年诞辰》，应中央文献研究室《回忆毛泽东》文集约稿撰写的文稿，1991 年 3 月 6 日。

[2]　钱三强：《筹建科学院前后我参与的一些事情》，《院史资料与研究》1991 年第 4 期。

钱透露，中央有在新中国成立后建立统一的国家科学院的意图，说内定由郭老负责。筹建科学院上面由陆定一负责，协助他工作的是恽子强（原延安自然科学院院长）和丁瓒，因为丁来自南方，对北方情况不熟悉，而钱三强是留法物理学家，既了解欧洲科学组织情况，又是北平研究院的所长兼清华大学教授，所以被邀请参加筹建工作。

钱三强首次访苏返国后，1949 年 6 月 4 日应邀在北京大学理学院作"苏联的大学教育与科学研究"演讲，这是刊发于《新建设》的演讲稿

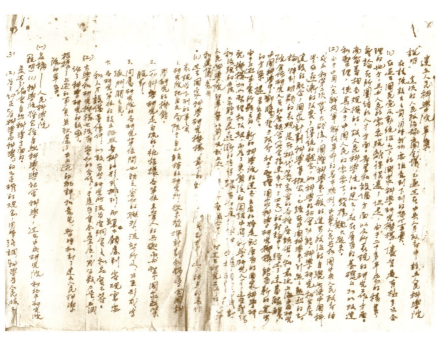

以钱三强意见为主和丁瓒共同提出、黄宗甄抄录的《建立人民科学院草案》。原件存于中国科学院档案馆

科筹会后，钱三强开始做的一项工作，是参与起草科筹会向即将举行的全国政治协商会议提出"设立国家科学院"的提案，实际上就是组建国家科学院的组织实施方案。那时大家都沉浸在辞旧迎新的喜悦中，革命热情在科学界同样高涨，不少人主张定国家科学院为"人民科学院"（因 7 月 13 日周恩来讲过"为人民所有的科学院"），钱三强赞成，于是他和丁瓒起草向政务院的报告，题目即为《建立人民科学院草案》。

"草案"最初形成是 9 月政协会议前在钱三强住地进行的，由黄宗甄作讨论记录，再整理成文。今人可能想不到，如此重大的一件事情，工作却做得如此简洁明快：

> 在政协开会以前，有一天丁瓒约恽子强和我到泰安巷北平研究院宿舍钱三强家聚会，恽子强因另有事未能来，我和丁瓒去了，在钱家用了午餐，畅谈一个下午，有关新中国人民科学院的规模、组织、方针等，主要由钱三强提出，我做的记录。钱三强在法国多年，一直做研究工作，熟悉法国研究机构的情况。当时法国有以约里奥-居里为负责人的国家科学研究中心，包括许多做实际研究工作的机构。还有苏联科学院也是这样。可以说，我们筹建科学院的雏形是苏联、法国类型的，而且与中国原有的机构也相近，当时钱三强很强调这一点。[1]

钱三强和丁瓒等在起草建院草案时，针对当时科学界公认的旧中国科学机构存在的两大缺点（即缺乏计划性；大学与研究机构缺乏密切合作），主张改变"为科学而科学"的观念，树立"科学为人民服务"意识，

---

[1]《黄宗甄访谈录》，《中国科技史料》2000 年第 4 期。

着重强调两个方面：

一是科学院将成为工农业及国防方面解决科学理论及技术问题的最高机构。这一点必须在基本任务中明确表示，以纠正过去科学研究与现实脱节和散漫放任的自流趋势。

二是科学院必须负起计划并指导全国科学研究的任务。但科学院另一任务必须把重点放在提高方面，这一点如无明确规定，很容易使科学界误会政府只偏重应用科学而不注意基础科学或理论研究。这种误会在中国科学界已经存在。【1】

这样的认识，在当时情势下无疑是清醒而有远见的。9 月 27 日政协会议通过的《共同纲领》中，充分反映了科技界的这些主流认识，把"爱科学"规定为全体国民公德的"五爱"（爱祖国、爱人民、爱劳动、爱科学、爱护公共财物）内容之一，并为科学技术专写了一条（即第四十三条）："努力发展自然科学，以服务于工业、农业和国防建设，奖励科学发现和发明，普及科学知识。"

1949 年 10 月 25 日，政务院第二次会议通过了科学院建院方案，决定名称为"中国科学院"（西文为 Chinese Academy of Sciences）。它的职能定为："有计划地利用近代科学成就以服务于工业、农业和国防的建设，组织并指导全国的科学研究，以提高中国的科学研究水平。"它的基本任务有三项：（一）确立科学研究的方向；（二）培养与合理分配科学人才；（三）调整与充实科学研究机构。

中国科学院的领导机构，由中央人民政府第三次会议（10 月 19 日）通过。历史学与考古学家郭沫若被任命为院长，陈伯达、李四光、陶孟和、竺可桢为副院长。院本部设立计划局、编译局、联络局、办公厅四

【1】《当代中国丛书·中国科学院》（上），当代中国出版社 1994 年版，第 13—14 页。

个职能机构，钱三强被任命为计划局副局长（局长由竺可桢兼任）。

科学院建院伊始，钱三强和竺可桢领导计划局进行两项最紧迫的打基础工作，一项是，接收原中央研究院、北平研究院等旧有研究机构，并提出新的调整组建方案；第二项，调查全国范围自然科学研究机构和全国现有科技专家情况，并了解其所长，以便合理配备，发挥作用。

任务繁重，人手又少，但在两位局长带头合作下，工作有序，进展得很顺利。当时情形，就如协助两位局长工作的植物学家简焯坡后来回忆说的：当时，计划局局长由竺可桢先生兼任，钱三强先生兼任副局长，局里只有我一个人协助他们工作，我是兼代处长。竺先生和钱先生，一个南方来的，一个北方来的，合作得非常好。后来逐渐加人，计划局才算有了一个班子。[1]

在科学院建院不到半年时间（1950 年初），全院首批研究机构方案出台，旧有的 24 个研究机构调整为 18 个，新组建研究机构 4 个，同时提出了各研究所的所长、副所长拟任名单。同时，对学科发展合理布局提出了设想，这就是：物理、数学和社会科学，将以北京为发展中心；生物、化学和应用科学，将以上海为发展中心；地学和天文，将以南京为发展中心。后来的事实证明，这样的布局设想，总体上与实际情况相符合，减少了重复，发挥了各自的原有基础效用。

有了研究机构，必须有合适的人员配备，这就是有人形象地说的，"有了庙，还得有会念经的和尚"。钱三强和竺可桢为了摸清"家底"，向全国科技专家先后两次寄调查发表，掌握到当时全国有相当成就的自然科学家，总人数为 865 人，其中 174 人尚在国外。进而在"全国一盘

---

[1] 简焯坡：《往事片断——从北平研究院到中国科学院》，《院史资料与研究》1991 年第 2 期。

棋"的原则下，开始了合理选聘国内专家，积极争取国外学者归国服务的大举措。

关于钱三强参与筹建科学院这段工作，在中宣部任职的龚育之，后来写回忆文章这样评说："科学院初创，科学工作各方面具体的政策、方针、规章、制度都有待制定，汪志华同志（三强同志的部下）曾把这类工作称为'制礼作乐'。中国科学工作的'制礼作乐'，三强同志'与有力焉'。"[1] 当时任职副院长兼计划局局长的竺可桢，则以他自己的亲身感受，在 1949 年 12 月对钱三强所起到的作用，写下这样的话："可知钱三强实为科学院最初组织时之灵魂也。"[2] 都知道，竺可桢是位严谨求实的著名科学家和教育家，他写在日记里的话自然是权威而又可信的。

| 这也是"为胜利而牺牲" |

钱三强在参与"制礼作乐"过程中，也发生了一些问题。不过，问题的复杂性并不在某些工作纰漏本身，而涉及敏感的人事关系，于是有了"子强（恽子强）不强，三强（钱三强）太强"一类的说法，在初建的科学院传开来。

从钱三强方面说，年轻又正处在一帆风顺的势头上，热情高，敢说敢做，但他缺乏国内处事阅历，有些书生气，往往用比较简单和讲求效率的方法行事，不大顾及别人的意见，这就使得工作中的某些失慎，被延伸到了人事关系方面。对此，钱三强感到很意外，甚至一度产生不解的苦闷：

[1]　龚育之：《悼念三强同志》，《自然辩证法研究》1992 年第 8 卷第 8 期。
[2]　竺可桢：《竺可桢日记》第六集(1949 年 12 月 28 日)，上海教育出版社 2006 年版。

在这个时期里，我心中主观地觉得可以将一些不合理的现象打破了，在国外所见到的一些比较进步的科学组织情况也可以用在中国了。就是在这种心情下，参加了中国科学院计划局的工作，当时没有经过完整的调研，更不懂什么叫做"群众路线"，就凭了一些国外所见及自以为是的改善办法，与丁瓒同志拟定了中研院、北研院的调整计划。后来经过少数的修改就执行了。因为上级希望赶快办好，于是我就打起精神来，依仗着政府与党的威信，快刀斩乱麻的方式就执行了调整计划。由于此事，与恽子强同志意见有了相当的距离。以后又作了专家统计与推荐的工作，成立了专门委员制度，目的是团结全国科学界，扩大科学界的统一战线，但是后来领导上不同意这种做法，结果使得专门委员成为空名，而科学界的团结并没有由科学院把它做好。这一点又使我与领导方面意见有了矛盾。对于调整工资与名义，树立各种制度，树立学位法等问题，我主张严格与激进，这里又与领导上有了分歧。由于我是由经验与个人体验出发，提出主张，而这些重要事情都与领导党员同志的意见相左。[1]

一个有了成就的科学家，突然要放弃自己的研究业务改行做别的工作，无疑难以接受，甚至是痛苦的，钱三强同样如此。当初，他服从需要放弃自己热爱的科研业务，而从事科学组织管理，是抱着一种"为胜利而牺牲"的态度来做的，但当干过一段时间，特别是工作中发生了问题以后，他发觉自己有许多不适合的地方，于是一时苦闷情绪滋长，并且萌生回研究所埋头搞科研的念头。当时国内没有加速器，只能用

---

[1] 钱三强：《自传》，1953 年 2 月 20 日，存于"钱三强档案"。

α 源做核反应研究，研究所做的 α 源不够强，而钱三强正好在法国学过做强源，他心中的念头突然冒了出来："真想穿几天白大褂来做一个强源。"

1950 年上半年，钱三强先把想法告诉竺可桢，请求免去他计划局副局长职务，还郑重举荐有经验的心理学家曹日昌接替。竺可桢从感情上理解钱三强的个人愿望，但没有接受他离开计划局的请求，而是想出一个两全办法，"余告以此时三强尚不能离局，虽然渠离开原子能所时间太多，是一桩可惜的事，但不妨两方兼顾，即一半时间在所，一半时间在局"[1]。

在工作需要和领导决定面前，钱三强不习惯讨价还价，他又服从了安排，而且不是表面应付，仍然抱着积极进取的态度努力学习，从自身找原因："结果我一点点体会到，主要的错误是自己的理论水平低，自高自大的作风，盛气凌人的态度，急躁、主观等毛病。从这时起，知道应该先检查自己的错误，为了能检查自己，必须要学习，同时亦有了改造自己的要求。"[2]

钱三强心甘情愿继续作出牺牲这种心迹，在他 1949 年 12 月 3 日写给两位法国老师的信中，可以窥豹一斑。信是用法文写的，现据译文（邱举良译）节录于后：

敬爱的老师：

我从布拉格回国以后，所有的进步人士都被吸收到国家各个组织的重建工作中。我的工作主要是从事科学领域和青年方面的组

---

〔1〕 《竺可桢日记》（1950 年 8 月 4 日），科学出版社 1989 年版。
〔2〕 钱三强：《自传》，1953 年 2 月 20 日，存于"钱三强档案"。

织。有一阵我感到有些担忧，因为我不知道是否还能重新回到我的科研工作中，但另一方面，我知道人民的胜利不是件容易的事，为了能取得彻底的胜利，人人都有责任贡献出一份力量。有很多爱国同胞为此献出了自己的一切。如果我能够用我一生中的某个阶段来参加国家的重建工作，这将也是"为胜利而牺牲"（这是约里奥-居里在巴黎沦陷时向知识界提出的拯救法兰西的口号——注），现在我们的政府已经建立，每个人都在一点一点开始做各自的本职工作。【1】

钱三强致约里奥-居里夫妇的法文信

钱三强的牺牲精神，是那个时代的缩影。正是这种精神，鼓舞着一代又一代中国青年成长，它成为那个时代的宝贵财富。当年学生辈周光召后来这样赞叹钱三强的精神："可以设想，如果在实验室里继续潜心研究下去，钱先生在后半生肯定还会有很多的成果，还会有重要的发现。要是那样的

【1】 钱三强：《致约里奥-居里夫妇信（法文）》，1949 年 12 月 3 日。原件存巴黎居里博物馆，据 P. Radvanyi 教授提供的复印件。

话，他的论文集，也就会厚得多，但是，钱先生却选择了另外一条道路。新中国成立后，为了振兴中华，钱先生服从组织安排，牺牲了个人在科学上要有更多更高发现的追求，全身心投入组织管理工作。"[1]

1993 年一次纪念座谈会上，和钱三强相知很深的彭桓武，颇有感触地讲到钱三强当年作出的选择："在科学家中，三强入党较早，当时形势要求他在组织领导工作与个人科研工作之间进行选择。……我想正是这些信念，使他选择了前者，忠心遵照党的领导，热情积极地工作，在党领导和科学家之间架起了很好的桥梁，使许多科学家及大批青年的创造性得到发挥，直到取得集体的胜利。"[2]

非党团长担大任

20 世纪 50 年代初，在全国掀起向苏联学习的热潮中，在借鉴苏联发展科学技术经验方面，钱三强算得上是个积极分子。40 来岁的他，速成学俄文达到能阅读专业文献的程度，这是属于中等成绩，有许多比他学得更好的。关于科技人员速成学俄文，科学院 1954 年有统计资料，全院研究人员中，有 93.2% 的人学习了俄文，其中 73.5% 的人能阅读专业文献，有近三分之一的人达到翻译水平。

在这样的优越条件下，科学院向苏联学习的步子迈得很快，1953 年初便先于其他领域派遣庞大代表团访苏。这个代表团的团长就是非共产党员、核物理学家钱三强，科学院时任党组书记张稼夫担任代表团临时党支部书记。

【1】　周光召：《钱三强论文选集》，科学出版社 1993 年版，"序言"。
【2】　彭桓武：《谈谈我对钱三强先生组织领导我国科技工作的几点认识》，见《彭桓武诗文集》，北京大学出版社 2001 年版，第 72 页。

当时及后来都习惯用"全面学习"来形容代表团的使命。它的三条任务涵盖很广,而且由周恩来亲自主持政务院会议确定:

(1)了解和学习苏联如何组织和领导科学研究工作,特别是"十月革命"后苏联科学院如何从旧有基础上发展和壮大的经验;

(2)了解苏联科学的现状及发展方向;

(3)就中苏两国科学合作交换意见。

代表团的构成是全方位的,不仅人数多(不含工作人员26名团员),还多是各学科领域的佼佼者,如数学家华罗庚、地球物理学家赵九章、动物学家朱洗、生物物理学家贝时璋、生理学家冯德培、建筑学家梁思成、天文学家张钰哲、地质学家张文佑、植物学家吴征镒、土木工程学家曹言行、机械工程学家于道文、电机工程学家陈荫壳、历史学家刘大年、语言学家吕叔湘等。

钱三强(左立者)率团访苏在苏联科学院举行的招待会上(后左三为郭沫若)

1953 年 2 月 24 日起十多天的火车旅程，大家说说笑笑并不觉得时间漫长，车厢里洋溢着欢乐气氛。一天，素有诗文雅兴的华罗庚来了灵感，要大家对对联，他用钱三强的名字组成上联——"三强韩赵魏"，征对下联。大家一番冥思苦想，没有对上来，最后还是华罗庚自己给出了下联，他也是用的代表团中另一位科学家赵九章的名字——"九章勾股弦"。大家听后都赞叹对联构思精妙，诙谐有趣。

代表团离莫斯科还有三站的时候，突然传来斯大林病重的消息（当晚宣布逝世）。后来了解到，斯大林在逝世前，对中国科学院代表团的访问，已经作了指示，要苏联科学院热情接待，尊重中国同志的意见；对于一些学术方面的问题，如对历史分期等问题，不要介入争论，等等。[1]

曾经担心，斯大林丧事可能会影响代表团的参观访问，可事实上，除了增加几次悼念活动，如：钱三强率领全团到莫斯科工会大厦瞻仰了斯大林遗容，在红场参加了葬礼仪式；钱本人还同专程到莫斯科吊唁的周恩来、郭沫若，以及在苏负责援建项目谈判的李富春、驻苏大使张闻天一起，为斯大林护灵 10 分钟等，其他一切都按照原计划进行。

钱三强在莫斯科还见缝插针向周恩来作了一次情况汇报，是李富春建议并安排的。因苏方接待中国科学代表团日程中，没有安排参观原子能方面的研究机构，钱三强认为不能没有，但不知应否以及如何提出。周恩来同意钱三强的意见，认为应该努力争取，并亲自向苏方高层作了反映。后来增加了五个核科技领域的保密研究机构，其中包括库尔恰托夫的列宁格勒技术物理研究所，因为涉及国防秘密，这几个机构只让钱三强少数几个人看。

---

[1]　张稼夫：《我与中国科学院》，《院史资料与研究》1991 年第 2 期。

访苏代表团在参观（前左起：钱三强、华罗庚、赵九章，后左一为张文佑）

　　钱三强很高兴的一件事，是他结识了被誉为"苏联原子弹之父"的库尔恰托夫。由于工作的敏感性，库氏和钱三强头次见面时说话很少，前后不超过 20 分钟。后来，库尔恰托夫似乎知道了一些关于钱三强本人的情况，他们的谈话从约里奥–居里说开来。库氏告诉钱三强，约里奥参观过他的研究所，那是 1951 年约里奥来苏联受领斯大林和平奖。库氏因此对钱三强有了亲近感，后来钱三强还应邀去库尔恰托夫家做客，他夫人用自制的果酱做了几种糕点招待，气氛热情亲切。这样，中苏核科学方面的合作与交流，无形中增加了一层积极因素。但中苏交恶后，这层关系又成为钱三强"里通外国嫌疑"，受到长时间审查。

　　一天参观苏联科学院物理所时，钱三强巧遇了曾在居里实验室相识的斯柯别里琴院士，他是该所所长，亲自陪同钱三强参观。他们高兴之下，时而撇开翻译用法语交谈，钱三强试探性询问苏联帮助中国建造反应堆和回旋加速器的可能性，就是这样说起的。

代表团访苏历时三个多月，共参观考察了 98 个各类研究机构、11 所大学和一些工厂、矿山、集体农庄、博物馆。听取了苏联科学院主席团为代表团准备的七个全面性的科学报告，以及多次专题性的工作介绍，内容包括：苏联培养科技干部的状况和方法；科研计划制订程序及效果；苏联科学院各研究所的分工与配合；研究所和大学及产业部门的关系等。部分中国科学家向苏联科学界作了专业研究或综述报告，钱三强作的报告是"中国近代科学概况"。

代表团回到长春集中总结并写出书面报告后，于 1953 年 6 月 17 日回到北京。6 月 20 日，钱三强首先在郭沫若主持的科学院常务会议上作了访苏报告，次年 1 月 28 日在周恩来主持的政务院第 204 次政务会议上作了汇报。钱三强报告总结苏联发展科学技术的主要经验，有以下四点：

（一）中心环节是培养科学干部。

（二）有目的、有计划、有重点地开展研究工作。

（三）各科学研究机构之间既明确分工又互相配合，汇为一个有机的整体。

（四）培养健康的学术空气。

应该用怎样的态度学习苏联经验？钱三强和代表团认为，上述经验对我国基本上是适用的，有的可以立即付诸实施，如培养干部和制订科学研究计划等；有的则需要经过一段时间，创造了条件之后才能实行，如研究机构的分工和院士选举等。同时认为，苏联科学院在"十月革命"后 12 年才开始全面改造，中国由于条件不同，改造业已开始，改造过程会缩短，但必须慎重从事，稳步前进，防止急躁。

学习苏联的科学技术和经验，钱三强除了担心急躁情绪，还担心出现生搬硬套的学习方法，尤其对于正热情高昂的科学青年。他为此在《中国青年》杂志上发表署名长文，用自己的体会告诫大家。文中写道：

> 我们学习苏联，应该注意结合中国的实际情况。离开了具体情况的分析，生硬地搬用一些结论，不去学习得出这些结论的方法，本身就是不科学的，违反马克思列宁主义的方法。
>
> 苏联科学家要求青年科学工作者养成踏实地系统地进行研究工作的习惯，不拒绝做细小的工作以及在科学工作前面不怕困难的精神。因为他们认为只有有了这样踏实的和严肃的作风，才能真正进行科学研究工作。
>
> 苏联科学从十月革命前的落后状况，一直到能有今天这样的成就，是经过苏联科学家们踏实的辛勤的劳动和在不断克服困难中才获得的。我们青年科学工作者要学习苏联，也必须学习苏联科学工作者的这种工作精神。[1]

与此同时，访苏代表团其他科学家分别在沈阳、北京、上海、南京等地，向科学界作了传达报告，结合讲心得体会。这样上下结合，广泛宣传，促进了全国科研机构和高等学校向苏联学习的热潮，对中国科学院后来几年的工作有很大推动。

毋庸讳言，在当时"一边倒"的大形势下，中国科学院在学习苏联活动中确也存在片面性，出现过一些偏差。其中教训深刻的是，把政治干预学术、哲学代替科学的错误做法，作为"经验"搬了过来，一度造成了中国科学发展的负面影响。

---

[1] 钱三强：《向苏联学习，更有效地为祖国服务》，《中国青年》1953 年第 21 期。

| 特别的入党历程 |

首次担当主角重任的钱三强，没有辜负使命。访苏代表团党支部给他作的鉴定写道："这次出国一般表现很好，对工作有热情，学习苏联经验很努力。担任团长的职务也认真，对党所提的意见，对党的领导，也能接受和尊重。"

这也就是说，钱三强在政治上和对党对自己的认识上，都进步了。所以在1954年2月7日，经科学院学术秘书处党支部会议通过，吸收他加入中国共产党——他是回国知名科学家中，最早发展的极少几名党员之一。

然而钱三强入党，有着漫长而具有故事性的经历。

还在巴黎学习的时候，中共旅法支部的袁葆华、孟雨，及至刘宁一、邓发几位高层人物，都争取甚至动员过钱三强入党，他每次都是既不拒绝也不松口支吾过去。回国后，到他主动要求入党而迟迟得不到批准时，便向党组织和盘托出那时不愿入党的原委：

他（指邓发——注）曾问我为什么不入党，我的理由：第一，从来只参加运动不参加组织；第二，现在科学研究正在热头上，入党后即不可能全力做科学工作；第三，从前对革命一无贡献，若入党总应该先做些工作，不然的话是拣现成；第四，感觉自己在留学生界还有些小名声，若无党籍，说共产党好容易起影响，若有党籍，影响反而不大。其实这些理由中的最紧要的理由是怕入了党，耽误时间，耽误了科学研究，因为这个时期正是我的科学产量增加的时候，主要的根源还是脱不了个人打算，觉得参加政治工作占去时间，对我的科学工作来说是种损失，而没有想到政治工作对人群大众的利益。[1]

其实，钱三强那时对于科学与政治的态度，在巴黎的国人圈内几乎都能觉察到，谁也没有评论过是对还是错，即使几位过从甚密的旅法支部朋友，都没有责怪他，而是尊重他的态度。但到了 20 世纪 50 年代初他主动申请入党的时候，这些认识成为他必须克服的障碍，另有少数党员怀疑钱三强那时硬是不入党，可能有什么政治问题。这就除了他本人反复说明情况、写材料，提高认识，少不了要找知情人提供证明。在钱三强本人不能看、无关人看不到的档案袋里，存有好几位老资历党员写的介绍钱三强情况的材料，有一位先后写了三次。

这里顺带摘录几件：

1953 年 5 月 9 日，刘宁一写材料给中央直属党委说："钱三强同志在法国学物理学，为人正派，我和他的接触是 1947 年开始的，那时在法国他积极参加爱国运动，反对美蒋集团，在留法学生和华侨中有些影响。他之所以未加入党，据我了解不是由于政治关系，而是由于他本人的技术观点，而且个人英雄主义的毛病也相当重。但对党一直是同情，并不断地进步。"

同年 6 月 11 日，袁葆华的材料写道："1943 年秋，在东方饭店相遇，他骂德国法西斯，从此一直争取他。这个人有正义感，对国民党不满意。1946 年他先发起成立华侨和平促进会，每次开会他都参加发言，一次大会上他公开骂国民党祸国殃民，1948 年曾争取他入党，孟雨与他谈过多次。"

1954 年 1 月 26 日，孟雨写给科学院党组织的材料说："据我当时认

[1] 钱三强：《自传》，1953 年 2 月 20 日，存于"钱三强档案"。

识的钱三强有很多优点亦有很多缺点。优点方面：热情，诚恳，纯洁，朴素，有正义感，有责任心。缺点：政治不开展，没有树立正确的无产阶级人生观。……"

孟雨还向调查人员介绍（存档记录）："（钱）要求入党坚决，三次申请：1950 年他要孟雨、于光远介绍，未成，失望，要辞去一切行政职务去教书；1951 年下半年，支部书记告诉他，让他作一个民主人士好了，他一天下午找到孟雨家，伤心得流了眼泪。这些事，孟向丁瓒、关肇直反映过。第三次是 1953 年春，孟路过莫斯科，钱到旅馆看他，还想入党。"[1]

设想一下，如若钱三强本人看到了这些材料，包括其中对他缺点的严正指出，有理由相信，他一定会为这样实事求是、实话实说的党员干部感到无比欣慰，因为他最希冀于别人的是对他"还我原来面貌"。

钱三强 1954 年被批准入党，与他访苏代表团的工作，还有他为筹建中国科学院所起的作用，有着直接关系。对于这一点，他的入党介绍人之一于光远认为：

> 建国后的 43 年，我和三强一直保持联系。对他从事的原子能研究领域，我没有多少接触，可是中国科学院正是我在中共中央宣传部科学处的联系对象。1953 年以三强为团长同张稼夫、武衡等访问苏联，对于中国科学院的建设起了很大作用。那时候许许多多问题，稼夫、三强等我们都是一起研究解决的。也是在这一年，稼夫和我看到三强已经完全具备了共产党员的条件，而中国科学院党的领导极需得到加强，稼夫和我作为三强的入党介绍人完成了三强

[1] 引自"钱三强档案"阅档记录。

269

入党必备的手续。[1]

写钱三强入党，郭沫若是必须说到的。这不光是他们有直接的领导与被领导关系，也不仅他们在多次国际场合同是和平斗士，更因为郭老曾殷殷细语启发过钱三强这位晚辈的入党愿望。那是 1952 年 12 月，钱三强随同宋庆龄和郭沫若出席维也纳第三次世界和平大会回国途经莫斯科，苏联方面通知说斯大林要会见宋和郭，时间尚不能确定。中方组织上决定留下少数几个人陪同等待，钱三强被指定留下陪郭沫若，结果陪着等了十几天到次年 1 月 13 日晚上斯大林才会见。

那些日子，钱三强经常陪郭老说话聊天。除了听郭老讲早年参加革命和在日本学习马列主义，用辩证唯物主义的观点研究甲骨文、中国古代历史，还有关于中国奴隶制社会与封建社会划时期问题，郭老特别启发钱三强政治上不断进步，积极靠拢党组织。钱三强后来回忆：

> 他启发我要做一个关心政治、关心国家命运的科学家。还对我说：这几年你在实际斗争中受到一些锻炼，希望抽时间读些马列和毛主席著作，有意识地提高自己的政治觉悟和马列主义理论水平，争取加入中国共产党。
>
> 1954 年 1 月 26 日（是日填写入党志愿书——注），我被光荣地批准入党了。第二天我将消息告诉了郭老，他听了非常高兴，除了一番鼓励之外，特别指出我有时遇事急躁的缺点。之后，他欣然提笔，为我写了马克思的名言，以此为勉励。[2]

[1]　于光远：《告别三强》，《自然辩证法研究》1992 年第 8 卷第 8 期。
[2]　钱三强：《忆我尊敬的长者——郭老》，《光明日报》1982 年 11 月 17 日。

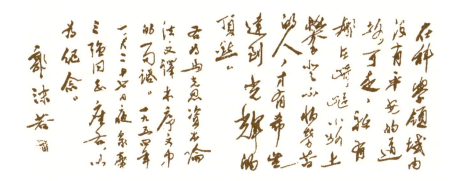

郭沫若赠钱三强的马克思语录，是在闻讯后当天晚上书写的。

释文：

在科学领域内，没有平安的道路可走，只有那在崎岖小路上攀登不怕劳苦的人，才有希望达到光辉的顶点。

右为马克思资本论法文译本序文中的一句话。一九五四年一月二十七日夜录奉三强同志座右，以为纪念。

郭沫若（钤印）

第十七章
另一种使命

┃ 在奥斯陆 ┃

钱三强在怀仁堂向意大利记者翻译毛泽东"捅马蜂窝"的比喻，还不到一年，1950 年 6 月朝鲜内战爆发，美国悍然介入，武装干涉朝鲜，同时派出第七舰队开进台湾海峡，公然阻止中国人民解放军解放台湾。一时间，朝鲜方面纷纷告急，美军的战火烧到了鸭绿江边，并且不顾中国政府的抗议，继续向中国边境进犯。

尤为歹毒的是，1952 年初，美军开始向朝鲜和中国东北施放细菌武器。一位目睹美国飞机撒放细菌武器的中国将军，曾经讲述过那可怕的一幕："我亲眼看到了敌机撒昆虫时的情形：先是一个黑疙瘩，接着变成一堆黑乎乎的东西，像乌云一样，随风飘荡，一大片一大片的，也不马上落下来，最后飘到村庄，飘到田野上，散布面积很大……"[1] 这位目睹者就是时任中国人民志愿军第二十兵团司令员杨成武。

据当时报载，仅 1952 年 2 月 29 日至 3 月 26 日不足一个月时间里，美军出动飞机 177 批 865 架次，对我国东北地区进行轰炸，同时投掷大量细菌弹，把携带病菌的老鼠、苍蝇、蜘蛛、土蜂等昆虫撒布到田野、村庄，造成二十多个城市和地区迅即流行起霍乱、鼠疫等疾病。

---

〔1〕 张跃铭等：《战争凶神》，中国友谊出版公司 1994 年版。

来自朝鲜前线的报告称："据近两日前方汇报，敌人撒放昆虫细菌仍在进行中。送到前方的鼠疫疫苗，已开始在部队中注射。……前方需要多种疫苗，可在 3 月 10 日前，往前方运送 200 万份五联疫苗、300 万份四联疫苗、80 万份赤痢疫苗，加上以前计划送前方的鼠疫疫苗、霍乱疫苗等，以及 21 万多份防毒面具，可以满足前方需要。"[1]

在正义呼声下，一些国际团体（如国际民主法律工作者协会）和一些知名人士（如文幼章、法奇、约翰逊教长等）经过考察后，或刊出文章、或发表讲话，证实美军使用了细菌武器，并对此进行谴责。但美国方面以这些人不是专业者为借口，一再加以抵赖。于是，1952 年 2 月25 日和 3 月 10 日，中国人民保卫世界和平委员会主席、中国科学院院长郭沫若，先后紧急致电世界和平理事会，呼吁制止美国发动细菌战，

钱三强和约里奥-居里在奥斯陆

【1】《聂荣臻年谱》上卷，人民出版社 1999 年版，第 546 页。

要求组织国际科学调查团进行实地调查。朝鲜方面同时提出以上要求。

世界和平理事会主席约里奥-居里，一向反对滥用科学成果危害人类。他一方面把中国和朝鲜的电报和抗议信迅即转发各国和平理事会分会，号召全世界正义的人们对细菌战发动者予以声讨；另一方面，他顶住政治压力，决定在奥斯陆召开世界和平理事会执行局特别会议，讨论中国和朝鲜进行国际调查的要求。

执行局特别会议于 1952 年 3 月 29 日举行，世界和平理事会理事钱三强参加中国代表团，并作为团长郭沫若的工作助手出席（朝鲜代表团由李箕永带队）。钱三强参加这次会议的感觉，同三年前在布拉格截然不同，会上的紧张空气就像开辟了朝鲜战争的第二战场，主要是中、朝同美国及其同盟者进行短兵相接的较量——美国国务卿艾奇逊会前发表声明否认使用细菌武器，说是中国和朝鲜故意捏造的，而中朝两国代表团向与会执行委员提供有从现场获得的证物及说明材料，用事实验斥美方的抵赖；美国代表提议由国际红十字委员会做出判断，不同意组织国际调查团；中朝代表反对美国的提议，认为此时的国际红十字会不能摆脱政治偏见，要求由超脱而独立的科学家组成国际调查委员会进行调查。

进行公正调查，以便证实中国和朝鲜的指控是否成立，无论从道义和逻辑上说，都是顺理成章的。但美国方面死活不同意，还想一手遮天，搞了好多不光彩的名堂，对一些国家的执行委员进行欺骗、拉拢，甚至威胁；对他们一向十分恼火的约里奥-居里，更是开动宣传机器，连篇累牍发表文章进行攻击和谩骂，诬蔑他是"共产党的阴谋组织者"。

世界和平理事会要不要干预朝战中的细菌武器问题，在奥斯陆会议上一度出现僵局，要与否两种意见针锋相对，另一些委员则缄口少言。在这种情况下，约里奥只好采用和平理事会很少采用的办法——付诸

1952 年 3 月在执行局特别会议期间，钱三强（左）、郭沫若（右）与拉斐德秘书长在一起

表决。

　　郭沫若和钱三强意识到形势严峻。他们担心约里奥不能顶住强大的政治压力，一如既往地主持正义，而他的态度以至于态度的明确程度，对表决结果将起到举足轻重的作用。钱三强记得，"面对这种情况，富有斗争经验的郭老抓紧一切机会，会上会下进行工作，包括和约里奥-居里的联系"。

　　约里奥-居里没有让正义失望。

　　表决头一天，约里奥特意召开了一次小型会议，这个会议既没有中朝代表参加，也没有美国及其主要盟友参加。约里奥在会上态度严肃地讲了一番话，使与会执行理事们受到正义精神感染。约里奥在小会上的讲话，和平理事会秘书长拉斐德会后告诉了钱三强，其中讲到：理事会支持不支持被侵害的中国与朝鲜的要求，是关系到世界和平理事会存亡

275

的问题。若不能主持正义，还有什么理由让世界和平理事会存在下去。

第二天，会议进行表决之前约里奥又作了讲话：大家选我为世界和平理事会主席，我很荣幸。我们受着同一个信念的鼓舞，为消除战争而工作。我们要尽一切办法，使我们的孩子们不再经历新的战争恐怖，使科学为其正当目的而不为罪恶目的服务，使世界上劳动者不断努力创造幸福，而不致造成破坏。只要危险没有消除，我们就要坚持做下去。没有任何东西可以阻挡我们。【1】

事过二十几年后，钱三强回忆那天的现场情景依然情不自禁：

> 大会进行辩论和表决，会上气氛非常紧张。会议终于在约里奥-居里坚持下通过决议：组织"调查在朝鲜和中国东北的细菌战事实国际科学委员会"。在胜利的时刻，我们每个人的脸上都像一束绽开的花，然而却不是在笑，而是流出了兴奋的泪水！郭老听完决议，忍不住内心激动，他一动不动地坐在座位上，长时间用手绢捂住眼睛，不想让人看出他在流泪。一到休息室，他就对我们说："总算没有辜负党和人民的委托啊！"【2】

在布拉格邀组国际调查团

按照奥斯陆会议决议，具体组织"调查在朝鲜和中国东北的细菌战事实国际科学委员会"（简称"调查团"）的任务，不知不觉落到了钱三强的肩上，他被留在国际和平理事会机构所在地布拉格，受郭沫若

【1】 [英] 莫里斯·戈德史密斯：《约里奥-居里传》，施荑译，原子能出版社1982年版，第219页。
【2】 钱三强：《忆我尊敬的长者——郭老》，《光明日报》1982年11月17日。

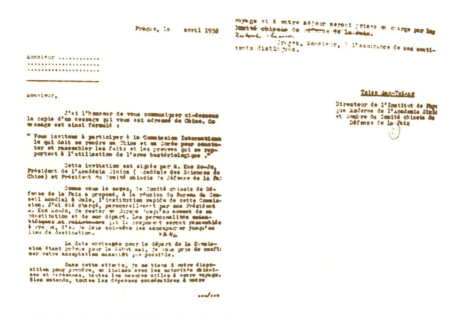

1952 年 4 月 10 日，钱三强代表郭沫若于布拉格寄发的法文邀请函

和约里奥-居里委托，组织国际调查团。

　　起初一段时间，钱三强在邀请科学家参加调查团时，遇到很大困难，发出的邀请信几乎都得不到回应，原来是美国从中威胁科学家，如果参加了调查团，就是不受欢迎的人，将拒绝他们入境美国；同时，为了使组织调查团流产，美国当局对约里奥-居里更是大打出手，甚至由美国驻联合国代表沃伦·奥斯汀亲自登场，于 4 月 3 日写信给约里奥，用语无礼且带侮辱性，尤其可笑的是，奥斯汀居然指责约里奥在"滥用科学"。约里奥对这种颠倒黑白的指责，实在难以置之不理，他决定以公开信的方式给予回击。

　　约里奥的回信首先提醒世人，关于禁用细菌武器有一项国际协议（即 1925 年日内瓦禁止生产和使用细菌武器议定书——注），而美国至今拒不批准这个协议。而后，他愤怒而自信地驳斥了奥斯汀：

你指责我滥用科学，因为我反对罪恶地使用伟大的巴斯德的发现，因为我号召公众反对发动细菌战。我认为滥用科学的人，正是在广岛和长崎用毁灭 20 万居民的手段而开创了原子时代的那些人……

不能因为朝鲜人和中国人选择了和你们国家不同的社会制度，也不能因为他们不是白种人，就认为用凝固汽油弹或用细菌来大规模地消灭他们是合法的。……因为我知道科学能给世界带来什么，所以我将继续努力，利用科学造福人类，不管他们是白种人、黑人还是黄种人，而不是在某种天赋使命的名义下利用科学消灭人类。[1]

郭沫若致钱三强的亲笔信

奥斯汀事件后，钱三强感受到情况发生了明显变化，他邀请科学家参加调查细菌战比以前顺当了，有人不再把美国的威胁言论太放在心上，毅然接受邀请。到 1952 年 5 月中旬，组团任务接近完成，消息报告国内后，领导们为这项工作终于取得成功感到高兴。5 月 21 日，郭沫若写给钱三强的亲笔信，言辞间充满殷殷之情。

---

〔1〕 ［英］莫里斯·戈德史密斯：《约里奥-居里传》，施莘译，原子能出版社 1982 年版，第 222 页。

三强兄：

　　您这次做了很好的工作，总理和定一、同志们都表示满意，把您辛苦了。我们的意见，望您待国际委员会组成后一道回国，望您把这一任务彻底完成。居里先生处我已有电慰问，今天李一眠动身，我写了一封信，托他带去。您多留二三星期，我想对于居里先生也当是一种安慰。余由长望同志面详。[1]

　　5月31日，钱三强从布拉格到达维也纳。他将作为中国代表团成员（团长为涂长望）出席世界科学工作者联合会第11届执行理事会，同时面晤世界科联主席约里奥（亦为本次会议主席），向他报告已受邀的国际调查委员会组成情况，听取他的意见。约里奥对调查委员会终于组成感到欣慰，对其成员，他认为无论以专业结构、国籍分布以及个人精神而论，都是保证公正调查所必需的。

　　"调查在朝鲜和中国东北的细菌战事实国际科学委员会"由七名独立科学家组成，他们是：瑞典女医学家、斯德哥尔摩市立医疗管理处中央临诊试验室主任安德琳博士，英国生物化学家、皇家学会会员、剑桥大学教授李约瑟，意大利人体解剖学家、布罗尼大学教授欧利佛，巴西寄生生物学家、圣保罗大学教授贝索亚，苏联细菌学家、苏联医学科学院教授茹科夫·维勒斯尼科夫，法国动物生理学家、格利奴国立农学院活动生理学研究室教授马戴尔，意大利微生物学家葛拉求西博士因时间安排上的原因，不能全程参加调查，被明确为"列席顾问"。其中茹科夫·维勒斯尼科夫曾经担任过"伯力日本细菌战犯审讯团"首席医学专家。

---

〔1〕　郭沫若：《致钱三强信》，见《钱三强年谱长编》，科学出版社2013年版。

| 在朝鲜战地前线 |

钱三强原以为完成组团任务后，回到北京就可以全身心地进入近代物理研究所所长的角色了，可当他 6 月 21 日陪同国际调查委员一抵京，又接到新任务，他被邀请为调查委员会的"唯一联络员"，并且规定要全程陪同调查，委员会讨论时他可以发言，但没有表决权。

钱三强想到，这次赴战争前线调查不会是短时间，他在走前做了两件事。第一件，他请示郭沫若同意，由尚未正式任命（次年 4 月 10 日任命）的两位副所长王淦昌和彭桓武代行所长职权，全面主持近代物理研究所工作；第二件，他往清华园向叶企孙、周培源辞去兼任的清华物理系主任职务，并与周培源一起动员王竹溪出任系主任。他这样做，不完全是担心上前线调查可能发生意外，主要是怕人不在挂个虚名会影响工作。

7 月 10 日，国际调查团乘夜间火车向东北进发。车上除了外国科学家，还有协助调查团工作的中国接待委员会副主席廖承志（主席为卫生部长、冯玉祥夫人李德全）以及几位有资历的委员专家，如钟惠澜博士、吴在东博士、方纲教授、朱弘复博士、严仁英博士、杨士达博士等。因为都是为着同一目的，加以没有太多语言上的障碍，车厢内气氛融洽，尤其李约瑟成为活跃人物，他知道中国的事情多，又能讲汉语。

实地调查是从抚顺到安东（现丹东）一带开始的。委员们看了现场拍下的照片，看了美军飞机投放的"细菌炸弹"实物，检验了携带病菌的昆虫，查看了受到细菌武器危害的甘南和宽甸的实况。每看一处，他们都做记录，并询问提供证物和说明情况的人，不放过任何可疑线索。

在询问被俘美军飞行员伊诺克·奎恩的场面上，委员们态度和蔼，

钱三强（前左五）陪同国际调查团听取美国士兵（正面右一）的供词

钱三强（前左一，手拿美军投下的细菌炸弹壳者）陪同国际调查团在沈阳参观美国发动细菌战实物展览

就像在举行会谈，完全没有给对方形成任何压力，奎恩的情绪自始至终轻松自由。这类的询问，在中国东北和朝鲜的防空洞里进行过多次。被询问的人员中，有被俘的美国陆军人员、空军人员，还有特殊任务执行者。

钱三强陪同国际科学委员调查细菌战事实的另一渠道是，深入到前线战壕、山洞、野郊和医院，听取了成百受害人的指控，其中有农民、工人、战士和指挥抗美的中朝将军。

一个多月时间，委员们获得大量可信度很高的事实，证明美军确实发动了细菌战。对这些所见所闻的事实，除了苏联细菌学家茹科夫·维勒斯尼科夫曾在伯力审讯日本细菌战犯有过见识而外，其他专家都感到触目惊心并开始解除此前的疑虑。

调查团在朝鲜战地的经历，更是令人胆战心惊。他们 7 月 16 日从丹东进入朝鲜后，三人一组乘苏式吉普车行进。由于美军飞机狂轰滥炸，所有道路都布满弹坑，人坐在车上就像摇煤球，一会儿被颠起老高，头撞到了车顶篷上；一会儿左右倾斜，整个身体险些翻下车去。更危险的是，美军掌握着制空权，并且无孔不入刺探调查团行经情报，飞机说来便来，到处搜寻目标。这样，车队白天根本不能动，只能等到天黑行进，但夜间行车又不能开车灯，怕暴露目标。尽管倍加小心，车队还是经常被美军飞机盯住，几次差一点发生人员伤亡。

一次，中国热带医学家钟惠澜同瑞典女医学家安德琳乘坐的吉普车被炸翻了，两人当场晕倒过去；又一次，钱三强同李约瑟坐的车子，被一枚炸弹的气浪掀了起来，司机的方向盘突然失去控制，汽车猛地撞到土堆上，差一点连人带车翻下山沟……

中国和朝鲜方面为了保障调查团安全，采取了很多措施，外出调查派保安部队护卫，有军医随行。在平壤期间，调查团全体人员被安排住在金日成指挥作战的坚固防空洞里。然而即使这样，调查团还时而遭遇危险。昆虫学家朱弘复的历险就是一例：

> 到平壤以后，我们住在金日成将军的防空洞里，很坚实，但是地下排水不行，没有厕所。有一天晚上，我和方纲出来，他问门外的朝鲜士兵，有没有飞机，答说"小小的"（意思是有），我们只好半途退回，正在这时候，厕所被美军飞机炸掉，从距离上看，如若我们不退回，就要遇上危险。那天晚上，大家都再也不敢出去了。**[1]**

"需要时就会出现的骑士"

钱三强陪同委员们从朝战前线回到北京后，撰写调查报告的任务，主要由英国科学家李约瑟承担，这是因为"李约瑟很能干，中文很好，工作起来很认真、负责，他经常自己用英文打字机打调查报告，后来证明调查形成的报告中，多数是他的材料"**[2]**。而钱三强则成了李约瑟的"参谋"，常找他一起讨论报告如何写法，要他对报告结构、背景分析等提供意见。

经过全体委员反复讨论，调查报告最后写成厚厚一本书，连同附件共有45万字，按世界和平理事会规定，译成法、英、俄、汉四种文本，法文本为正本。其中结论部分写道：

[1] 朱弘复教授谈参加反细菌战斗争，转引自中国科学院《院史资料与研究》，1993年第3期。

[2] 朱弘复教授谈参加反细菌战斗争，转引自中国科学院《院史资料与研究》，1993年第3期。

报告书签名页

为调查细菌战的有关事实而组织的国际委员会，在现场进行了两个多月的工作之后，现在结束工作。有大批事实摆在委员面前，其中有一些事实，首尾连贯，富有高度说明性，足以例证。所以，委员会特别集中力量来研究这些事实。

委员会已得出下面的结论：朝鲜及中国东北的人民，确已成为细菌武器的攻击目标；美国军队以许多不同的方法使用了这些细菌武器，其中有一些方法，看起来是把日军在第二次世界大战期间进行细菌战所使用的方法加以发展而成的。

委员会是经过逻辑的步骤而后达到这些结论的。这种遭各国人民一致谴责的灭绝人性的手段，竟见诸使用，此为本委员会的委员们过去所不易置信，现在本委员会迫于事实，必须下这些结论。[1]

报告书写成后发生了一点小曲折。个别委员提出来，报告书可以委员会的名义落款，不必签署委员个人名字，需要的话，附一个委员会的

[1] 调查在朝鲜和中国的细菌战事实国际科学委员会报告书，《科学通报》反细菌战特刊，转引自《中国科学院史事汇要》(1952)，1994年3月。

组成名单就可以了。钱三强知道这主要是怕美国胁迫委员所在国搞报复，而这种顾虑并非空穴来风，约里奥被美国记恨的例子就很清楚。但如果真照那样做，调查报告书的作用会大受影响，起码国际上对其中所列事实的信誉度会降低，甚至给人某种可乘之隙，别有用心的人正好就此进行中伤和恶意歪曲，淆惑视听。钱三强就此找彼此能说心里话的李约瑟，并且取得了共识：调查报告应该由所有参加调查和讨论的委员签名。李约瑟答应去向委员作个别解释，他蛮有信心地对钱三强说："相信会签名的，因为参加这个委员会的科学家，是为支持正义而来。"

8 月 31 日是星期天，北京台基厂九号中国保卫世界和平委员会早早挤满了新闻记者，国际科学委员会的调查报告书签字仪式和记者会在这里举行。这天，钱三强穿了一身深色中山服，还在北京饭店理了发，他虽然不能在报告书上写下自己的名字，但他心中充满胜利的喜悦。

国际科学委员会合影留念
前排左起：李约瑟（英国）马戴尔（法国）、安德琳（瑞典）、欧利佛（意大利）、贝索亚（巴西）、茹科夫·维勒斯尼科夫（苏联）；后排左起：钱三强（中国，委员会联络员）、贝索亚夫人（巴西，翻译秘书）、葛拉求西（意大利，委员会列席顾问）、可华斯基（苏联，翻译秘书）

钱三强（右）在维也纳出席世界和平大会时与和平运动指导委员会委员皮埃尔·库特一起工作（原件存巴黎居里博物馆）

1952 年快结束的时候，钱三强又接受任务随同宋庆龄（团长）、郭沫若（副团长）率领的代表团（有梅兰芳、袁水拍、常香玉等共 59 人），出席在维也纳举行的第三次世界和平大会(85 国 1875 人出席)。宋庆龄作为三位合作主席之一，与约里奥-居里共同主持了 12 月 12 日的开幕大会（另一位合作主席爱因斯坦因故未到会），16 日会议上宋庆龄作"停止现有战争"的演讲。三天会议中，有一项议程即由巴西生物学家贝索亚代表国际科学委员会陈述调查报告，以事实证明朝鲜和中国东北人民确已受到美国细菌武器攻击。

难忘的经历结下深厚友谊。在后来的几十年中，李约瑟每到中国访问，钱三强（有时还有朱弘复等）和他总要相约举行一次朋友式的聚会，或选在北海仿膳，或邀到颐和园听鹂馆，他们依着长廊，沿着湖边小径，一边漫步一边闲谈，他们总要说到 1952 年那段难忘的经历。

20 世纪 60 年代初，李约瑟的《中国科学技术史·物理分册》（英文版）出版，他在扉页上印了自己的一段话："谨以本卷献给两位友人：

北京大学物理系教授、前中央研究院总干事叶企孙——1944年昆明和重庆黑暗时期最诚挚的朋友；中国科学院物理研究所所长钱三强——1952年北京、沈阳和朝鲜每当需要时就会出现的骑士。"

1984年1月，已是暮年的李约瑟致信钱三强，特意解释这句话的出处和引用它的意思："您一定知道我在1962年出版的《中国科学与文明》（即中译本《中国科学技术史》）第四卷第一部，其中介绍了您，我那时称您为'当需要的时候就会出现的儒士和骑士'，这是模仿了英语诗人W.H.奥登的诗句，他这首诗是这样开头的：'噢，你将去往何方？'儒士对骑士问道……这里的儒士和骑士指的是对照的双方，一方是饱读诗书的学者，另一方是拯救灾难和为人民幸福而积极投身于社会活动的学者。"在这款信的末尾，李约瑟再次写道："至今我一直记得我们1952年在朝鲜的那段时光"。【1】

【1】 李约瑟获中国自然科学奖一等奖后致钱三强的英文信（1984年1月9日伦敦），见《钱三强年谱长编》，科学出版社2013年版。

钱三强传

第四篇

第十八章
为了原子科学在中国生根

秣马厉兵将在先

核物理学家钱三强，早就想在中国搞原子能，在他参与筹划新中国科学发展蓝图的时候，实现这个想法更是急不可待了。

原子科学在中国怎样起步？钱三强筹划中费了一番心思。他曾登门请教物理界前辈和同人，中国科学院建院后，又立即请来叶企孙、吴有训、周培源、严济慈、饶毓泰、王竹溪、赵广增、彭桓武等，商讨物理学如何发展，研究机构如何设置。1950 年 1 月 15 日的一次座谈会，讨论了足有三个钟点，发言始终未间断，虽然出现意见分歧，但对中国物理学现状的看法上，获得了共识，这就是：中国物理学的发展必须改变人员力量分散、各自为政和科学研究脱离实际需要的局面。

正是这样的认识基础，新中国首批两个物理研究机构之一——中国科学院近代物理研究所于 1950 年初成立（1958 年易名为原子能研究所，现为中国原子能研究院），确定它的研究方向和主要任务，将以原子物理学和放射化学为主，发展原子核科学技术的基础，为原子能应用做准备。

当时也有一种意见认为，近代物理所可以考虑按美国现时的发展思路，把重水、石墨、铀的提炼这些原子能工业应用的工作首先做起来，尽快见到实际效果。但钱三强和另外一些物理学家认为，中国所处的条件与美国不同，应该首先打好基础、准备条件，以后适时开展原子能工业应用工作。

任何一项科学事业特别是新兴的原子能科学技术，要发展起来，最紧要的是有人和物的条件。关于人的方面，钱三强看得尤为重要，他认为中国原子科学要起飞，必须先有领飞的雁。于是，1950 年 1 月他亲往恳请时任上海交大校务委员会主任、原华东文教委员会副主任的吴有训北上，担任近代物理所所长，同年 5 月 19 日政务院下达任命书，钱三强本人被任命为该所副所长（1951 年 2 月起任所长）。

钱三强（左）、吴有训（中）与苏联巴尔金院士交谈（1955 年）

钱三强履职近物所，其实比政务院下达任命书要早得多。他早早地为筹划这个所上了心，并把视线投向全国，积极物色人才，还首先盯住了两员大将，一员是由云南大学转来清华的彭桓武，一员是浙江大学的王淦昌。

彭桓武在工作

1950年成立中国科学院近代物理研究所时旧址——北京东皇城根四合院

　　钱三强和彭桓武回国前就有"一起好好干"的约定，回国后一度同住清华园北院七号，中国科学院刚一成立，他们又都迁居到地安门东大街一处大宅院，因院内有多处花圃，喜种月季，时称"月季大院"。这里时为科学院第一宿舍，副院长竺可桢、陶孟和及稍晚到京的吴有训，一些在京无住所的科学家都住在这里，还作招待所接待外地临时到京的科学家。一段时间，第一宿舍成了科学院的辅助办公地。

　　在"月季大院"，钱三强凡有关科学方面的信息，都习惯向彭桓武去说，听取他的见解。彭桓武对此印象很深：

　　　　我记得三强谈过用中国人民科学院还是用中国科学院名称的考虑；也知道他支持贝时璋教授的成立实验生物所的建议，并很欣赏贝教授的数理化与生物学渗透的看法。在物理方面，在我国抗日战

293

争这几年，国际上发生了一件大事，即原子核裂变的发现和由此引起的开发原子能，首先是美国在日本扔了原子弹。所以在调整原中央研究院和北平研究院的物理机构，成立中国科学院的应用物理所和近代物理所时，在人员上对后者特别加强，取得清华大学和浙江大学的积极支援，形成原子核方面的全国一盘棋的集中格局。[1]

从 1950 年 2 月起，彭桓武就实际投入到近代物理所的筹建工作中。王淦昌的情况稍有不同。钱三强先写信邀约，希望他能来趟北京共同筹划核物理方面的研究工作。没想到王淦昌接信后，便自费买了硬板车厢的坐票赶到北京，时值 1949 年底，他先来当面打探情况，好下最

1950 年冬钱三强（左二）率队勘察选址中关村新建第一栋科研大楼近代物理所，后称"原子能楼"

[1] 彭桓武：《谈谈我对钱三强先生组织领导我国科技工作的几点认识》，见《彭桓武诗文集》，北京大学出版社 2001 年版。

1954 年 12 月，钱三强（右一）陪同科学院院长郭沫若（右二）、党组书记张稼夫（左三）、副院长李四光（左一）、竺可桢（左二）视察原子能楼，并到楼顶观看在建的其他研究所工地

后决心。也是在"月季大院"，钱三强和王淦昌促膝谈开了，谈了未来近代物理所的构想，谈到中国原子科学的前景和困难，他们互觉志同道合。次年 2 月 16 日，王淦昌乘火车到北京报到，随后他又把在浙大建的云雾室设备也运到北京，决心全身心投入新中国的核科学事业。

同时，钱三强利用全国一盘棋的格局，把原中央研究院物理所、北平研究院原子学所和清华大学、浙江大学的一些骨干力量邀集到一起，参加近物所初期的筹建工作。尽管总共只有十几个人，但它是当时国内一个名副其实的强优结合的集体。

钱三强想到，新中国刚一成立就有了自己的核科学研究机构，并且亲自为它作出了努力，没有"捡现成"，他内心充满喜悦和自信。这样的好消息，他没有忘记报告两位法国老师，因为他们巴黎临别时有过殷殷嘱咐。钱三强在 1949 年 12 月 3 日的信中说：

现在我们的政府已经建立，每个人都在一点一点开始做各自的工作。我被调到中国科学院，它属于政府组织内的一个独立机构，负责承担组建原子核物理研究所的工作。这个研究所将包括一个原子核物理实验室、一个宇宙线实验室、一个原子核化学实验室，还有一个涉及宇宙线和原子核的理论物理研究室，后者将由彭桓武先生领导。[1]

原电报失存。钱三强晚年回忆约里奥-居里夫妇祝贺中国科学院近代物理研究所成立的电文手迹

钱三强信中特别讲到理论物理室将由彭桓武领导，那是因为彭桓武在爱尔兰都柏林高等研究院作为薛定谔的助理教授，直接指导了法国物理学者 Morette 女士的博士后研究，当她的论文发表后，约里奥曾经对这位中国指导者给予过很高褒扬。钱三强所以写这件事，是想告诉法国老师，新中国开展核科学研究，是具有人才条件的。

1950 年春，约里奥-居里夫妇分别发来贺电，祝贺

---

[1] 钱三强致约里奥-居里夫妇信（法文），1949 年 12 月 3 日。原件存巴黎居里博物馆。

中国科学院近代物理研究所成立，并不断取得核科学事业的成就。在那时的全面封锁中，这是唯一来自西方科学家的致贺。对这件事，钱三强铭记终生。

广聚人才　措施务实有效

那时候，国务院和科学院为近代物理所敞开绿灯，加上原子能事业本身所具有的吸引力，这都为近代物理所聚集人才发挥了重要作用，工作进行得顺当而有章法。钱三强后来总结说：从 1950 年起，在聚集人才方面做了三方面的工作：尽量争取国内科学家、教师和技术人员，来研究所工作或兼职；争取在国外的中国科学家及留学生归国参加工作；选拔国内优秀大学毕业生来研究所培训。他早就设想好，建立一个新兴学科的研究所，将来必须形成高级、中级、初级研究技术力量的金字塔结构。

聚集人才这件事，钱三强并不是凭着给予的特殊政策搞强拉硬拽，而是兼有周密合理的部署和具体措施。彭桓武对此感触很深：由于有亲身的经历和体会，三强在求才、育才、用才方面做得很出色，有特点。彭桓武概括了钱三强的四个特点：[1]

特点之一是，他吸收各方面的专长者，又注意富有经验者与年轻有为者配合，既便利培养，也增强了工作效率。

钱三强早在筹建科学院之初，曾主持调查全国自然科学专家情况，

[1]　彭桓武：《谈谈我对钱三强先生组织领导我国科技工作的几点认识》，见《彭桓武诗文集》，北京大学出版社 2001 年版。

1978 年 8 月出席中国物理学会年会，钱三强（右一）、何泽慧（右二）与葛
庭燧（左一）、何怡贞（左二）在一起

了解到尚在国外的所有专家名单，他把与原子核科学有关而应该努力争
取的"专长者"都记在心里，或者亲自写信，或者托人转邀他们归国到
近代物理所工作。还在 1949 年 4 月，他在布拉格短短几天就写了两封
求才信寄往美国，一封是 4 月 20 日写给在芝加哥大学工作的清华校友、
金属物理学家葛庭燧，信中说：

> 新政权比较以前的好得多。想到我们十三四年前曾经共同奋斗
> 所想达到的目标，现在来了。……中国现在就希望非个人主义者来
> 为大众服务。……关于全盘科学建设，很需要新起的科学工作者来
> 共同筹划，因此老兄回来是最好没有。现在南京、上海一下，今年

想怕广东都有希望了。所以全国建设立即要开始，请有志者共同来参加这伟大的工作。[1]

葛庭燧偕夫人、固体物理学家何怡贞，于同年 11 月第一批回国，任清华大学教授，兼职近代物理研究所室主任。

4 月 27 日，钱三强在布拉格收到由巴黎转达的纽约《留美学生通讯》编者来信，希望回答留美学者所关心的几个问题，以自身的体会解除归国顾虑，动员更多在美学者回国服务。钱三强回信在谈到顾虑对留美学生将要实施特别政策时，写道：

> 凡是本身有用的人才，不是自私自利者，都欢迎回国，参加建设工作。但不像从前，只认头衔不认本领及工作经验。相反的，凡是真埋头苦干，不骄不躁的专家都受到尊重。更谈不到有什么对美国留学生特别实施的政治训练。主要应该想到自己是人民中享受过特别待遇的人。现在既然学有所成，应该从"为人民服务"着想。……但同时要时时想到利用知识以及技术，为大众服务。……事实上歧视问题毫不存在。在北平的各校教授，大多数是留美的学生，一个也没有解聘。……举例来说吧，以小弟之无知，从来未走衙门，拜显要，中共来了以后，也不特别轻视。我觉得一切都很自然。重要的关键，还是在人生观的问题上。[2]

钱三强以上两封信，先后在《留美学生通讯》第一卷第六期和第七

---

[1] 钱三强：《致葛庭燧》(1949 年 4 月 20 日)，《清华校友通讯丛书》第七辑，2001 年。
[2] 钱三强：《复〈留美学生通讯〉编者》(1949 年 4 月 27 日)，《清华校友通讯丛书》第七辑，2001 年。

期刊出，对许多留美学者起了积极的动员作用。据后来国家教委统计的数据，从 1949 年 8 月至 1954 年 12 月，自美国回国的学人计 937 人，其中不少学者归国后被吸纳到近代物理研究所。

1950 年赵忠尧要回国，这是钱三强很高兴的一件事，认为近物所又会增加一员大将。但不料，赵回国途中被驻日美军扣留，使其在南京的家眷生活上发生困难。钱三强获悉后即与吴有训紧急致函郭沫若，请求院方按月发给赵家生活补助费，数额相当于赵忠尧拟定工资的百分之七十，直至他到所工作为止。赵的家眷及 1951 年回国后的赵忠尧，对此种诚意深怀感激。

1951 年 3 月和 10 月，通过钱三强亲自联络和邀请，留英核物理学家杨澄中和留法放射化学家杨承宗，先后回国到近代物理所，并分别主持早期电子学组和放射化学组的工作。随着所内人员不断多起来，二杨因为名字相近，同事们称呼上发生过不少误会，钱三强和几位同事一起为他们想出一个区分的方法，称他们为"英杨"（英国回来的杨澄中）、"法杨"（法国回来的杨承宗）。叫久了，习惯了，这个雅称在核科学界常常成为人们谈论那个年代的小花絮。

　　特点之二是，必要时还借助外单位的指导力量，或聘部分时间兼职，或全时兼职一段时期。

钱三强在这方面采取两种做法，一种是聘请一些类似于顾问性质、不承担具体工作任务的专门委员，如聘请过周培源、张宗燧、叶企孙、赵广增等，他们的任务是对全所的研究方向和重要学科领域的发展前景提出建议。另一种做法，聘请所外专家用部分时间到所兼任室主任，并负责相关课题的研究，其时兼聘的有：生物物理学家贝时璋、统计物理学家王竹溪、金属内耗学家葛庭燧、理论物理学家胡宁、金属物理学家李林、化学家刘静宜、低温物理学家洪朝生、物理学家吴乾章等。这样做的结果，不仅工作很快开展起来了，年轻科学技术力量也得到实际培养和锻炼，收到了事半功倍的效果。

　　钱三强找陈芳允（后获"两弹一星功勋奖章"）携手合作的故事，成为原子学和电子学初期联盟并进的佳话。20 世纪 50 年代初，中国科学院准备发展电子学，成立以陈芳允负责的电子学所筹备处。此前，近代物理所也有一个核电子学小组，但力量薄弱只有五六个人，做些从零开始的工作。钱三强想借助电子学所的筹备来促进两方面共同发展，他找科学院领导把电子学所筹备处先合在近代物理所。院领导采纳了，同时决定数学所的电子计算机部分也合到一起，但陈芳允担心电子学被原子能"吃掉"，有所顾虑。钱三强理解陈的心思，主动向这位清华校友做出承诺："芳允，电子学筹备处先到我们这儿来，实行一次跨学科联合，进攻主要目标，以后电子学一旦建所，你们原班人马和仪器设备都带走。"陈芳允点头说："老兄，你可是君子一言，要言而有信啊！"

　　1956 年实施四项紧急措施电子学单独建所时，钱三强的承诺兑现了。他所采取的三年跨学科联合，取得了双赢的结果：经过这一合并与再发展过程，电子学与电子计算机工作的物资、人员和其他条件，都有了增强，原来力量薄弱的核电子学组，比过去有了加强，业务范围也扩大了。陈芳允对此深有感触：钱三强信守诺言，同意我们从原子能所撤出来，他仅留下了两个人。钱三强是一个很值得人们佩服的人，我们都很尊敬他。[1]

　　【1】　宋健主编：《"两弹一星"元勋传》，清华大学出版社 2001 年版。

　　特点之三是，发挥个人优点并指示钻研方向。

　　彭桓武举例说：例如 1953 年钱三强让黄祖洽向中子输运应用理论发展，1955 年让黄祖洽和我去苏联学习反应堆理论。1956 年暑假送我一本名为《核反应堆工程原理》的美国教科书，交谈中提起二机部新来的大学生还需等待一年才能去新建的工厂工作时感到不安。我建议利用这一年给他们补上专业基础课，譬如上述《核反应堆工程原理》即可作为课本。他吸取了这意见，将此事安排给北京大学技术物理系。同时，钱三强从各大学选来一批物理系和数学系的学生到近代物理所，让彭桓武、黄祖洽、金星南授课，把他们培养成反应堆理论和反应堆计算方面的专门人才。[1]

　　特点之四是，选拔优秀国内大学生来研究所培训。

　　初期，凡是到近物所工作或兼职的专家，除了从事研究工作外，都要在所内讲课，培养青年。钱三强本人也不例外，作为基础课，他曾亲自讲原子核物理课，大约每周一次。后来，为了更多地培养原子能科学事业急需的力量，在科学院支持下，钱三强邀请浙江大学的胡济民、东北人民大学的朱光亚和北京大学的虞福春负责，在近物所建立一个专门培养青年学生的机构——近代物理研究室（代号叫 6 组）。他花了不少时间和精力来筹划这个机构，他到科学院争取经费支持，在中关村近物所邻近盖了教学实验楼和宿舍，订购了必要的设备和图书。不到一年时间，便开始从全国一些重点大学选拔高年级学生，进行原子能专业教学

　　────────────

　　[1]　彭桓武：《钱三强和我》，见《彭桓武诗文集》，北京大学出版社 2001 年版。

培养。又一年后，6 组"嫁给"北京大学成立技术物理系，负责培养原子能科技专门人才。

与此同时，钱三强与蒋南翔共同研究筹划，在清华大学创办了工程物理系，他和蒋南翔一起，在准备派往苏联、东欧留学的理工科学生中，挑选与原子能有关专业接近的 350 名学生，改学原子能科学、工程技术专业。后来，钱三强领导的研究所，又负责在中国科学技术大学开办了近代物理系和放射化学系，并派出赵忠尧和杨承宗分别兼任两系系主任，授课老师全部由研究所的研究技术专家担任，开创了研究所办教育的先河。

经过种种努力，聚集人才的工作收到良好效果。近代物理所由初创时十几个人，到 1956 年全所人员达到 638 人，"一大批有造诣、有理想、有实干精神的原子核科学家，从美国、英国、法国、德国、东欧和国内有关大学、研究单位纷纷来到所里，真可谓群贤毕至，少长咸集，组成了中国原子核科学的研究中心。经费、条件情况也大有改观"[1]。

　"吃面包从种麦子开始"的可贵精神　

在总结研究所发展成绩的时候，许多人称道所长钱三强的科学组织工作才能，而在钱三强直接指导下工作过的黄胜年（后为中国科学院院士）同时认为，钱三强更突出的是他的大度和宽阔胸怀。黄胜年讲了自己这方面的体会：

在组建近代物理所的时候，他就想方设法把国内最强的有关各

---

[1]　钱三强：《中国原子核科学发展的片段回忆》，香港《紫荆》1990 年 10 月创刊号。

方的优秀科学家请到所里来工作。越是有本领的人，越要请来。不能全部时间来所工作，就请他们来兼职指导工作。请来以后，尽可能创造条件，让他们施展才华。在工作安排上，钱先生从不强调自己的科学工作领域，总是从全局出发，尽量先支持其他科学家的研究。我想，正是由于这种人才上兼收并蓄，组织工作上甘为人梯的大度方针，使得在他的任期内，原子能研究所人才济济，兴旺发达，学术风气非常浓厚，学科门类比较齐全，成为一个高水平的综合性科学中心，在我国原子能事业中起到了重要作用。[1]

钱三强在回顾建所经历时，他很珍惜的一点就是，有了人，人更贵有一种精神，这样工作才有成功的把握。他说，这种精神从某种因素上说是逼出来的。那时，国家经济困难加上外部封锁，双重压力相逼之下，钱三强悟出一条研究所生存和发展的道理，这就是他用形象语言说的"吃面包从种麦子开始"。

> 建所初期，工作和生活条件都很艰苦，西方国家对我们实行禁运，有钱买不到商品仪器，于是，研究所我和王淦昌、彭桓武几位负责人，领导全所人员学习延安"自己动手，丰衣足食"的革命精神，自己动手制造各种设备，虽然困难不少，所花的时间多一些，但是锻炼了年轻的科技工作者，使他们在制造设备过程中掌握了不少必要的技术知识，对以后独立开展研究工作有很大的好处。[2]

[1] 黄胜年：《我所知道的钱三强先生和何泽慧先生》，《黄胜年自述——未湮没的径迹》（油印本），1998 年。
[2] 钱三强：《中国原子核科学发展的片段回忆》，香港《紫荆》1990 年 10 月创刊号。

这个集体艰苦创业，发生过许多动人的故事。

后任中国科学院院长的周光召讲过一件事：近代物理所建所伊始，不能从国家得到多少经费，加上外国封锁，以至于钱三强所长发动大家到北京的旧货市场去找零件自己制造仪器。一次，理论物理学家彭桓武到天桥的垃圾箱里翻找零件，竟被警察误以为是小偷。

还有，王淦昌奉命赴朝鲜前线监测放射性物质，赶制一台便携式 γ 探测仪，需要一个 10 兆欧姆的淬灭电阻，他跑遍北京旧货市场找不到，只好自己动手绕制；杨承宗带领朱润生、朱培基，冒着大剂量的危险到协和医院旧镭氡装置上提取氡气，再由戴传曾等制成氡铍中子源；李德平为了制作一套计数管的真空系统，没有真空封蜡和测量仪器，他从北京灯泡厂弄来装了钨丝没有抽气的灯泡，接到真空系统上代用，把事情搞成了；为了制造剂量笔，赵忠尧想办法弄来材料自己动手拉石英丝；邓稼先用一把糖果从路边小孩手里换得一节有用的铜丝……

就这样短短几年时间，近代物理所许多领域的研究工作，从无到有，从少到多，从低到高，一点一点搞了起来。

实验原子核物理方面：先是在赵忠尧、杨澄中领导下建成了第一台能量为 70 万电子伏特的质子静电加速器；之后，又在赵忠尧、李整武、梅镇岳领导下，建造了 250 万电子伏特的高压质子静电加速器；此外，杨澄中设计的 40 万电子伏特的高压倍加器也初步建成。

探测器研制方面：在何泽慧、戴传曾、杨澄中领导下，先后研制成对质子与电子灵敏的核乳胶、云雾室、卤素计数管、空气电离室、中子正比管和多种闪烁晶体，为粒子探测技术打下了基础，并且开展了中子物理、辐射剂量等多项研究。梅镇岳和郑林生分别建成多种谱仪，并开始做作核能谱学实验。丁渝回国后，建造了第一台铯原子束装置，开展了核磁共振谱仪研究。

放射化学方面：在杨承宗、郭挺章领导下做了许多基础性的工作，如天然放射性元素的提取、纯化、分析、测定；铀化学及从矿石中提取铀的研究；重水的制备和测定；用放射化学方法测量铀-235 和铀-238 的含量比等。

王淦昌和肖健领导宇宙线研究：1954 年在海拔 3180 米处的云南落雪山，建成了第一个高山宇宙线实验室，安装了多板室和磁云室，开展了奇异粒子和高能核作用的研究工作。

在理论物理领域，彭桓武和朱洪元带领一批基础扎实的研究骨干，如邓稼先、金星南、黄祖洽、于敏等，向原子核物理理论和粒子物理理论主攻，同时有计划地开始对反应堆、同位素分离、受控热核反应这些应用性的理论问题进行探索研究。

钱三强同样感到欣慰的是，通过几年工作实践，各个学科领域成长起一批骨干力量，既有物理学家，也有工程师，他们是中国原子能科学技术的生力军。这批人在钱三强心目中占有很重的分量，他了解他们的想法和追求、长处和不足，熟悉每个人的工作，并在关键时派上用场，恰到好处。

言与行的杰作——"红专矢量论"

大家总结研究所发展的经验归之为这样两条：一是靠全所人员的勤奋和才智；二是靠的一种好风气，它是一种无形的鞭策力量。又有人引申认为，这些经验的形成，跟所长钱三强的许多主张和措施有着密不可分的关系。

在那个时候，钱三强就态度鲜明地鼓励青年努力钻研业务，要在科学技术上敢于冒尖，超过前人。他经常告诫科技人员，要有"不进则退"

的危机感，他警示说，一个人如果三十多岁还拿不出什么东西来，就可能被淘汰掉。他用许多办法激励青年人进取，如他布置在研究所的阶梯教室挂居里夫人、卢瑟福、爱因斯坦、玻尔、库尔恰托夫等人的像，组织人写他们的生平传略贴在墙上，要求大家向他们学习。同时，他反对追逐个人名利，要求青年服从国家需要，为了事业需要随时准备"转行"，并且打算隐姓埋名工作一辈子。

钱三强每年要向新分配来所工作的大学生和研究生作报告，给大家讲又红又专，讲正确处理政治与业务的关系等。他用独特的语言说：

> 政治与业务的关系，好比骑自行车，保持物体沿圆周轨道运动，需要一种向心力。政治就好像给车把一个向心力，没有这点力，车就会沿切线方向出轨，于是就犯了错误。但是这个力不能太大，否则也会从里面出轨，这条路也走不下去，所以要随时修正方向。[1]

钱三强发明过著名的"红专矢量论"：一次，他在研究所会议室，一边讲着，一边在黑板上画了一个直角坐标，横坐标为

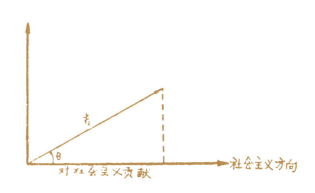

〔1〕　原子能所：《红专小报》，1966 年 6 月 28 日。

"红"，即社会主义方向；纵坐标为"专"；沿45°角画一条动径，箭头标明"矢量"（见上页图）。然后他说，矢量的模代表专业能力，矢量在横坐标上的投影，就是对社会主义的实际贡献，矢量方向与横坐标夹角的大小表示"红"的程度，这就是"又红又专"。他丢掉手中的粉笔，拍拍粉灰，风趣地来一句，"你们看，我成三角学家了"。

钱三强的"红专矢量论"影响过一代一代青年学子，并且受益人生成长路。20世纪60年代毕业于华中工学院（现华中科技大学）的樊明武（后当选为中国工程院院士）的情况，是众多事例中的一例。他担任第六任原子能研究院院长后，为了纪念首任院长钱三强百年诞辰，撰写《钱老"红专矢量论"指引我人生路》一文，其中写道：

> 在政治挂帅以阶级斗争为纲的年代，刚踏入社会的我如何做人做事做学问？是钱三强老师的一段话给了我人生的启迪。这段话使我在"文化大革命"中也保持清醒头脑，在"知识无用"的浪潮中仍然坚持读书、做学问，在"崇洋媚外"的压力下仍然坚持学习外语，在阶级斗争天天讲、月月讲、年年讲的氛围下坚持科研生产，从容地度过这场风波。获得首批出国深造的机会，以及以后在加速器的研究中取得成就……钱老师的"红专矢量论"，就这样一直伴随我，引导我进入科研工作。[1]

许多那时的中年骨干和刚出校门的大学生、研究生，每当回想起原子能所那段经历，都少不了讲到所长钱三强，特别对他那些生动、不落俗套的报告和讲话，留下的印象清晰，感觉既实在又意味深长。

---

[1] 樊明武：《钱老"红专矢量论"指引我人生路》，《原子科学城》2013年第3期。

如他对中年骨干说：不要把自己的专业看得太重，根据需要换几个研究方向，串联起来达到融会贯通，专业知识会达到一个新的地步。又说：闹专业思想就是"杂念"，搞科学研究要打消杂念，服从需要转行做任务工作，接触实际，可能提高更快，可以负更大的责任。

他对新进研究所的大学生说：你们该"断奶"了，现在应该用自己的小牙去吃些米和菜了。你们面前的路很长还曲折，只要付出劳动，把握好方向，定能达到目的。还说：师傅带进门，修行靠个人。你们都是站在马拉松赛跑的起点上，谁胜谁负，主要靠勤奋和拼劲，轻巧取胜没有这样的例外。他多次以居里夫人把毕生精力勤奋地献给科学的事迹，鼓励青年立志奋进。[1]

没有听过当年钱三强报告，后担任了国务委员和国家科委主任的宋健，他1991年12月亲笔致信钱三强，希望将"红专矢量论"原作再行公开发表。但这时钱三强已屡患心脏病，终未如愿。宋健信中写道：

　　钱老：

　　　　近读外交部一些同志写的纪念陈毅同志的文章，敬送一阅。其中第14页有一段精彩的关于红与专的论述。使我回想起，您60年代曾阐明过的"红专矢量论"，那是绝对的正确，有如初等代数定理之再造。皇天后土，永无可能反顾。这与陈毅同志的论点不谋而合，是"英雄之见略同"。……可惜我并未拜读过大作，仅从"文革"大字报中得知一二。如原作能再布，必成历史杰作。[2]

[1] 原子能所：《红专小报》，1966年6月28日。
[2] 宋健：《致钱三强信》(1991年12月25日)，见《钱三强年谱》，山东友谊出版社2002年版。

可贵的是，钱三强有言还有行。

也是在那时，他敢为人先借鉴外国经验，在研究所建立科技人员业务档案制度，作为业务考核的依据。他说：我们的科技干部档案，没有反映全貌，缺少了业务技术这重要的方面，在国外如在法国、著名的科学工作者，他们都有业务档案，你做过些什么，有些什么发明、创造和论著，只要他们要用你，几分钟以后就可以全部了解清楚。[1]

20世纪60年代初，钱三强率先对全所研究技术人员进行业务考核。如1963年全所考核结果是：被考核的两名高级研究技术人员，一名达到研究员水平，一名达到总工程师水平；有16名中级研究技术人员达到副研究员和副总工程师水平；348名初级研究技术人员中，有147名达到中级研究技术水平。

钱三强在所内实行副博士论文考试，同样是其时全国无二的举措。当时虽然还没有制定学位法，但研究所的高级研究人员多，对国外的学术水平也都了解，因而1956年，所里成立了副博士论文考试委员会，由赵忠尧任原子核考试委员会主任委员，施汝为任经典物理考试委员会主任委员，哲学考试委员会主任委员请哲学所专家担任，钱三强本人担任论文答辩委员会主任委员。

首先进行副博士论文试点的，钱三强选定理论物理室，因为理论物理方面对培养干部做了扎实的工作。考试进行得很规范很严格，请了所内外有关专家参加，采用无记名投票方式决定。考试结果，黄祖洽、于敏、陆祖荫、肖振喜通过了"副博士水平"答辩。这样做，不仅对全所青年起到了鼓励和鞭策作用，也为以后科学技术干部的考核提供了

经验。〔1〕

钱三强培养青年人才，十分重视言传身教，俗称"传、帮、带"。20 世纪 50 年代，全所的研究室、技术室有十几个，不仅每个室配备了很强的专家力量，甚至重要的课题组都由专家指导，而且形成合理组合即专家—骨干—青年助手。这是他有计划地培养青年，使之既为我国原子能应用的需要做准备，也为原子核科学进一步发展在人力上打好基础的长远着想。

钱三强本人也不例外。有一段时间他既是所长，又兼中子物理研究室主任，还带一个课题组。本来这种多重角色易于产生吃力不落好的结果，但他避免了这样的情况发生，主要原因是他始终注意以身作则。曾在中子物理室工作的黄胜年对这点感触很深：

　　说到钱先生当所长，有一件事给我印象特别深刻。五十年代中，当时经费很有限，而且由于外国封锁等原因，往往有钱也买不到设备和仪器。实验所需的各种器材，都十分紧张。偶然来一点，各个课题组都想要，以便进行自己的研究工作。钱先生当时是所长，兼任室主任，还是我们课题组的组长。他当着全室的同志宣布说："正因为我又是所长，又是这个室的主任，今后凡是遇到分配经费、分配器材等问题，我们这个室，一定不能与别人争，只能吃亏，不能占便宜。"他确实是这么做的，每次分配给自己所在室的，总是最少的一份，尽量先让给别人。至于我们这个组呢，那就更可怜了，开始时连工作场所都没有，三个人分别寄居在另两个组的房

---

〔1〕　钱三强、朱洪元：《新中国原子核科学技术发展简史》，见《钱三强文选》，浙江科学技术出版社 1994 年版。

间里。记得我们当时没有电子仪器，只能自己动手制造。但连一台起码的示波器也没有，只好用其他办法来调试。瞎子摸象似的，实在不行了，就到二楼别的组去借一下，抬到四楼，接上线路看一下波形，马上又抬下去送还。[1]

〔1〕 黄胜年：《我所知道的钱三强先生和何泽慧先生》，见《黄胜年自述——未湮没的径迹》（1998 年自印小册子）。

第十九章
亲历中南海最高决策

┃ 周总理约谈西花厅 ┃

1955 年 1 月 14 日，虽然离"大寒"节气还有一个星期，而北京城到处冰雪盖地，冷得连北海溜冰的人们都穿着厚厚的棉衣。

这天是星期五，钱三强按事先通知进到中南海一处院落，进门后才知道是周恩来总理办公和居住的西花厅。这里的一切简朴无华，处处显示出主人日理万机的繁忙景象，宽大的办公桌上有好几种颜色的电话机，淡绿色的玻璃台灯下有一个大笔筒，笔筒里插着铅笔和毛笔。天鹅绒窗帘统统拉开，阳光从大玻璃窗照射进来，室内暖融融的。

前后来到总理办公室的，有地质部部长、地质学家李四光，国家建委主任薄一波及地质部副部长刘杰，他们是被约来谈发展原子能和铀资源情况的。

周恩来以面临的严峻国际形势作开场白，他讲到：自朝鲜战争以来美国不断推行核讹诈政策，先是杜鲁门，后又艾森豪威尔，动辄以原子弹作威胁。1953 年美国国务卿杜勒斯想通过印度总理尼赫鲁给中国带话，"如果不能安排停战，美国将不再承担不使用核武器的责任"。尼赫鲁拒绝传递核威胁的信息后，他们通过板门店谈判把"诉诸核战争"的话散布出来，扬言如果谈判没有进展，战争可能升级，美国有可能使用核武器攻击中国本土，甚至包括首都北京。……

在刚刚过去的 1954 年里，从 4 月越南奠边府告急，到 9 月我人民解放军开始炮击金门，直到 11 月中国宣布对 13 名被俘的美国飞行员以间谍罪判刑，核威胁一次接着一次搞得甚嚣尘上。

周恩来历数的这些事实，钱三强多数闻所未闻。他感到这样的形势，真是到了十分严峻的地步，心里觉得沉甸甸的。

面对如此严峻形势，中国应该做些什么？这就是周恩来今天召集钱三强、李四光等所要谈的话题。他把目光投向钱三强：三强，你清楚约里奥-居里先生带的话："你们反对原子弹，就要有自己的原子弹"，这是朋友的忠告。毛主席、党中央很重视这个意见。但是前些年，对这件事一时还顾不上，有些条件也不具备。比如铀资源问题，总不能靠买外国的原料吧，再说，这样敏感的东西谁会卖给我们呢。去年秋天，地质部在广西发现了铀矿，现在到了考虑发展原子能的时候了。这件事迟早要做。今天先小范围作点研究，听听有关情况，便于中央讨论决策。[1]

周恩来吩咐："请三强先讲，尽可能讲得通俗易懂。"

钱三强首先介绍了几个西方国家和苏联发展原子能的情况；接着，讲了原子弹和氢弹的原理及关键性的技术和设备，提出争取苏联援助建反应堆和回旋加速器的建议；然后，汇报了国内聚集人才情况和几年来已经做的工作。

周恩来全神贯注地听，一边做记录，不时提问和插话。他特别详细询问了开展这项工作的必要条件，如目前科技力量情况、设备情况、所需经费情况等。

钱三强很钦佩周恩来所关心的问题，认为这是国家当家人的务实态

[1] 钱三强：《我国现代科学技术的组织者、领导者——缅怀周总理对我国科学技术事业的关怀和对科学技术工作者的教诲》，《人民日报》1979 年 3 月 10 日。

度。他把自己掌握的情况如实向总理作了报告，并且就科学技术方面的问题代表科技工作者表了态：开展这项工作，就目前情况是有很多困难，但是，这些困难不是不能克服的。

铀资源是发展原子能的决定性条件之一。1954年秋，地质部在广西发现了铀矿苗头，虽然那是一个开采价值不大的次生矿，但说明有希望，很振奋人心。毛泽东知道后一定要看看那个东西，刘杰拿去送给他看了。"毛主席详细询问了勘探情况，看了铀矿石显得很兴奋。他亲自用探测器测量着矿石，高兴地对我们说：'我们的矿石还有很多没被发现嘛！我们很有希望，要找，一定会发现大量铀矿'。"毛泽东还对刘杰说："这个事情要好好抓哟，这是决定命运的。"[1]

一年过去了，现在情况进展如何？周恩来甚为关切。他请李四光作介绍，李因牙痛只作了扼要情况说明，由刘杰作详细汇报。一年来，地质部派出许多地质队奔赴全国勘探，情况表明，找到有工业价值的铀矿床是完全可能的。

在结束西花厅谈话时，周恩来告诉钱三强、刘杰："明天，毛主席和中央其他领导要听取这方面情况汇报，请做好准备，汇报要简明扼要，通俗易懂。还可以带点铀矿石和简单仪器，做一下现场演示。"

当天晚上，周恩来用毛笔给毛泽东写了三页便签的信。

主席：

今日下午已约李四光、钱三强两位谈过，一波、刘杰两同志参加。时间谈得较长，李四光因治牙痛先走，故今晚不可能续谈。现将有关文件送上请先阅。最后能在明（十五）日下午三时后约李四光、

---

[1]　《当代中国丛书·当代中国的核工业》，中国社会科学出版社1987年版，第12页。

钱三强一谈，除书记处外，彭、彭、邓、富春、一波、刘杰均可参加。下午三时前，李四光午睡。晚间，李四光身体支持不了。请主席明日起床后通知我，我可先一小时来汇报下今日所谈，以便节省一些时间。

周恩来

一.十四晚

明日下午谈时，他们可带仪器来，便于说明。〔1〕

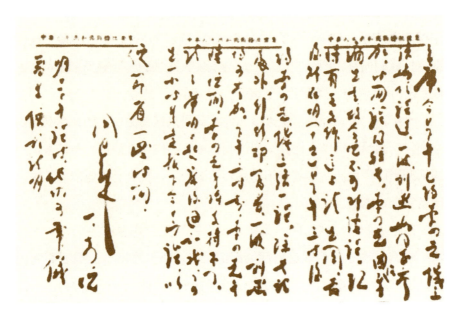

周恩来致毛泽东信函

| 毛主席：到时候了　该抓了 |

西花厅长谈后第二天，钱三强又到了中南海另一处古色古香的庭

〔1〕 周恩来：《最好明日约李四光、钱三强一谈》，见《周恩来文化文选》，中央文献出版社 1998 年版，第 530 页。

院——丰泽园。毛泽东 1949 年 5 月由香山双清别墅搬进中南海后，就在这里办公和居住。中共中央书记处的会议常常在丰泽园举行。

这天举行的是书记处扩大会议，除了三位书记毛泽东、刘少奇、周恩来（朱德出差外地），参加会议的还有彭德怀、彭真、邓小平、李富春、薄一波等。会议的主题是讨论发展原子能问题。

毛泽东从北屋西头的书房走进会议室，落座前和李四光、钱三强握了手，微笑着对两位说："今天我们这些人当小学生，就原子能的有关问题，请你们来上一课。"

周恩来接着说："先请他们作一下现场演示，有点感性印象，再听情况汇报。"

会议桌上放了一块地质部采集到的含铀矿料，钱三强用所里自制的盖革计数器，接通电源，慢慢靠近矿石，立刻发出"咯啦""咯啦"的响声，当把计数器移开，响声便停止了。几位领导人好奇地亲自上前作试验，同样现象一次次发生，引得大家笑声不断，气氛顿时活跃起来。有人伸手想摸那块矿石，李四光立即制止："摸不得，有放射性。"

李四光和刘杰对我国铀资源情况作了全面汇报。讲到我国开始寻找铀矿是在 40 年代，首次找到铀矿产地和铀矿物是 1943 年 5 月，那是由李四光主持在广西钟山红花区黄羌坪发现的，但由于旧中国地质力量十分薄弱，工作得不到重视，未做进一步勘探。

汇报讲到，为了开发铀矿资源，中国和苏联签订了议定书，双方成立一个委员会在全国开展铀矿普查工作。经过一年普查，在西北、中南、华东等地发现放射性异常点达 200 多处，确认有远景的矿点 11 处，为进一步勘探和提交铀工业储量打下了良好的基础。【1】

【1】《当代中国丛书·当代中国的核工业》，中国社会科学出版社 1987 年版，第 12 页。

钱三强讲解的"链式反应"图

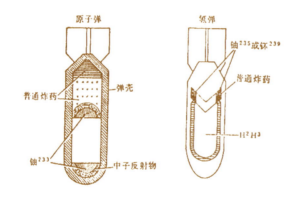

钱三强讲解的原子弹、氢弹简单结构图（后载《原子能通俗讲话》）

接着，由钱三强介绍原子弹和氢弹的原理及外国发展概况。他记住周恩来反复嘱咐的"要通俗易懂"的话，先从肉眼看不见的原子讲起：原子的直径只有一厘米的一亿分之一左右。如果把一个原子放大 100 亿倍，它就像一个直径一米的圆球。通常一个只有芝麻粒那么大的小东西，里边有万亿亿个原子。后来研究发现，原子不是最小的，它本身的构造很复杂，像个小小的太阳系，每个原子中间有个微小的"太阳"，这就是原子核。

讲的过程中，周恩来又提示："三强，你可以举些例子。"

钱三强便以原子核举例：原子核更是小得惊人。打个比方，假如把一个原子放大到像怀仁堂礼堂那样大，那么其中的原子核就像一粒黄豆放在礼堂中央。

会场发出会意的笑声。

钱三强继续讲原子核及其裂变的能量释放和造成链式反应，他挂出两张示意图，介绍原子弹和氢弹的基本结构。在介绍原子弹时，说原子弹是两块半球形的浓缩铀-235（或钚-239），外面包一层中子反射体，隔开一定距离放置在弹壳里面；弹壳里还要有高能炸药作引爆，使两块半球形的铀在百分之一秒时间内骤然结合，发生快速链式反应。这样，原子弹就爆炸了。氢弹，是根据重氢和超重氢的热核反应原理来制造的。重氢和超重氢的热核反应，要在上千万摄氏度高温下才能发生。因此，要使氢弹爆炸，必须有原子弹来引火。它的简单构造是，在原子弹的外面，包围相当数量的重氢或超重氢，利用原子弹爆炸产生极高温，使得重氢或超重氢发生热核反应，达到氢弹爆炸。

钱三强讲到，原子弹虽然杀伤力强、破坏作用大，但如果采取相应防御措施的话，几种主要破坏作用是可以大大降低的，他简单列举了对冲击波、光辐射及放射性的防御办法。

在介绍几个国家发展原子能的现状时，钱三强按时间顺序准备了一张表，便于领导人了然易记。

1945 年 7 月 16 日，美国首先研制成第一颗原子弹，在新墨西哥州的阿尔马戈爆炸成功。此后不到一个月，先后在日本广岛和长崎投放了两颗原子弹。

1949 年 8 月 29 日，苏联爆炸了第一颗原子弹。

1952 年 10 月 3 日，英国第一颗原子弹爆炸成功。

1952 年 10 月 31 日，美国进行了第一次氢弹试验。

1953 年 8 月 12 日，苏联进行了第一次氢弹试验。

法国的原子弹正在研制中。

领导人都很关心中国自己的情况，问了不少问题。钱三强就其所知作了汇报，并且提出要想办法建造反应堆和回旋加速器。他还讲到：我国的原子能科学研究工作，基本上是在新中国成立后白手起家开始做，几年的努力，总算是打下了一点基础，最可贵的是已经集中了一批人，从个人的研究能力说并不弱于别的国家，还有些人正在争取回来。大家对发展原子能事业很有积极性，充满信心。

会议进行热烈讨论后，毛泽东作总结性讲话。他点燃香烟吸了一口，然后开始讲他过去称之为"纸老虎"的原子弹问题。

"原子弹是纸老虎"这个世人皆晓的观点，是毛泽东1946年8月6日首先提出的。那天，正好是美国向日本广岛投下第一颗原子弹周年纪念日，毛泽东在延安杨家岭窑洞前同美国记者安娜·路易斯·斯特朗谈话。斯特朗问到，美国使用原子弹轰炸苏联，发动第三次世界大战怎么办呢？毛泽东回答说："原子弹是美国反动派用来吓人的一只纸老虎，看样子可怕，实际上并不可怕。当然，原子弹是一种大规模屠杀的武器，但是决定战争胜败的是人民，而不是一两件新式武器。"[1]

后来知道，这段严肃文字之外，有一则有趣的逸事。那天谈话中，陆定一先把"纸老虎"翻译成"Scarecrow"，毛泽东立刻问斯特朗陆翻译的是什么意思，斯特朗说它是农民竖在田里吓唬麻雀的"稻草人"。毛泽东说这不是我说的意思，我说的是它的样子像一只凶猛的野兽，而实际上是纸糊的，一见水就软。在一旁听谈话的马海德大夫插话说："不是Scarecrow（稻草人），是Paper-Tiger（纸老虎）。"毛泽东点头说对，就是"拍拍太根儿"。[2]

毛泽东并未放弃"纸老虎"这种形象化的说法，但他今天主持讨论

【1】 毛泽东：《和美国记者安娜·路易斯·斯特朗的谈话》，见《毛泽东选集》第四卷，人民出版社1991年版，第1194—1195页。

【2】 彭继超、伍献军：《中国两弹一星实录》，解放军文艺出版社2000年版。

的，是问题的另一面，反对核讹诈的必要手段。他说：从主观愿望说，我们不愿意搞原子弹。我们反对使用原子弹。但是，要反对原子弹，就要掌握原子弹。掌握了它，就能打掉嚣张气焰。

毛泽东解开衣领扣。他转换口气继续说：

> 今天听了好多情况。我们国家，现在已经知道有铀矿，进一步勘探一定会找出更多的铀矿来。解放以来，我们也训练了一些人，科学研究也有了一定的基础，创造了一定的条件。过去几年其他事情很多，还来不及抓这件事。这件事总是要抓的。现在到时候了，该抓了。只要排上日程，认真抓一下，一定可以搞起来。

"你们看怎么样？"毛泽东看看在座的各位，接着说：

> 苏联政府已经来信，愿意给我们提供援助。现在苏联对我们援助，我们一定要搞好。我们自己干，也一定能干好。我们只要有人，又有资源，什么奇迹都可以创造出来。[1]

科学与哲学对话

会议好像要结束了，毛泽东突然话题一转，以哲学家的思辨同钱三强讨论起原子的内部结构问题来。

"原子核是由质子和中子组成的吗？"他首先问道。

钱三强回答："是这样。"

---

[1] 钱三强：《中国原子核科学发展的片段回忆》，香港《紫荆》1990 年 10 月创刊号。

"那质子、中子又是由什么组成的呢?"毛泽东的问题并不离奇,但要回答准确,钱三强有些作难。他想想后照实说:"原子论起源于古希腊。原子,atomos 这个词,古希腊文的意思是'不可再分的东西'。根据目前的研究,质子、中子是构成原子核的基本粒子。所谓'基本粒子',就是最小的,不可再分的。"

"是不可再分的吗?"毛泽东以质疑的口气继续提出问题。

钱三强没有学过多少哲学,基本上不具备和毛泽东讨论哲学问题的功底,他从实验核物理学家的角度作出解释:"这个问题正在研究,能不能分,还没有被实验证实。"

毛泽东似乎意识到钱三强的回答是在打退堂鼓,不想再讨论下去,他又点燃一支烟,一边吸烟,一边说出自己的看法:"我看,不见得吧。从哲学的观点来看,物质是无限可分的。质子、中子、电子,也应该是可分的。一分为二,对立统一嘛!不过,现在实验条件不具备,将来会证明是可分的。你们信不信?"

大家静静聆听毛泽东的见解,无人答话。

"你们不信,反正我信。"毛泽东微笑着结束了对话。

会后,毛泽东留大家共进晚餐。在另一间房间摆了三张四方餐桌,每桌六样普通的菜,多数是放了辣椒的。

钱三强被安排和毛泽东同桌,坐在毛泽东的对面席位。毛泽东左席是李四光,右席是彭真。

李四光改用湖北家乡话同毛泽东交谈,气氛亲切随和。

席间,彭真向毛泽东说起:"三强的父亲钱玄同,曾是北京大学教授,主席那时也在北大,见过面没有?"

"知道,没见过面。"毛泽东转而对钱三强说,"最近,读过你父亲一篇文章《新学伪经考·序》。钱先生在他的文章里,批评了他的老师章太炎。《新学伪经考》是康有为的著作，专论经学之真伪，他说许多古书都是经过后人篡改过的。章太炎对这本书持反对意见。钱先生为重印《新学伪经考》作了长序，这篇文章代表他对经学今文、古文问题的成熟见解。他在文章中指出：总而言之，我们今后解经，应该以实事求是为鹄的，而绝对破除'师说'、'家法'。钱先生反驳了他的老师章太炎，有这种勇气，是很不容易的。"[1]

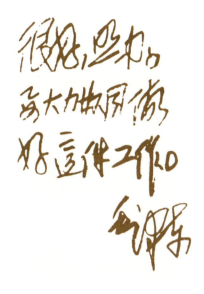

毛泽东对发展原子能事业作出的批示

毛泽东环顾另外两桌，他端起酒杯大声说："来，为我国原子能事业的发展，大家共同干杯！"

后来，毛泽东还对发展我国原子能事业亲笔作出批示："很好，照办。要大力协同做好这件工作。"[2]

│ 幸运与巧合 │

1955 年 1 月 15 日，被全世界记录为中国正式下决心研制核武器的起始日。许多外国人开始著书立说，来考证和论述中国为什么要推进核

---

〔1〕 钱三强：《中国原子核科学发展的片段回忆》，香港《紫荆》1990 年 10 月创刊号。

〔2〕 转引自《当代中国的核工业》，中国社会科学出版社 1987 年版。

武器计划，为什么在这时下决心研制核武器。其中一种观点认为，美国的核恐吓迫使中国急需掌握原子弹的理由，是不能成立的。这种观点说，无论艾森豪威尔提到使用核武器，或是后来华盛顿讨论了对中国的原子弹采取先发制人的行动的可能性，都仅仅是讨论，不是严肃的计划或确实的意向。简言之此话是说，原子弹不装上飞机、导弹，不发出去就不是核威胁。显然此说有失偏颇。

《美国核战略》作者麦乔治·邦迪持另一种观点，他认为中国所作的选择，除了确实感到核讹诈的威胁，还有更深刻的原因。他书中写道："一些学者在他们的英文著述中，对中国的原子弹作了详尽的说明，我同意他们的观点，即中国的决定'既是出于国家安全所受到的直接威胁，也是基于根本的民族利益'。中国必须永远摆脱几代人以来受强权欺侮的命运，这一直是毛泽东在革命中的一个坚定信念。过去40年来，在每一次中国边界事件中北京所表现出来的极度敏感，与其说反映了中国的扩张愿望，不如说反映了中国人绝不允许重遭欺侮的感情和决心。"[1]

参与了决策会议的核物理学家钱三强，他有一种独特的感受与联想。从丰泽园回到中关村的家，直到夜阑更深，他还在想一个问题：是不是大政治家对重大科学技术前景，都具有远见卓识，能及早把目光投向未来，做出果断决策？他不由得联想到当年美国启动曼哈顿计划的传奇般故事。请看35年后钱三强留下的一段心迹：

在美国曾经有过这样一个事例。那是二次大战正炮火连天，而

【1】 ［美］麦乔治·邦迪：《美国核战略》，褚广友等译，世界知识出版社1991年版，第708页。

原子核科学不断有突破性进展的时候，一位原本抱着和平主义立场的物理学家爱因斯坦，出于对希特勒摧毁文明的憎恨和担忧，为西拉德等人所劝服，于 1939 年 8 月 2 日上书罗斯福总统，提请注意核物理学的最新发展，指明核裂变所提供的一种危险的军事潜力，并警告他，德国可能正在发展这种潜力，美国政府必须迅速采取行动，防止德国首先掌握原子弹。

起初，罗斯福对此事并未引起特别重视，事情进行得很缓慢。西拉德只好再次说服爱因斯坦于 1940 年 3 月给罗斯福写了第二封信。与此同时，帮助爱因斯坦转交信件的经济学家、罗斯福的好友萨克斯，趁总统用早餐的时间，给他讲述了拿破仑因拒绝科学家建造动力舰队的建议，无法渡过英吉利海峡，未能征服英国，结果背腹受敌，饮恨终生。罗斯福从这一教训和科学家的再三提醒中受到启发，决心投入大量人力物力，终于最先制造出反应堆和原子弹。

钱三强接着写道：

我们中国的原子核科学家，在这方面应该说一直是幸运的。国家最高层不单有果断决策，实行决策的条件，措施，也都在周总理的运筹之中。[1]

有意思的是，当年美国启动"曼哈顿计划"这样改变世界进程的重大决定，没有签署过正式文件，后来翻遍档案材料，找到唯一一件有关

---

[1]　钱三强：《中国原子核科学发展的片段回忆》，香港《紫荆》1990 年 10 月创刊号。

这项决定的一页白宫专用短笺，是 1942 年 1 月 19 日罗斯福写给科学研究与发展办公室主任万尼瓦尔·布什的。短笺上罗斯福写的文字是：

1 月 19 日

V.B（万尼瓦尔·布什全名的缩写——注）

很好——归还你处——我想你最好将此件锁进你个人的保险柜里。

FDR（罗斯福全名的缩写——注）[1]

笺中所说归还你处的"此件"，是指 1941 年 11 月 27 日布什本人呈交罗斯福的美国国家科学院第三份关于铀研究进展的报告，这份报告真实提供了原子弹的理论基础。罗斯福将看过的这份报告退还给布什时，他顺手用白宫专用信笺写了以上内容的便条。

事情又一次巧合了。

中南海的决策会议，同样没有形成过正式文件和会议记录，现知的有关文字记录，除了周恩来办公室台历上写的"约李四光、钱三强来谈"几个字，就是周恩来 1 月 14 日晚上，用毛笔写给毛泽东的国务院专用便笺信（原信见前）。

钱三强知道周恩来给毛泽东写了便笺信，是时隔 32 年后的 1987 年。那年 5 月 27 日，中共中央文献研究室给钱三强寄来公函称："目前我们正编辑《周恩来书信选集》，其中准备收入一封周恩来 1955 年 1 月 14 日写给毛泽东的信（见附信）。信中提到同李四光和您谈话的情况。现需向您了解：（一）当时您和李四光同主席、总理具体谈的什

---

〔1〕 ［美］里·罗兹：《原子弹出世记》，周直、夏岩主译，天津人民出版社 1991 年版。

么问题？（二）您的生平、籍贯、当时任何职务？（三）信中提到的彭、彭、邓是否是彭德怀、彭真、邓小平？以上望能复函告诉我们，以便做出必要的注释说明。"

同年 6 月 1 日，钱三强写完复中共中央文献研究室的信函后，深有感触地对葛能全说："周总理关心体贴人真是入微入细，这样重要会议的时间还照顾到李老的身体，看了信很让人感动。"

第二十章
心系一堆一器

跨入原子时代的北京坨里

发展原子能事业的序幕一拉开，过去大家心里一直想着盼着而谁也没有接近过的那个神秘东西，现在自己开始做了，并且比较快地见到了成绩。

建设在北京郊外的我国第一座实验性原子反应堆和回旋加速器，在伟大的国庆九周年前夕已正式移交生产了。第一批中国自制的放射性同位素已经从这座原子堆里生产出来，从原子堆模腰里的孔道中引出来的中子和两种射线，以及从加速器发出的每秒三万四千公里速度的粒子已经被用来进行原子核物理研究，这是我国发展原子能科学以及和平利用原子能事业中有决定意义的一个阶段。

以上是 1958 年 9 月 28 日，由新华通讯社向全世界发布的一条新闻。

前一天，位于北京市房山县坨里的中国科学院原子能研究所（二部），首次向世人揭开了面纱。一大早，坨里的村头路口实行交通管制，小汽车一辆接一辆往这里开，平时寂静的大院子变得热闹非凡。

钱三强（前左一）陪同周恩来（前左三）、陈毅（前右二）、贺龙（前右一）及诺罗敦·西哈努克（前左二）等参观原子能研究所

钱三强所长作为主人，忙碌着迎接从车里走下的各方来宾，一见面，人人满脸笑容，喜气洋洋，陈毅同钱三强见面时发出的笑声格外爽朗。

上午 10 时，在反应堆建设现场隆重举行移交生产典礼。各方来宾近千人参加典礼仪式，国务院副总理兼外交部长陈毅剪彩、副总理兼科学规划委员会主任聂荣臻签字验收并发表讲话："我国发展原子能科学技术是用来造福人类而不是危害人类的。"他谴责有的国家把原子能科学技术用于战争目的的行为，同时指出，"在今天的时代，原子武器并不是美国所能够独占和垄断得了的。"

从这一天起，报纸上和会议讲话中多了一个响亮的词语：中国跨进了原子能时代！党和国家领导人周恩来、朱德、邓小平、彭真、陈毅、贺龙等亲临坨里视察，人民解放军将军、省委书记、政府部长，络绎不绝来参观学习，长见识，扬志气。

钱三强（前左二）在反应堆控制室向朱德（前左一）汇报讲解

钱三强和研究所的同志们，不会忘记是年6月13日下午4时40分那激动人心的时刻。就在那一刻，中国第一座原子反应堆进行临界试验，成功发生链式反应。反应堆既可以为科学实验提供中子束流，也可以生产放射性同位素，并在验收之前已生产33种同位素，供农、医、机械、新材料以及石油勘探等方面应用。堆芯为水罐式结构，以浓度为2%的铀-235为燃料，以重水作慢化剂和冷却剂，以石墨作反射层，额定功率为7兆瓦，加强功率为10兆瓦，最大热中子通量密度为每秒每平方厘米1.2×1014个中子。建成的这座反应堆，已达到当时国际同类堆的先进水平。

钱三强喜悦的是，首批同位素是经过反应堆照射之后，由科学技术人员因陋就简，不等不靠，硬是像当年居里夫妇提纯镭一样，在条件极简陋的工棚里制备出来的。他称这为"献身精神"。后来他总结说：

　　做科学工作需要献身精神，而且有时还要冒生命的危险。原子核科学的先驱者们身体受到放射性的损害，这是大家所熟知的。我

钱三强（中）在刚建成的重水反应堆控制室指导工作

国的许多原子核事业工作者，长期在条件十分恶劣的环境中艰苦奋斗，甘当无名英雄，即使在十年动乱中受到了骇人听闻的迫害和摧残（这一点迄今鲜为人知），仍然义无反顾，甘心为祖国的繁荣强盛而继续在艰苦条件下奋斗下去。我认为这种牺牲精神是值得人们敬佩和学习的。[1]

另一件关键性设备——回旋加速器，从同年3月初进入调整阶段，到了6月，粒子束已经引出真空室开始进行科学研究。

7月1日，《人民日报》头版发了通栏消息，刊登了反应堆和加速器的照片，国家邮电部还发行了"原子反应堆"邮票（见下页图）。

[1]　钱三强：《重原了核三分裂与四分裂的发现》，科学技术文献出版社1989年版，第93页。

原子反应堆

也是这天，钱三强领导的研究所改名为中国科学院原子能研究所，实行二机部和科学院双重领导。

中国建成反应堆实现链式反应的那一刻，没有像 1942 年 12 月 2 日世界上第一座反应堆在芝加哥建成时那样风光，有大本大本的书写下那些细枝末节的情景。但是，做事细致、有预见性的钱三强等中国物理学家和工程师懂得，有了它会意味着什么，所以他早就默默地把心思放在一堆一器上。

说动国防部部长关心建反应堆

1953 年钱三强第一次率代表团访苏时，就曾经向斯柯别里琴院士策略地探问援建一堆一器的可能性。斯柯别里琴是苏联原子核和宇宙线物理学创始人，又是列宁国际奖委员会主席，在苏联科学界享有很高威望，但钱三强不想让这位法国老相识为难，便直接用法语问斯柯别里琴：

"中国要是建原子反应堆的话，你认为苏联能给以帮助吗？"

斯柯别里琴也用法语回答钱三强，但说话很谨慎："这个……恐怕得由最高领导来决定。"

"那么，回旋加速器呢？"

"这件设备，情况稍有不同，说不定是可以的。"斯柯别里琴说，"不过，我们研究所做不了主。你知道，这些设备对于发展原子能科学技术都是很敏感的。"

当时，斯柯别里琴是在陪同钱三强参观本不对外的敏感场合，不用本国语言通过翻译谈话存有顾虑，所以他的回答是极简单刻板的。尽管这样，钱三强要说服国内关键方面争取苏联援建一堆一器的信心仍然很足。

回国后，他把与斯柯别里琴的谈话情况，以及他对由苏联援建堆和器的意见，写成书面材料交给胡乔木，促请高层与苏方谈判时作最大努力。钱三强给胡乔木写材料有两个原因，一是出访前胡乔木关照过，让他有事可找在苏负责谈判的李富春和张闻天大使，而他参观的几个保密研究机构，正是通过二位汇报给周恩来后促成的，这一点应该向胡乔木作情况通报；二是胡乔木有机会向毛泽东说话，而毛泽东的态度对一堆一器争取谈成至关重要。

同时，钱三强也没有放过其他可争取的途径。访苏回国不几天，他向老熟人丁瓒谈起访苏情况，熟悉部门权限的丁瓒告诉说，反应堆将来不管是援建还是自建，国家计委的支持是缺少不了的。急性子的钱三强便拉着丁瓒一起去拜访计委主任，讲到反应堆和加速器都是重大工程，一旦上马建设，国家计委应该出面组织冶金、地质、机械制造、化工等各工业部门和科研设计力量大家一起干。计委主任听完后表示，虽然国家经济还很困难，但发展原子能科学是大事，所谈意见一定向中央反映。

1954 年，钱三强得到机会面见国防部部长彭德怀，他又把一堆一器大大宣传了一番。这年 8 月 20 日，钱三强应约到中南海永福堂彭德怀的办公室，一进院子彭德怀便迎上前笑着说："今天拜师求学，教师请进。"

彭德怀先介绍了几位在座的将军，有粟裕、陈赓、许光达、刘亚楼、邓华等。而后，彭总讲明"拜师"的意思，说他下个月要带军事代表团去苏联参观核爆炸试验，为了不要闹出笑话，今天求师学点有关知识。还没等钱三强开口，爽直的国防部部长先讲了一个在延安"闹笑话"的故事。

那是 1945 年美国在日本投下原子弹不久，有个外国记者问彭德怀："美国在广岛长崎投下了两颗原子弹，威力是毁灭性的，给日本造成的损失太可怕了，实在无法形容，你听说了吗？"

彭德怀不同意记者把原子弹说得太吓人，他故意幽默地反问记者："有这种事吗？我怎么不知道呀！"

记者根本没有领会彭德怀说话的意思，以为他不知道美国投了原子弹，便惊叫了起来："哎呀呀！你怎么这样闭塞，这样无知，连这么大的事都不知道？"

倔强、执拗的彭德怀见记者大惊小怪，压住火气，也懒得解释，他苦笑着对那位记者说："不是我无知，而是你太愚蠢了，连我说话的意思都没弄懂。"

讲完故事，彭德怀对钱三强说："要说我对原子弹无知，那是一点也不假，不但那时无知，现在也知之不多。"

钱三强第一次认识这位叱咤风云的人物，又听到这样开诚布公讲自己的故事，立刻产生一种亲近感。于是，他也来了兴致，给彭德怀讲了 1945 年波茨坦会议时，斯大林如何应对杜鲁门原子讹诈的故事。这个"故事"，在苏联核科学界流传很广，钱三强多次访苏听到好几种版本，有的说法显然加进了斯大林"英明""洞察秋毫"的神奇色彩。后来，人们见到的关于波茨坦会议上那段插曲的文字材料，是时任苏联国防部部长朱可夫写的亲历回忆录，于是就有了正宗说法。

钱三强讲完斯大林的故事接着说："波茨坦会议四年后，1949 年 8 月 29 日，苏联第一颗原子弹爆炸了。"

三两分钟讲了两个故事，正好贴切了彭德怀约谈的正题。

钱三强着重讲了原子弹原理、基本构造及破坏作用。彭德怀和将军们耳听手记，遇到不明白的地方还一问再问。

末了，彭德怀问钱三强：中国要搞原子弹该怎么办？最关键的技术和设备是什么？

钱三强没有忘记和斯柯别里琴的谈话，认为彭总访苏正好是打通上层关节的好机会。于是他脱口就说：生产原子弹的原料，反应堆比气体扩散法省力，应该先建一个实验性原子反应堆，并大讲了一通"一堆一器"对发展原子能的重要性。

1954 年 9 月，彭德怀和刘伯承率领军事代表团，在苏联参观了原子弹爆炸的实地军事演习。其间，彭德怀和陈赓一起向苏方试探了援建反应堆的可能性。

同年 10 月，赫鲁晓夫、布尔加宁率团来北京参加新中国成立五周年庆典，并定于 10 月 3 日在中南海举行中苏最高级别会谈。会谈前，彭德怀亲自在秘书办公室给负责中苏合作谈判的李富春打电话："那个反应堆的问题要提上，宁可削减别的项目，这个堆一定要争取。"[1]

中苏最高级别会谈中赫鲁晓夫问道："你们对我方还有什么要求？"

毛泽东回答说：我们对原子能、核武器感兴趣。今天想同你们商量，希望你们在这方面对我们有所帮助。

赫鲁晓夫虽然听到过一些非正式消息，但没有认真考虑过这个问题。他稍停了一下说，搞那个东西太费钱了。我们这个大家庭有了核保

---

[1]　张纪夫：《致钱三强信转达王亚志访谈记录》，1990 年 12 月 25 日。

护伞就行了，无须大家都来搞它。我们的想法是，目前你们不必搞这些东西。如果你们十分想办这件事，而且是为了进行科研、培训干部、为未来新兴工业打基础，那么我们可帮助先建设一个小型原子堆。

第二年 5 月，彭德怀参加华沙条约国会议途经莫斯科接受赫鲁晓夫接见时，他又当面向赫鲁晓夫和朱可夫要求帮助研制原子能科学的重要设备。苏方主动安排他去波罗的海舰队参观核潜艇，可是第二天突然通知说"潜艇已出海"，后又说可安排到塞瓦斯托波尔去看核潜艇，可等到了那里又告诉说"黑海舰队没有核潜艇"。两次碰壁，彭德怀很气恼，使得他更加坚定了自己搞核武器的信念。

1956 年 3 月 6 日，彭德怀在中央军委扩大会议上作《保卫祖国的战略方针》报告，列专题讲了"我们必须积极着手研究我国尚不能生产的新式武器，如核子武器、导弹和新式武器等设计制造问题"。[1]

物理专家归队　首场宣讲原子能

1955 年 1 月 17 日，苏联部长会议发表《关于苏联在促进原子能和平用途的研究方面给予其他国家以科学、技术和工业上帮助的声明》。

1 月 31 日，周恩来主持第四次国务院全体会议，讨论苏联部长会议的声明，他说：

> 苏联政府 1 月 17 日发表声明，要帮助中国和平利用原子能，这是一件很好的事情。在这方面我们很落后，没有基础，科学院懂得一些，我们就不懂。曾经请李四光部长、钱三强所长给我们讲过

---

[1] 彭继超：《东方巨响——中国核武器纪实》，中共中央党校出版社 1995 年版。

几次，也只能看懂一些名词。现在是原子时代，原子能不论用于和平或者用于战争，都必须懂得才行。我们必须掌握原子能。……美国想用原子恐怖吓倒我们。我们要掌握原子弹。一方面，我们要积极地促进原子能的和平利用；另一方面，我们要号召人民起来，反对使用原子武器、反对进行原子战争。

会议通过《中华人民共和国国务院关于苏联建议帮助研究和平利用原子能问题的决议》。决议毕竟只是写在纸上的东西，重要的是要一件件去做。既善于宏观战略决策，又长于处理影响全局任何细节的周恩来，胸有成竹地提出了应马上做的工作，一是开展反对制造和使用原子武器的签名运动；二是进行有关原子能的科学教育，让大家知道原子能应用；三是注意对现有的物理学家的使用，规定科学院录用留学生有优先权；四是组织队伍认真进行原子能的科学研究工作。

关于物理学家的归队和使用问题，周恩来强调说：

> 要把现在的原子物理专家逐渐从行政工作中抽出来。物理专家的组织才能都很强，钱三强是科学院的秘书长，又是青联的副主席，钱伟长是清华大学的教务长，周培源是北京大学的教务长，在浙江大学有个物理专家，叫胡济民，担任副教务长，调了好久调不来，这次要下命令调来，从行政部门把他们"解放"出来。如果找不到适当的人选做教务长，当个名誉教务长也可以嘛。总之要号召专家归队，各位如果知道有专长的人可以推荐，不要瞒起来。[1]

---

[1]　周恩来：《我们必须掌握原子能》，见《周恩来文化文选》，中央文献出版社 1998 年版，第 537 页。

1954 年夏，世界民主青年联盟常务理事钱三强出席在北京怀仁堂举行的世界民主青年大会，作《反对使用原子武器，维护世界和平》的演讲

钱三强（右一）到部队演讲后和坦克兵一起交谈

周恩来强调的几项工作，立即得到雷厉风行的贯彻，而钱三强是其中最忙碌和起关键性作用的一员。

如"反对使用原子武器签名运动"。在 2 月 1 日钱三强参加科学家小型座谈会发起签名后，2 月 17 日又出席首都著名科学家及科学工作者千人签名大会。会后，钱三强和全体与会科学家在反对原子战争的《告全世界人民书》上签名，继而在全国各地发起声势浩大的签名运动。

又如"进行有关原子能的科学教育"。中国科学院于 2 月 2 日组织 90 余名有关科学家和教授组成宣讲团，并成立以吴有训、钱三强、周培源、钱伟长、严济慈、王淦昌、于光远、袁翰青、曹日昌 9 人组成的"原子能通俗讲座组织委员

钱三强在北京作首场"原子能科学技术通俗讲演"

会"，向中央和全国各地领导干部、学生、工人、战士宣讲原子能科学技术知识。2 月 4 日下午，钱三强在北京西皇城根干部学校礼堂作原子能科学技术首场讲演。当时的情景，从竺可桢那天的日记中能感觉到："二点至干部学校听钱三强讲原子能，听众极为拥挤。直至五点半始散。演讲极为成功。"[1]

随后一段时间，钱三强亲往部队、学校、机关、工厂作了多场讲演。他的讲稿作些文字整理，用《原子能通俗讲话》为书名出版，发行计 20 万册。根据统计材料，包括钱三强和其他科学家在各地所作的原子能通俗讲座，共进行了 132 场，听众达到 16 万人之多。此外，原子

---

〔1〕《竺可桢日记》第九集（1955 年 2 月 4 日），上海教育出版社 2006 年版。

钱三强向石油学院师生讲演原子能和平利用

能研究所由赵忠尧、何泽慧、杨承宗主持编写了《原子能原理与应用》一书出版；由杨澄中任导演，与北京电影制片厂合作拍摄了一部原子能科普电影。从1955年上半年起，全国出现了"认识原子能，发展原子能"的热潮。

与此同时（1955年3月），毛泽东向全体共产党员发出"开始要钻原子能"的号召，他指出："我们进入了这样一个时期，就是我们现在所从事的、所思考的、所钻研的，是钻社会主义工业化，钻社会主义改造，钻现代化的国防，并且开始要钻原子能这样的历史的新时期。"[1]

有一次，毛泽东在同众多科学家聚会的场合，他正和钱三强、钱学

【1】《毛泽东文集》第六卷，人民出版社1999年版，第395页。

森谈兴很浓，缓步走近的周恩来像有了意外发现，微笑着指指毛泽东的两旁——一边是钱三强，一边是钱学森。毛泽东发觉自己正好站在二钱中间，他一看，不禁笑道："哈哈！一边是原子弹，一边是导弹！你们两位又都姓钱，莫不是来找我要钱的么！"在场的人都哈哈大笑。**[1]**

作用非常的"热工实习团"

为了"原子能历史新时期"尽快到来，钱三强奉命同刘杰、赵忠尧组成中国政府代表团，于1955年4月2日赴莫斯科谈判，4月27日签订了关于两国发展原子能核物理事业以及为国民经济需要利用原子能的协定。协定包括：由苏联帮助中国建造一座功率为7000千瓦的重水实验反应堆和一台磁极直径为1.2米的回旋加速器，并接受中国工程技术人员和核物理研究人员赴苏培训和实习。

中央领导人已经知道原子反应堆和回旋加速器的重要性。中苏协定一签订，中共中央政治局便作出决定，在国家建设委员会成立"建筑技术局"。当7月1日这个局一亮相，钱三强又多了一个头衔，他被任命为建筑技术局的第一副局长（局长刘伟）。这个局的任务，就是负责筹建原子反应堆和加速器等重大科学工程。

钱三强在建筑技术局上任做的第一项工作，是和刘伟等一起到北京郊区选址，以便为反应堆和加速器"安家"。他们马不停蹄围着北京城跑了近半个月，最后选定了西南郊房山县的坨里。坨里离北京城中心约40公里，西北有燕山环抱，山下有一条河，东侧有一座土岗，正好作为实验区与生活区之间天然隔离带。地理、地貌、水文、地质都符合要

---

[1] 东生：《天地颂——"两弹一星"内幕》，新华出版社2000年版。

求，但那里当时基础设施、交通条件都很差，筹建初期遇到不少困难，基建办公室设在一个破庙里，工作人员分散住在附近北坊村的农民家中，大家吃尽了苦。然而短短几年，坨里成了中国第一个比较完备的、综合性的原子核科学技术研究基地，昔日的荒山野岭间出现了一座原子科学城。

说起坨里基地建设，即便在当时时间紧、条件艰苦的困难情况下，主持者钱三强并不仅顾眼前，草率从事，而同样体现他一向的"预为谋"思想。这一点，对于后来有意了解历史进程的人，感触尤为深刻，如接任原子能研究院第七任院长的赵志祥，在主持制定该院2004—2006 年发展规划过程中，比较详细地了解到坨里基地基础设施的布局情况，他说：

> 让我感佩不已的是，由钱三强先生领导建成的大型基地的基础设施，由于预留了足够的发展空间，竟然未经过大的整体改建的情况下，支撑了原子能院近 50 年的发展。[1]

反应堆和加速器怎样设计和建造，建成后怎样运行和维护，乃至以后如何开发和应用，所有这些，对于中国科学家和工程师都是见所未见的新课题，必须调集一批人重新当学生，从头学起，既要从原理上弄懂，还要会动手做，而且时间要快。

担当这项紧迫任务的又是钱三强。

根据中苏协定，反应堆和加速器工程的初步设计由苏方负责，中方要负责为初步设计提供勘探资料和总平面草图，并且参加审定初步设

---

[1] 赵志祥：《谈谈钱三强先生的"预为谋"思想》，《原子科学城》2013 年第 3 期。

计、编制设计任务书。1955 年 10 月 19 日，钱三强和彭桓武率领 19 名青年骨干先期赴苏，参加审查反应堆和加速器的初步设计，同时跟苏方洽谈中方派人学习安排及专业分配；随后（11 月 4 日），原子能所再派出一批专业人员前往莫斯科会合，另临时抽调 10 余名在苏留学生，学习反应堆和加速器等相关工程技术。

钱三强统领的这支队伍共有 40 多人，对外名称叫"热工实习团"，是一支既勤奋又有活力的团队，其中有声誉很高的科学家，有基础扎实的科技骨干，有生龙活虎般的刚毕业或在读研究生和留学生。任务是对口物理知识、工程技术和设备建造等，进行全面考察和培训。钱三强本人除了负总责，侧重反应堆与物理方面，冯麟负责反应堆方面，力一负责加速器方面，何泽慧负责物理实验方面，彭桓武负责理论方面。所有成员都有明确分工，总的要求是弄懂会做。

临时组成的这个特殊群体，其成员专业基础迥然不同，多数人不具备核物理专门知识，更多的人根本不了解反应堆和加速器，而每个人承担的任务不仅要完全弄懂，还要能动手做，又不能时间太长（半年至一年）。由于组织得好，"当时几路人马会合在一起，为祖国的原子能事业贡献力量，大家心情愉快，亲密无间，边工作，边学习。学习积极主动，生活丰富多彩"[1]。

时光流逝，往事如烟，而钱三强当年率领热工实习团在苏联学习和工作的情景，一直留在许多人记忆中。

2001 年彭桓武回忆说：

　　我真正的学工，恐怕要从 1955 年深秋去苏联热工研究所实习

---

[1]　转引自《中国原子能科学研究院大事记》，1991 年。

时算起。我国由政府出面定购的后来安装在原子能所的重水反应堆就是该所设计的。我和黄祖洽两人，在一般的工程介绍后，专门阅读加拉宁的反应堆理论，每天从保密室借来，下班前还回去。需要时请加拉宁博士答疑，交流语言多半是我说英语而他说俄语。这段学工的时间则不长，我1956年春天便完成实习任务，提前回国。[1]

那时在热工实习团学习核物理实验的杨桢，对当年钱三强特别强调物理与工程整合，认为这是一种卓具远见的认识和做法，联系近半个世纪的实际再回忆，他感触尤深：

> 很多追忆钱先生的报告，都提到他作为实验物理学家却能十分重视理论工作这一特点。然而，很少有人提到，钱先生曾一再强调实验物理领域中物理和工程技术相结合的重要性。……他一再告诫我们，现代物理已不是那种凭几块黄蜡或几面镜子就能做实验的物理，物理工作者必须具备现代工程技术知识，至少要和工程专家有共同的语言，能相互结合，才可能大有作为。在他这种思想指导下，建立了清华大学的工程物理系和中国科技大学。从这些摇篮里，新的、能建造像正负电子对撞机这样巨大设备的整整一代科学工作者成长起来了。我国的尖端科学脱离了早期的"手工业"方式，达到了高度现代化，在这点上，钱先生的功绩也是不可磨灭的。[2]

那时的留苏学生黄胜年，在患脑血栓偏瘫后，1998年十分艰难中

[1] 彭桓武：《我的附带学工经历》，见《彭桓武诗文集》，北京大学出版社2001年版。
[2] 杨桢：《纪念钱三强老师》，《现代物理知识》1994年第34期。

用只能勉强动弹的左手敲键盘，写下油印本自述《未湮没的径迹》，其中有一节写他"初见钱三强、何泽慧"，就是在热工实习团那段难忘的经历：

1955 年，我在苏联列宁格勒大学物理系学习，正进入五年级，还差一年毕业。暑期后得到通知，把我们几个留学生调到莫斯科，参加一个原子能方面的实习团。

实习团中除了反应堆和加速器两个组外，还有一部分人是做物理实验的。这些人原来的专业各不相同，有分子光谱、超声波、光学、微波等等，多数人对原子核物理都知之甚少，要很快跟上工作，必须在短时期内补上核物理的基础知识。这时钱、何两位先生想出了一个培训我们的好方法，就是利用业余时间自学，加上讨论，互教互学，一起提高。把我们几个人组织起来，系统地学习核物理基础理论。每周开一次讨论会。每人分一个专题，自己阅读文献，然后在组内作报告，讲给大家听，随时进行讨论。两位先生每次都从头至尾参加，跟大家一起提问题，一起寻求答案。当时我们这些二十多岁的年轻人都不甘落后，学习很刻苦。几个月时间，自学加讨论的培训方法取得了巨大成功。

一条脱离实际的建议

本章开头讲到，我国第一座原子反应堆和回旋加速器建成于 1958 年，其时正值全国"大跃进"高潮期，这两颗名副其实的大"卫星"，正好给大家的火热劲头加了油，这也就使得原子能科学发展一度出现了福祸相倚的局面。

事情是这样发展的：一堆一器建成移交生产正值中华人民共和国成立九周年之际，《人民日报》发表题为《大家来办原子能科学》的社论。社论指出："科学技术的高峰并不是高不可攀的，只要我们下定决心，专家、青年科学技术人员、技术工人和广大群众一齐发动，大家办原子能科学，原子能科学就会蓬蓬勃勃地发展起来。"

1958 年 10 月 4 日，中国科学院在北京召开"献礼祝捷万人大会"，号召赶超世界水平。二机部则响亮提出口号："全民办铀矿"，"大家办原子能"，这两个口号经过上级批准，很快向全国推广，历时三年之久。

身兼二机部副部长和党组成员的钱三强，同样是两个口号的积极推动者。他按照二机部党组的分工，1958 年 10 月下旬起，带领工作组到华东地区各省市巡回工作近两个月，任务就是贯彻"大家办"。结果他感觉到，"出现了许多不实事求是，不遵循客观规律和盲目浮夸的情况"。

钱三强对这段经历一直以为教训铭记在心，他尤其为自己曾经提出过一个违心的建议深感内疚。那是在"大家办原子能"空气正盛之时，他一反"保守"态度向二机部党组提出建议："各省市都搞一个反应堆和一个加速器。"建议获得批准后便成为"大家办原子能"的一项措施，在有些省市一度掀起建"堆"建"器"热潮，很快又下马收场。

钱三强长期为自己做违心事不安，而又找不到机会解脱，因为总轮不上清算"左"的时候。后来，"文革"狂澜全面清算他一贯右的当儿，他牛头不对马嘴把当年犯的那个"左"的错误扯了出来，并且用上一个"形左实右"的时髦词。1972 年他的检查是这样写的：

1958—1960 年"大跃进"时，在部党组提出"大家办原子能"的号召下，我不顾实际需要，曾建议各省市都搞"一个反应堆和一个加速器"，这种貌似很积极的"左"的意见实际上办不通时，就转化为大部分下马的右的结果（形左实右），打击了群众的积极性。**[1]**

钱三强对自己的失误不习惯护短。1984年他出版《科坛漫话》记述了自己的一些失误，并在自序中坦诚地告诉读者："现在回忆起来，三十几年工作中，就我个人而言，既有成功的经验，也有不少教训。这些经验和教训，除了我本人在今后的工作中吸取它，想到或许对于现在正在从事科学技术工作和科学技术管理工作，以及其他工作的青年同志也有某些用处。因此，我谨以这本集子献给他们。"

钱三强检查错误不怕丢面子、失身份。1977年发生过一件事，那时他是分管科学院全院科研业务的领导人之一，一次他出席地震局（时为科学院的直属机构）的会议作了讲话，十多天后（2月23日），他突然说他犯了一个道听途说的错误，应该检查挽回影响，并交给葛能全一份亲笔写好署名的检查稿《纠正我讲话中的一个错误》，让打印发给那天到会的全体人员。他检查说：

> 二月十日上午，我在地震局长会议上作过个讲话，曾说到傅承义同志认为地震不可预报，现接到傅承义同志来信，说明他对地震预报的态度。证明我的讲话错了，应该改正。我在此声明，我当时的那个讲法是道听途说的，不可靠，特向傅承义同志表示歉意。**[2]**

钱三强检讨过的错误不止这些，在他20世纪50年代写的《自传》

【1】　钱三强：《我的检查》，转引自二机部《关于钱三强同志情况的报告及附件》，1977年4月7日打印稿。

【2】　《钱三强年谱长编》，科学出版社2013年版，第405页。

和 80 年代发表的回忆文章中，还能见到。但正如周光召所说，"这些发生过的缺点和失误，丝毫不影响对钱三强先生的认识，相反，他对待缺点和失误的那种光明磊落态度，更加受人尊敬和爱戴，值得后人学习"[1]。

---

[1] 周光召：《钱三强年谱》序，见《钱三强年谱》，山东友谊出版社 2002 年版。

第二十一章
职责尽心　大局为重

┃ 背靠科学院　"出嫁"没离家 ┃

"进行学术交流，搞技术引进也都是在一定限度之内，越是尖端科学技术，越是在国民经济中起重大作用的东西，人家越不会全盘告诉你，总要留一手。"以上这话，是钱三强20世纪70年代末，回顾50年代发展原子能科学技术而总结的体会，他又说："那时我们积极争取援助，但是没有等没有靠。"[1]

钱三强和他的同事们就是这样践行的。

1955年1月中南海决策会后，钱三强主持研究所所务会议，中心议题讨论和调整年度科研工作计划。他虽然已经知道苏联可能提供援助，但他强调必须自己打好基础，做好全面发展的准备，以适应新形势需要。调整后的全所计划，以加速器装置、铀的制备和原子核实验用各种探测器的研制为重点，并且着重通过工作培养有集体主义精神和独立工作能力的科技骨干，特别要使他们对于本门科学有广泛而坚实的基础。

为了有更长远的发展目标，激励大家朝着目标努力，根据中央的部署和科学院制定远景规划的要求，1956年春，所务会议决定成立以王淦昌为组长，李毅、杨澄中、郭挺章、肖健为副组长的起草小组，负责

────────────

〔1〕　钱三强：《解放思想，发扬创新精神》，《自然辩证法通讯》1979年第4期。

钱三强（中）与赵忠尧（左）、何泽慧（右）在列宁格勒涅瓦河畔参观
永久停泊的十月革命时炮击冬宫的"阿芙乐尔"号巡洋舰

编制《和平利用原子科学远景规划》。规划草案稿写成后，由王淦昌带到莫斯科交由所长钱三强组织审定。

4月23日起，钱三强召集当时在莫斯科的所内科学家和所领导，对规划草案稿进行集体讨论和修订。经过组织赵忠尧、王淦昌、彭桓武、何泽慧、杨承宗、冯麟、力一等共同讨论，逐条推敲，初步形成的原子能科学远景规划，既具有鼓舞指导作用，又较现实可行，其中特别对建造原子反应堆和回旋加速器有详尽筹划，同时对低能核物理、应用核物理、宇宙线、高能物理、放射化学、辐射化学、同位素制备等各领域的研究都做出了安排。

同年12月29日，钱三强向聂荣臻主持的国务院科学规划委员会汇报了原子能科学远景规划，经过审定，这个规划稿被正式列入国家科学技术发展远景十二年规划之中。从此，中国原子能科学技术有了自己的发展蓝图。

科学家作计划是全面发展原子能科学及其应用，而国家领导人想得更迫切的是中国要有原子弹。

1956年4月25日，毛泽东在党的政治局扩大会议上告诉大家："我们现在已经比过去强，以后还要比现在强，不但要有更多的飞机和大炮，而且还要有原子弹。在今天的世界上，我们要不受人家欺负，就不能没有这个东西。"[1] 他认为道理就这么简单明白，无须遮遮掩掩。

三个月后的 7 月 28 日，周恩来提议国家设立原子能事业部，11 月 16 日，第一届全国人民代表大会常务委员会会议通过决议，设立第三机械工业部（1958 年 2 月改为第二机械工业部），它的任务是具体组织领导中国原子能事业的建设和发展工作。这个部的部长由老资格的革命家宋任穷上将担任，钱三强被任命为 5 名副部长之一。

设立原子能事业部和钱三强被任命为副部长，这意味着原子能科学技术当务之急是要应用于军事和政治。钱三强的特殊使命从此进入新阶段，伴随而来的是他本人也开始罩上了神秘色彩，身边派来了警卫，中关村住处有人值夜巡逻，甚至连出差、对外联络也改用代号。

很长一段时间里，钱三强办公室的日历台，要么好些日子不见翻动，要么密密麻麻记满要办事项，或者参加二机部的会，或者向领导人汇报，或者到"娘家"科学院点将搬兵，或者出差各地组织技术攻关，他还成为莫斯科的常客……

全国上下都盼着实现强国梦，各个方面对发展原子能都不打折扣、不讲条件。钱三强后来形容，就像有了特别通行证，没有遇到过红灯。整个期间，他求之最多、得到支持最慷慨也是最有效的，要数中国科学院，这不单因为科学院是他娘家，"出嫁"没离家，更因为科学院有开明、识大局的领导，有雄厚的人才队伍，有解决各种问题的实力。

时任科学院党组书记主持日常工作的张劲夫，对情况记得很清楚，他后来撰文回忆说：

[1]　《毛泽东文集》第七卷，人民出版社 1999 年版，第 27 页。

钱三强是著名核物理学家，当了二机部副部长，这样的待遇是不多的。三强提出的要求，我们科学院几乎全部答应了。三强虽然在二机部工作，但家还住在科学院中关村14号楼，条件不错，他夫妻俩都满意。他开始每天遇事就找我。他找我，我就见他、支持他，他不断地提要求、调人，要研制新东西等等，我们就积极地支持和承担任务，帮助他解决问题。[1]

也就几年时间，钱三强领导的原子能研究所，名副其实地建成为中国第一个原子能科学技术研究基地，专业领域涵盖了22个学科和60多个分支学科，一大批学科空白和工程技术课题得到填补和建立。据1959年的统计，原子能所全所职工达到3586人，是全国第一大研究技术机构，直接从事研究工作的科学技术人员1493人，国外回来的知名科技专家有25人，同时成长起一批需要时派得上用场的青年骨干人才。

钱三强晚年还怀念那个时候的研究所，"充满了生气，一派朝气蓬勃的景象，工作空前繁忙"。

决裂前的最后争取

就在中国原子能事业发展起劲的时候，那个标榜无私援助的"老大哥"，开始翻脸了。

他们先使出一招，原来协议规定的提供原子弹教学模型及技术资料，突然变卦不给了。事情的起因是，赫鲁晓夫提出要中苏共建长波电台和联合舰队，要在中国建潜艇基地；为了苏美关系，还要求我放弃在

[1] 张劲夫：《中国科学院与"两弹一星"》，《科学时报》1999年5月6日。

台湾问题上的立场。对于这些涉及中国主权问题的提议，毛泽东坚决不依从，结果发生了近乎吵架式的争执。毛泽东对赫鲁晓夫说："英国人、日本人，还有别的许多外国人已经在我国土地上待了很久，被我们赶走了。赫鲁晓夫同志，最后再说一遍，我们再也不想让任何人利用我们的国土来达到他们自己的目的了。"[1]

国家主权，是站起来以后中国人最敏感和不容讨论的问题。遗憾的是，赫鲁晓夫当时以及后来一直没有认识到这一点。他在寿终正寝前写的《最后的遗言》中，还不无委屈地说："我记得清楚，1958年毛泽东是如何断然拒绝了我们要求在军事方面的努力的。我不明白他为什么这样动怒，他始终也没有允许我们在中国建立潜水艇基地。"

严肃的政治争执，自然会对科学技术合作造成影响。"老大哥"故意迟迟不提供原子弹教学模型，实际是对中国不屈从态度进行要挟的第一招，先说要建专门的储存仓库，待仓库建好以后，又说保密条件不够，等到采取了相应的保密措施，并且经过苏联保密专家检查表示满意了，东西还是一拖再拖不启运。

拖到1959年6月20日，苏共中央正式写信给中共中央，借口苏联与美英正在谈判禁止核试验协议，以及赫鲁晓夫和艾森豪威尔即将在戴维营举行会谈等所谓理由，决定暂缓向中国提供原子弹教学模型和图纸资料。

中苏关系出现问题，钱三强早有预感，但没想到事情发生得这么突然，就像一下子从盛夏进入寒冬。

使钱三强产生预感的，有这样两件事：

一次是1956年9月，钱三强作为党的代表出席第八次全国代表大

---

[1]　彭继超、伍献军：《中国两弹一星实录》，解放军文艺出版社2000年版，第49页。

会时，胡乔木又找他临时担任毛泽东会见部分兄弟党代表团团长的翻译。通过这次各国党的负责人对话，钱三强感觉到"老大哥"开始不对劲了。后来他在一篇回忆文章中写到这次会见的情形：

> 在这个小型的内部座谈会上，各代表团的团长抢着发言。他们对苏共"老大哥"有意见，认为各国共产党不应该只有一个中心，应该有多个中心。他们还说，在经济关系上，由于"老大哥"要求太苛刻，他们吃了不少亏。
>
> 毛泽东同志听了大家的发言，最后说：社会主义各国应该有一个中心，这个中心的头只有苏联配当。它是在列宁领导下第一个建成社会主义的国家，力量也最强，对各国革命也起过一定的作用。红花需要绿叶扶，一根篱笆三根桩，一个好汉三个帮。我们可以向"老大哥"提意见，帮助他改进。你们都说吃了亏，我们也吃过不少亏。但是为了维护团结大局，我们现在不说……[1]

这就是说，已经吃了亏现在不说，是为了维护大局，是在忍让。但是，忍让不是没有限度的，一旦超过限度，是要说话的，这叫不平则鸣。

钱三强的第二次预感，是他看了毛泽东 1958 年 5 月 16 日的一个内部批示，那个批示写在二机部"关于团结苏联专家共同执行总路线的报告"上，其中写道：

> 就共产主义者队伍说来，四海之内皆兄弟，一定要把苏联同志

---

[1] 钱三强：《自力更生、大力协同发展尖端技术》，见《钱三强年谱长编》，科学出版社 2013 年版，第 271 页。

当作自己人。……根据总路线和他们多谈，政治挂帅，尊重苏联同志，刻苦虚心学习。但又一定要破除迷信，打倒贾桂！贾桂（即奴才）是谁也看不起的。[1]

钱三强看过京剧《法门寺》，知道舞台上的贾桂这个人物——他是明朝宦官刘瑾手下的太监，在主子面前一副奴颜婢膝相，别人让他坐，他不敢坐，说是站惯了。他是旧社会中的奴才典型。在向苏联学习很热乎的时候，毛泽东作出这样的批示告诫大家，虽然当时看了批示也有所领会，但一年后联想起，钱三强顿觉豁然通明。

苏方决定暂缓提供原子弹教学模型，只是关系到双方国防新技术协定，尚未涉及钱三强曾经参与签订的《原子核物理及为国民经济需要利用原子能协定》，看来应该抓紧为这个协定的实施作最后争取。于是1960年3月初，钱三强和二机部几位主要领导全部出动前往莫斯科。借这次赴苏，钱三强特别从原子能所带了几位业务骨干刘允斌、钱皋韵、张永禄、屈智潜、胡仁宇等做随员，实想利用最后机会通过同苏联科学家进行交流，多学些东西。

胡仁宇对这次赴苏有如下记忆：

> 1960年2月的一天，钱先生在电话里通知我，二机部准备组织一个代表团到苏联去。要我总结前阶段的科研工作，明确主要关键，查阅苏联文献，看看哪些苏联科学家曾做过类似工作。同时把开展工作所急需，而国内一时还难以解决的设备器材也列出一份清

[1]　中国原子能科学研究院编：《中国原子能科学研究院大事记》第一册（1950—1959），1991年，内部资料。

单。让我作为代表团随员到苏联去。临行前，他亲自检查了我们准备工作的情况，并向我们传达了中央关于"自力更生为主，力争外援为辅"的指导方针。要求大家积极主动，通过学术讨论和谈判，取得科技知识和物质上的收获。但到苏联后，谈判并不顺利。经代表团努力争取，苏方才勉强让我们去参观一些研究所和工厂，组织少数科学家和我们座谈。在这种情况下，钱先生总是鼓励我们多问多学，多结交几个学术界的朋友，争取多有收获。每天活动后，他都是在百忙中听取我们有关学术交流方面的汇报，指导我们下一步如何深入，使我们当时在可能的范围内取得更多的收获。[1]

通过这次访苏，钱三强明显感觉到一种业已存在的事实：中苏关系全面遭遇了挫折，彻底破裂只是时间问题。

凝集中国骨气与尊严的"596"

中苏公开决裂发生在 1959 年 6 月的布加勒斯特会议上。当时苏共中央向与会各国党代表团散发了一份致中共中央的公开信，搞突然袭击，而中国共产党则表示"宁可被碾得粉身碎骨也不屈服"的态度。这样，"老大哥"就彻底翻脸了。

同年 7 月 16 日，苏联政府照会中国政府，单方面决定自 1960 年 7 月 28 日至 9 月 1 日，撤走全部在华苏联专家。事实上，照会之前在中国尖端技术部门工作的苏联专家，以所谓"回国休假"等名义已经开始

---

〔1〕 胡仁宇：《根深叶茂　功业长存——怀念我国原子能科学技术队伍的创业者钱三强先生》，1992 年 9 月于新疆新城子。

撤离了，如那年 7 月 6 日，在北京核工业设计院工作的 8 名专家奉命回国；7 月 8 日，在兰州铀浓缩厂负责现场安装的 5 名专家突然撤走；到 8 月 23 日，在中国核工业系统工作的 233 名苏联专家全部撤离回国，并且奉命带走图纸和技术资料。一时间阴云满天，轻蔑、讽刺的话语不绝于耳，诸如"离开外界的帮助，中国 20 年也搞不出原子弹"。"留下那些东西，就等着卖废铜烂铁吧！"等等。

钱三强面对这种种轻蔑和讥讽，感觉又尝到了在旧中国受人凌辱的滋味。时过三十多年，他回忆当时的心情时说：

> 我很清楚，这对于中国原子核科学事业，以至于中国历史，将意味着什么。前面有道道难关，而只要有一道攻克不下，千军万马就会搁浅。真是这样的话，造成经济损失且不说，中华民族的自立精神将又一次受到莫大创伤。……但是，历史的进步是客观存在。中国已经改朝换代了。尊严和骨气，再也不是埋在地层深处的矿物。[1]

刚刚起步的中国原子能事业，由于苏联突然毁约、停援和撤走专家、带走图纸资料，出现了严重困局，一批半截子项目上无法上、下不能下，工程技术设计、专用设备研制、新型原材料供应以及生产等，都遭受极大挫折，给原本出现的国民经济困难，又雪上加了霜。

1960 年 7 月 18 日，毛泽东在北戴河听了李富春的情况汇报后说："要下决心搞尖端技术，赫鲁晓夫不给我们尖端技术，极好！如果给了，这个账是很难还的。"

9 月间，负责中苏两党会谈的邓小平向苏共领导人严正表示："中国

---

〔1〕 钱三强：《中国原子核科学发展的片段回忆》，香港《紫荆》1990 年 10 月创刊号。

共产党永远不会接受父子党父子国的关系。你们撤退专家使我们受到损失，给我们造成了困难，影响了我们国家建设的整个计划和外贸计划，这些计划都要重新进行安排。中国人民准备吞下这个损失，决心用自己双手的劳动来弥补这个损失，建设自己的国家。"[1]

中共中央及时调整决策：自己动手，从头摸起，准备用八年时间搞出原子弹。周恩来根据新决策作出具体部署，关于攻克原子能科学技术难题，他提出四个字的方针——要、学、买、钻。他强调指出："不管要到、学到、买到与否，或者多少，主要还靠自己钻研；自己不钻，不仅不能有独特的创造发明，而且也不能把要到学到买到的用于实际和有所发展。"[2]

钱三强十分懂得新决策的正确和必要，他忘不了那段听任别人支配的往事。1981年他讲过一段自己的亲历：

　　50年代那时候，来过一个外国顾问，说是帮助我们搞原子能的，但是他什么也不说，我们叫他"哑巴和尚"。那时帮我们搞的设计院不像他们本国自己的那样，周围还建有许多研究室和实验室。他们开口就是要盖非常漂亮的大楼，让你在里面画图纸。根据什么画呢？那时我们有句形象化的话来形容它：脑袋在他们那里，手在北京。设计院就成了他们伸在北京的手，要是脑袋不指挥了，手就只好停工了。我们当初曾提出，是否要配建一些实验室和研究室。他说，不用不用，你们有需要的话就站在我们肩膀上往上爬嘛！这话说得多漂亮！从人家肩膀上往上爬，多省事啊！可是，一旦人家把

〔1〕　彭继超、伍献军：《中国两弹一星实录》，解放军文艺出版社2000年版。
〔2〕　《周恩来年谱（1949—1976）》中卷，中央文献出版社1997年版，第331页。

肩膀撒了，结果你就什么也抓不住，跌了下来。历史事实证明，就是这么一个结果嘛。[1]

疾风识劲草，岁寒知松柏。钱三强和原子能科技战线的科学家、工程师、领导干部、工人一起，响应号召，意气昂扬地投入完全依靠自己的双手和智慧，发展中国原子能事业的实际行动。

为了记住那个毁约的日子，并且激发大家的强国意志，中国第一颗原子弹工程代号，定为"596"（即 1959 年 6 月毁约撤人）。

形势的严重性，不单是北方"老大哥"反目毁约，企图置中国尖端技术于死地，同时西方敌对势力也蠢蠢欲动，叫嚣要"使中国共产党人在核方面绝育"。一个时期里，中国周边地区林立了许多监听站和测向站，他们宣称，中国进行 1000—2000 吨级的核爆炸，距离在 5000 千米范围都可以迅速获得准确数据。明眼人当然清楚，记录数据的目的，是为了必要时实施他们的图谋。美国时任总统肯尼迪布置他的情报部门说："原则上不管用什么手段，必须阻止中国成为一个有核国家，因为中国拥有核武器，将使美国面临空前的危险局面。"又说，"在他成为一个羽毛丰满的核国家之前，……我们现在就要采取能够削弱这一危险前景的措施。"

知人善任　化解"卡脖子"的关键

针对当时形势，钱三强说过这样的话：50 年代末 60 年代初，对于

[1]　钱三强：《谈谈科学学和科研管理——在全国科学学理论讨论会上的讲话》，1981年 10 月 11 日，见《钱三强文选》，浙江科学技术出版社 1993 年版。

中国的原子能事业来说，那是一个"卡脖子"的年代。

处在严峻形势下和特殊位置上的钱三强，肩负不让难题卡住脖子的使命，他在科学家中，要起到磁铁作用，团结并且组织大家拧成一股绳，解决各种可能遇到的科学技术难题；他在领导决策面前，要当好参谋，适时适地发现问题，提出对策建议，不让工作卡壳；他要作桥梁和纽带，上情下达，多方协调，彼此衔接，调兵遣将，组织攻关……

关于钱三强所起的作用，主管部长宋任穷说过这样的话：

> 钱三强同志在我国原子能事业的创建与发展中，有独特的贡献。在普及原子能科学知识，培养推荐科学技术人才，建立综合性核科研基地，引进和吸收外来技术，组织领导重大科技攻关和科技协作等方面，做了大量工作，起到了别人所起不到的作用。[1]

苏联专家撤走后，落实中央新决策的当务之急，要重新排兵布阵，这是"596"工程成败的关键。钱三强协助领导担当了这方面的重要角色，并且公认工作做得很出色。所以能如此，客观上说，他领导的原子能研究所聚集和培养了一批能应对各种需要的人才，而且都能以事业为重，以服从需要为荣，甘愿做无名英雄；主观上说，他了解这批骨干的特点和所长，知道什么样的任务交给什么人最合适，可以做到量材而用。此外，还有一点也很重要，这就是彭桓武说的：三强向来有知人善任，顾全大局，打破本位主义思想的习惯。

知情人都知道，参加原子弹和氢弹研制的许多关键岗位的重头人

[1] 宋任穷：《参加钱三强铜像落成暨 80 诞辰座谈会的谈话记录》，1993 年 10 月于中国原子能研究院。

物，诸如王淦昌、彭桓武、朱光亚、邓稼先、于敏、周光召、程开甲、郭永怀、彭士禄、王承书、吴自良、黄祖洽、吴征铠、汪德熙、吕敏、陆祖荫、王方定、胡仁宇、丁大钊、何祚庥、钱皋韵、黄胜年等，他们那段人生转折性的经历，几乎都和钱三强有一定关系。

譬如邓稼先

1958 年 7 月，为了准备接收苏联提供的原子弹教学模型和图纸资料，决定成立核武器研究所，亦称九所，这个所的理论部急需一位有一定业务水平，政治条件好，组织观念强，善于团结共事的人，还要能同外国专家直接打交道。组织上请钱三强物色和推荐人选。钱三强经过一番"扫描"之后，他相中了理论组的邓稼先。

邓稼先 1950 年获美国普渡大学博士回国，来到近代物理所彭桓武的理论组，一度被钱三强挖到科学院学术秘书处当助手，做过一段副学术秘书，现在又准备把他推荐到院外更需要的岗位。于是钱三强找到科学院党组书记张劲夫，"三强又要求调科学院的学术秘书邓稼先同志去，我说可以。邓稼先去了，我们另外找学术秘书，科学院能做学术秘书的人有很多，对邓稼先同志

邓稼先

来说当学术秘书也没有充分发挥他的长处"[1]。

一天，钱三强把邓稼先找到办公室，开口说了一句轻松幽默的话："小邓，国家要放一个大炮仗，准备调你去做这项工作，你怎么样？"

"大炮仗。"邓稼先心里咯噔了一下，立刻意识到这是指爆炸原子弹。但一时来不及细想，随口便说："我能行吗？"

钱三强讲了调到哪里去，做什么工作，以及工作中急迫需要注意的问题，然后拍了拍邓稼先的肩膀，这就算敲定了。

不久，邓稼先到北京花园路走马上任。他从此隐姓埋名，舍家弃业，痴心于那个"大炮仗"，成为"两弹"功臣。

邓稼先一直对钱三强怀有知遇之情，他任九院院长后仍念念不忘。1985年春，他带病和胡仁宇（后继任九院第二任院长）一起登门看望钱三强，"并送给他原子弹爆炸20周年的纪念品。邓院长还专为钱先生在九院创建时所做的重大贡献向他表示感谢。钱先生却很谦虚地表示，他只做了一些应该做的事，并勉励我们要努力工作"[2]。

1986年邓稼先逝世后，这段经历开始披露。第二年11月17日，邓稼先曾经的同窗学友杨振宁，从纽约写信给钱三强，对他慧眼识人表示敬意。1990年杨振宁发表谈话，更是盛赞钱三强推荐邓稼先：

> 所以我也很佩服钱三强先生推荐的是邓稼先这个人去做原子弹的工作。因为那时候中国的人很多呀，他为什么推荐邓稼先呢？我想，他当初有这个眼光，指派了邓稼先做这件事情，现在看起来，当然是非常正确的，可以说做了一件很大的贡献。因为他必须对邓

[1] 张劲夫：《中国科学院与"两弹一星"》，《科学时报》1999年5月6日。
[2] 胡仁宇：《根深叶茂 功业长存——怀念我国原子能科学技术队伍的创业者钱三强先生》，1992年9月于新疆新城子。

稼先的个性、能发挥作用的地方有深切的了解，才会推荐他。而这个推荐是非常对的，与后来整个中国的原子弹、氢弹工作的成功有很密切的关系。[1]

又如朱光亚

核武器研究所从西藏军区调来一位主事的将军，缺少一位负责最后产品设计的业务领导人，物色和推荐人选的任务又落到了钱三强头上，这是宋任穷调往东北局工作临走前委托给钱三强的。那天，宋任穷先来了几句玩笑的话："三强，我这个'穷鬼'要走了，可你这个'钱'还在呀！有你在就不怕，我相信一定能干成。"[2]而后，宋郑重地对钱说：我要走了，有件事放心不下。核武器研究所所长李觉是一位将军，大批科学家要来工作，在将军与科学家之间，应该有一位既是科学家，又能做组织工作的人。

钱三强接受委托后，他在多位科学家之间作了比较，郑重推荐了原子能所中子物理室副主任

朱光亚

[1]　葛民康、胡思得：《"两弹一星"元勋传——邓稼先》，见《"两弹一星"元勋传》，清华大学出版社 2001 年版。

[2]　奚启新：《朱光亚传》，人民出版社 2015 年版。

朱光亚，并且得到二机部党组采纳。

钱三强一直以推荐朱光亚作为选拔"带头人"的成功事例。1983年5月12日，他在《人民日报》发表文章谈如何培养选拔"带头人"时，讲了这个例子，当时因为保密需要，他举例时没有点出朱光亚的名字。他在文章中写道：所谓"带头人"，并不一定是本门学科或本项工程技术里，年龄最老、威望最高的名人，但应该是有本事的人。本事就是：在学术上或技术上有一定造诣；有运用知识解决问题的能力；有干劲和创新精神；善于识人，用人，团结人。接着，钱三强写了当时推荐朱光亚的理由：

> 结果选中的却是一位中子物理研究室的副主任，他还属于当时科技界的"中"字辈，仅三十五六岁，论资历不那么深，论名气没有那么大。那末，为什么要选拔他，他有什么长处呢？第一，他具有较高的业务水平和判断事物的能力；第二，有较强的组织观念和科学组织能力；第三，能团结人，既与年长些的室主任合作得很好，又受到青年科技人员的尊重；第四，年富力强，精力旺盛。……实践证明，他不仅把担子挑起来了，很好地完成了党和国家交给的任务，作出了重要贡献，而且现在已经成为我国国防科学技术工作的能干的组织者、领导者之一。[1]

朱光亚同样没有忘记这段改变人生轨迹的历史。1993年10月11日，在纪念钱三强的一个座谈会上，他动情地说："我同今天在座的许多同志一样，曾长期在三强同志的领导下工作，亲身聆听和感受到他的教

---

[1] 钱三强：《科技队伍建设的一个重要问题》，《人民日报》1983年5月12日。

诲。我个人 1955 年从长春调回北京（三强同志那时叫我'归队'），几十年来一直在他的领导、指引和帮助下受到他很大教益。"

再如周光召

那个年代识才荐才往往要承担政治风险，钱三强推荐周光召便是一例。

周光召作为北京大学物理系的讲师，1957 年被派到苏联杜布纳联合研究所工作，那时他 27 岁，主要研究高能物理与粒子物理，三年时间发表论文 33 篇，其中提出粒子自旋螺旋态，建议赝矢量流部分守恒，引入手征振幅等重要成果，受到国际同行普遍关注，并邀请他去讲学。

当中苏关系面临彻底破裂时，1960 年 11 月钱三强正在杜布纳出席会议，接待了找上门的周光召和何祚庥、吕敏三位中国青年学者，他们是杜布纳联合研究所中国学者党支部的书记和委员，来当面请缨回国参加原子弹研制。钱三强听了他们一番话，心中着实喜悦，他为这些识大局、急国家所急的有志青年感到欣慰，当然应该努力促成。但据了解的情况，三人中唯周光召有点麻烦事，他是北京大学派出

周光召

钱三强（前排右三）和刘杰（前排左四）、赵忠尧（前排左三）、彭桓武（前排右二）出席杜布纳联合研究所成立全权代表会议

的人，关系不隶属科学院和二机部；还有更成为难题的有复杂的海外关系，这无疑是一大忌。

但钱三强并未怕担风险而弃才。他先亲自找了我驻苏使馆官员和中国学者，了解周光召几年的实际表现后，便迫不及待于 11 月 25 日先从莫斯科拍电报给刘杰："刘杰部长，来信收悉。九局理论组我认为周光召较适宜，但需在国内解决调干问题。"

钱三强返国后，又亲自去北京大学，找校长周培源和物理系主任王竹溪做疏通工作，周光召的调动终获解决，他 1961 年 5 月到核武器研究所就职，任理论部第一副主任（主任为邓稼先）。何祚庥和吕敏也被点将参加到原子能战线。

关于这节"请缨"经历，周光召留有难忘的记忆：

当时中苏关系破裂，去留问题很现实地摆在了我们面前。恰在此时，著名物理学家钱三强先生赴苏，与我进行了一次长谈，就我国如何发展核武器谈了自己的观点。这次谈话对我影响很大，使我知道了党中央发展核武器以加强国防建设的紧迫性和重要性。我决定回国，将自己投身到"两弹"的研制中去。[1]

| 以身许国　无悔无私 |

然而，在他们服从需要领命后，是令人难以想象的付出。不畏艰辛、甘愿吃苦、置个人安危于度外这些词语，在当年为放"大炮仗"的工作者们的长期实践中，实在是极家常便饭的事。钱三强深知这些，因此他常常为推荐了这些骨干，使他们远离家人，隔绝外界，失去生活享受，甚至身体落下终身毛病，而心里觉得不安。

20 世纪 80 年代，一次钱三强出席政协会议遇见语言学家吕叔湘，他走上前心怀歉意地说："我那时把你的儿子吕敏搞到新疆去了，这么多年没有回来，给家里带来困难……"

吕叔湘和钱三强虽不同行，但并无隔山的感觉。他们 1953 年访问苏联，前后朝夕相处了两三个月，又都是 1955 年首批选聘的学部委员；还有更易于相通的，是他们共有的强国情。吕叔湘紧握钱三强的手：这首先得感谢你对他的信任，再说，在那里是吕敏自己情愿的。吕敏随后从父亲那里得知了这件事，他深为感动，特意给钱三强写了信，信中说："这个事情我不后悔，总算是给国家干了点实际有用的事，知识分

---

[1]　周光召：《大力协作和科学精神是成功的关键》（1999 年 8 月），见科学时报社编：《请历史记住他们——中国科学家与"两弹一星"》，暨南大学出版社 1999 年版。

子能有这个机会是不容易的。"

当原子弹研制进入决战阶段，需要更多带领攻关的内行人。钱三强意识到自己的研究所首先应全力以赴，便主动向二机部党组推荐了他的两位副所长王淦昌和彭桓武到核武器研究所，并保证说他们政治业务都信得过，能够挑得起解决最关键的任务。二机部领导欣然同意，认为此时此刻有王淦昌、彭桓武两位加入，最为得力。

部长刘杰拉着钱三强一起先约王淦昌谈话，那天是 1961 年 4 月 3 日。三十几年后，那天谈话的情景王淦昌还能记忆起来：

> 到了刘部长的办公室，副部长兼原子能所所长钱三强也在那里。刚一坐下来，刘部长就开门见山地说："王先生，今天请您来，想让您做一件重要的事情，请您参加领导原子弹的研制工作。"刘部长随后说："有人要卡我们，中国人要争这口气。"我静静地听着，心里很不平静。党的信任，人民的重托、自己几十年来的追求、期望，都落实到我将要接过的这一副沉沉的担子上。我有很多话要说，但当时我只说了一句话："我愿以身许国！"[1]

谈话第二天，王淦昌到新的岗位报了到，任九所副所长，主管核武器实验研究工作。他临时改名为"王京"。

同彭桓武的谈话，是钱三强回到原子能所单独进行的。钱三强像往常那样走进彭桓武的工作室，但这天说的话非同往常："桓武啊，有件重要的事情要告诉你，中央决定派最好的科学家加强原子弹攻关。我推荐了你，决定调你去核武器研究所顶替苏联专家的工作。"钱三强稍停

---

[1] 吴水清：《追求卓越——王淦昌年表》，经济科学出版社 1999 年版。

顿了一下，本不想说还是说了一句客套话："有什么困难吗？"

彭回答："没有，没有什么困难。"

钱三强还想说明一下自己推荐他，知道会使得熟悉的业务生疏、带来损失，表示遗憾的心情，可没等说完，彭桓武便说："三强，这件事总要有人来做，国家需要我，我去。"

彭桓武很快走马上任，被任命为九所副所长，顶替苏联专家主管核武器的理论设计工作，他身边聚集了一批精兵强将。

1999 年 12 月，彭桓武回忆当时认为是三强对他的信任和帮助，也是"三强顾全大局、没有本位主义思想"的表现。他还自信地说：

> 苏联撤退专家扔下乱摊子，我国决定自力更生，我们去顶替苏联专家。老实说，我也觉得我比顶替的苏联专家干得好，自己的事没限制么。当然还有些年轻一点的中国专家比我干得更好。干事，人才很重要，每个先行的人都带动几个年轻一点的后来的人，而有些后来的人发展和贡献比先行的人还要高大。"后来居上"是个规律，是可持续发展的保证，也是未来的希望所在。[1]

这里顺便说到，钱三强在向二机部推荐的科学家中，还有原子能所时任中子物理室主任何泽慧。这一推荐没有被采纳，这本属正常情况，钱三强也懂得，个人推荐是提供领导决策参考，最后以组织决定算数。但是没有想到，这件事让钱三强背上了"非组织活动"的名声，说他企图通过自己的妻子去控制九所。

【1】　彭桓武：《我们是怎样合作搞原子弹的》，见《彭桓武诗文集》，北京大学出版社2001 年版。

事情过去二十多年，一位原二机部很知内情的人士告诉笔者：这件事（指钱三强推荐何泽慧到九所）当时在部里是看得很重的。"文革"刚开始（1966年7月）钱三强被作为"靶子"抛出批判时，部有关领导还动员一位有影响的科学家，把钱推荐何的事写成署名大字报贴出来，大字报的标题是《钱三强同志的非组织活动搞的是什么鬼》，对大家轰动非常大，成为重磅炸弹；接着，部里把这位科学家的署名大字报，作为《关于钱三强的综合材料》的附件之一，上报中央和国务院领导。

一次，二机部那位知情人士还向彭桓武说起此事，彭先生听后很惊讶，并且说：钱三强当年的推荐是完全对的，何泽慧做的工作很适合到九所。这有什么问题？这不是私心！

脑子里装着全国——"满门忠孝"

经过一番调兵遣将之后，一些敏感的外国人察觉某种迹象——许多知名科学家不知去向了。1963年英国一个5人科学家代表团访问中国后，在英国《国际科学和技术》杂志上发表感想，一位名叫汤普森的化学家说：虽然英国代表团没有询问共产党中国在核物理学和核能方面的进展，他们很有可能已在核反应堆方面取得相当大的进步……对早先为我们所知的科学家们现在的行踪的询问表明，他们也许是在特别的实验室忙于进行重要的计划。

美联社据此编发电讯写道：一位英国科学家星期日提出了关于共产党中国的科学概况，并且推测高级人员不在场也许意味着他们从事幕后的重要计划。

接着，中国港澳地区的报纸进行转载，有的用了这样的大字标题：

"英科学家谈中共今天科学面貌　知名科学家俱匿迹　可能幕后发展核弹"。[1]

钱三强所长如此大度积极向外举荐人才，是他一贯的主张。他从1948年回国时在上海、在清华大学，以及后来在许多场合讲过他的主张。他一次在科学院科技干部职称工作会议上说道：

> 首先，我们要顾全大局，打破本位主义思想，不管作为哪级机构，特别是领导工作人员，脑子里应该装一本全国的账。不要觉得凡是我所管辖范围的人，最好一个也不要离开我，大家窝在一起。要是这样的话，我们的科学技术发展就没什么希望。尤其管理干部的人，要有一种很高的姿态和气魄，舍得把最好、最顶用的人用到最需要、最关键的地方去，不分是你的还是我的。这样既解决了急需，为国家作出贡献，又能促使人员交流，人才成长。好的人才输送出去了，年轻些的就很快地自然成长起来了。[2]

彭桓武对钱三强主张人才交流的观点，印象很深："在原子能所听他这样讲不止一次，还有个割韭菜的生动比喻。事实上他也是这样做的。"[3]

钱三强和朱洪元合写的《新中国原子核科学技术发展简史》一文中，记载了原子能所向外输送人才的一组数字：自1959年至1965年

---

[1]　彭继超：《东方巨响——中国核武器纪实》，中共中央党校出版社1995年版。

[2]　钱三强：《由干部职称工作想到的——1982年12月23日讲话（摘要）》，见《科坛漫话》，知识出版社1984年版。

[3]　彭桓武：《谈谈我对钱三强先生组织领导我国科技工作的几点认识》，见《彭桓武诗文集》，北京大学出版社2001年版。

7 月，该所共输送出科技人员 914 人，其中正副研究员、正副总工程师 28 人，助理研究员和工程师 147 人，研究实习员、技术员 712 人。同时，还为二机部各院、所、厂培训了 1706 名各种科学和工程技术人员。

许多人在回顾原子能所向外输送大批科技人才，以及所发挥的作用时，习惯用"老母鸡"来做形容。也有另外一种说法：在中国研制原子弹和氢弹的悲壮进军中，原子能研究所做到了"满门忠孝"。

"老母鸡"也好，"满门忠孝"也罢，这都是因为所长钱三强心里始终装着一本全国的账。关于这方面，二机部主管干部工作的部门，在 20 世纪 90 年代组织撰写了一份史实性的综述材料，其中有一段记载，现摘录于此：

4.尊重专家，及时征求和倾听专家关于组织科技队伍的意见。我们这些人都是搞政治的，搞社会科学的，对于自然科学技术是外行，对于组织这样一支由数百个专业构成的庞大的科学技术队伍的复杂性不是十分了解，而副部长钱三强同志和一些高级工程技术骨干在这方面起了很大作用。如三强同志，在最初阶段是他根据中央和部领导意图，同苏联有关方面接洽中国科研、设计与生产实习人员的专业安排问题，由他主持提名挑选赴苏学习和已在苏的留学生转学安排等问题；在组织核武器研制阶段，也是他点名提出请调哪些专家来参加核武器哪个方面的研制较为合适的意见，如王淦昌、彭桓武、朱光亚、邓稼先、周光召、于敏等，都是由他提出并经领导同意后，调到九局去的；在核燃料生产、研究和实验过程中，急需化学分析专家和化工专家，又是他提出请调吴征铠和汪德熙同志的；全国各大学设置原子能专业，也是钱三强同志积极倡议，部领导大力支持而办起来的。[1]

　　大家比喻原子能所为"老母鸡"，也是针对原子能所作为中国第一个原子核科学技术基地，在后来为全国这方面派生出许多研制生产机构而说的。钱三强接受这个比喻。20世纪80年代中的一天，他在办公室里用钢笔勾画了一张核科学技术机构沿革图，他当时凭记忆一口气画下来，画完也没有查资料核对，个别记忆不准的就空在那里（见右图）。

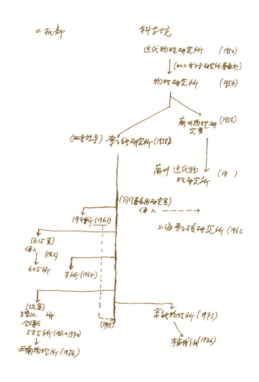

钱三强勾画的核科学技术机构沿革图

　　权威的《当代中国的核工业》对原子能研究所作为中国核科学技术基地所起的"老母鸡"作用，也有一段评述：

　　　　这个基地在核工业建设和发展过程中，起到了"老母鸡"的作用，逐渐派生了一系列核科学研究机构，并培养出一大批日后成为核工业各单位科研生产骨干的科技人才。

【1】　引自二机部的一份总结材料（打印稿），存于"钱三强年表资料卷"。

《核世纪风云录——中国核科学史话》一书，为这段评述作了一个注解，所列派生出的机构计 14 个，比钱三强随手勾画的要多。该书作者列出派生机构后写了一段话："历史已经证明：如果没有原子能研究所，就没有中国'两弹一艇'。只是因为没有终端产品，她的历史性有时被忽略了。"[1]

〔1〕 王甘棠、孙汉城：《核世纪风云录——中国核科学史话》，科学出版社 2006 年版。

第二十二章
组织攻关无歇时

┃ 拧成一条绳　雷厉风行抓协作 ┃

为了加强全面协作的组织领导，在原子弹研制进入关键时刻的 1961 年，聂荣臻指示成立二机部、中国科学院协作小组。这个组由刘杰、钱三强（二机部）和张劲夫、裴丽生（科学院）及刘西尧（国防科委）五人组成，目的是"充分发挥科学院有关研究所的力量，更密切地为'两弹'服务"[1]，实现攻坚，不在困难面前投降。

在部院协作组的统一部署下，依着张劲夫"要人给人，要物给物"的通行令，年近半百的钱三强像年轻小伙子一样，铆足了劲去跑去干。

1961 年 5 月，领受聂荣臻"拧成一条绳，共同完成国防尖端任务"的指示，7 月 12 日至 30 日，钱三强和裴丽生亲赴沈阳、长春、哈尔滨，组织金属所、应用化学所、土木建筑所 170 余名科技人员，还有 300 余名业务辅助人员，对有关金属铀冶炼、核燃料化学、反应堆结构力学等研究任务协同攻关，直到分解课题、完成任务时间，以及可能遇到的问题等，都一一订出计划和措施。

同年 9 月，钱三强和裴丽生南下湖南铀矿厂、矿冶所，组织协同开展铀矿采选和化学冶金技术联合攻关，并成立三个研究室各司其职；10

---

〔1〕 《聂荣臻年谱》下卷，人民出版社 1999 年版，第 778 页。

月，钱三强和吴有训一起到湖南二矿进行技术指导；随后，钱三强在衡阳召开科技攻关现场会，请来科学院新技术局、上海有机所、长沙矿冶所、长春应用化学所的有关专家，进行"群医会诊"，就铀水冶厂生产设备中存在的一系列技术问题，提出研究方案和措施，并且重点审查了纯化车间的试车方案，为纯化系统顺利投产提供技术准备；11 月，钱三强和裴丽生在上海主持"甲种分离膜"攻关汇报会，提出对策措施；在原子弹理论设计最急需的时候，还亲自请来数学家华罗庚和谷超豪协助工作……

据中国科学院年报统计，在部院协作组的组织协调下，经过一个所一个所布置落实，1961 年科学院各有关研究所安排二机部的任务 83 项，计 222 个研究课题。承担的各项任务完成及时，保证了整体工作需要。〔1〕

正是有了这样的工作局面和良好进展，1961 年 11 月 17 日二机部和国防科委向中央写了"绝密件"《关于原子能工业建设的基本情况和亟待解决的几个问题的报告》，其中说到：

> 几年来，我国原子能工业建设的总的情况是好的，各项工作都有很大进展，打下了一定的基础。配合原子能工业的科学研究工作，自今年进一步组织二机部和科学院等有关单位的具体协作后，也有很大进展。……从我们所了解的一些基本情况来看，明年是最关键的一年。若是组织得好，抓得紧，有关措施能及时跟上……在1964 年制成核武器和进行核试验是可能实现的。

〔1〕 潘钥：《中国科学院早期对国防尖端技术的贡献》，中国科学院《院史资料与研究》1999 年第 6 期。

后来的情况证明，"拧成一条绳"的作用是非常有效的，科学院的许多精锐力量，在钱三强和裴丽生、谷羽等调动下，及时攻克了一系列科学技术难关，保证了任务的急需。对此，中国科学院作过总结，在"两弹"研制中，中国科学院充分发挥了作为科学技术综合研究中心的优势，调动了20多个研究所参加这一工作，全院的许多优秀科学家和技术骨干把主要精力投入到与这一事业有关的研究。在研究过程中，克服了来自技术、设备、资料及环境等多方面的困难，在自己的研究领域里，做出了突破性的贡献。【1】

进展顺利，是中国科学家和工程师用智慧和辛勤取得的，同时也离不开钱三强所起的"指点才"作用，由于他"顺从需要多方面，组织科研一统筹。各路英雄同会战，八方协作善为媒"【2】，为奇迹出现提供了机会。

｜遇难题　选良将｜

苏联专家撤走后，原子弹研制中的关键技术之一，即如何使亚临界状态的核材料，在极短时间内变成超临界状态，实现核爆轰，成为核武器研制工作中的一道难题。钱三强考虑到这项技术有较多的工程力学问题，而他对于力学领域专家情况不甚了解，便找到兼任中国科学院力学所所长的钱学森，请他推荐从事这方面工作并且适合担任技术负责人的人选。

钱学森听了情况介绍，爽快地自荐："我去。"

【1】　《当代中国丛书·中国科学院》（上），当代中国出版社1994年版，第119页。
【2】　彭桓武：《送别钱三强》，见《彭桓武诗文集》，北京大学出版社2001年版。

　　钱三强明知钱学森另有重任在身，便说："那可不成，五院那一摊离不了你。请推荐另一位能胜任的人。"

　　钱学森想了想，他推荐郭永怀："我看郭永怀完全可以胜任。他学术上造诣很深，作风正派，工作扎实，现在又担任力学所副所长。"

　　郭永怀，1909年出生于山东荣成，1935年北京大学物理系毕业后留校读研究生。1940年赴加拿大多伦多大学并获应用数学硕士学位，次年到美国加州理工学院研究可压缩流体力学，他自选了一个极具挑战性的课题——"跨声速流动的不连续解"作博士论文，导师冯·卡门佩服他的勇气，逢人便说："郭正在做一个最难的课题，你们不要用零碎事情打扰他。"郭永怀取得博士学位后，留在古根汉姆航空实验室继续从事跨声速空气动力学研究，于1956年回国。

　　钱三强向组织汇报获准后，亲自登门找郭永怀（郭夫人李佩先生后来说，知道钱先生登门一定是谈要事，她便主动离开了）。听完情况

郭永怀

介绍，文静少言的山东汉子郭永怀表示："这个工作我虽然没搞过，但经过努力，我想还是可以的。"他沉思了一会儿，担心力学所的工作受影响：不过，我的力学所副所长这摊事如何安排？

　　钱三强当时兼有科学院副秘书长的领导职务，又有张劲夫代表院

党组的全力支持，他心中有数地向郭永怀作了表态：这件事，可由二机部和科学院协商解决。

　　1960 年 5 月，郭永怀被任命为核武器研究所副所长，主管核武器的力学部分和武器化工作。从此，在郭永怀的日程表上，名义上每周三天到核武器研究所工作，但由于任务催人，他每每在力学所一办完事便来到核武器所，天天都能在那里见到他的身影。其时正值经济困难时期，生活条件非常艰苦，"当时九所科技人员中有一半人得了浮肿病，但从上到下仍然忘我地工作。郭永怀、王淦昌、彭桓武家住中关村，距九所还有很长一段不太好走的路。可他们从不在九所为他们开的小灶上吃一顿饭，而是挤在一辆蓝色的'伏尔加'小汽车里回去。这种艰苦奋斗的精神是很感人的"[1]。

　　就是在这样的条件下，郭永怀带领科技人员完成了爆轰物理试验，对核装置的结构力学、结构强度、压力分布等，通过艰苦的计算和试验，攻克了许多技术难题，成为"两弹一星功勋奖章"获得者。然而，这枚代表民族荣耀的勋章，是 1999 年追授给郭永怀的，他已于 31 年前的 1968 年 12 月 5 日，在西北基地做完我国第一颗热核弹头发射试验的准备工作后，乘飞机返回北京降落时发生意外，不幸以身殉职，时年 59 岁。

　　研制原子弹刚起步时，关于它的核装料，开始设计了两条生产线，一条是铀-235 生产线，通过铀浓缩获得高浓铀作为装料；另一条是钚生产线，通过反应堆获得钚-239 作为装料。苏联专家撤走后，浓缩铀厂成为一个瘫痪的半截子工程——有人放出话："再过两年，你们就要卖

【1】　李家春、李成智：《"两弹一星"元勋传——郭永怀》，见《"两弹一星"元勋传》，清华大学出版社 2001 年版。

王承书

废铜烂铁了。"

为了缩短战线，集中力量攻坚，二机部决定把浓缩铀厂列为"一线"工程的重中之重来突破。时下的问题是，由于遭遇突然变故，面临既无实践经验，又无技术资料可查，而要走出困境，从科学技术角度考虑，气体扩散理论是首先必须解决的难题。由谁来承担？钱三强又开动脑筋"扫描"，他从所内科学家的工作经历中想到一个可能合适人选，她就是正在从事受控聚变反应及等离子体物理研究的女科学家王承书。

王承书1956年和丈夫张文裕一道回国，两位教授同时被分配到原子能所。为了准备回国服务，王承书费了不少心机，她将近两千磅的图书资料，按美国规定的重量标准6磅一包，分成300多包，陆续从几个邮局提前寄回国内姐姐家，躲过了可能遭遇的麻烦。有人问她为什么要急着回国，她回答：我们是中国人，祖国还处在百废待兴的时候，我们不能等别人来创造条件，我要亲自参加到创造条件、铺平道路的行列。

1961年3月的一天，钱三强约长自己一岁的王承书谈话。这个时候，他不想拐弯抹角表达："承书同志，你愿不愿意隐姓埋名一辈子，而且要吃苦。"

王承书虽然感到有些突然，但凭直觉马上想到钱所长这样谈话，肯定有特殊任务交付。为了工作，隐姓埋名和吃苦她都不在乎，回答很干脆："我愿意！"

"那好。你去搞核气体扩散，把那里的理论搞起来。"钱三强介绍了扩散厂的严峻形势，特别提醒一点：理论研究当务之急，要为气体扩散厂上马运行铺路搭桥。

王承书后来回忆当时的心情说：

> 说真的，我四十多岁才回国，我的青春年华大多耗费在美国，我对祖国已负债很多，现在国家又这样信任我，把这样重要的工作交给我，这在国外是无法想象的，我怎么敢怠慢不全力以赴呢？[1]

很快，王承书进入绝密的 615 实验室，经过不到一年时间，她既搞培训又做研究，培养出我国第一代 20 余人的铀同位素分离理论队伍，后来她又带队到了环境恶劣的塞外边陲。当她走进厂房，眼前是一种使人焦愁而又激发责任感的景象：一排排机器，有的安装完了，有的零乱地搁置一旁等待安装……建设者们那种期待的目光——将来数千台机器都安装好了，怎样运转起来，顺利开启铀-235 浓缩技术的大门，寄希望尽快掌握技术数据、搞出方案，给一把钥匙。

王承书先组建一个理论组，不分白天和黑夜，每天工作十几个小时，仅级联的定态、动态计算和分析数据，就装了满满三大抽屉。他们终于绘制出一套在级联几个取样点丰度随时间的变化曲线，并且可应用

---

[1] 孙汉诚、王甘棠：《核世纪风云录——中国核科学史话》，科学出版社 2006 年版。

于实际。由于理论计算和相关技术被我国专家一一驯服，数千台扩散机组成的一个庞大的级联系统开始启动了，王承书一直等在计算室分析每一个取样，那年元旦晚上也是在工厂分析室度过的。

从入口处投进去的六氟化铀被逐渐浓缩，其浓度从2%、3%到40%、50%……按照理论方案计算，1964年1月14日产品浓度应达到90%，达到这样的浓度，就可以作为装料实现链式反应。这天中午十一时零五分，窗口的阀门缓缓打开，高浓度铀源源不断地流入容器里。经过检测，浓缩铀厂取得了一次投产成功的佳绩。

消息传到北京，大家为之高兴，钱三强的喜悦心情更是难以形容。1月15日，二机部发出贺电："这是我部事业发展的一个重要里程碑，为我部事业的成功创造了必要条件。"

1月18日，毛泽东看了二机部关于这件事的报告后，写下两个字："很好"。

两年后的1966年3月14日，邓小平到兰州浓缩铀厂视察。他握住王承书的手："啊，我见过你嘛！1959年你胸戴大红花，参加了全国群英会，是不是？"

王承书笑着点点头：我胸前的花就是您给戴的。

邓小平风趣地说："从此，你隐姓埋名了，不知去向，连你的先生张文裕也找不到你啰！"

然而，王承书并不因此而后悔。1992年八秩高龄的她写下一篇自述，读过的人无不为之动容。现将此文的最后一节援引于此。

虚度80春秋，回国已36年，虽然做了一些工作，但由于主客观原因，未能实现回国前的初衷，深感愧对党、愧对人民。我的生命也许不会太长了，对于每个人来说，生命本身就是一种消费。我这一生中，事业占据了我整个生命的三分之二，为此，我失去了一个女人应给予家庭的一切。但是，我并不后悔，因为，作为一个女人，事业和家庭是很难两全的。[1]

会战铀扩散分离膜核心元件

铀同位素分离有许多关键性技术，其中气体扩散机上的核心元件——扩散分离膜，其重要作用称得上是核心中的核心。那时只有美、苏、法掌握制造分离膜技术，都列为最绝密级别。两大阵营对垒时，苏联称其为"社会主义安全的心脏"，而实际上，即便在中苏关系融洽时，他们也绝对不让兄弟的中国科学家靠近它一步。

气体扩散法分离铀同位素的原理，简单说就是使含量最多的铀-238和含量极少的铀-235，处于气体状态（合成六氟化铀），在压力下被迫通过几千个多孔的过滤壁扩散，逐渐分离出高浓度的铀-235。这些道理，从事十多年核物理研究的钱三强是知道的，也清楚在当时铀同位素分离三种方法（电磁分离、离心分离和气体扩散法分离）中，气体扩散法虽然昂贵难度大，却是唯一工业规模的方法。但对于其中许多技术问题，包括多孔的扩散分离膜元件如何制成，钱三强和中国科学家都不了解。

先在 20 世纪 50 年代末，钱三强开始在原子能所组织人对气体扩散分离膜进行调研；1960 年 5 月，正式成立以钱皋韵为首的研究小组，抽调近 20 名科技人员，对扩散分离膜开展探索研究；同时，钱三强又放

[1]　中国科学院学部联合办公室编：《中国科学院院士自述》，上海教育出版社 1996 年版。

眼所外了解到，复旦大学化工专家吴征铠，对气体扩散分离铀同位素的文献资料和基础理论知识，在国内算得上是先行者之一，1958 年他曾组织以李郁芬为首的研究队，开始做分离铀同位素的探索工作。于是，钱三强又点名调来吴征铠负责技术指导。

吴征铠接受任务后思考的问题是，制造分离膜的原料该用什么技术路线合成？分离膜的原料是一种金属粉末，如果用实验室方法来制备，显然不适合大规模生产需要，经过仔细分析，他们决定采用另一种方法。试验结果，用这种方法生产出了合格的金属粉末，取得可喜进展。

但是，局部的进展不等于扩散分离膜就弄懂了诀窍，因为制成它涉及粉末冶金、物理冶金、压力加工、焊接、金属腐蚀、物理化学、电化学、机电设计与制造、分析测试等众多学科，要解决制粉、调浆、制膜、烧结、加工、焊接、后处理等一系列工艺过程，是一项综合性很强的技术工程。正如钱皋韵 1998 年谈当年体会时所说：我们研制的同位素分离设备中，气体扩散机就像我们塑造的一个粗犷的彪形大汉，而气体离心机却像我们精雕细刻成的一个娇小美丽的姑娘。其中凝聚着大家的聪明才智，真像是一个集体创作的艺术品。[1]

"扩散分离膜"（代号"真空阀门"）的攻关会战，在钱三强等亲自组织下开始了。

1960 年 8 月的一天，科学院上海冶金研究所党委书记郑万钧、粉末冶金专家金大康、金属材料专家邹世昌，一起被邀请到原子能研究所，钱三强代表二机部和科学院向他们下达研制分离膜的攻关任务。下面的谈话，是据上海冶金所的记录材料：

[1] 中国工程院编：《中国工程院院士自述》，上海教育出版社 1998 年版。

钱三强说：有人扬言，苏联专家走后，中国的浓缩铀工厂将成为一堆废铜烂铁，更不用说制造原子弹了，其中关键之一就是我们不会制造分离铀-235的分离膜元件。这个技术是绝密的，不可能得到任何资料。组织上决定把研制分离膜的任务交给你们去完成。接着，钱三强把原子能所参加此项目的人员请来介绍有关分离膜元件的具体技术要求。根据他们的分析，分离膜元件应该是耐六氟化铀腐蚀的、具有均匀微孔的粉末冶金制品，但到底用什么样的粉末，又如何制成元件等一系列具体工艺，大家就一无所知了。

钱三强继续鼓励说：你们是粉末冶金和物理冶金专家，又都是党员，所以请你们来，这项任务一定要尽快完成，价格不要超过黄金。任务非完成不可，不能让我们的浓缩铀工厂因为没有分离膜元件而真的变成废铜烂铁，也不能让我们的原子弹没有浓缩铀而造不出来。〔1〕

在任务面前谁也不含糊，各方干得都很起劲，但一段时间过后问题出现了，几个单位的工作做得重复，力量分散且因保密而缺少交流，进度缓慢。于是1961年11月，钱三强和裴丽生在上海衡山宾馆召集会议，对情况和问题进行全面总结后，重新作出具体安排：在上海市的积极支持下，成立攻关任务领导小组，全面负责研制和组织生产；在冶金所组建一个专门研究室（第十研究室），将北京原子能所、沈阳金属所、上海复旦大学原先分头工作的有关人员，携带仪器设备和已有的资料，集中到冶金所进行攻关会战。队伍分工明确具体，由冶金所副所长、物理

---

〔1〕　上海冶金所：《"两弹一星"元勋传——吴自良》，见《"两弹一星"元勋传》，清华大学出版社 2001 年版。

吴自良

冶金专家吴自良兼第十研究室主任，技术总负责，下设三个组——第一组负责研制分离膜的原料，即超细镍基复合粉并小批量生产，由金大康、姚汉武任正副组长；第二组负责成膜工艺并制成分离膜元件，由邹世昌任组长、陈文秀和桂业炜任副组长；第三组负责分离膜的性能检测、分析和后处理工艺，由李郁芬任组长。

经过钱三强和裴丽生这样及时调整，协作局面形成了，组织健全有力了，任务明确落实了，以后的情况就像冶金所总结材料所说的："这样四支队伍（60 余人）集中在一起分工合作，联合攻关，确实起到了 1＋1＞2、2＋2＞4 的作用。"到 1963 年秋，试验结果表明，甲种分离膜元件性能达到实际应用要求，实验室试制工作基本结束。年底，工厂量产达到几千支，经过运行试验其性能超过苏联的元件，而其成本仅为黄金价格的百分之一。

中国研制原子弹的又一路障被清除，我国成为继美、苏、法之后第四个能独立生产分离膜的国家。吴自良、邹世昌、金大康等 8 人由于研制甲种（管状）分离膜的成果，获得 1984 年国家发明奖一等奖；葛昌纯、王恩珂等 23 人和钱皋韵、吴征铠等 5 人，由于研制乙种（片状）分离膜的成果，获得 1985 年国家发明奖一等奖；吴自良 1999 年获得"两弹一星功勋奖章"。

时隔 30 年后，中国科学院原党组书记张劲夫说起攻克这道难关的情景时仍印象深刻：

> 那个时候，苏联"真空阀门"不给了。没有"真空阀门"，我们生产不出浓缩铀。……早就想到万一他不给怎么办？在上海冶金所集中力量攻这个关，搞"真空阀门"。结果这个关攻破了！攻克这个项目，除科学院金属所、冶金所外，还有复旦大学、上海有条件的工厂等。这样，我们的浓缩铀厂才能生产。这时宋任穷调走了，刘杰同志当二机部部长。当时，刘杰非常激动地感谢我们帮助他解决了关键问题。这项成果在原子弹爆炸成功以后得了特等奖。所幸的是，这些我们早就有了准备了，是钱三强早想到出的题目，出题目很重要。[1]

许多当年奋战在一线的年轻科技骨干，后来回顾在钱三强领导下的工作经历时，都留下一些忘不掉的记忆，而又真情实感。曾经担任原子能所学术秘书多年，参与过乙种分离膜攻关而获得国家发明一等奖的钱皋韵，后来当了核工业总公司科技委主任，并当选为中国工程院院士，他 2013 写了一篇文章讲他 50 年前一段经历中的钱三强，文章结尾说："我深为核工业有这样一位既懂核专业，又善于组织管理的领导而庆幸。"[2]

---

〔1〕　张劲夫：《中国科学院与"两弹一星"》，《科学时报》1999 年 5 月 6 日。
〔2〕　钱皋韵：《我在 101 的一段经历——纪念我国著名核物理学家钱三强先生》，《原子科学城》2013 年第 3 期。

因陋就简攻克点火中子源

1960 年 5 月，原子能所接受合成氚化铀的任务。乒乓球大小的氚化铀小球，是原子弹引爆装置的核心部件，这个部件又称为点火中子源，把它嵌在裂变材料的中央，在原子弹起爆时受到挤压，释放出足够多的中子点燃核反应。别看它体积很小，但研制中子源要有一百多道工序，包括氚化铀的制备、分析，无氧操作的建立，包装成氚化铀球体，以及制造高精度的密封外壳等。

任务放到哪个研究室，由谁来承担中子源攻关？钱三强经过一番思谋后，首先想好一位担任项目"带头人"的人选，助理研究员王方定。他三十岁刚出头，1953 年四川化工学院毕业到所后，一直从事铀化学

王方定

冶金研究，虽然只是中级职称，不大有名气，但事业心和责任感很强，在所内群众关系好，能起到骨干作用，符合作为带头人的要求。

一天晚上，王方定应召来到钱三强办公室。

"来来，请坐。"所长热情招呼后对王说：研制原子弹点火中子源的任务，交给了我们所，任务重时间紧，所里决定成立攻关小组，由你来负责承担这项任务。

王方定知道所里不少人

1964 年成功研制出点火中子源的简易工棚实验室

承担了绝密任务，许多著名专家先后调离原子能所，没想到现在轮到自己挑重担了。他当然不会在任务面前打退堂鼓，只是觉得自己的水平和经验比老专家差多了，乍一听心里没底数。

　　钱三强没有讲一般的大道理，因为他很了解研究所内的青年骨干对待任务的态度，再难再重的工作，只要国家事业需要，就是拼了命也会干好。他从柜子里拿出几个 200 毫升容量的石英磨口瓶子，里面装着黑色粉末，放到王方定面前：这是我当年从法国带回来的，有约里奥-居里夫人送的从镭成分中提取的铅-210 放射源，放了这么多年一直没有舍得用，现在可以用到需要的地方了。钱三强 1948 年在回国轮船上，写信给李书华说的"不可复得的宝物"，就是指的这些放射材料。

　　王方定从钱所长信任的目光中，深深感受到老一辈科学家对国家、

389

对事业的赤诚之心。他像战士接过武器一般，郑重地接过那几个沉甸甸的瓶子。后来，王方定在工棚实验室进行处理，瓶子已经变黑，钚在黑暗中闪闪发光，测量时连他鼻子尖上也发现有 α 射源物。

王方定用了许多个晚上查阅文献，希望从中找到某些有用的线索，结果一无所获。一切都只能靠自己。白天，他带领攻关小组同工人师傅一起，搭盖"芦苇秆抹灰当墙，油毡涂沥青作顶"的简易工棚；在工棚里用砖头砌起了实验台，从废物堆里捡来两个纸箱子作物品柜……仅一个多月时间，合成氕化铀实验室建成了。

夏天，简易工棚内温度高达三十六七摄氏度。做实验时，要身穿双层工作服，脚上套着高勒雨靴，双手戴厚橡胶手套，嘴上捂着大口罩外加有机玻璃面罩……几个小时下来，汗水浸透了工作服，雨靴里边积下的汗水哗哗作响。

冬天，工棚里没有取暖设施，冻得一边做实验一边不停地跺脚。为了不让水管、蒸馏水瓶及各种液体试剂瓶被冻裂，每天做完实验，晚上要把水管里的水放空，瓶瓶罐罐都要搬到有暖气的房间去，第二天早晨再一件件搬出来。

几十年后，王方定回忆当时那种工作精神，也是钱所长鼓励下做的："他对我说：'居里夫人的实验室是一个工棚改造的，我们也可以建一座工棚实验室，减少外界干扰，任务完成后便于处理。这个工棚外表可以简陋些，但里面要尽量做得符合放射化学工作的要求'。"[1]

钱三强自始至终亲自过问，并指导攻关小组的工作，还安排兼任点火中子委员会委员何泽慧领导的中子物理室，为中子源制备给予全力支持。为了鼓舞信心，加快进度，1962 年 11 月钱三强要求攻关小组克

〔1〕 王方定：《缅怀钱三强先生》，《原子科学城》2013 年第 3 期。

服困难，协同作战，想方设法先提取出 100 居里的钋-210，并风趣许愿说，完成任务后请大家吃冰淇淋。

在大家协同努力下，一个月后制成以居里级钋为基础的中子源，但他们不想局限于美、英等国的传统材料，继续努力摸索。经过三个寒暑无以数计的反复试验，其中经历过许多次挫折和失败，甚至发生过人被灼伤的事故。终于合成了一种新的化合物，并在 1963 年 11 月先制备出两个氚化铀成品小球样品，由核武器研究所进行缩小尺寸的整体模型爆轰试验，结果表明，研制的点火中子源不仅合乎需要，还高于原设计要求。年底，又制成四个合格的点火中子源，由王方定和核武器研究所的同事送到西北基地待用。

12 月 28 日，二机部党组为制成点火中子源向钱三强并原子能所党委发出专函祝贺。

钱副部长并原子能所党委：

你们试制的点火中子源，经过初步试验，效果很好。这是你们坚决贯彻自力更生的方针，奋发图强、埋头苦干，创造性的劳动，在科学实践上取得的重大成果，特向你们表示热烈的祝贺！希望你们再接再厉，精益求精，严格安全防护措施，为更好地完成党和国家给我们的任务而奋斗！

顺便提到，美国人 W. 刘易斯后来写了一本《中国原子弹的制造》，书中对中国研制成点火中子源着笔不少，尤其花很大篇幅分析、推测用的什么新材料来合成它。但是，精明作者的挖空心思猜测，还是误入了歧途。

指点罗布泊 确保"搞响"

随着一个个攻关项目取得进展，1962 年 9 月 11 日，二机部向中央上报了《关于自力更生建立原子能工业情况的报告》，提出争取在 1964 年，最迟在 1965 年上半年爆炸我国第一颗原子弹。

一个月后的 10 月 10 日，聂荣臻、罗瑞卿和张爱萍首先听取刘杰、钱三强和朱光亚作情况汇报。聂荣臻听后指出："要放到 1964 年国庆 15 周年响的目标上，要力争。有这样一个目标有好处。可以更大地调动各方面的积极性，协调各方面的力量。"他又说，"对于协作问题，一方面抓紧同三机部、一机部的协作，另一方面请钱三强亲自抓紧同中国科学院 19 个所的协作。""现在主要是如何搞响的问题，采用什么办法都行。"[1]

国防科委副主任张爱萍很关心实现目标的具体措施，他发表意见说：对二机部提出的这一目标，还需要具体研究提出实施方案。

聂荣臻表示，同意张爱萍同志的建议，在最近几天再开一次会，对有关问题进行具体研究，提出解决方案，报中央批准。

刚过一个星期(10 月 16 日)，张爱萍约请钱三强和二机部九局负责人，参加国防科委的办公会，共同研究核试验靶场的有关技术工作。会上，钱三强作了系统的介绍性发言，他讲到：原子弹试验是一个十分复杂的、集多学科为一体的高科技试验。仅就核试验靶场可以开展的技术项目就有几十个上百个，而这一个个的项目都需要研究、定题，并在靶场进行技术工程的建设。这样，就需要有很强的技术力量，立即着手立项研究。[2]

张爱萍当场委托钱三强推荐现场技术设计的专家人选，并负责拿出

---

[1] 《聂荣臻年谱》下卷，人民出版社 1999 年版，第 850—851 页。
[2] 彭继超：《国士钱三强》，《神剑》2002 年第 2 期。

试验方案。

钱三强在任务面前，从不习惯"打太极拳"，只要是国家事业需要，他一定全身心投入。第二天他向张爱萍举荐程开甲负责靶场试验技术设计；10 月 30 日，程开甲到国防科委报到接受军令状。

钱三强推荐程开甲这是第二次了。两年前的 1960 年 3 月，是他推荐程开甲由南京大学"点将"调任核武器研究所副所长，主管状态方程和爆轰物理的理论工作。程开甲于 20 世纪 40 年代入英国爱丁堡大学，曾是量子力学理论奠基人玻恩的学生，获博士学位后回国。50 年代他原本在南大从事金属物理研究和教学，在"大家办原子能"热潮中，他转行与施士元一起在南大建立了核物理教研室和江苏省原子能研究所，并且自己研制了 β 谱仪和直线加速器等实验设备，工作很有起色。所以，程开甲便早早被钱三强盯上了。

为了给即将成立的核武器试验机构搭好班子，钱三强同时推荐了原子能所的吕敏、陆祖荫、忻贤杰三员得力骨干，协助程开甲挑起组建新所的担子。时过 27 年后，陆祖荫回忆当时情况时说：

> 1962 年 11 月的一个上午，我正在原子能所快中子物理实验室工作，忽然钱三强所长来电话说，有一个重要任务要我参加，明天上午立即去报到。我怀着兴奋的心情，第二天一早就到新单位报到。到那里一看，连我只有四个技术干部，挤在一间办公室里。技术负责人程开甲教授传达了国防科委领导的意见，我们的任务是要在很短的时间里建立一个核试验研究所，在一年半内，从人员和仪器设备上作好上场的准备。我的任务是建立核测试及放化分析研究室。[1]

---

〔1〕　陆祖荫：《亲历我国第一次核试验》，内部资料。

程开甲等首先做的一项工作，是提出试验方案，而方案中涉及第一颗原子弹究竟采用何种方式爆炸，是飞机空投，还是别的什么方式。在此之前，二机部九局提出过关于第一次核试验的初步建议，其中设想过采用飞机投掷方式。

为了集思广益，启发新意，钱三强向程开甲交代说：提试验方案既可以参考原来的建议，又不要局限于现成思路，要大胆探索。经过反复讨论，程开甲等认为飞机空投有三条不利因素：第一，空爆增加测试同步和瞄准上的困难，难以测量到原子弹爆炸时的各种效应；第二，保证投掷飞机安全的难度很大；第三，通讯保密也有问题。

于是"百米高塔爆炸方式"，在程开甲等人的思路中出现了，并且想到放弃无线电测控，改用铺设电缆进行有线测控。1962 年 11 月 16日，在参考原建议的基础上，程开甲主持起草了《关于第一种试验性产品国家试验的研究工作纲要》，纲要设计我国第一颗原子弹采用静电试验方式，将核装置放在百米高的铁塔上做爆炸试验；为了确保方案实现，同时提出一份《急需安排的研究题目》计划，共有 45 个项目、96 个课题。

"工作纲要"先由钱三强把关，他仔细审阅后，认为这个方案对各种可能情况分析得更详尽更透彻，所提建议更具科学性和可行性。他同意上报，并且很快得到批准实施。

接着，核试验基地司令员张蕴钰率队选定试验场地，到 1963 年春，在罗布泊选了三个方案。5 月 13 日，钱三强又被约请到国防科委的办公会议上，听取关于地面核爆炸试验区工程定点问题的汇报。经过比较研究，确定以第二方案为基本方案进行工程定点。5 月 24 日，钱三强再次被请到国防科委，一起听取核试验研究所关于地爆区定点方案和试验区布置方案的报告，听取工程兵科研设计院关于铁塔工程设计方案的报告，以及核武器研究所对铁塔工程设计指标的意见。会议确定，先按这个布置方案定下来，一边搞，一边摸索，不断修正补充。铁塔工程初步设计方案获得同意。

经过两年多一点时间，核试验研究所在程开甲等的领导和广泛协作下，研制成一千多台（套）核试验控制、测试、取样的仪器设备；1964年春，托举原子弹的百米铁塔在罗布泊建成。

1964年10月16日12时，周恩来给刘杰发出指示函。函中说：12时后，当在前线指挥的张爱萍、刘西尧回到指挥所时，与他们通一次保密电话，告如无特殊变化，不要再来往请示了，零时后，不论情况如何，请他们立即同周恩来直通一次电话。

刘杰向试验现场传达了周恩来的指示后，准备把消息告诉各位副部长。这时钱三强正好来到刘杰的办公室，刘杰悄悄告诉他说："我们的原子弹今天下午三点就要爆炸了，不知道能不能成功。"

钱三强听后充满自信："会响的，我相信一定会响。"

第二十三章

中国氢弹奇迹之谜：预为谋

| 惊诧世界的两年零八个月 |

随着 1964 年 10 月 16 日罗布泊的蘑菇云升起，不论是现场参与人员，还是得到报告的决策者们，或是随后看了报纸听了广播的全球中华儿女，都情不自禁地欢呼雀跃，动人场景难以形容。打那时候起，神州大地传播着一个最热门的话题：中国有了原子弹。

中国有了原子弹，一些外国人的心情是复杂的。时任美国总统约翰逊，先是发表声明有意贬低中国爆炸原子弹："不应过高估计这次爆炸的军事意义。"两天后他又告诫说，"不应该把这件事等闲视之"。有些不愿正视事实的人们，出于一贯的偏见立场，想当然地以为那"只不过是一个低水平的玩意儿"。

然而，重视实测数据的内行人，当他们看了第一手材料后，情况出乎意外——中国比当初几个核大国的工作做得更加完善。因发现超铀元素获得诺贝尔化学奖、时任美国原子能委员会主席 G. T. 西博格，他当年对中国首次核试验就是这样评述的：

> 美国原子能委员会已经对放射性烟云进行了分析。分析的结果使我们惊奇，也使我们信服的是中国人爆炸的装置是使用了铀-235（其他四个核武器大国，在他们的第一次核试验中使用的是钚

装置——注)。而且使我们相信中国的核弹要比我们投在广岛的铀-235 原子弹设计得更加完善，他们使用了先进的内爆型设计来起爆裂变材料。[1]

从此以后，中国进行次数极有限的核试验，每当发表新闻公报，世界舆论总要轰动一次，惊诧一番。

轰动最大的一次，莫过于 1967 年 6 月 17 日。那天晚间北京又播出一条重大新闻：中国第一颗氢弹在西部上空爆炸成功。那时，举国沸腾的情景可想而知。但想不到的是，这条新闻在中国以外的地方竟引出许多异乎寻常的故事。

在苏联，同年 6 月 25 日《观象仪》周刊登载一篇署名文章，题目是《中国：可信任的氢弹》，作者以讲述苏联领导人听说中国

这张报道"我国第一颗氢弹爆炸成功"的《光明日报》，是钱三强在被隔离审查时阅读后，自己保留下来的。

【1】 孙汉诚、王甘棠：《核世纪风云录——中国核科学史话》，科学出版社 2006 年版。

试验氢弹消息后的反应作为开头，写道：

> 听说，6月17日一位塔斯社记者气喘吁吁地跑到了玻璃宫——那里联大特别会议刚开始——走到柯西金面前说："总理同志，北京电台已经宣布，中国掌握了氢弹……"柯西金瞅着这位记者，但是说不出话来。记者又说："总理同志，这次爆炸是在新疆进行的，就是毛派所控制的省份……我们曾经报道过此事……他们会让氢弹爆炸吗？"柯西金更加注意地瞅着记者，表情显得越来越烦躁不安。后来他终于开了腔："同志，你为什么如此慌张，你信任塔斯社吗？"

在英国，伦敦出版的《每日简报》6月19日报道说："他们有7亿人，而现在他们有一颗氢弹了。他们进行了试验，告诉了我们这个消息，在这个疯狂的世界上，谁也没有任何理由认为他们在说谎。"又说："在朗读毛主席语录和用糨糊抹英国外交官员以及互相戴纸帽子的当儿，中国人却有时间在核弹事业中从原子弹发展到氢弹，其速度比任何其他初搞核弹的国家都快。"

知情人掐指数来，中国氢弹的发展速度确实很快，从第一颗原子弹爆炸到第一颗氢弹爆炸，只用了两年零八个月时间。而美国用了七年零三个月，苏联用了四年，英国是五年零两个月。

至于法国，他们的第一颗原子弹早中国四年八个月(即1960年2月)爆炸，而现在中国第一颗氢弹爆炸了，法国的氢弹还不见动静(后于1968年8月试爆)。难怪法新社6月18日发电讯称：人民中国爆炸热核炸弹的惊人成就，使最有经验和最了解情况的专家感到惊诧。还有消息从巴黎传出，说戴高乐总统为法国落在了中国后面而大发雷霆。戴高乐发脾气并不奇怪，因为他一直坚守"法国若不站在前列，就不是她自己"的信念。

钱三强确切知道戴高乐发了火，以及其中一些细节，是时隔十几年以后的事。1979年1月，法国原子能总署基础研究所所长 J.霍洛维茨应中国科学院邀请来华访问，他是钱三强的老朋友，也是同行，他们在北京有两次会面谈合作协议，谈到了中国和法国的原子能研究，霍氏说到戴高乐当年批评原子能总署这件事；1984年12月，被称为"快中子堆之父"的法国原子能委员会 G.万德里耶斯访华，在北京时钱三强在"便宜坊"招待他吃烤鸭，席间他问到中国氢弹为什么发展那么快时，也说起了戴高乐曾经动火的情况。

霍洛维茨和万德里耶斯所讲大同小异，钱三强后来

1941年钱三强在巴黎莫东住所门前

1945年，钱三强、何泽慧婚后在巴黎莫东住所户外

399

多次作为"趣闻"向人介绍。大体内容是说，当年中国第一颗氢弹那么快爆炸后，法国科学界和政界都感到惊诧，一天戴高乐把原子能总署的官员和主要科学家叫到他的办公室，质问法国的氢弹为什么迟迟搞不出来，而让中国抢在前面了，在场的人无言以对，因为谁也说不清楚中国这样超常的原因。两位访华的法国朋友还说，戴高乐怒气冲冲拍了桌子。

再后来，还得知一则当时发生在巴黎民间的信息。2013 年 7 月初，钱三强之子钱思进及家人，寻访当年父亲在巴黎近郊租居多年的莫东住所，房东后人看了带去的老照片和当年刊登的文章，激动地回忆告诉说：中国第一颗氢弹爆炸后，法国一些报刊记者还专门到这里来访问过。他们为这里曾经住过钱三强感到无比荣幸。

| 一步先手成妙棋 |

中国氢弹快速之谜，不仅令戴高乐等外国人感到惊诧，就连我们自己人在好长时间里也是不得其解。1970 年 10 月 19 日，美国作家埃德加·斯诺曾当面问中国总理周恩来："为什么工业相对落后的中国，试验氢弹的速度要比美国和法国快一倍？"

问题既简单又明确，可周恩来的回答是：不光氢弹，整个核武器我们还在试验阶段。试验速度比较快的一个原因还得感谢赫鲁晓夫，是他撕毁了在原子能方面同我们签订的合作协议，是他在 1959 年撤回了在中国的全部苏联专家，迫使我们自力更生解决问题。[1]

〔1〕 彭继超、伍献军：《中国两弹一星实录》，解放军文艺出版社 2000 年版，第 156—158 页。

斯诺听后，表情上显然未解心头疑团，他以为中国总理因保密故意绕弯子不说。殊不知，此时的周恩来并未得到关于氢弹快速试验的总结材料，他答非所问实有其因。

后来可以实话实说了，相关人士开始讲回忆、写自述，终于对"两年零八个月"有了答案，它得益于当初钱三强和刘杰下了一步妙棋——这就是彭桓武赋钱三强诗中概括的"预为谋"。"预为谋"指何意？请看彭桓武对此作的注释："三强重视'预为谋'，即事先的计划和准备。"**(1)**

钱三强一贯有"预为谋"的思想。他 1980 年 2 月在核学会大会上，发表《温故而知新》的讲话，比较系统地总结过自己的体会：

> 早做科学储备，总比临渴挖井好。多做点科学储备，一旦有了任务，就可以有多一点的选择余地。那时谁掌握多一点规律，谁就领先，也就是科学储备越来越显得重要。

钱三强还说：

> 毛主席在论述如何取得战争胜利的时候，曾经引用过一句古人的话："凡事预则立，不预则废。"无论做什么事情，有事先的计划和准备，就能成功；如果没有事先的计划和准备，就要失败。科学研究对工业生产来说就有个"预"的关系。**(2)**

一些情况下，实验科学家往往容易忽视理论工作的重要性，而实验

〔1〕　彭桓武：《谈谈我对钱三强先生组织领导我国科技工作的几点认识》，见《彭桓武诗文集》，北京大学出版社 2001 年版。
〔2〕　钱三强：《科坛漫话》，知识出版社 1984 年版。

核物理学家钱三强却始终重视理论工作，这和他早年得到的启示不无关系。以下两个科学事件对他有深刻影响。

其一是，钱三强刚到法国时，气氛活跃的法兰西学院核化学实验室，做理论研究的化学家经常引经据典告诫不要轻视他们的工作。有一次，讲到瑞典化学家 S. A. 阿伦纽斯的博士论文《关于溶质在水中的离解》，用一种新的思想阐明电解质溶液的性质，当这种突破传统概念的电离理论提出后，遭到许多权威化学家反对，其中有俄国的门捷列夫等，而另外一些权威科学家，特别是德国的奥斯特瓦尔德，认为分析化学中的许多现象都能从电离理论中找到合理解释。1930 年阿伦纽斯获得诺贝尔化学奖时发表感想说："理论是科学知识领域中最重要的推动力……理论研究可以指出应当把今后的工作引向什么方向才能获得最大成就。"[1] 1942 年，钱三强滞留里昂困境中涉足理论物理，自学量子力学，这与阿伦纽斯故事的影响有直接关系，而这样的亲身经历，又加深了他对理论物理与实验相结合的重要性的认识。

另一件对钱三强有深刻影响的事件，是 1948 年他回国前夕，在约里奥-居里夫妇家中同约里奥的一席谈话。这次谈话是语重心长的临别赠言，约里奥告诫钱三强，今后工作中要注意理论与实际结合的重要性，他特别以法国的经验教训提示说，能联系实际的理论物理学家，有着特殊的重要性。说到法国理论物理学家德布罗意，因为发现粒子与波动之间关系的基本概念，获得了诺贝尔物理学奖，但他的学派理论不大结合实际，因而对原子能工业起作用不大。

正是这些宝贵启示，在钱三强回国后的实践中，特别是他负责组

---

〔1〕 钱三强：《谈谈科学学和科研管理——在全国科学学理论讨论会上的讲话》(1981 年 10 月 11 日)，见《钱三强文选》，浙江科学技术出版社 1994 年版。

建近代物理研究所时，重视理论研究成为他的重要指导思想之一。1950年建研究所之初只设四个研究组，其中就有一个理论物理组，并且亲自请来彭桓武主持，还选调来朱洪元、黄祖洽、于敏、邓稼先、金星南、何祚麻等一批理论骨干，陆续开展了原子核物理理论和粒子物理理论研究，同时有计划地对反应堆、同位素分离、受控热核反应等应用性理论进行探索性研究，为日后实际应用做了坚实的科学储备。关于这一点，当时及后来相当长时间不被理解。

20世纪50年代末60年代初，随着原子能事业进入自力更生、全面发展的关键时刻，在紧急攻关任务十分繁忙之际，钱三强仍然保持他的清醒认识：科学研究要注意"预"（理论储备），不能临渴掘井。他想到，原子弹到氢弹是必然的发展过程，而氢弹研制，从原理到技术比原子弹更为复杂，如果有人先行作些前期理论探索，将来一定会增强主动性。

就在这时，主管部长刘杰也在想着同一个问题。他想，毛主席1958年就提出，搞一点原子弹、氢弹，我看十年工夫完全可能。计划如何实现？应该怎样搞法？谁来搞？这一系列问题主管部长想来想去，他想到了懂行的副部长兼原子能所所长钱三强。

1960年12月的一天，刘杰约钱三强谈氢弹话题，商量如何为氢弹研制先行一步。钱三强很高兴刘杰也有这样的想法，便介绍了一些关于氢弹的基本特点：氢弹是要以原子弹作引爆器，但它有原子弹不同的原理和规律，与轻核聚变反应有关的理论问题，需要有人先作探索，宜早不宜迟。

刘杰准备把"先行一步"的任务放到原子能所来做，核武器研究所先集中精力抓原子弹研制。他问钱三强："原子能所在理论方面还有没有力量做这件事？"

"有，还有一些。"

"那好。"刘杰正式委托钱三强："这件事由你直接领导，可以不告诉所党委。"

钱三强知道，绕开所党委不仅于个人将会有麻烦，于工作也不见得是好。他回到所里还是先向党委书记说了，而后作出他的部署。

敢担责任用"好钢"

经过两天的深思熟虑，钱三强开始在所内为氢弹先行一步点将了，他先选定的一个"带头人"是黄祖洽。黄原本是钱三强在清华时带的研究生，后由于社会活动多，他委托彭桓武代培。黄 1950 年研究生毕业后，和彭桓武一起到近物所进行核物理和反应堆研究，其时正带领一个组研究各种类型的反应堆，工作做得比较深入，发表了不少文章。钱三强同时考虑到，黄祖洽在核武器研究所那边已参与原子弹的理论工作，让他负责氢弹先行一步的探索，有利于对两边起到情况沟通作用。

一天，钱三强把决定告诉黄祖洽：为了早日掌握氢弹理论和技术，我们要先行一步，对轻核反应装置进行理论探索，你可以组织一个小组，为了保密，就叫"轻核理论组"。

晚些时候，原先作 β 衰变理论研究的何祚庥，正好从苏联杜布纳联合研究所回来了，钱三强不等他休息，便将他点将到轻核理论组，成为其中的骨干成员。

按照钱三强的设想，所内另一块"好钢"于敏也该用在刀刃上，和黄祖洽共同负责轻核理论组的工作。但那时，于敏是所内一个有争议的人物。

一方面，全所上下甚至接触过他的外国学者都公认他的能力。1957

年，朝永振一郎率日本原子核物理和场论代表团访问原子能所，钱三强指派于敏向代表团介绍自己的工作，给代表团留下深刻印象，他们回国后发表文章称于敏为"国产土专家一号"。

另一方面的情况却是，每次政治运动开始时，一般都批不到于敏头上，但到运动后期总要以他为典型，批判他走"粉红色"道路。认为粉红颜色不刺眼，讨人喜欢，对年轻人更有迷惑作用，因此更得批判。久而久之，于敏也就得了一个"老运动员"的称号。**【1】**

显然，这时重用于敏是要冒很大政治风险的，尤其对于总被抓辫子的钱三强本人而言。

1959 年，所里组织批判于敏"知识私有"和"梦想一举成名"的个人主义，钱三强对这样搞法表示担忧，而批判之前找于敏谈话，所党委却偏要所长亲自出马。这样安排的用意，钱三强心里清楚是在将他的军，但他对这件作难的事并未推脱。因为他既了解要批判的对象——于敏是他 1950 年到北京大学选调优秀青年，从一大堆档案中发现的门门功课成绩第一的研究生，亲自选到所里来的；他又洞悉让他谈话背后的复杂情况，知道应该如何把握分寸，让于敏安全过关。

然而，钱三强的所长职位无济于事。

1960 年秋冬，于敏又挨批了。这次是他的《原子核壳模型结构理论》文章引起的。这本是一个学术问题，有一个争鸣探讨过程。而且学术观点中出现这样那样的不足，也是经常出现的。可是，有的人却抓住文章中某些缺点，硬说是"故意的""浮夸""弄虚作假"等等。一时间，所内所外，上上下下，点名批判。**【2】**

【1】　曾先才：《"两弹一星"元勋传——于敏》，见《"两弹一星"元勋传》，清华大学出版社 2001 年版。

【2】　张纪夫：《钱三强与中国氢弹》，中国科学院《院史资料与研究》1995 年第 5 期。

所里一些人一再极力批判于敏，钱三强从中还察觉到暗含另一番用意，矛头实际上是冲着理论物理组的。一段时间理论组很"招风"，有人总想借机把它搞掉，还曾经鼓动所内一位大科学家出来说话，撤销理论组的意见，私下反映到了中宣部领导那里。钱三强坚决反对撤掉理论组，甚至说出生气的话："让他们管管图书资料也好嘛！"于是，彭桓武一度真是兼了图书委员会的主任，于敏则当了这个委员会的秘书。

为了氢弹预研的需要，钱三强没有放弃原本设想，1961 年 1 月 12日，他顶着政治压力找来于敏布置任务。当听了所长说明新的决定后，34 岁的于敏就像一员新兵接到战令，感到非常突然，头脑有点儿发蒙。研制氢弹是国家绝密级的工作，组织上会让受到批判的"老运动员"去参加这种核心机密的工作吗？一开始他以为自己听错了。当他很快明白过来，知道是真的要他去参加氢弹理论的预先研究后，他的心中又非常矛盾。【1】

时光荏苒。已是耄耋之年的于敏，在回忆进行氢弹原理突破时，还记得钱三强那天的谈话，他联系本人大半生经历感慨道："人生有困苦的时候，也有愉快的时候。这是我感到比较愉快的阶段之一。钱三强先生这次谈话，改变了我的一生的方向，五十多年了，我一直沿着这条道路前进。"【2】

在钱三强的亲自组织和过问下，轻核理论组工作最红火的时候曾经达到 40 多人，力量相当强，既肯钻研，又充满活力，三四年时间共写出研究报告和文章 69 篇。情况正如黄祖洽自述的：

【1】 曾先才：《"两弹一星"元勋传——于敏》，见宋健：《"两弹一星"元勋传》，清华大学出版社 2001 年版。

【2】 李枭雄：《于敏回忆钱三强口述实录》，《原子科学城》2013 年第 3 期。

我们便有了在当时来说力量相当强的一组人，齐心合力地进行着氢弹原理的探索。当时正值三年困难时期，但是我们都风华正茂，意气风发，为了祖国的尊严，为了尽快打破霸权主义的核讹诈，大家日以继夜地从各个角度分别探索着、思考着，又不时在一起讨论着突破氢弹的途径。我们从基本原理出发，研究在有核反应条件下，计及中子和热辐射的输运时，由轻核材料组成的高温高密度等离子体的流体力学运动，以及系统中产生热核聚变反应的条件，分析可能会出现的各种物理过程和它们对热核反应可能产生的影响。[1]

于敏回忆说：

钱三强先生受二机部党组委托，组织氢弹原理研究，确实是富有远见之举。实践证明，这个小组当时所做的这些工作，是后来突破氢弹一些必不可少的基础。现在回想起来，我对那个小组、那段时间做的非常有意义，而又颇有成果的工作充满感情，非常怀念。[2]

第一颗原子弹试验成功两个月后的 1965 年 1 月，轻核理论组的精兵强将黄祖洽、于敏、何祚庥等 31 人，奉命合并到了核武器研究所，以全面突破氢弹研究。于敏说："实际上，我们 1965 年底就做到了。"[3]

[1]　黄祖洽：《自述》，见中国科学院学部联合办公室编：《中国科学院院士自述》，上海教育出版社 1996 年版。

[2]　孙汉诚、王甘棠：《核世纪风云录——中国核科学史话》，科学出版社 2006 年版。

[3]　于敏：《钱三强先生领导我们进行氢弹原理突破——于敏回忆钱三强口述实录》，《原子科学城》2013 年第 3 期。

黄祖洽说:"合并后,大家协作,发挥各自的长处,在原有对原子弹研制和对氢弹预研认识的基础上,共同探索实现氢弹的具体途径。果然只经过一次含有热核材料的加强型弹核爆的试验,便在1967年,即原子弹爆炸后仅仅两年零八个月,成功地爆炸了我国第一颗氢弹,创造了世界上从原子弹试验成功到氢弹试验成功最快的纪录。"[1]

讲起我国氢弹快速成功,公正的知情者都发自内心赞誉钱三强,是他敢担风险,不惧压力,又一次做了他应该做的事,做了他习惯做的事,也是只有他能够做的事。大家理解他这是出于对国家事业的忠诚,

1993年2月为纪念20世纪60年代初合作研究氢弹原理,于敏(中)与黄祖洽(左)、何祚庥(右)在于敏家中合影

[1] 黄祖洽:《自述》,见中国科学院学部联合办公室编:《中国科学院院士自述》,上海教育出版社1996年版。

是他知人善任所表现出的远见和胆识。不仅如此，在氢弹理论预研过程中，钱三强还表现出他作为一名共产党员的高度组织性、纪律性。每当预研工作一有重要进展，他就向二机部党组汇报，如1963年10月5日，他在汇报研究进展时说："轻核反应理论工作已初步过关。"

在轻核理论组合并到核武器研究所后，钱三强一方面甘作配角，继续组织自己研究所的有关力量，全力配合核武器所的工作；一方面他严格遵守组织原则，摆好自己的位置，亲自布置身兼两边工作的黄祖洽：这里（指原子能所）的研究情况，你可以带到那边（指核武器所）去，但是，那里的情况不能带到这里来，这是工作需要。因而那段时间里，黄祖洽得到一个绰号，大家戏称他为"半导体"。

另一手抓的轻核反应实验组

为创造氢弹快速发展条件起到作用的，还有不可忽视的另一个小集体——轻核反应实验组（代号2—9组）。这个组是和轻核理论组同时成立的，这既是钱三强理论结合实际一贯思想的体现，也是他为氢弹先行一步作出的周密安排。

钱三强当时的想法是，进行氢弹理论探索，无论对各种物理过程，或作用原理，或可能结构的研究，都离不开可靠的核数据。在那时，一些关键性数据，或者搜集不到，或者文献记载有出入，难以做出评估，而准确度要求又很高，这就要通过实验来精确测量。他决定成立轻核反应实验组，目的就是用轻核反应数据的精确测量，配合和支持氢弹理论预研工作。

轻核实验组由何泽慧主持的中子物理室归口管理，其成员在1960年底有十几人，组长先由蔡敦九，后改由丁大钊担任。知情者说：这一前一后都是钱三强决定的。在工作中考核人才，实行优胜劣汰，有上有下，以确保工作的高质量，这是钱三强在科研组织领导工作中知人善任的又一特色。[1]

有一段时间，轻核理论组和轻核实验组成为钱三强"两手抓"的工作，组内确定研究内容、工作步骤，他要参加一起研究；讨论问题，他要尽可能抽出时间到场来听，并且发表意见。大家的感觉是，钱先生的多次谈话，为轻核反应实验组指明了研究方向、目标任务、重要课题、工作步骤和方法。

丁大钊、周德邻、蔡敦九、谢滋共同回忆，记得1960年冬，钱所长把他们叫到办公室，要他们参加氢弹预研的有关工作。这些20多岁的年轻人一听说，都很兴奋、激动，但他们缺乏科研经验，而工作难度大，任务复杂艰巨，又都感到有些犯难。

钱先生看出了我们心里的秘密，一再鼓励我们：人家能搞出来，我们也一定能搞出来。相信大家团结协作，实验与理论结合，会取得较快较好的进展。我们的犯难情绪消溶了，信心增强了。

钱先生在百忙中经常挤出时间参加我们的讨论，提出他的构想，引导大家深入研究。例如他说：可以设想氢弹装置是一个裂变燃料和轻核材料的组合体，在裂变和聚变过程中产生大量的中子、γ射线并释放大量的能量。据说，美国第一颗氢弹实际上只能说是一个氘装置；而由苏联氢弹爆炸中测出了 6Li。到底起主要作用的反应机制如何？用到哪些材料和如何组合最佳？要认真研究，搞清反应机理、材料组分和关键数据。……他要求我们理出关键课题，

---

[1] 张纪夫：《钱三强与中国氢弹》，中国科学院《院史资料与研究》1995年第5期。

例如 n，p，d，t……轰击 H 至 Be 的靶核，产生中子和氚等的重要反应道；抓紧建立实验室，配套仪器设备，开展重点课题的测量研究。[1]

轻核实验组做出的成绩同样重要。他们翻译了苏联 50 年代轻核反应实验成果文集；完成了《轻核反应调研报告》；研究了有关实验方法和技术；汇集并研制了有关设备仪器；开展了低能氚与锂同位素反应截面的实验测量等，其中有些成果在后来的应用中起到探路定向的作用。

如 1965 年 1 月，核武器所理论部从苏联公布的有关文献中，发现某一轻核反应截面数据数值很大，使得氢弹理论设计受到困扰，对其真与假、对与错，只能依靠自己的实验测量来验证。于是同年 2 月，重新研究该截面数据的紧急任务交到原子能所，由何泽慧带领三十来名科研人员鏖战四个月，于 6 月拿出一套准确可靠的轻核反应实测数据，核武器所理论部和于敏对此非常满意，认为这对研究选择氢弹装置的技术路线起了重要作用。

彭桓武对这项工作有过这样的分析：拿出这套反应数据的工作进度，在一般正常情况下需要两三年时间，而何泽慧领导的攻关小组只用 4 个月就完成了，其中的秘密，就是因为有了轻核反应实验组几年前的工作基础。

在钱三强逝世十一周年、诞辰九十周年之际，几位参加轻核反应实验组的研究骨干，坐到一起系统回忆当年，已是花甲以上年岁的老专家们，既是为了纪念钱三强，同时也想把那段亲历和他们的感受告诉后

---

[1]　丁大钊、周德邻、蔡敦九、谢滋：《钱三强先生指导我们进行轻核反应研究》，见《钱三强往来书信集注》，世界图书出版公司 2023 年版。

人。这里引录一段讲对钱三强的认识：

上世纪六十年代前期，由于参加轻核反应实验研究工作，我们有幸有较多的机会受教于钱先生，使我们深切地感受到，他是一位有远大眼光的大科学家，是一位全局在胸、运筹帷幄的帅才。他的名字和业绩，将永远载入我国核科学和核工业发展的光辉史册。[1]

给历史一个交代

1999年5月6日，《人民日报》《光明日报》等各大报刊登了一篇由新华社发通稿的长篇署名文章：《请历史记住他们——关于中国科学院与"两弹一星"的回忆》，作者是曾经主持中国科学院工作的党组书记、副院长张劲夫。当这篇文章先在《科学时报》登出时，江泽民同志看了文章后，亲自打电话给张劲夫，说：

看到您关于科学院与"两弹一星"的回忆文章，觉得非常好。当年你们在那样困难的情况下能够研制出"两弹一星"，为国家为民族做出那么大的贡献。今天，我们要发扬自力更生、艰苦奋斗的精神，也要搞出一点名堂来。我看这篇文章不光要在《科学时报》上发表，还应该在《人民日报》和其他报纸上发表。[2]

[1] 丁大钊、周德邻、蔡敦九、谢滋：《钱三强先生指导我们进行轻核反应研究》，见《钱三强往来书信集注》，世界图书出版公司2023年版。

[2] 科学时报社编：《请历史记住他们——中国科学家与"两弹一星"》，暨南大学出版社1999年版，"后记"。

科学时报　SCIENCE TIMES

■中国科学院主办　■中国工程院、中国社会科学院共办　■科学时报社出版　国内统一刊号：CN11-0084　邮发代号：1—82　■1999年5月6日星期四　■今日八版　■总第1532期

请历史记住他们

——关于中国科学院与"两弹一星"的回忆

□张劲夫

中国科学院与原子弹

□科学院接受党中央下达的任务

□毛泽东确立积极防御战略

□自力更生为主 争取外援为辅

□宋任穷到科学院掘兵

□原子能所"出嫁"不离家

□科学家可爱的书生气

（下转2版）

高扬爱国主义的旗帜

1956年，毛泽东主席和周恩来、朱德、邓小平、林伯渠等接见出席全国人大会议的部分全国科技工作者和来宾

我国小麦育种取得新突破

农科院作物所"太谷核不育小麦的发现、鉴定与初步利用"获国家发明二等奖

最古老沉船可能在中国

这之前，张文在印数不多的《科学新闻周刊》刊载后，杨振宁读后从大洋彼岸给张劲夫打来电话，他建议正式披露科学院参与"两弹一星"研制的这段史实，给历史一个交代，给后人一个交代。

张劲夫的回忆文章，在科学技术界引起强烈震撼。钱学森读后让秘书转达他的感想：张劲夫同志的文章写得非常好，读了非常感人，老一代科学家非常感慨，当年那种大协作精神应该回来了。[1]

原副院长分管科学院军工任务、时年九十有三的裴丽生，听人读了回忆文章后很激动：过去我虽然分管军工任务，但是有纪律，上边的情况不许打听，因此许多事情我也不清楚。张劲夫同志是能够把这段历史说清楚的唯一的人，感谢他把这段历史说出来了。张劲夫的记忆力特别好，这一点我了解。"两弹一星"是中国人民和中国科学院在党的领导下自力更生创造的一个伟大的奇迹，张劲夫的文章也是一篇珍贵的文献。[2]

张劲夫文章讲到的科学家，细数下来有近 50 位，事情都很具体，其中，已故钱三强是着笔最多的一位。关于中国氢弹为什么那样快能搞成，张文写道：

> 我们研制原子弹和氢弹，三强起了重要作用，功不可没。早在 1960 年，原子能所就成立了轻核理论小组，由所长钱三强主持，组织黄祖洽、于敏等开始做基础研究，为后来的氢弹研制作准备。研制氢弹工作主要是于敏他们做的，方案是于敏提的，也得过大

【1】 科学时报社编：《请历史记住他们——中国科学家与"两弹一星"》，暨南大学出版社 1999 年版，"后记"。
【2】 科学时报社编：《请历史记住他们——中国科学家与"两弹一星"》，暨南大学出版社 1999 年版，"后记"。

奖。但题目是刘杰与三强商量后提出的，为组织安排这些题目起了作用。原子弹爆炸以后还要搞氢弹，而中国从原子弹到氢弹只有两年零八个月。这个科研理论方案和课题是三强很早就提出来的。有人总认为三强自己没参加具体的研究工作，我则认为如果没有他做学术组织工作，如果不是他十分内行地及早提出这些方案与课题，你怎么赶上和超过别人。他早就出了题目，我们早就动手了，早就把方案搞出来了。当然，原子弹和氢弹的设计主要靠二机部核武器研究所的出色工作，使我们中国从原子弹到氢弹的过程，在全世界来讲，也是时间最短的。[1]

刘杰在谈到钱三强对我国氢弹研制的作用时说："在组织领导氢弹理论研究，三强同志做了很好的工作。要是没有那几年的工作，那么快地突破氢弹技术是不可能的。"[2]

钱三强本人并不看重个人与这些成绩的关系，但他十分看重由于取得了这样的成绩，对我们国家国际地位所带来的重要影响。1977 年 9 月他应邀在北京市作报告时，讲到了他的深切体会：

我国从原子弹到氢弹花了两年多的时间，而外国要用五年、六年、七年，速度上我们一下子就超过去了。1970 年人造卫星上天，世界上两大尖端我们都有了。正是由于各方面的胜利，尼克松往我们国家跑了，你要是没有这些，他会来？我看不见得。所以一个国家的政治没有实力支持，说了半天也是空的。有时候不说，实力摆

【1】　张劲夫：《中国科学院与"两弹一星"》，《科学时报》1999 年 5 月 6 日。

【2】　彭继超：《功垂青史——记核物理学家钱三强》，见解放军总装备部政治部编：《两弹一星——共和国丰碑》，九洲图书出版社 2000 年版，第 601 页。

在那儿，这些实力就是在这样的社会制度下形成的，人家无形之中就对你尊重。人家不会闭着眼睛不承认。相反，工作搞不上去，说了半天空话没有用，倒反被人家笑话。[1]

【1】 钱三强：《向科学进军》，1977 年 9 月 28 日在北京市科学技术情报所报告，转引自该所 1978 年 3 月铅印的《国内外科技水平与发展动向报告会资料》（内部），第 6 页。

钱三强传

第五篇

第二十四章
记住那个年代

｜元帅为科学家"募捐"科学家：再苦也挺得住｜

1992 年春，邓小平在回顾研制"两弹一星"时，曾经满怀深情地说："大家要记住那个年代。"

那个年代，一方面人们热情高涨，干劲十足，工作取得节节胜利；一方面天灾人祸临头，造成困难重重，生活物资极度匮乏。在原子能科技战线上，许多参加昼夜攻关的科技人员发生浮肿病，腿上一摁一个坑，如核武器研究所一半以上的人得了浮肿病，还有不少人肝功能指标不正常……这是因为工作紧张劳累，身体消耗大，肚子挨饿，营养跟不上造成的。

副所长彭桓武也患了浮肿病，他双脚肿得老粗，连布鞋都穿不进去，他便把鞋子提在手里光着脚上班。钱三强见了心里难过，又担心他万一躺倒了不能工作，任务完不成怎么办。

虽然听不到有人叫一声苦，但情况是非常严峻的。

严峻情况牵动了共和国领袖们的心。

毛泽东交代，他不吃肉了。

周恩来听了情况汇报后，心里像压着一块石头，吃不下饭，睡不好觉。他再三叮嘱主管的负责同志，有再大困难，也要想方设法让科学家、工程技术人员吃饱，不能让他们饿着肚子搞原子弹。总理知道，二

419

机部的大部分研制试验机构设在边远地区，遇到的困难会更大，他除了给以生活上、物资上的关心，还给予精神上的热情鼓励。他说："大跃进"以来，二机部没有出乱子，并且取得很大成绩，是了不起的。《两年规划》的提出，是二机部全体职工努力的结果。有了规划，就有了轨道。他叮嘱二机部的领导：要各单位注意劳逸结合，有的单位假日不休息，不行，要循序而进，坚持不懈，不能靠突击。[1]

住在医院治病的聂荣臻想出一个临时应急的主意，决定以元帅身份向军队求援。他要求海军调些鱼和海带，要求北京军区、广州军区、济南军区、新疆军区调些猪、羊、牛肉，沈阳军区和生产建设兵团调些黄豆、食油、水果来支援科学家，他说：要照顾好科学家，不能让他们的身体垮了。

陈毅元帅正好到医院看望聂荣臻，听了聂总的想法，风趣地说：你这是在搞募捐啊！他立刻表示，我举双手拥护，向各方面募捐，也加上我的名字。陈毅还说：科学家是我们的宝贝，要爱护。我这个外交部长腰杆子硬，也要靠他们。我们不吃，也要保障他们的起码生活。

勒紧裤腰带，四面八方支援科学技术强国强军。

各路支援物资运到后，聂荣臻发出指示：各军区调来的东西，要以党中央和中央军委的名义，分配给每个专家和技术人员，行政人员一律不分。

特供补助的粮食、食油和其他副食品分发给科技人员时，你推我让，谁也不肯接受照顾，大家都异口同声一个说法：国家有困难，是暂时的，再苦，我们也能挺得住。

[1] 金冲及主编：《周恩来传（1898—1976）》（下），中央文献出版社 2008 年版，第 1581 页。

钱三强同科技人员朝夕相处，经常目睹那些习以为常的情景，他久久难以忘怀。1983 年他应《光明日报》约写回顾聂荣臻与科技工作的文章，文中写道：

> 有一次，我曾到原子弹的设计机构吃过一顿饭，亲口吃到了这些东西。这些调来的物资，不仅是增加了体质上的营养，更重要的是使广大科技人员感受到了党和政府的温暖，感受到社会主义制度下开展大协作的优越性。因此，尽管当时各方面困难不少，但大家精神振奋，情绪饱满，工作进展顺利。**【1】**

1962 年新年伊始，首都科技界觉得不同寻常。

1 月 5 日，四千多名（设 475 桌）科技工作者群群队队往北京人民大会堂聚集，每人手持一张由陈毅、聂荣臻、陆定一三位副总理联名的请柬，从红地毯走向宴会大厅。许多人一边走一边互相打听：今天是什么活动，来了这么多人？

在宴会厅的主桌上，钱三强和钱学森、周培源等对号入座了。

不一会儿，周恩来进场。他径直走向主桌坐到"二钱"中间的座位上。当时的情况，彭桓武记得很清楚："那次宴会周总理也参加了，在主宾席上，总理一边是钱三强，一边是钱学森，我们一看，开玩笑说，好，我们的代表人物亮相了，我们明白，中央是给我们鼓鼓劲……"**【2】**

【1】 钱三强：《科技工作者的知心领导人——回顾聂荣臻同志领导科技工作的成功经验》，见《科坛漫话》，知识出版社 1984 年版。

【2】 彭继超：《东方巨响——中国核武器纪实》，中共中央党校出版社 1995 年版，第 158 页。

钱三强（右）和周恩来在宴席上交谈

　　周恩来鼓劲没有长篇报告，只作简短致辞，转达毛泽东主席对大家的问候，号召科技工作者，为了祖国的富强和世界和平，树立雄心壮志，继续埋头苦干，发愤图强，自力更生，奋勇前进，在一九六二年取得更大的胜利。

　　接下来就是吃和看歌舞节目。同以往相比较，这次的宴会，更像是单位"打牙祭"，菜量大，肉上得多。钱三强后来知道，这次宴会是周恩来报告毛泽东特意安排的，为的是在困难时候同科学家见见面，让大家吃顿肉，补充点营养。

　　钱三强经历这样的细心关怀不止一两回了。一次，他去西花厅列席周恩来主持的中央专门委员会会议，研究原子弹的两年规划，会后周恩来留大家吃饭，他吩咐做了一大盆肉丸子炖白菜豆腐，外加几碟下饭的咸菜和烧饼、馒头。周恩来不停地动员大家吃，说：这样的饭菜，又经济，有热量，营养又好，大家要多吃一点啊。

肝胆相照解疙瘩

1962 年初春，羊城广州花红叶绿，生机盎然。

这年 2 月 16 日，钱三强和三百多位科学家从全国各地云集广州羊城宾馆，出席由聂荣臻主持的全国科学技术工作会议，共同讨论编制十年（1962—1972）科学技术发展规划，作为原订十二年科学规划的补充和发展，并且讨论执行十二年规划以来，特别是近三四年来的经验。这就是全国科技界后来说史必提的"广州会议"。

广州会议前一个月，中共中央召开扩大的中央工作会议，从中央到县一级的领导干部共七千多人参加，习惯称"七千人大会"。这次会议不仅出席人数多，而且开的时间长，从 1 月 11 日一直开到 2 月 7 日。大会以发扬民主而著称，党的最高领导人带头分析一段时间来的"天灾人祸"，在讲成绩的同时讲缺点、讲错误、讲心里话。

1 月 27 日，原本计划总结报告后大会就结束，但由于会议当中纷纷提出意见，许多人心里的话还没有讲出来。中央决定延长会议时间，并且明确后一个阶段的主题，是"解决上下通气这个问题"，动员大家发扬民主，把话统统讲出来。尽管那时还没有人直接批评"三面红旗"，因而不能把发生"人祸"的原因说得很深透，但对于纠正"大跃进"以来所犯的"左"的错误，列举了不少。

广州会议开会前，聂荣臻在和一些科学家交谈中，发现不少人顾虑仍然很大，心里有疙瘩，反映集中的一个问题，是关于"资产阶级知识分子"这一提法。有人说："一提起知识分子，就是资产阶级的，叫做资产阶级知识分子，使子女也因此受到歧视，从没有听到有人提无产阶

级知识分子。"【1】

聂荣臻意识到，广州会议也应该贯彻七千人大会的民主精神，让大家把心里话讲出来。2 月 16 日首次全体会议上，在布置会议的开法时，聂荣臻说：开头的几天，大家敞开思想，议论科学工作的形势，讲问题，谈经验，包括正面和反面的经验。有什么见解，有什么批评，有什么建议，都可以提出来。这一段议论要充分一些。只有经过广泛的民主讨论，才有可能提出比较实事求是的比较正确的方针和做法，才能提出若干加速我国科学事业发展的措施。他并且提倡，在讨论工作问题的时候，对于不同的意见，一不戴帽子，二不打棍子，三不抓辫子。【2】

钱三强和到会科学家受到鼓舞，大家渐渐开始畅所欲言，对"大跃进"、大炼钢铁、大办水利、教学改革、科学工作中大搞群众运动等，提出若干疑问。所提意见和建议中，有一条是对知识分子政策方面，首先由学部委员、声学家马大猷提出，并获得大家认同的"资产阶级知识分子"帽子问题，认为这是知识分子最大的精神负担，压抑了广大知识分子的积极性。

对这条意见，钱三强表示了赞成的态度。他还在小组讨论发言中，谈了对"教改"和"拔白旗"的看法。他认为，"大跃进"时代大学的所谓"教育改革"，许多事令人啼笑皆非。他说：在一些大学里，让一二年级的学生写讲义，大学教授靠边站。既然你能编写大学讲义，何必还来上大学呢！激情之下还说：在那种老师要听学生话的狂妄年代，怎么能培养高质量的学生？这样下去，后果简直不堪设想！【3】

钱三强在排兵布阵、组织"两弹"（指原子弹和氢弹——注）科技

【1】《聂荣臻回忆录》下卷，解放军出版社 1984 年版。
【2】《聂荣臻年谱》下卷，人民出版社 1999 年版，第 813 页。
【3】原子能研究所《红专小报》，1966 年 6 月 29 日。

攻关的时候，深感矛盾和痛苦的一个问题，一方面急需培养和安排有本事担当重任的人，而另一方面，这样的人往往要作为"白旗"来拔，三天两头地敲打，搞得年轻人都不敢堂堂正正看书写文章，否则，就被戴上"白专道路""知识私有"等帽子。他讲了原子能所于敏的例子，说他这样的人才得不到尊重，经常挨批，甚至连交给他任务感觉到压力很大。他希望"资产阶级知识分子"的帽子不能随便戴，别的帽子也不能想戴就戴。他说："这样下来，没有人再敢业务上冒尖了，因为那样容易被看作'专而不红'。"【1】

钱三强本人自 1958 年以来挨了不少次批，心情一直很压抑。广州会议时，在中宣部科学处任职的老同学于光远，一次到房间问起他在二机部处境怎么样，他不加掩饰说了不怎么好。但并没有在会下及会上发泄个人的怨气，因为他觉悟到，自己是加入了党组织的知识分子，应该多从党和国家事业上考虑问题。

2 月 25 日，聂荣臻向周恩来电话汇报广州会议情况，请他到会讲话，并且说了希望讲的内容。同一天，周恩来致信毛泽东：准备和陈毅一起去广州，"谈军队转业十万干部的安置问题和科学机构的精简问题。同时也准备同科学家见见面，听听他们意见"【2】。

3 月 2 日，周恩来经过几天调查、座谈，在羊城宾馆向广州两会(除了科技工作会，还有同时召开的戏剧创作座谈会)作了《知识分子问题》的报告。他讲道，"十二年来，中国大多数知识分子已有了根本的转变和极大的进步"，"我们历来把知识分子放在革命联盟内，放在人民的队伍当中"。

【1】　原子能研究所《红专小报》，1966 年 6 月 29 日。
【2】　金冲及主编：《周恩来传（1949—1976）》（下），中央文献出版社 2008 年版，第 1469 页。

鉴于参加广州会议的还有许多在科学教育系统从事党的工作的领导干部，周恩来特别向他们提出要求：党组织要改进领导作风，做好团结知识分子的工作。提出首先解决"信任他们"的问题。要求"过去对同志们批评错了的、多了的、过了的，应该道歉"。他并且代表中央"利用这个机会，再作一个总的道歉"。他批评了1957年以来对知识分子改造问题上的片面理解，指出改造是长期的，方法要和风细雨，不能粗暴，这样气才能顺，心情才能舒畅。[1]

周恩来的讲话，如同春风拂面，听了倍觉轻松和亲切。但同时，一些人仍有意犹未尽之感，觉得报告没有明确解答使人心存余悸的"资产阶级知识分子"帽子问题。

3月5日，陈毅受周恩来嘱托向会议再次发表讲话。陈毅说："周总理前天动身回北京的时候，我把我讲话的大体意思跟他讲了一下，他赞成我这个讲话。"陈毅对大家说："你们是人民的科学家、社会主义的科学家、无产阶级的科学家，是革命的知识分子，应该取消资产阶级知识分子的帽子。今天我向你们行脱帽礼！"

接着，陈毅讲的话更动情："十二年的改造，十二年的考验……还是对共产党不丧失信心，这至少可以看出一个人的心。"[2]

这一席披肝沥胆的话，在任何一个知识群体听来，都会感激涕零，更何况几百位饱经沧桑的科学家，他们联想起自己的种种经历和艰难追求，许多人脸上挂着泪珠，不能自制地使劲鼓掌，双手拍红了还停不下来，大家深切地感觉到，党中央对知识分子政治上的基本看法，又恢复

【1】 金冲及主编：《周恩来传（1949—1976）》（下），中央文献出版社2008年版，第1470页。

【2】 陈毅：《在全国话剧、歌剧、儿童剧创作座谈会上的讲话》，转引自《周恩来论文艺》，人民出版社1979年版，第47页。

到了 1956 年的正确认识。

1956 年中央召开知识分子问题会议的时候，钱三强正率领热工实习团在苏联学习考察。周恩来代表中共中央作的《关于知识分子问题的报告》，他读了《人民日报》刊载的全文后，顿时觉得领略了一个前所未有的新境界，真可谓风轻云淡，日朗星明。他始终印象深刻的是周恩来报告中提出了两个最受听的论断，其一便是"知识分子已经是工人阶级的一部分"，论断之二是"科学是关系到我们的国防、经济和文化各方面的有决定性的因素"，并进而发出了"向现代科学进军"的号召。

然而，没有等报告落到实处，情况很快发生了逆转。

同年 9 月召开的第八次全国党代会上，钱三强作为出席代表有一个两千多字的个人发言，他还谈了他对周恩来关于知识分子问题报告的体会。可就在这次会议结束时，"资产阶级知识分子"的提法又出现了，次年 3 月的全国宣传工作会议明确提出："知识分子的世界观基本上是资产阶级的，他们还是属于资产阶级知识分子。"

1962 年广州会议恢复对知识分子的正确认识，如同久旱盼来甘霖，它带给全国科学界的影响，就像原子核裂变引起"链式反应"，激发出巨大的精神能量。当时会议简报写道："代表们普遍认为：很全面、很透彻，感情充沛，听来很亲切，使人深受感动，心悦诚服。""这是肺腑之言，表达了广大知识分子的心声。""知识分子过去被认为是资产阶级知识分子，觉得自己是被改造的，始终是做客的思想，积极性还没有发挥出来。如今得到一个光荣称号，是劳动人民了，对这一点特别高兴，很兴奋，精神就活跃起来了。"

3 月 12 日，聂荣臻总结会议收获时说：

进一步明确了对现在我国科学技术界知识分子的估计和看法

这个根本问题。大家反映："疙瘩解除了"，"脱了帽子，加重了责任"。"脑力劳动者"，"自己人"，主人翁感大大提高。表示要好好学习，自我改造，继续进步。……出了气，通了气。通了气，就来了积极性。大家立志要争气，发愤图强，自力更生，做出更多成果来……[1]

心中的知己

广州会议最后一刻，原子弹话题成了压轴戏。

那是会议闭幕的当天晚上，陶铸代表广东省和中南局举行招待会为科学家送行，庆贺会议圆满成功。为了给大家再鼓把劲，聂荣臻特意指定钱三强作席间发言，讲讲正在研制的原子弹。他交代钱说，中苏关系破裂后，我们依靠自己的力量研制原子弹进展如何，能不能搞得成，大家都非常关心，但又不便打听，希望听到点可靠消息。

领导意图和各方面的关心，钱三强能理解，但要讲到什么程度有些拿不准。

聂荣臻指示说："你今天可以放开讲讲，给大家鼓鼓劲嘛！"

钱三强发言中，先扼要介绍了在党中央和国务院直接领导下，近几年原子能主要科技问题攻关情况，然后他充满信心地告诉大家："在全国大力协同下，我国原子弹的总体设计和研制，已经开始走上轨道。我们一定能够通过自己的努力，在预定的时间内把原子弹搞出来！"钱三强说的"预定时间"，就是聂荣臻内部提出的国庆十五周年前后爆炸第一颗原子弹，但因为保密他没有说出具体爆炸时间。

[1] 《聂荣臻年谱》下卷，人民出版社1999年版，第819页。

这是一个振奋人心的喜讯。钱三强话音一落，全场笑颜绽开，热烈鼓掌。

钱三强的这次发言，并未对外作任何报道，然而一些国家的情治机构，成天挖空心思到处搜集有关中国原子弹的蛛丝马迹，然后加以推测和想象，于是此后一段时间，各种扑朔迷离的说法出现了。

时隔不久，美国原子能委员会一位众议员做出推测：各种迹象表明，中国将在十年内造出原子弹。他分析说：中国拥有的科学家不很多，但其中拥有的那些科学家都很杰出。这些科学家中，许多是在美国培养出来的……

晚些时候，时任联合国秘书长的吴丹预言：中国将在今年或明年试爆原子武器。他提醒说：在裁军谈判中，必须估计中国的核子潜力；阻止中国试爆一颗原子弹（可能在今年或明年），是十分困难的。吴丹说："近代历史表明，经过 1920 年的英国控制和 1930 年希特勒控制后，以及 1950 年到 1960 年的美苏两国控制后，现在已有一个不会被认错的趋势，这就是说，在 70 年代中，世界将看到四个超级大国，它们就是美国、欧洲、苏联和中国。世界领袖们在研究他们的政策时，考虑好这些因素，将成为一部分智慧。"[1]

广州会议的喜讯很快传遍全国科技界，出现了又一个兴旺时期，聂荣臻称其为"科学的春天"。他回忆当时的情形说：

> 那时候中国科学院、国防部五院、二机部九院等许多科研单位，晚上灯火通明，图书馆通宵开放，一片热气腾腾，我国真正出现了科学的春天。至今我还认为：如果没有那几年的实干，"两

[1] 彭继超：《东方巨响——中国核武器纪实》，中共中央党校出版社 1995 年版。

弹"也就不会那么快地上天。我们常说，中国人民是很聪明的，并不比别的民族笨。事实证明了这一点。我们有些科学家的确很有才能，关键是怎样发挥他们的才干，要有正确的政策，要关心他们的生活。[1]

1962 年 3 月 24 日，钱三强向原子能所全体干部和科技骨干传达广州会议精神，出现了感人的场面。他花一整天时间，原原本本传达周恩来的报告、陈毅的讲话和聂荣臻作的会议总结。当他讲到周恩来和陈毅亲自为知识分子"脱帽加冕"，取消资产阶级知识分子的帽子，并且肯定知识分子十几年经受考验而不抱怨时，他不禁眼泪夺眶而出，久久说不出话来……这时台下寂静无声，许多人为此情此景和中央领导人的肺腑之言所感动，长时间热烈鼓掌。

然而，有另外一些人听不惯这样的话，看不惯这样的场面，后来公然说钱三强这次传达，是"演了一出丑剧"。[2]

不管旁人怎么看怎么说，钱三强向往那个"科学的春天"的激情矢志不渝。1983 年 6 月，他在《光明日报》发表文章，讲起当年为知识分子"脱帽加冕"、关心大家疾苦的往事，仍然抑制不住内心的激动；1992 年 5 月，也就是钱三强逝世前一个月，在纪念聂荣臻的座谈会上，他抱病说起那个艰难年代的"科学的春天"，说着说着，他哽咽了……当夜心脏病严重复发，救治无效走了。

"士为知己者死！"这是钱三强回忆那段经历发自肺腑的真情实感，他以党中央贴切人心的政策为"知己"。

[1]《聂荣臻回忆录》下卷，解放军出版社 1984 年版，第 834 页。
[2] 原子能研究所：《红专小报》，1966 年 6 月 28 日。

第二十五章
从"书生气"到"靶子"

| 可爱的书生气 |

还是前面说到的张劲夫那篇回忆文章，其中有一节客观地写了钱三强的弱点——书生气。

顾名思义，书生者，乃读书之人也。而后边加上一个"习气"的"气"字，则具有了某种贬义，指沉迷于读书写作，不通人情世故，成了令人嘲笑的"书痴"。但张劲夫所说显然并非此意，所以他文中用了一个说明态度的节题——"科学家可爱的书生气"。其文写道：

> 钱三强是著名核物理学家，我说他有书生气，是因为这么一件事：三强访问苏联回来很快就找到我。他来的时候气鼓鼓的，说："张副院长，我对你有意见！"我说："什么意见？"他说："对你们的科学规划有意见。你搞了一个'四项紧急措施'，怎么没有原子能措施？这是非常重要的事情啊，你怎么没有搞哇！"
>
> 我说："三强，你冷静冷静。"他带着一股气对我提意见，很直爽，没有拐弯抹角。我很欣赏他这个态度。我又说："你先等一等，听我给你讲一讲。原子能的事，是搞原子弹啦。这是国家最绝密的大事，是毛主席过问的大事啊！另外要搞绝密的单独规划。不能在这么多人中讨论这个规划。你认为没有列入紧急措施就是不重视，

不支持了吗？"他当时最关心的是想从科学院调些人去，怕我们不重视，不愿意给人。我说："只要我们能做到的，尽量支持你，你这个原子能研究是中央任务，是第一位的任务，比'四项紧急措施'还要重。'四项紧急措施'是为你服务的啊！"

我这一讲，他说："我懂了，我懂了。"

张劲夫在同一篇文章的另一节"钱三强功不可没"中，更明确讲了他对其"书生气"的态度：

三强去世后我写了一篇文章纪念他，特别怀念他做了许多学术组织工作，比如说要科学院各个所来配合承担任务，你选什么任务，他能提出题目来，请你承担，他懂，他在法国跟着约里奥-居里做研究工作，发现过原子核三分裂现象，组织能力也比较强。但是正如前边所说，有一点书生气，人很直爽，有意见就提。他是科学家，当了二机部副部长，这样的待遇是不多的。我讲了他的优点，也讲了他的弱点，但我要说："书生气比官僚气要好得多！"[1]

书生气的弱点，钱三强本人曾经说到过。1949 年 3 月北平兵荒马乱刚息止，他冒冒失失提出带外汇出国购买科学仪器，几天没有得到音讯，冷静下来一想，他产生了自责：我心中忐忑不安，我埋怨自己书生气太重，不识时务。

他 1948 年急急忙忙回国，要在北平搞什么"原子核物理研究中心"，结果到处碰壁，空欢喜了一场，同样是他那"不识时务"的书生气使然。

〔1〕 张劲夫：《中国科学院与"两弹一星"》，《科学时报》1999 年 5 月 6 日。

再往前，他年轻时候就书生气很足。譬如他高中毕业读了孙中山的《建国方略》，顿时引起对"实业救国"的痴心，决意报考交大学电机工程，并不惜多花两年时间读北大预科提高英文；后来受到清华物理系几位教授讲课的吸引，又放弃北大预科本科三年学历，报考清华物理系重读一年级——原因很简单，他这时的痴心从"实业救国"转到了"科学救国"上。

钱三强的痴心追求，有的成功了，有的空努力了一番毫无结果，但值得庆幸的是，他那时并没有因为书生气招来太大麻烦，因而他没有从中得到更多感悟，说话还是那样直来直去，心里怎么想就怎么说，认为好就说好，不好就说不好。他有话还非说不可，藏不住。

后来，钱三强接连吃苦头，就是他那"不识时务"的书生气造成的。

进入 1958 年，全国开始争相攀比着"大跃进"，时务一下子昏热了起来，而钱三强的书生气性格却依然故我，这就难免要被算账了。先是同年 2 月开始的"双反"运动，领导动员通过反保守、反浪费推动工作，要彻底反掉官气、暮气、骄气、娇气。"双反""四气"口袋一拉开，钱三强被装进去了，认为他都能挂得上，更以骄气为尤。

第一个回合，先集中三天批他三方面的错误思想和言论：一曰，"站在科学家一面，不站在党的一面"，"实则站在资产阶级科学工作者立场"；二曰，说过"部主要领导对科研不重视"，"用行政办法领导科研工作"，"错误地认为党不能领导科学技术"；三曰，说过"部里有衙门作风，办事效率低，派头大"等等。[1]

即使在挨批会上，钱三强还是难改"书生气"，时而出现激言相辩的场面。这样又被认为态度不好，接着重点批他一贯"骄傲自大情绪"，

[1]　引自"会议记录摘抄"。

打掉骄气。

对于那些莫须有的上纲上线，钱三强心里想不通，精神上承受很大压力，常常彻夜苦思，合不上眼。但早晨一起床，像什么事也没有发生过，该干什么还去干什么，从未因为个人受到不公正对待，而懈怠自己肩负的"两弹"攻关重任。

一系列挨批之后，钱三强的书生气并没有脱胎换骨。在各行各业"大办""大上"的当儿，科技界急起直追赶潮流大放"卫星"，一时间，献礼会、誓师会接连举行。钱三强不想在运动中落伍，更不想当反面典型，他努力打起精神去适应以"大"为上的时务，但在旁人眼里总有点我行我素的味道。

1958 年 10 月 4 日科学院召开"献礼祝捷万人大会"，各个研究所纷纷上台献礼，献出科学成果"卫星"2151 项，其中声称超过世界先进水平的 66 项，达到世界水平的 167 项。[1] 那天，钱三强代表原子能所也上台作了献礼发言，相比之下显得较为逊色。曾亲自参加了这次祝捷大会的黄胜年，几十年后说起来仍感触良多。

我记得有一次科学院召开大会，发言者大都提出了事实上难以达到的高指标，而且像竞争似的，一个比一个讲得"宏伟"和"鼓舞人心"。轮到钱先生上台了，出乎许多人的意料，他平静讲了能够做到的事。在那次大会上是被认为"保守"的。我心中明白，他这样做，要承受多么大的压力。现在回想起来，更觉得难能可贵。

坚持一个科学工作者的良心，坚持实事求是，对于不合理的事，即使是一时的强大潮流，钱先生也不愿稍稍苟合附和。这种刚

[1]《当代中国丛书·中国科学院》（上），当代中国出版社 1994 年版，第 90 页。

直耿介的性格，曾经给他自己带来过不少麻烦。不过这也许是一切善良正直的人们在那种不正常年代里的共同遭遇。【1】

接地线　去农村过阶级感情关

钱三强总跟不上时势，老毛病改不掉，被结论不是一般认识上的问题，必须采取相应的实际措施来解决。其中措施之一是，离岗去农村锻炼。领导说："对三强同志，现在的问题是要过一关——'接地线'，解决群众感情问题。同群众有了感情，对阶级对党就有了感情。"【2】

在信阳农村参加"四清"时的钱三强（中）

兑现"接地线"这条措施，是 1964 年第一颗原子弹爆炸后第三天。

那时，全国无处不在欢庆。然而，在许多应该有钱三强出现的庆功场合，却见不到他，许多人心里纳闷：

"钱公哪里去了？"

【1】　黄胜年：《我所知道的钱三强先生和何泽慧先生》，见《黄胜年自述——未湮没的径迹》（油印本）。
【2】　引自"会议记录摘抄"。

"钱先生哪里去了?"

"三强同志哪里去了?"

接连有人问何泽慧。她回答说:"他接受新任务去了。"

"去哪儿?"

"到河南信阳农村参加'四清'去了。"

于是,有人更是疑窦丛生:钱三强已是年过半百的科学家,又是一所之长,为什么偏要派他去搞"四清",莫不是出了什么事吧。

随着火车一声汽笛拉响,公众熟悉的"钱三强"暂时消失了,取而代之的叫"徐进"。说是真名真姓知道的人多,对接受教育不利,按规定要改名换姓。钱三强便用了母亲的姓,"进"则是他喜欢用的一个字眼,寓意进步,进取,前进。

有节奏的车轮滚动,把钱三强带到了以往的岁月。回国 16 年了,经历了很多,是不平凡的 16 年,他为自己参与了为祖国争得尊严和荣誉的事业而感到自豪。他也想到,如今到农村过群众感情关,也不是什么坏事,应该既来之,则安之,现在虽然离科学远了,毕竟也是组织决定,应该珍惜机会向贫下中农学习,搞好自己主观世界的改造。

"四清"运动中,钱三强是一名普通工作队员,生活在素不相识的农民兄弟中间,与贫下中农同吃、同住、同劳动。他的体会是:三同也不是那么可怕,那么困难,只要有革命化的决心,咬咬牙就过去了,习惯了,反而会觉得城市的生活厌烦。通过实行"三同",他结交了许多农民朋友,正式场合,大家称他"老徐同志",逗乐的时候,小伙子们亲昵地叫他"老徐头儿"。

钱三强帮助"五保户"挑水,起初没有掌握诀窍,每挪一步,前后两只水桶的水溅出老高,鞋袜都打湿了。热情的老乡教他怎样合着节拍走步,水就不再溅出来了。

那时农村的习惯，白天下地干活，晚上开会搞"四清"教育，老乡们困得撑不住了，就一杆接着一杆抽烟，不分老少男女。钱三强开始适应不了，呛得眼泪直流，久而久之他过关了。

钱三强从农村所见许多平常事情中，得到不少有益的启示，回到研究所后总结收获谈感想，联系实际同青年同志共享。

如，他对农村晚上开会搞"四清"记工分很有体会，说：因为开会有工分，不仅男社员积极来开会，连妇女也带着孩子和针线活来开会了。一个工分就两三分钱，但对调动社员参加会议的积极性很有效果。

又如，他看到两个邻家的小孩打架，这时一位老人出来把自家的孩子拉走，很尖锐的场面就化解了。他体会这是一种朴素的辩证法，告诫所里青年同志要学会这样处理问题，说：同志间闹矛盾不好，闹矛盾比如两个小孩子打架，要像那个老太婆，什么话也不说，把自己的孩子带回家，问题就解决了。这是劳动人民最朴素的辩证法，你们应该学会。[1]

钱三强搞完"四清"回到北京，"两弹"已经没有他的任务了。于是，他要求离开二机部回到科学院工作，结果没有获得上级领导批准，只同意他"分出一部分时间参加科学院党组"。钱三强自己写的经过是这样的：

> 回来过新年时，我亲自去看望郭老和李四光副院长，我向郭老提出要求，我在二机部工作已完成了，大批干部已成长起来，我回科学院工作是否可以。他听了以后非常高兴，说自1955年你主要精力用在原子能事业上，做出了成绩，现在已快十年了。若是二机

[1]　原子能研究所：《红专小报》，1966年6月28日。

437

部可以放你回来，我是很欢迎你回科学院来的。后来经郭老向上级组织请示后，决定我暂时还维持现在工作，但可以分出部分时间参加科学院党组。[1]

1965年7月，科学院党组改组党委，钱三强被任命为院党委委员。

随后，钱三强接受科学院党委书记张劲夫交给的一个新任务，要他把几个方面的粒子物理理论工作者组织起来，根据毛泽东提出的物质无限可分的哲学思想，进行基本粒子结构问题的讨论与研究。在钱三强的支持和组织下，来自科学院原子能所、数学所、北京大学、科技大学等单位的30余位理论物理骨干，每周集体讨论，分头研究，经过连续几个月的讨论与研究，终于提出了"强子的结构模型"，以研究粒子的动态性质。钱三强建议命名为"层子模型"，他认为这样"更能确切反映出层子这一层，也只是人类认识的某个里程碑的思想"。

这一研究的主要结果，在1966年北京暑期（国际）物理讨论会上报告后，受到与会各国理论物理学家的重视。然而此时的钱三强，已被扣上了"反动学术权威"的帽子，正在受到批判。

被抛出来的"靶子"

关于"文化大革命"中遭灾，大凡正直而稍有名气的科学家几乎无一幸免，而钱三强遭灾与众不同，他不是群众运动起来后被"揪"出来的，而是在狂潮掀起之前，被作为"靶子"抛出来，并发动群众进行批斗。

[1] 钱三强：《忆我尊敬的长者——郭老》，《光明日报》1982年11月17日。

关于这一节，原子能研究所当年的"大事记"，有文字记载，几天之内贴出数千张大字报批判他。对于大字报的是非对错，没有必要评说，钱三强本人也不愿意再提"那些陈芝麻烂谷子的事"。但有两件事让他伤心结下了疙瘩，到他 1992 年辞世也没有解开。

一件，他当年受二机部党组委托，组织于敏、黄祖洽、何祚麻、丁大钊等对氢弹原理进行的预研究，被揭批为背着组织搞的"反党阴谋"，而那时的直接过问知情者还在行使着领导职权，却没有出来说一句应该说的话，他着实想不通。

另一件，他几十年的日记本、笔记本，被派来执行任务的人统统抄走了，他生前多方努力想找回来，一直问不出下落。何泽慧说，这些日记本的珍贵程度，胜过他任何有价值的财物。她年逾九旬，还在不遗余力找那些日记本，想帮九泉之下的钱三强了却这桩心愿。遗憾的是，愿望终究还是没有实现。不过，好在历史都已正本清源了。

1969 年 10 月，钱三强和何泽慧被下放陕西部阳"五七干校"劳动，又开始了三个寒暑的新经历。钱三强年轻时爱运动，身体比较壮实，在干校时虽已年近花甲，他不接受照顾，什么活他都乐于去干，养过猪、锄过棉花、施过肥、割过麦子、打过场……虽然对各样农活不是里手，但他尽心尽责地对待每一件事，甚至有时还是那样不失书生气。

有一次，他赶着牛在打麦场上碾麦子，碾着碾着突然牛翘起尾巴要拉屎，临时找不到接粪的工具，为了不糟蹋麦子，他急忙之中用双手接住臭烘烘的牛粪，捧到打麦场外。又比如，干校逢年过节要开联欢会，每个班、排都出节目。钱三强也和班组里的年轻人一起排练唱歌和跳舞。按说在合唱中较容易扮演南郭先生，但他写信给儿子思进，说：年轻时参加过清华合唱队，有点功底，好好练，相信节目不会砸。钱三强从来没有在台上跳过舞，为此还专门认真练了好长一段时间。他还在信

1971 年春节，钱三强全家在陕西郃阳干校共度除夕之夜

中描述了学会打快板后的欣慰心情。[1]

何泽慧在干校有两项最拿手的活儿，一是看场，一是敲钟。她看场不是坐着坚守，而是不停地围着场院巡走，不要说鸡牛羊不敢靠近，连麻雀和老鼠也难得漏网。她被分配敲钟的时候，就像在实验室里测算数据一样精细，全神贯注，一边看着手表，一边听着收音机里电台报时声，毫厘不差地把大钟敲响。久而久之，全干校的人都能从钟声响起的那一下，辨别出是不是何泽慧敲的。

---

[1] 钱思进：《忆念亲爱的父亲钱三强》，《中国科学报》(海外专刊) 1993 年 1 月 25 日。

1973 年，销声匿迹了近 10 年的钱三强，终于经过批准又可以在外国人面前露面了。他是头年秋从陕西郃阳回到北京的，因为他先在陕西临潼医院做了一次直肠手术，后又被诊断患了冠状动脉硬化和高血压病，身体出现了问题，其实更主要的，是因为国家出现了新情况。

那时，钱三强和所有的人们一样，观察形势变化的晴雨表，凭的是每天发行的《人民日报》——报纸上每一不同的提法，甚至一个见报的名单及其排列顺序，都会给人们带来喜或是忧。

1972 年新年"两报一刊"元旦社论中的一段话，就让钱三强和何泽慧在干校那间茅屋内窃窃惊喜过。这段话是：工业、农业、商业、科学技术、文化教育等各方面的广大革命群众，要继续发扬艰苦奋斗、自力更生精神，全面贯彻抓革命、促生产、促工作、促战备的方针，鼓足干劲，力争上游，多快好省地完成和超额完成国家计划。这是好多年听不到的话啊。

在干校，钱三强给在北京的五弟写信，要他买每期的《红旗》杂志寄来。当读了同年 4 月《红旗》上刊登的《正确理解和处理政治和业务的关系》评论员文章，刚一看题目便喜出望外，尤其文章里的许多观点引起了共鸣。文章里说，"对业务工作中的客观规律认识越多，钻研技术越深，就对人民的贡献越大，就更有利于社会主义革命和建设事业"。这些话，简直就是自己的体会，太对了。

可喜的事情一件接着一件。4月24日《人民日报》发表《惩前毖后，治病救人》的社论，提出"对一切犯错误的同志，都要坚持团结—批评—团结的方针"。10月1日，最权威的两报一刊社论，更提出"继续落实毛主席的干部政策、知识分子政策、经济政策等各项无产阶级政策"，"要提倡又红又专，在无产阶级政治统帅下，为革命学业务、文化和技术"。

钱三强记得："1973年，有外宾提出要会见我，周恩来和李先念同志亲自批准我接待外宾。"起初，钱三强根据需要用过两个过去的头衔，一个是中国科学院原子能研究所所长，一个是中国科学院副秘书长，事前告知他只是对外的虚名，不履实职。

钱三强复出接待的第一位外宾，是丹麦著名物理学家A.玻尔（N.玻尔之子），这是对方主动提出的，也

1973年4月，钱三强在北京接待并宴请A.玻尔

442

是继 1962 年 10 月北京相识后他们又一次相见，所以 A. 玻尔很乐意接受钱三强的安排，在北京做了关于原子核中集体运动和粒子运动之间的联系的学术报告，使闭塞多年的中国物理学界了解到最前沿的新进展。两年后（1975 年），A. 玻尔正是因为这项研究成果，与另外二人共同获得诺贝尔物理学奖。

1973 年 5 月 27 日，钱三强被批准陪同周恩来、郭沫若会见美国科学家代表团。这是相隔了六年半之后钱三强第一次见到饱经风霜的周恩来，感慨很多。他上次见周恩来是 1966 年 12 月 28 日我国氢弹原理试验成功，那时钱三强正处于被半隔离批斗中，但周恩来没有忘记他，当晚，指名要钱三强和二机部几名负责人一起到西花厅庆功。虽然庆功方式极简单，只备有一小碟鱼冻作为酒菜，开例少许让喝几口酒，但是周恩来这种寄托情感的关心和爱护，钱三强永志未忘。相隔多年后，钱三强再见周总理时，总理热情招呼他，和他握手，亲切地对他说：三强，听说你生病了。瘦了一些，要注意身体呀！[1]

同年 10 月 10 日，钱三强接待出国 37 年首次归乡之旅的美籍物理学家吴健雄和袁家骝夫妇，陪同参观他挂所长虚名的原子能研究所，亲自介绍情况，他还请来赵忠尧、张文裕、王承书等一起座谈。15 日他又接到通知，要陪同周恩来、郭沫若会见并宴请吴袁夫妇。这次会见，是周恩来精心安排的一次破常规的活动，他点名请了许多应该出面的物理学家作陪，并指示名单要见报。会见时间之长也是少有，从下午 6 点先一边吃饭一边谈话，后又坐下来长谈直到深夜，整整进行了六个小时。

这次会见和长谈，给吴健雄、袁家骝留下终生难忘的记忆。吴健雄

【1】　钱三强：《我国现代科学技术的组织者、领导者——缅怀周总理对我国科学事业的关怀和对科技工作者的教诲》，《人民日报》1979 年 3 月 10 日。

传记作者这样写道:"这是吴健雄与袁家骝头一回与周恩来会面,也是仅有的一次,但是对周恩来推崇备至,留下了极其深刻的印象。周恩来的那次宴会,选择在人民大会堂的安徽厅。周恩来和他们两人一见面,就表示选安徽厅是因为吴健雄是江苏人,袁家骝是河南人,而安徽正好在江苏和河南中间。周恩来处事的周到和细心,使他们大为感动。周恩来在和吴健雄、袁家骝两人谈话中,还向吴健雄表示了歉意,原因是'文化大革命'把她父亲的坟给破坏了,使她无法祭拜。……周恩来的广博见识和一流政治家气度,使吴健雄和袁家骝一直津津乐道,钦佩不已。"[1]

1973 年 10 月 10 日,钱三强在原子能研究所接待吴健雄、袁家骝合影(前排左二起:王承书、赵忠尧、钱三强、吴健雄、袁家骝、力一、张文裕)

〔1〕 江才健:《物理科学第一夫人——吴健雄》,复旦大学出版社 1997 年版,第279 页。

也是在这次会见中，周恩来特别关照钱三强说：你气色比上回见面时好了一些，还要注意呀！钱三强对此深为感慨：周总理临危不惧，关心革命，心怀他人，使许许多多干部和群众感受到贴心的爱护。我也是其中之一。可是总理自己却默默抵抗着严重的病魔，一边吃药、一边接待外客。[1]

这段时间，钱三强还接待过加拿大科学代表团、美国高能物理学者代表团、法国原子能代表团等。

| 非常年月的勇气之作 |

1975 年是一个极特殊年份。

这一年，"文化大革命"还没有结束，邓小平复出主持国务院工作和党中央日常工作，开始对各条战线进行全面整顿；7 月间，胡耀邦赴任中国科学院（其时原国家科委和中国科协合并于此）党的核心小组第一副组长（组长为郭沫若），受命整顿科学院；8 月，钱三强经中央领导批准由二机部回到科学院，又开始成了忙人。

这年 8 月 27 日，胡耀邦郑重委托钱三强来组织并主持科学家座谈会。钱听后顿时百感交集，忍不住眼泪直流，哽咽着说不出话来……足足九年，他连平等参加会议的机会也没再有过，突然间受到这般信任，只有无言的泪水才能表达此时此刻的真情实感。

胡耀邦对钱三强说：座谈会主要请在科研一线工作的同志参加，每次邀请的人不要多，人人都有讲话的机会，放开了讲。

---

[1] 钱三强：《我国现代科学技术的组织者、领导者——缅怀周总理对我国科学事业的关怀和对科技工作者的教诲》，《人民日报》1979 年 3 月 10 日。

钱三强问："座谈会是不是应有一个名称？要不要出简报？"

胡耀邦说："有个名称好，就叫'百家争鸣'座谈会吧。每次座谈后都要写简报，发挥作用嘛。"

钱三强还是过去的老脾气，做事说干就干，首次"百家争鸣"座谈会在接受任务三天后的 9 月 1 日就开场了。蛰伏了很长时间的到会科学家，对会议名称以及由钱三强主持座谈，感觉既熟悉又新鲜。钱三强的开场白先传达上级领导的讲话精神，然后他说：

> 实现四个现代化，科学技术如不先行一步，搞不上去。领导的原则已定，还要靠下面提出应该怎么搞好，靠从事科学工作的人提。有人说，过去提了没有用处。过去时机没有到，不过还是有一些用处，现在时机到了，应该积极提供意见，供领导上参考。胡耀邦同志决定召开这样的座谈会，就是为了听取大家的意见，把科研工作搞好。[1]

这番话由打倒复出的物理学家钱三强说开来，无形中起到了打消顾虑的作用，每次座谈发言积极，气氛少有的热烈活跃。数学家吴文俊、植物生态学家侯学煜、工程热物理学家吴仲华、地质学家张文佑、海洋学家曾呈奎、计算机专家高庆狮、天文学家王绶琯、地理学家黄秉维、大气物理学家叶笃正、遗传学家胡含、生物化学家邹承鲁、理论物理学家何祚庥等，都敞开心扉讲了自己的认识、体会、希望和担忧，不乏对搞好科研及于时事时政的诤谏之言。

[1] 《百家争鸣座谈会记录整理》（二），1975 年 9 月 1 日（全套座谈会记录整理原由钱三强留存，后转交中国科学院院史办王扬宗处）。

几次座谈会和印发简报过后，各方反应怎样，还要不要继续开？钱三强就此请示胡耀邦。原来每期简报胡都看了，他说：颇有收获，这是一个很好的渠道，能便于听到大家的意见。通过这样的座谈会，还可以学到知识，调动科技人员的积极性。[1]他要求座谈会再继续一段时间。

然而，科学院也有一些单位的另外一些人极力抵制说心里话、表达希望的"百家争鸣座谈会简报"。如大连一个研究所的帮派头头说：我们在大连首先和胡耀邦接上火的第一件事，就是连续收到他们发来的为他们制造复辟舆论的"百家争鸣座谈会简报"。我们一眼看穿这不就是被批臭了的那一套吗？有些就是明目张胆地攻击社会主义的右派言论，所以我们决定，来一期扣一期，不准下发，不准传播。[2]

钱三强主持的座谈会进行到 11 月 22 日，历时两个多月，召开了 9 次，计有 50 余名在一线工作的老中青科学技术专家作了系统发言。这些发言除了及时出简报，他还根据胡耀邦"实事求是整出一个东西"的要求，主持起草了《关于"百家争鸣"问题》的综合报告。报告写得不短，洋洋几千字，但通篇没有那些时兴的假、大、空话，而是以座谈会的发言和调查得来的第一手情况据实写来，事实充分，观点鲜明。下面先引录钱三强 1975 年 11 月阅改的"报告"开头语：

一个时期以来，在自然科学领域里，毛主席倡导的"百家争鸣"方针，没有得到很好贯彻，学术气氛相当淡薄。从哲学方面批判外国科学家唯心主义和反动学术观点有一些，不同学术观点的争论则很

[1]　《百家争鸣座谈会记录整理》（五），1975 年 9 月 20 日。
[2]　中国科学院编：《胡耀邦在中国科学院》，科学出版社 2012 年版。

少。这种状况对我国科学事业的发展很不利。学术争鸣没有很好开展，不少科学工作者"不敢鸣""不愿鸣"，其原因是多方面的，而关键在于领导。

接下去，报告逐一列举原因。如说"不敢鸣"，一是因为近些年很少提倡和鼓励百家争鸣，还用简单的行政方法处理科技问题，压制不同意见，甚至对正确的意见乱加批评；二是政策界限不清，科学工作者有很大顾虑，怕说了不同见解被认为是政治问题。又如说"不能鸣"，"百家争鸣"要以研究工作为基础，许多学术问题的讨论，往往在理论研究领域展开，而我国理论工作还相当薄弱，有人想"鸣"也一时"鸣"不起来。此外，学术讨论会很少举行，学术刊物不足，对开展"百家争鸣"也有一定影响。等等。[1]

在那时，写这样一个不合时流的报告，不单需要热情，更需要勇气，而钱三强又不识时务地这样做了。他的热情和勇气来自他所感受到的新希望，他看到邓小平复出主持工作后，报纸上的许多提法不同了，工作大有起色，目睹科学院在胡耀邦短短几个月的整顿，发生了可喜的变化。正像他1989年4月19日在《科技日报》发表悼念胡耀邦逝世文章中说的，"胡耀邦同志到科学院后的一系列讲话和实践，使广大科技人员从内心受到巨大鼓舞，使大家重新看到了希望"。

然而霎时之间，政治风云突变，来势凶猛的"批邓、反击右倾翻案风"恶浪骤然袭来，给科技界点燃希望的全面整顿，被诬为右倾翻案，钱三强主持起草尚未印发的《关于"百家争鸣"问题》，则被攻击为"没有出笼就夭折了的大毒草"。

[1]《关于"百家争鸣"问题》（钱三强阅改打印稿），1975年11月。

｜ 聆听与回想 ｜

第一个问题，对科学技术是生产力的认识问题。在这个问题上，"四人帮"曾经喧嚣一时，颠倒是非，搞乱了人们的思想。科学技术是生产力，这是马克思主义历来的观点。早在一百多年以前，马克思就说过：机器生产的发展要求自觉地应用自然科学。并且指出："生产力中也包括科学"。现代科学技术的发展，使科学与生产的关系越来越密切了。科学技术作为生产力，越来越显示出巨大的作用。【1】

邓小平的这段话，不仅对中国科学技术发展的历史具有里程碑意义，同时是科学理解、创造性运用马克思主义的经典之作。

邓小平讲这话的时候，钱三强正坐在他身后一边聆听一边做记录，时间是 1978 年 3 月 18 日。这天，中国科技界有史以来的空前盛会——全国科学大会在人民大会堂举行开幕式，邓小平面对六千多名来自全国的科技工作者发表讲话，钱三强作为大会主席团成员坐在主席台上。

当他听到邓小平明确提出"科学技术是生产力"的论点时，马上联想起曾经知道的有关这个问题的一些背景情况。1975 年胡耀邦在科学院主持起草《汇报提纲》，曾经引用马、恩、列、毛论述科学技术的一些语录，以强调科学技术在国家现代化建设中的作用，其中有一条讲到"科学技术是生产力"，但因故要做修改。等到《汇报提纲》遵照邓小平意见改定，还没有来得及送出，"四人帮"阴谋煽动的邪风恶浪骤然卷起，邓小平被再一次打倒，他支持的"科学技术是生产力"被批为鼓吹

【1】《邓小平文选》第二卷，人民出版社 1994 年版，第 86—87 页。

"唯生产力论"。

从钱三强在科学大会主席台铅笔记录的纸页中，虽然是些只言片语式的字句，但能看出他对邓小平那天讲话非常专注，可以说最有感触的一些提法，如"科学技术是生产力""社会主义劳动者""学习别国长处""白专帽子"等，他都记下了。这里据 1994 年版《邓小平文选》第二卷所载邓小平《在全国科学大会上的讲话》，把钱三强记录的字句内容稍加扩展，便于读者走近那段历史，了解他和同时代中国科学家迎来科学春天的情怀。

邓小平在讲了"科学技术是生产力"之后，接着明确了过去老是反反复复而众所关切的另一个问题，这就是怎么看待从事科学研究的脑力劳动者？他把这个问题和"科学技术是生产力"，并列称为实现四个现代化、大大发展我们的生产力的两个前提。他态度鲜明地说：

> 总的说来，他们的绝大多数已经是工人阶级和劳动人民自己的知识分子，因此也可以说，已经是工人阶级自己的一部分。……我们向科学技术现代化进军，要有一支浩浩荡荡的工人阶级的又红又专的科学技术大军，要有一大批世界第一流的科学家、工程技术专家。造就这样的队伍，是摆在我们面前的一个严重任务。[1]

关于"学习别国长处"，邓小平当时是这样说的：

> 独立自主不是闭关自守，自力更生不是盲目排外。科学技术是人类共同创造的财富。任何一个民族、一个国家，都需要学习别的

[1]《邓小平文选》第二卷，人民出版社 1994 年版，第 89—91 页。

民族、别的国家的长处，学习人家的先进科学技术。我们不仅因为今天科学技术落后，需要努力向外国学习，即使我们的科学技术赶上了世界先进水平，也还要学习人家的长处。**[1]**

"白专帽子"问题，是钱三强过去工作中经常遇到的一个麻烦和困惑。邓小平的讲话，把长期的混乱彻底澄清了：

> 世界观的重要表现是为谁服务。一个人，如果爱我们社会主义祖国，自觉自愿地为社会主义服务，为工农兵服务，应该说这表示他初步确立了无产阶级世界观，按政治标准来说，就不能说他是白，而应该说是红了。我们的科学事业是社会主义事业的一个重要方面。致力于社会主义的科学事业，作出贡献，这固然是专的表现，在一定意义上也可以说是红的表现。**[2]**

虽然有些话是老话重提，但钱三强此时此刻听来有了新意，感觉心中的春天真正到来了。科学大会刚一结束，钱三强在接受上海记者采访时讲过他的这种新感觉，他说：

1978 年，钱三强接受《自然杂志》记者采访

[1]《邓小平文选》第二卷，人民出版社 1994 年版，第 91 页。
[2]《邓小平文选》第二卷，人民出版社 1994 年版，第 92 页。

全国科学大会的胜利召开，标志着我国科学技术的发展进入了一个新的历史时期，迎接又一个科学的春天。科学技术和科学技术工作者在国家建设中的地位和作用，重新得到肯定。特别是邓小平同志阐明的科学技术是生产力，科学技术是四个现代化建设的关键和科技人员是工人阶级的一部分，以及科研工作必须走在生产建设前面的思想，为我国科学技术的繁荣和发展重新奠定了可靠的基础。[1]

[1] 钱三强：《迎接科学的春天》，《自然杂志》1978 年 5 月创刊号。

第二十七章
抢回时机不我待

| "拿来主义"启动科学工程 |

在新的科学春天里，钱三强沉寂漫长时日后又开始活跃起来。已是年逾花甲的他和当年只是不惑之年的他，干起事情来的那种劲头，几乎没有两样，所不同的，他的活动舞台更大了，大大超出了原子能科学技术领域。

1977 年钱三强正式恢复中国科学院副秘书长职务，分工负责全院科研业务和国际学术交流工作，一段时间里，不仅数、理、化、天、地、生这些学科领域他都要涉及，连准备启动的几大科学工程，如合肥的托卡马克-8 号装置、科大的同步辐射加速器，兰州重离子加速器，北京高能加速器等，关于这些工程的前期组织和策划，也是他复出后最早参与的重要工作。

譬如筹备建造高能加速器。

高能物理研究，在近代物理所建所时就是钱三强重点关注的领域之一。1956 年制订国家科技发展长远规划，他曾经提出过建造一台电子同步加速器的计划；在第一颗原子弹成功爆炸后，甚至准备单独筹建高能物理研究基地，只因"文革"计划被迫停止了。

1972 年，张文裕、朱洪元、谢家麟等 18 位物理学家联名致信周恩来，提出发展我国高能物理的意见和希望，周恩来亲笔回信予以支持。

回信中说：这件事不能再延迟了。科学院必须把基础科学和理论研究抓起来，同时要把理论研究与科学实验结合起来。高能物理及高能加速器预制研究应该成为科学院要抓的主要项目之一。[1]

一年后，中国科学院高能物理研究所正式成立，它的人员和设备以原子能所中关村一部为基础，张文裕被任命为所长。但是，落实周恩来指示建造高能加速器，在选型问题上，从一开始物理学家便存在意见分歧。一种意见认为，应该首先建造一台电子加速器，另一种意见则主张首先建造一台质子加速器。到了1977年，国家批准建造一台50亿电子伏的质子同步加速器，并开始做调查研究及有关筹备工作。

这年3月15日至28日，钱三强作为科学院的业务主管出席高能加速器方案论证会，讨论和审查工程总体方案和预测模型加速器初步设计方案。鉴于工程重大，又缺乏建造经验，加之科学界仍有不同意见，钱三强意识到建造高能加速器问题需要再广泛听取意见，特别是开展国际交流，听听有工程实际经验专家的意见。于是在科学院主要领导支持下，他先后邀请来了丁肇中、邓昌黎和联邦德国电子同步加速器研究中心（DESY）主任朔佩尔、欧洲核子中心（CERN）总主任阿达姆斯，以及杨振宁、李政道等。钱三强和他们都进行了专门会谈，有的不止一次两次，所讨论的问题广泛、深入而且具体。

钱三强与朔佩尔、阿达姆斯的多次座谈，对我国建造高能加速器的前期准备很有启发。朔、阿二人除了他们个人的卓越能力和丰富经验，他们分别领导的两个加速器研究中心，是不亚于美国水平的一流研究机构，他们还对中国友好。

1977年9月19日，钱三强和阿达姆斯会谈时，就中国建造高能加

[1]　《当代中国丛书·中国科学院》（上），当代中国出版社1994年版，第158页。

1978年6月，钱三强访问欧洲核子中心参观丁肇中领导的研究小组，并现场听取工作介绍(前右起：钱三强、丁肇中、中国驻日内瓦大使安振远。后右一为章综，左一为方守贤)

速器的有关问题广泛听取意见，进行探讨，并且商定了与 CERN 的合作意向。

11月4日和6日，钱三强带领高能物理所有关人员，利用两个晚上同朔佩尔进行深入讨论达5个小时，讨论内容包括：高能加速器的选址问题，关于建造高能加速器的组织工作，关于建造高能加速器的费用预估，关于对中国建造高能加速器的看法，以及建成后的研究工作等。

建造高能加速器的工作，自始至终得到邓小平的有力支持。邀请来华的这些国外专家他都一一会见，并且果断表明中国政府的支持态度，使对方了解合作诚意，也使得每次陪见的钱三强等国内人员更加有了信心和底气。

邓小平会见阿达姆斯时，告诉他：我国发展科学技术的目标是，在二十世纪末力求接近当时的世界先进水平，相当的部分赶上当时的世界先进水平，个别的超过。要达到以上目标，必须承认自己落后，这样才能向前迈进。我们要以现代世界先进水平为起点，老老实实地、虚心地学习一切先进的科学技术，并在学习中创新。[1]

随后，钱三强率领代表团访问阿达姆斯领导的 CERN，双方经过讨论，达成多项合作计划，其中有：高能物理所派出三位理论物理学家作为一个小组到 CERN 工作几个月；中国派一个小组到 CERN 学习建造大型加速器装置及相关工作，包括土木工程、地下隧道和安全等；科学院派出一个由一流管理者组成的小组，着重考察国际性的加速器装置的运行与管理等。双方的合作取得了良好成效。

钱三强一直感受到，中央的决心和决策是中国在相对困难条件下建造高能加速器的关键。他在多个场合讲过邓小平会见美籍华裔高能加速器专家邓昌黎时讲的一席话，他每次讲都带着激情。邓小平对邓昌黎说：

西欧中心主任阿达姆斯教授曾经问我，你们中国为什么不多投资搞工业生产，而投向搞加速器的建造呢？我把我们的看法回答了他，他满意了。建造加速器很花钱，又费时间，但是从长远来看，很有意义，应及早着手。可以通过加速器的研究带动其他方面的研究和工业生产。

我们希望科教方面的整顿五年见初步成效，十年见到中效，十五年见到大效。十五年以后还要不断进步。现在我们是以世界先进水平作为赶超的起点，采取"拿来主义"态度。凡是世界上先进

---

[1] 《邓小平年谱（1975—1997）》（上），中央文献出版社 2004 年版，第 206 页。

的科学技术成果，我们都要拿过来。[1]

20 世纪 80 年代初，中国发展高能物理计划作出调整，改在北京建造正负电子对撞机，并主要与美国有关机构开展合作。起初，钱三强在调整后的计划中仍肩负重要责任，担任中美高能物理联合委员会中方主席，他与美方共同签订了中美高能物理合作项目计划（1982—1983 年）。其间，还与李政道就中美高能物理合作的有关问题，经常密切商讨，彼此及时交换意见。

1981 年 12 月 21 日，钱三强在北京同李政道详细讨论中国发展高

1980 年 11 月，钱三强访问美国费米实验室，听取加速器专家邓昌黎对建造加速器的情况介绍（右起：邓昌黎、钱三强、冯因复、葛能全、杨承宗）

【1】《邓副主席接见邓昌黎谈话记录》（1977 年 10 月 10 日），见《钱三强年谱长编》科学出版社 2013 年版，第 423 页。

能物理及中美合作计划时，着重提出了应如何结合中国实际等建议。李政道对此甚为重视，第二天特地写信向钱三强致谢。李政道信中写道："很高兴昨天能畅谈。谢谢您对我的'高能计划意见书'提出的建议。已按照您的意见修改了，并拟即呈邓副主席、胡主席及赵总理。"李政道信中还对钱三强说："关于中美高能合作会议，我极希望中方能由您带队，然后文裕、洪元、家麟等可为成员。这样，成果可增几个数量级。"[1]

后来，钱三强因为健康和职务变动原因，中美高能物理合作改由周光召负责。

推动理论物理再先行

1977年6月，钱三强与外界隔绝近二十年后走出国门访问澳大利亚，在看了听了这个二流国家科技发展现状后，他被震惊了。在回国飞机上他开始整理思路，认为现代科学面临三个发展"前哨阵地"，这几个关口一旦有突破，将会对工业技术、经济发展和社会进步起重大作用。

他总结出的三个"前哨阵地"，一是物质结构里边的粒子物理，也叫高能物理；二是与宇宙演化有关的天体物理；三是包括生命起源在内的生物科学。他认为，现代科学发展的一种普遍趋势，是人们对微观世界的认识越来越深入，把加强理论研究作为一项战略措施来对待，把理论现代化作为科学技术现代化的一个重要方面，将会有助于促进科学技术现代化进程。

---

[1]《钱三强年谱长编》，科学出版社2013年版。

一天，兼任物理学会副理事长的钱三强找到物理学会理事长周培源，想把粒子物理研究再推动一下。两人一拍即合，认为这方面工作不需要花很多钱，只花点差旅费集中到一起开开会，搞点讨论和交流，就可以先动起来。两人并且认为，"文革"前我国理论物理已经作出过两大贡献，一是完全独立自主地掌握了原

1978年8月庐山基本粒子会议期间，钱三强（中）和何泽慧（左）、葛能全（右）同游庐山植物园合影

钱三强（右一）在广州从化粒子物理理论讨论会顾问委员会上讲话（左起：彭桓武、杨振宁、李政道、周培源）

459

子弹和氢弹理论；一是提出了强子结构的层子模型。虽然目前还不具有大型实验设备，但在基本粒子理论方面取得较好成绩是有可能的，那样，将会起到带动作用。

经过他们精心策划并主持，1977 年 8 月首先在黄山召开了基本粒子座谈会，并请来杨振宁作学术报告；1978 年 8 月在庐山召开了基本粒子分会会议，并请来林家翘等作学术报告；同年 10 月在桂林召开了微观物理思想史讨论会，40 余名老中青物理学家、数学家、自然辩证法理论家同场研讨。在桂林会议上，钱三强把自己的设想告诉来自各大学和研究机构的与会者：如果经过努力，研究工作有了好的进展，将考虑召开一次国际性的讨论会，同世界高水平进行交流。他说的，就是1980 年 1 月兑现了的"广州（从化）粒子物理理论讨论会"。

"从化会议"头年 4 月，钱三强先跟在华讲学的李政道说起想法，得到李的热情赞成和支持；接着又写信征求杨振宁意见，杨回信表示了同样的积极态度。随即，钱三强分别与杨、李商讨海外华裔学者邀请名单，并以组织委员会名义发出邀请信。后来，李政道、杨振宁等 50 位来自美国、英国、联邦德国、瑞士、澳大利亚、新加坡等国及中国香港地区的华裔学者，应邀到会同场交流，5 天会议共交流研究报告和论文112 篇，其中国内学者 84 篇超过三分之二，称得上是中国理论物理研究的一次大检阅。

"文革"后第一次举行这样大型国际性学术会议，并获得超乎人们预想的成功。归纳各方反映，会议成功主要在三个方面：

一是论文成果体现了研究工作的前沿性和学术上的高水准，杨振宁说：有些报告很有独到见解，其水平可以与 1974 年和 1977 年在日本召开的同类型的学术会议相比。他还讲过喻古述怀的话：初唐时期，在南昌有过一次盛会，诗人王勃在《滕王阁序》中用"物华天宝""人杰地灵"描写中国当时的潜力，我希望这次会议能为这无比潜力做出些许贡献。

二是会议完全采取国际会议方式（会议语言除外）进行，海外学者一致认为，总体策划及具体组织工作做得相当完善。会后，第一次由科学出版社协议美国出版机构，向全世界发行会议论文集英文版，科学出版社投入 4 万美元，最后净收入 15 万美元，其发行量可见一斑。

三是对国家人才政策以及广泛开展国际学术交流，起到重要推动作用。

从化粒子物理会议开得成功，有两个久久被人称道的会外"花絮"。

一个发生在会议前一天的 1980 年 1 月 4 日。那天，几对物理学家夫妇准备由广州流花宾馆出发去从化会址，按原先计划，准备由会议主持者钱三强夫妇和周培源夫妇，分别陪同李政道夫妇和杨振宁夫妇乘车前往。但行前，一些思想活跃的青年物理学者提出建议，李、杨夫妇同乘一辆车去从化。这当然是好意，是海内外同行普遍寄托的一种美好愿望。钱三强和周培源何尝不希望杨、李进一步和好，但想到他们这次能同时出席会议是多年不曾有过的事，担心过于急切行事会造成弄巧成拙的局面，后果难料。后来，钱三强吩咐预备两个方案，宾馆门口既有大轿车也有小车，尊重杨、李意愿，顺其自然。

结果，众人的愿望实现了。会议尚未进行，大家的好心情便早早地进入高潮。在从化温泉宾馆，海内外理论物理界老中青学者，就像传扬喜讯般谈论李、杨同坐一辆车这个历史性话题。有人开始打听：拍照了没有？一位来自美国的学者风趣地说：拍下这张照片，在美国能卖好价钱，登在《纽约时报》也会成为新闻。

另一件"花絮"发生在北京人民大会堂。那是 1 月 15 日从化会议结束后海外学者聚集北京，邓小平在人民大会堂接见他们，并请吃大宴、喝茅台酒。接见之前，邓小平听完钱三强和周培源作的广州从化会议情况汇报，心情格外好，他笑着说："你们开了一个好会。会议开得很成功嘛。"

席间，邓小平询问坐在左右两旁的杨振宁和李政道：我们国内这批中青年科学工作者怎么样？他们的水平呀，素质呀，同先进国家相比怎么样？你们在一起开会了，是同行，是自家人，我希望听听你们的评价，实事求是的评价。

杨振宁先说："国内粒子物理理论方面，有一大批40多岁的科学家，他们很能干。实事求是说，他们的能力很强。"

"有几位相当优秀，他们的研究水平是一流的。"李政道紧接着补充说。

邓小平听了很高兴，问钱三强：中青年科学家今天来了多少？

"来了约有半数。"钱三强回答后心领神会，立刻从另桌找来周光召等几位同邓小平见面，并一一作了简单情况介绍。

在介绍周光召时，钱三强说：他50年代在苏联和国内做出了很好的工作，起了关键性的作用（向邓汇报时讲了在原子弹理论设计方面），是国内新一代理论物理的佼佼者。李政道即接着说：他不仅在国内同行中是佼佼者，包括我们在内在所从事的粒子物理理论领域内，他也是佼佼者。

邓小平听后欣喜，他起身和周光召等握手并举杯对大家说：你们辛苦了，你们为国家为人民做出了贡献，我敬你们一杯酒。预祝你们继续努力，把失去的时间抢回来，为国家的现代化建设做出新贡献，使我们国家和民族真正有希望。

邓小平的喜悦心情，带到了第二天的一个高层会议上——1980年1月16日，中共中央在北京召集党政军高层干部会议，邓小平发表长篇

参加广州粒子物理会议的美籍华裔物理学家乔玲丽携其母访华，为致谢并作纪念，在北京一起合影（前排左起：何泽慧、钱三强、乔母，后排左起：周光召、乔玲丽、郑爱琴）

讲话（后收入《邓小平文选》题为《目前的形势和任务》）。他在讲到培养专门人才时，联系到广州从化粒子物理会议说了一段话：

> 我们需要有越来越多的专门人才，但是，是不是说，我们现在就没有人才呢？不是，是我们的各级党委，特别是一些老同志，在这方面注意不够，没有去有意识地发现、选拔、培养、帮助一批专业的人才。前几天，在广州开了个粒子物理理论讨论会，有个消息很值得高兴，我们的粒子物理理论的水平，大体上接近国际先进水平。就是说，我们已经有相当先进的水平，而且有一批由我国自己培养出来的取得了成就的年轻人，只是人数比一些先进国家少得多。这就说明，我们并不是没有人。好多人才没有被发现，他们的

463

工作条件太差，待遇太低，他们的作用不能充分地发挥出来。……我看还是要开明一点，要从大局着眼，要从我们事业的前途着眼。有能干的人，我们要积极地去发现，发现了就认真帮。我们要逐渐做到，包括各级党委在内，各级业务机构，都要由有专业知识的人来担任领导。[1]

力促人工合成胰岛素申诺奖

人工合成胰岛素，是我国一项真正具有世界先进水平的科学成果，它完成于 1965 年。那时，联邦德国、美国、加拿大等科学家也在从事该项研究，可以说也是一场科学竞赛。

我国人工合成胰岛素，是在天然胰岛素拆合成功的基础上进行的。先分别合成 A 链（由 21 个氨基酸连接起来的肽链）和 B 链（由 30 个氨基酸连接起来的肽链），然后通过两对硫硫键结合成一个胰岛素分子。1960 年，我国和加拿大几乎同时把天然胰岛素的 A 链和 B 链拆开，又重新接合，而恢复的活力我方比加方高。美国和联邦德国曾先后报道人工合成胰岛素，其活力都在 1% 以下。1965 年我国科学家在 A 链和 B 链的合成技术上作了改进，先后两次合成的胰岛素经过提纯，活力可稳定在 10.7%；同年 9 月中，首次获得人工全合成牛胰岛素结晶，活力达到 80% 以上，遥遥领先于其他各国。1966 年 4 月，该项工作在欧洲生物化学学会联合会议上报告后，成为会议讨论的中心，美、英、法、荷、意、比、挪威、瑞典、芬、奥等国科学家热情祝贺，认为这是非常重要的贡献。

[1] 《邓小平文选》第二卷，人民出版社 1994 年版，第 264—265 页。

然而在国内，由于当时的内外情势，不是这个领域的科学家，很少有人知道人工合成胰岛素及其国际影响。钱三强真正了解它，用他自己的话说是"出口转内销"。

他 1977 年 6 月率代表团访问澳大利亚，亲耳听到澳国科学家盛赞人工合成胰岛素，说：你们人工合成胰岛素的工作是应该获得诺贝尔奖的，问题在于你们愿不愿意接受。

钱三强毫不知情中，询问了同团出访的生物化学家王应睐和发育生物学家童第周，王细说了前前后后的情况。说到早在 1966 年上半年，瑞典乌萨拉大学生物化学研究所所长、诺贝尔奖金委员会主席蒂斯尤利斯，及法国科学院院士特里亚，先后参观上海生化所时，也说过澳大利亚科学家类似的话。王应睐同时向钱三强讲到，1972 年杨振宁回国时曾经向周恩来总理提过，是否应向诺贝尔奖金委员会推荐人工合成胰岛素，但在当时政治形势下周恩来婉言谢绝了。

一向不习惯当旁观者的钱三强，要对人工合成胰岛素成果申请诺贝尔奖当一回促进派。他想，这项工作不管最后能否获得诺贝尔奖，借此扩大影响、解放思想，对中国科学技术发展总是有益的。想法得到科学院主要领导同意后，他便开始迅速运作起来，准备作为 1979 年获奖候选者推荐。这时已是 1978 年 10 月了。

鉴于杨振宁 1978 年 9 月又向邓小平提到，他可以提名人工合成胰岛素申请诺贝尔奖，钱三强便先给杨振宁发电报征询意见。11 月 27 日杨回信：电报一周前收到，回电想你已收到。提名人数不能超过三位。①提名要有一"评价"，如 1961 年化学奖金给 Calvin，评价是"因为研究植物光合作用中的化学步骤"。②另外要有一简单说明工作为何重要，约一二段文字即可。③要有论文摘要和复印本。如果赞成我提名，请速将①②③项所需寄下，因为我对生物化学无多了解。提名截止时间在二月一日，请于一月十日前付邮。[1]

11 月 3 日，钱三强向科学院党组和国家科委党组联席会议汇报有关情况，提出向诺贝尔奖金委员会推荐人工合成胰岛素成果的建议，获得两科党组同意。12 月中，由钱三强主持把上海生化所、北京大学和上海有机所三个单位参加过人工合成胰岛素工作的有关人员（共约 30 人），请到北京友谊宾馆开三天总结评选会，通过总结分析，理出合成全过程最重要的关键点，并实事求是地分析突破这些关键起了主要作用的人。

为了保证总结评选的科学性和民主决策，钱三强经过多方协商，组成一个权威而超脱的评选委员会，负责对获奖代表进行终选。评选委员会由童第周任主任，周培源、于光远、严济慈、华罗庚、钱三强、杨石先、黄家驷、贝时璋、张龙翔、王应睐、汪猷、冯德培、梁植权、柳大纲、邢其毅、过兴先为委员。总结评选会于 12 月 13 日结束。在发扬民主、充分讨论的基础上，由评选委员会无记名投票选出四名代表，他们是：生物化学研究所的钮经义、邹承鲁（后调生物物理所）、北京大学的季爱雪，有机化学研究所的汪猷。鉴于向诺贝尔奖金委员会至多只能推荐三人，委员会提出推荐一人和三人两个方案，供领导决策参考。

12 月 25 日，钱三强主持起草并代表科学院签发报国务院的《关于向诺贝尔奖金委员会推荐我国人工全合成胰岛素研究成果的请示报告》。报告首先认为，"现在我国正进入建设现代化社会主义强国的新时期，我们正在加强同国际上的科学技术交往，对诺贝尔奖金似不宜于长期持拒绝态度"。关于获奖人选，报告提出以钮经义一人名义，代表我

---

[1] 《杨振宁回钱三强信》(1978 年 11 月 27 日)，见《钱三强年谱长编》，科学出版社 2013 年版。

国参加人工合成胰岛素研究工作的全体人员申请诺贝尔奖金。这除了国内几个单位的内部原因，而且西德、美国在胰岛素合成方面，也取得较好成绩，有可能此奖将由两国或三国科学家同时获得。【1】

一周后，请示报告获得批准。按要求准备的各项所需推荐材料，由钱三强具信邮寄给提名人杨振宁；同时，上海生化所所长王应睐，作为瑞典皇家科学院诺贝尔化学奖金委员会主席特邀的 1979 年度该奖提名人，也推荐了人工合成胰岛素成果。

时至今日，中国科学家人工全合成胰岛素的材料，仍然尘封在诺贝尔奖金委员会的档案柜里。钱三强有过遗憾，但从没有对中国自己的发展能力动摇过信心。1982 年，人工全合成胰岛素研究成果获得国家自然科学奖一等奖，钱三强作为国家奖励委员会副主任在接受《人民日报》记者采访时，讲了他发自内心的感想和认识：

> "人工全合成牛胰岛素研究"的成功，是我们国家的一个骄傲。……中国能把不同单位的几十个科学家组织在一起干，在其他国家不容易做到。这就是中国科学的优势。这种优势，是我们优越的社会主义制度决定的，走的是我们自己的道路。……实践已经证明，在共产党领导下，只要把我们的科研力量组织起来，选准目标，我们有很强的攻坚能力，就有可能做到"后来居上"。【2】

【1】　中国科学院文件（78）科发学字 2044 号《关于向诺贝尔奖金委员会推荐我国人工全合成胰岛素研究成果的请示报告》，1978 年 12 月 25 日。
【2】　《社会主义科学事业的胜利——就颁发自然科学奖访著名科学家钱三强》，《人民日报》1982 年 10 月 24 日。

第二十八章

“科技老兵”的晚年志行

| 该做能做的事　乐此不疲 |

进入 20 世纪 80 年代，钱三强开始经历他一生中又一个繁忙阶段。年近古稀的他，依然热情洋溢，孜孜不倦地对待赋予他的每一项任务，并从中体会工作的意义和晚年人生欢愉。“这是最愉快的繁忙，最轻松的紧张。”他常常这样感言。

没有认真统计过那段时间钱三强兼有多少职务，但可以肯定是个惊人的数字。许多慕名找来又实在难以辞却的头衔，他只当是尽一份“名人效应”的义务，而有些虽然也是本职以外的兼职，他却很看重，因为其中有他应该而且能够做的工作，做了有意义。但凡这一类的头衔，他往往当成正业去履职。这里列举几例简述如下：

恢复科学奖励

1979 年起，钱三强兼任国家自然科学奖励委员会副主任（武衡为主任），到 1982 年首次颁奖的三年中，他用了许多心力于其中。他晚上加班审阅申报材料，利用星期日主持小范围听证会，随时接待反映意见的来访者，还亲自登门做一些科学家的协调和解释工作；特别对几个影响大准备评一等奖的项目，他为了做到尽可能公正、公平，不发生偏差，有的亲自组织专人花了一两个月时间作调研，查看原始材料，征询方方面面意见，最后达到几方满意而又符合历史事实结果的，如获得一等奖的"大庆油田发现过程中的地球科学工作"；有的是他从全局和国内外影响考虑，亲笔写详细的说明材料，获得专家理解、支持，并得到评委一致通过的，如获得一等奖的英国学者李约瑟的《中国科学技术史》等。

经过三年共同努力，从跨越二十几年数以千计的研究成果中，评选出全国自然科学奖 125 项，其中一等奖 9 项，二等奖 40 项，三等奖 49 项，四等奖 27 项。更重要的是，通过这次评奖及其成功实践，中断了 26 年之久的国家自然科学奖评审工作，从此得以恢复并成为制度实行至今。

建立学位制

1981 年起，钱三强兼任国务院学位委员会副主任（胡乔木为主任）一职，这也是他自觉颇具心得的一项工作。他早在 50 年代率团访苏回来就积极主张实行学位制度，一晃快 30 年终于机会来了，这不仅是他个人的愿望得以实现，他甚至认为实行学位制，实质上应该看作是在人才培养上，消除半封建半殖民地痕迹的一件大事。在 1982 年 2 月 6 日一次学位工作座谈会上，他讲了自己的亲历体会：

> 自己培养研究生授予学位这个问题，实质上应该看做是在人才培养上消除半封建半殖民地痕迹的一个内容。我们做学生的时候，当时在大学教学的老师，差不多都是在国外获得过博士学位的。凡是在国外得了博士学位的，回来一般都是教授，起码是副教授。但是很多在国内勤勤恳恳建立了实验室，教了不少学生，做了不少工作，对我们的科学教育事业做出了贡献的，却因为没

有到过外国，多数只能做到讲师，做到副教授的很少。那时的这种现象说明什么？说明我们的国家自己没有本事发展科学事业，要取得教授资格非出国不行。这就形成了教育与科学方面的崇洋思想，没有机会出国就"望洋兴叹"。

讲着讲着，钱三强感触油然而生，说开了前辈们那些挟洋自重的旧事：

不单在自然科学与社会科学方面有此现象，就是研究文史的人也有这种感觉。"五四"时期胡适就经常流露看不起刘半农，因为他自己是美国博士，而刘半农当时是"土包子"。为了出口气，后来刘半农到法国学语言学，获得文学博士，回国后胡适就不敢再看不起他了。那时中国教师的腰杆子要看外国人给的文凭才能直起来，这说明了旧中国的可怜样。**[1]**

钱三强不仅对国家建立学位制的意义有深刻领悟，在坚持什么样的标准，以及如何把握上，也是思考很多并且积极建言，对学位委员会的工作开展起了很好的定向与推动作用。如起初，学界对实行学位制意见纷纭，甚至发生争议，他在国务院学位委员会会议上系统发表了自己的意见，首先提出我国建立学位制应遵循的三条原则，这就是：

（一）必须坚持社会主义方向，通过建立学位制度，促进又红又专人才成长。

（二）必须强调理论与实际相结合的方针，就是既要在本门学科的

---

[1] 钱三强：《依靠我国自己的力量培养人才》，《科学报》1982 年第 479 期。

基础理论和专业知识及技术上，达到相当的水平，同时还要具备解决实际问题的能力。

（三）必须坚持质量，严格把关，但不要脱离实际，无限提高。**【1】**

关于学位制实行初始应掌握的标准，钱三强的意见同样具有启发性。他提出：

> 我们授予博士学位的学术水平，应和其他国家基本上差不多，大体上以美、英、法、德、苏、日等几个科学比较发达的国家的水平为规格。在这件事上不能看不起自己，也不能幻想一鸣惊人。因为我们刚开始建立学位制，还是要严格一些好，低了会受到人家的轻视。要完全消除外国人对我们的歧视，要使他们真正承认我们的水平，不是靠三五年的努力，而需要长期的实践，包括建设方面的实践，教育方面的实践，科学文化方面的实践，通过事实使他们非点头不可。**【2】**

自然科学名词审定

1985 年，国家成立全国自然科学名词审定委员会，钱三强兼任这个委员会的主任委员（副主委有叶笃正等）。他称这项工作是继承以往、适应现代、着眼未来的发展科学技术的基础性工作。时任国务委员宋健，1987 年 9 月 22 日出席自然科学名词审定委员会工作会议，他讲到这项工作的艰巨性时曾说：自然科学名词术语的审定与统一和规范化，是一项学术性很强，而又争议较多的工作。

【1】 钱三强：《依靠我国自己的力量培养人才》，《科学报》1982 年第 479 期。
【2】 钱三强：《依靠我国自己的力量培养人才》，《科学报》1982 年第 479 期。

对于这项艰巨的兼职工作，钱三强所付出的努力和取得的成绩，可以从该委员会 1987 年的两年工作小结中略知大概：

委员会的主任、副主任领导委员会的日常工作。两年多来，我们确定了委员会的工作方针，制定了审定计划、实施方案和步骤，讨论并研究了名词术语的审定原则与方法。相继建立了数学、物理、化学、天文学、地学、生物学、农学、林学、医学和技术科学等 29 个分委员会，积极开展本学科的名词术语审定工作。截止到今年 8 月，委员会组织了各种审定会、座谈会和协调会共约 150 次，参加会议约 4000 人次；各分委员会共提出名词审定初稿 12 万余条，经过初审筛选和征求意见，进行三审成为终稿的有 9300 条（医学未计在内）。除了天文学名词外，土壤学名词已完成终审，正在整理上报。今年内，物理学、微生物学、气象学、地理学第一批名词和无机化学命名原则等均将完成终审。明年将有更多的学科完成终审上报。预计三五年内将完成 29 个学科第一批基本名词的审定工作，为我国自然科学名词术语的统一与规范化奠定基础。[1]

设立和恢复学部委员制度

1955 年设立学部，曾经被称为"促进我国科学工作的一个非常重要的步骤，标志着我国科学事业发展中的新阶段的开始"。

这一举措，是钱三强率团访苏经过集体总结，并由他先后向科学院院务会议和政务院会议提出报告，得到采纳和批准的；随后，在时近两年组织实施中，他又承担起主持者的角色，领导学术秘书处（其为该处

---

[1] 钱三强：《在全国自然科学名词审定委员会工作会议上的报告》，1987 年 9 月 25 日。

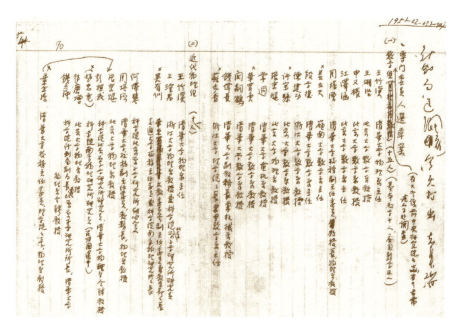

钱三强汇总并手抄的各学科专家名册首页

秘书长，下有学术秘书贝时璋、叶渚沛、钱伟长、张文佑、刘大年、张青莲、叶笃正），就学部的学科设置、学部委员遴选条件、征集人选方法等拟定方案；他还是实际操作者，有一份纸已发黄的各学科知名专家名册(8页，见上图)，密密麻麻记了200余人，内容包括各人专业特长、所在工作单位、职务等，从笔迹看出，这份名册是由钱三强汇总最初被提名者的手抄件。经查对，名册中的绝大多数专家，成为周恩来总理签署公布的首批（233名，含哲学社会科学）学部委员。

学部设立后，在1956年制订我国科技长远发展规划、向科学进军中，发挥了顶梁柱作用；1957年"反右"前夕，还进行过一次学部委员增选，当选的十几名学部委员中多为新近回国有成就的专家，如钱学森、郭永怀、吴文俊、张文裕、张香桐、汪德昭、吴仲华等。紧接着学部屡遭厄难，"文革"中更是被诬为"资产阶级学术权威黑窝"受到摧残，

473

1980 年 11 月 26 日，钱三强（左）主持学部委员增选民主投票时，为学部委员钟惠澜（中）、林巧稚（右）提供咨询。

被彻底砸烂。

　　1979 年中央批准恢复学部活动并增选学部委员，时任科学院副院长和党组成员的钱三强，又成为这一历史使命的担纲者。在他的精心组织下，仅一年多时间，终于完成了间断 23 年的艰巨任务，经过全国广泛提名、初步遴选和差额无记名投票，在 1980 年 11 月选出 283 名新学部委员，其中一批成就突出又具学术活力的中青年专家当选，使得学部委员平均年龄下降了十多岁，同时，开创了民主选举学部委员的先河，为后来积累了宝贵经验。

　　意外的是，学部制度又由于种种原因，陷入了困境，整整十年无法进行学部委员增选。恰好，1990 年时任全国政协副主席钱正英正领导"知识分子政策问题专题研讨组"，到重点科研机构和高校作深入调研，准备直接向中央呈报落实知识分子政策的文件，她听了钱三强（其为研讨组副组长）关于学部委员增选十年停顿，造成高端人才断层的情况，很吃惊也很焦急，于是她亲自到科学院作详细调查，并当场出主意，向上打报告之前，先由一位有影响的科学家给总理写封信，还承诺这封信将由她亲自转交。

在钱正英建议下，时年77岁的钱三强于1990年5月7日写了一封言辞恳切的信。他是这样开头的："李鹏总理：我以科技界一个老兵的名义给您写这封信，反映科技界普遍关心的一个问题。"信中写道：

> 1955年建立学部时，学部委员年龄不过四五十岁，在科学技术各个领域都起着带头人作用。
>
> 但目前现状却大不同了。平均年龄超过75岁，现322位学部委员中50岁以下的竟无一人，60岁以下的也仅有十几人。虽然大家具有强烈的爱国热情，都很想再为科技繁荣、祖国富强多出把力，多数人毕竟年事已高，力难从心。我们自己也常常为此感到焦急，希望能尽快改变这种"断层"状况。

总理读信后于6月2日约见科学院院长周光召，同意增选学部委员，让正式写报告。从此，包括增选学部委员在内的学部委员制度得以健全起来、规范化运行和不断发展完善，并且为后来实行院士制提供了条件。

勤政殿——为中央书记处讲第一课

除了种种兼职，钱三强还有许多没有"名分"的使命，这些使命多半是关于一些重大或战略性问题的建言。他曾经就人才断层问题、知识分子合理待遇问题、科学化民主化决策问题、发展核电的整体规划问题、重视工程技术和应用科学发展问题等，向党中央和国务院领导上书，受到重视，产生了良好效果。他自己认为，这些是出于"科技界一个老兵的责任"。

1980 年，钱三强又一次走进中南海为中央书记处讲课，这也是属于他的非职务使命。

那年 3 月 15 日，时隔 22 年之久的中国科协第二次全国代表大会在北京举行，时任中共中央总书记胡耀邦到会讲话，他号召全党认真学习现代科学技术知识，推进四个现代化建设，他提出："我代表中央书记处正式向在座的科学家报名，我们准备邀请你们中的一些同志开开座谈会、专题研究会、请你们当我们的老师。"[1]

之后不久，中央书记处拟定了请科学家讲课的计划方案，其中第一讲是综合性的，领导人希望通过这一讲比较系统地了解古今中外科学技术发展的脉络和全貌。

首讲的任务落到了钱三强头上。

起初，他心里有些打鼓，一堂课要讲清楚几千年的人类科学文明，实在太难了，旁的不说，单就内容取舍以及三言两语把它说明白就很不容易，何况自己除了原子核科学这一小支，其他领域的发展历史基本上没有发言权。但他又不想凑凑合合讲这一课，既然是向中央领导人讲课，就不能抱单纯任务观点，而要通过讲古今中外的情况，从中理出些带规律性，并且可供参考借鉴的东西。

钱三强为了把这件事做好，于是请来中国科学院自然科学史研究所

〔1〕 胡耀邦：《在中国科协第二次全国代表大会上的讲话》(1980 年 3 月 23 日)，见《中国科学技术纪事》，人民出版社 1990 年版。

仓孝和、许良英、李佩珊、杜石然几位科学史专家作为合作者，共同完成讲稿的写作。他主持先讨论出一个基本思路和框架，即为：

第一部分讲 16 世纪以前的古代科学技术；

第二部分讲 16 至 19 世纪近代科学技术；

第三部分讲 20 世纪现代科学技术；

第四部分作小结，讲科学技术发展的几个特点。

他和合作者设想，这一讲要说明的问题主要是：科学技术是怎样发展起来的？科学技术发展经历了哪些历史阶段？科学技术对人类社会进步起过怎样的作用？科学实验和生产之间存在着怎样的关系？在科学技术发展历史中有哪些规律性的东西应该记取？

7 月 24 日正值大暑节气，北京午后的气温达到 35 摄氏度。主讲人钱三强早早地来到中央书记处的课堂——中南海勤政殿。记者上前采访他："钱先生，您二十几年前曾经为毛泽东、周恩来、刘少奇、朱德、邓小平等中央领导人讲过原子能科学，今天再进中南海讲课，请问有何感想？"

"刚才进门的时候我也想到这件事，感想很多。我感到现在的中央书记处不仅继承了我们党重视科学、学习科学的好传统，而且把这个好传统发扬光大了。"钱三强既谈感想，同时又寄以更好的期望："在中央工作的领导同志能够带头学科学，特别是已经作出计划，以后要系统地坚持听课，下面的各级领导同志能不能也照着做呢……"[1]

万里第一个走进课堂，他已是满头银发，却依然精力充沛。他走向钱三强，远远地伸出手，笑着说："三强同志，你是给我们讲课的第一位老师。我先拜你为师。"

---

〔1〕 于有海：《中央书记处的同志听课侧记》，《半月谈》1980 年第 7 期。

钱三强和万里是熟人。两年前（1978 年 7 月 28 日），时任安徽省委书记的万里，在住地合肥稻香楼接待代表中国科学院到安徽商谈中国科技大学和合肥分院建设的钱三强，谈后他请钱三强吃饭，当时情景就像好朋友道家常。万里住地没有装空调，他身穿圆领短袖汗衫，手里摇着一把蒲扇，作风随和、朴实，说话办事果断、痛快。他对钱三强说：省委省政府一定要尽一切努力把中国科技大学和合肥分院建设好，配好热心的干部，解决好后勤服务，解除科技人员和教学人员的后顾之忧。万里当面承诺，要给科大配一位行政副校长，既热心，又善于打通关节，保证学校的副食供应，要让大家每天喝上豆浆，还要争取有牛奶喝。钱三强从内心钦佩这样不说大话办实事的领导。

万里之后，谷牧、方毅、余秋里、韦国清、彭冲、乌兰夫、康世恩、陈慕华、姬鹏飞、杨静仁等相继到来，都和钱三强握手"拜师"。

胡耀邦准时走进课堂，他和钱三强握手后讲了开场白：

> 党中央号召向科学进军。要把这个号召变为亿万人民扎扎实实的自觉行动，要动员我国人民大踏步地向科学进军，发展科学事业，首先我们书记处带个头，老老实实学习科学技术。我们都感到自己的科学知识太少，很需要向专家们学习。今天是个开始，以后要不断拜专家为师。[1]

为了使枯燥的科学发展历史能够引起听者兴趣，钱三强在讲述中有意引出问题作思考和讨论。如他在讲了中国古代四大发明及数学、天文学、医药学、水利工程等一系列成就后，提出这样的问题：既然中国古

---

[1] 于有海：《中央书记处的同志听课侧记》，《半月谈》1980 年第 7 期。

代科学技术在长达一千几百年间处于世界领先地位，为什么近代科学技术没有在中国产生？

话音一落，课堂气氛一下子活跃起来，你一言我一语说开了。万里脑子来得快，他对讲稿中关于中国科学技术落后原因的解释，提出不同看法。他一边读讲稿一边发表自己的见解：三强同志，你说原因是多方面的，是一个需要深入探讨的问题，这不错，原因确实很复杂。你说从社会原因考虑，自给自足的小农经济和高度中央集权的封建统治，到后期严重地束缚了生产力的发展，使资本主义在中国长期得不到发展，而西方近代科学是伴随着资本主义的产生和发展而不断发展起来的。这个说法可能会有不同看法，我没有研究过，说不清楚。但你列举的下面这些原因：封建统治阶级重农抑商，鄙薄技艺，尊经崇古，实行科举取士，大兴文字狱，这些都严重地阻碍了科学技术和思想的自由发展。据我所知，文字狱发生在文史方面，对科学技术关系不那么直接。

钱三强从心里乐意听到不同意见，特别像这样平等讨论式的。他也不拐弯抹角讲了自己的看法：万里同志说到文字狱发生在文史方面，历史上是这样的。但文字狱的恶劣影响不限于文

1980年7月24日，钱三强给中央书记处讲课现场

479

史，而是遍及整个知识界，它使人们思想禁锢，不敢大胆地想问题，自然也就会阻碍自然科学的创新和发展。

课堂上，听课的领导人自始至终听得很有兴趣。他们除了偶尔提问题或议论几句，都聚精会神地听讲，和学校学生听课的情形没有多少差别。他们一面细心听讲，一面翻看讲稿，还不时用红铅笔在上面圈圈点点，画着各种符号，标明重点，加深记忆。

两天后，钱三强的讲稿《科学技术发展的简况》首先在《红旗》杂志全文刊登，《光明日报》等转载。知识出版社出了单行本，首印10万册，一时畅销全国。

新华社编发了钱三强勤政殿讲课的消息通稿，《半月谈》报道了记者现场采写的"讲课侧记"。侧记最后这样写道：

> 在这堂课的末尾，钱三强归纳了科学发展的几个特点，其中一点是："科学是全人类共同创造的精神财富，它本身没有国界，也没有阶级性。"根据这个特点，他提议：我们在学习、引进国外的先进科学技术时，要博采各国之所长。

这时我看了看手表，时针已经指向6时10分，讲课将近三个小时了。然而这些大部分是60岁以上的学生们，却毫无倦意。一些领导同志对钱三强教授提出的博采各国之所长的建议很有兴趣，又你一言我一语地谈论起来……[1]

继钱三强第一讲之后，华罗庚主讲了《数学在现代化建设中的作用》，吴仲华、王淦昌、鲍汉琛合讲了《从能源科学看解决能源危机的

---

[1] 于有海：《中央书记处的同志听课侧记》，《半月谈》1980年第7期。

出路》，马世骏、刘静宣、汤鸿霄合讲了《现代化与环境保护》，徐冠仁、侯学煜合讲了《现代科学技术与农业现代化》，涂光炽、叶连俊合讲了《资源和资源的合理利用》，冯康等主讲了《计算机和新的科学技术革命》等共 10 讲。虽然这些讲课没有上过电视，也没有大张旗鼓作宣传，但它让全国科学技术界倍感振奋，大家感觉到"中南海的课堂给人们带来的是鼓舞和希望"。

怀仁堂——恳陈农业农村发展问题

十年后，钱三强再一次被邀请进了中南海。

1990 年 8 月 14 日，时任中共中央总书记江泽民在中南海怀仁堂会议室召开科学家座谈会，用两天时间听取科学家的意见。应邀出席这次座谈会的有 30 多位科学家，来自科研、高教、国防和产业部门的不同学科专业领域，又是科技界一次少长咸集、群贤毕至的聚会。他们中有唐敖庆、朱光亚、严东生、林兰英、陈芳允、陈能宽、张维、陈述彭、卢良恕、刘光鼎、叶培大、屠善澄、侯云德、汪成为、孙鸿烈、钱皋韵、曾茂朝、丁衡高等。钱三强、钱学森和王淦昌是出席座谈会的特邀代表。

这次座谈会，用江泽民同志的话说，是一次什么话都可以讲的无主题座谈会，整整两天座谈中，他认真听每位科学家的发言，作记录，还时而插话，或者问问题，或者说明情况，或者发表个人意见，参加讨论，无拘无束。

在 15 日的座谈会上，钱三强发了言。他没有王婆卖瓜讲自己的专业原子能和物理学，而讲的是农业和农村问题。那些年，钱三强一直倾注精力关心改革开放以后我国农业面临的问题。1987 年 12 月 1 日，他和李昌、于光远、石山、卢良恕、李宝恒六人，经过调研和讨论，联名上书中央政治局各位常委（抄送中央书记处），系统提出《关于深入改革农业和粮食管理体制的建议》。

六人建议书得到当时中央主要领导人批示，中央书记处农村政策研究室受中央委托，印发有关方面和专家研阅，并由杜润生专门召开了"关于深入改革农业的粮食管理体制座谈会"，虽然各方意见不尽一致，尤其涉及体制和机构改革难以全面推行，但钱三强等六人所提建议，激活了决策层的思路，特别是他们提出的"四靠"，即"一靠政策，二靠科学，三靠投入，四靠管理"的观点，受到普遍认同，甚至有人形容它是发展农业的"新十六字经"。

三年的情况有了很大变化。钱三强这次面向江泽民同志陈言，重点讲的是科技兴农和农村教育。他说：我国人口占世界总人口的22%，但耕地面积只占世界耕地的7%，而且人口数量还在增长中，这就是我国面临的严重挑战。如何应对这种挑战呢？他在座谈会上提出：

根据这样的基本国情，解决中国农业问题的根本出路在于科学技术，必须以科学技术和现代工业为支柱，建立现代化的农业生产体系，大幅度提高土地利用率、劳动生产率和产品商品率，把传统农业转变到以现代科学技术为基础的现代农业上来。发展农业涉及广泛的科学技术领域，我们必须加强农业的科研工作，如加强农作物良种培育，以提高产量和品种；科学合理利用水、热、土地资源，以保持一个较好的、使农业得以长期、稳定发展的生态环境等。

钱三强面陈的第二条建议，是下大力发展农村教育。他说：

实施"科技兴农",最关键的是要人去做,这就直接关系到目前农村的现状。据我所知,目前教育方面确有一些值得引起重视的情况。中小学教育方面,特别是农村,首先应该强调德智体美劳并重发展,不能片面强调智育而忽视其他。还有,现在的中小学生普遍生物知识学得太少,考大学时,报考农林科学的太少,大学毕业后,能够走到农业科技第一线并发挥作用的就更少了。

为了使农业科技在农村扎根,在大力发展农村教育的同时,我们应当鼓励专业队伍(科研机构,大专院校、与农业有关的科技人员)下乡找问题,把改良品种、合理施肥、防治病虫害等措施长期与农民合作。有积极性,有措施保证,科技兴农才能落到实处。[1]

倡扬"软科学"大思考——"可算找到老家了"

年轻时候酷爱实验科学,后来从事实验核物理研究,并取得饮誉国际的成果,再后来,转而成为驰骋于"软科学"领域的战略科学家,这便是钱三强学术成长的道路,也是他的最后归宿,用他自己的风趣话说,"可算找到老家了"。

20世纪70年代末80年代初,一个陌生的外来科学名词"科学学"(Science of sciences)传到中国时,除了一些学者在自然辩证法名义下开始作些探讨之外,自然科学家大多不以为意,而钱三强情有独钟视其为推动中国管理科学发展的借鉴物,努力宣传。1981年10月,他在第

---

[1] 钱三强:《世界高新技术的发展及其对我国的挑战的几点认识》,见中共中央办公厅调研室编:《新技术革命的趋势和对策》,法律出版社1991年版。

一次全国科学学理论讨论会上，结合自己的经历坦言：

> 科学学研究在我国刚刚开展起来，有同志就动员我来听听大家的发言，结果听听就听得有点意思了。我想我回国 33 年了，干了点什么事呢？不就是科学研究的管理，参与决策和组织领导工作么！30 多年来，我干的基本上就是属于科学学的工作。不过，当时在国内还没有科学学这个名词，只是盲目地在做科学学的工作，是一个不自觉的科学学工作者。因此，工作中盲目性就不少。过去没有想过，随着我国科学学研究一点一点地发展，现在可算找到老家了，就是科学学这个范围。尽管我的专业范围是属于物理学与核科学技术，但是总起来看，真正的活动领域，还是比较接近科学学方面。[1]

1984 年，中国科学院第四次学部委员大会决定成立管理科学组，作为向成立学部的过渡，那时钱三强患过两次心肌梗塞，健康状况很不好，可他仍被推举为这个组的代组长；接着，全国性的学术组织——中国科学学和科技政策研究会成立，他又当选为首任理事长。学人称他"是这些研究的热心的提倡者和指导者之一"。

交叉科学或学科交叉，是 20 世纪 80 年代中国学界出现的又一新的认识热潮，钱三强同样以积极态度予以支持和鼓励。1985 年 4 月 17 日，17 个一级学会在北京联合召开第一次全国交叉科学学术讨论会，他亲自到会，并发表了《迎接交叉科学的新时代》的演讲，这次会议上，还

---

[1] 钱三强：《谈谈科学学和科研管理——1981 年 10 月 11 日在全国科学学理论研讨会上的讲话》，见《钱三强文选》，浙江科学技术出版社 1994 年版。

1985 年的"三钱会合"——左起钱三强、钱学森、钱伟长

留下了难得一见的"三钱会合"的历史性场面。

由于钱三强讲话中提出了许多新颖而独到的思考，他的这次演讲后来被称为交叉科学发展史上一次"著名演讲"，受到广泛重视和引用。譬如，他在论述交叉科学产生的动因时，引用科学学的一个原理认为，科学的突破点往往发生在社会需要和科学内在逻辑的交叉点上。他以自己熟悉的核物理学为例作说明：

自 20 世纪中期以来，物理学革命显现出明显的"饱和现象"，比如核层次的研究、核裂变的应用发展比较缓慢了；还有受控热核反应、粒子物理研究等等，虽然都有新的进展，没有停顿，但发展速度与以前不同了。在这种前锋受阻的情况下，人类强大的科学能力又不能弃置不用，必然出现智力横向转移，于是就产生了一系列的交叉学科或边缘学科、横断学科、综合学科等。可以预料，随着许许多多交叉科学的纷至沓来，必将使存在于自然科学与社会科学之间的宽阔横沟渐渐缩小，并将形成自然科学奔向社会科学的强大潮流。[1]

实验物理学家钱三强从不空发议论，而习惯把认识落实到身体力行上。1986年6月，当他兼任"促进自然科学与社会科学联盟工作委员会"首任主任委员后，他用他的心得和影响，驾轻就熟地活跃在方兴未艾的"软科学"舞台上，就像当年参与新中国科学奠基和抓"两弹"那样热情饱满，精力充沛。因为他不认为这是一种单纯的社会活动，也不感到是被动去应付一项临时任务，他重视这方面的工作，是他清醒意识到这项工作对中国现代化进程的意义和价值，所以他愿以"科技界一个老兵的名义"摇旗呐喊。

1987年起一段时间，包括科学技术、教育、社会科学、文学艺术、哲学、新闻出版在内的中国知识界，出现了空前联合交叉，开展大讨论的热潮，为的是在两个文明建设中携手合作，共图发展。这一热潮的鼓动与发起者，就是钱三强及其领导的促进联盟委员会，特别是由他亲自策划并主持的系列"科学与文化论坛"。

一开始，钱三强为这个论坛规定宗旨强调：目的是要充分认识文化事业在整个社会主义现代化建设中的地位和作用，制定社会主义文化发展战略；充分认识科学技术在文化建设中的重要作用，确立包括科技与教育、社会科学和文学艺术在内的新文化观念，提高全社会的科学文化素质；充分认识科技在文化建设中的特殊作用，把科技知识的传播同思想道德教育结合起来，把数以百万计科协成员变成精神文明建设的一支

[1]　钱三强：《迎接交叉科学的新时代》，《光明日报》1985年5月17日。

生力军。〔1〕

钱三强的设想一传开，首都知识界群起响应，钱学森、于光远、郑必坚和指挥家李德伦、作曲家吴祖强等，纷纷表示支持态度，认为"这个论坛之所以好，一是主题好，抓住了我们民族复兴的一个极关紧要的本质因素；二是时机好，抓住了进入本世纪最后 10 年，面对 21 世纪的历史关节。因此可以说，论坛的举办，适应时代潮流，合乎人民需要，反映了中国人民在面对 21 世纪的时候，将要有一个新的觉醒"〔2〕。

1988 年 5 月 25 日，首次"科学与文化论坛"敲响开场锣鼓，到 1989 年"五四"前夕结束，共举行了 5 次（大体上每季度举行一次），论坛的主题有："献身·创新·求是·协作""经济与文化的关系""农村文化建设""教育改革""科学与民主的关系"等。每场论坛都是少长咸集，高朋满座，而且发言踊跃，讨论气氛之热烈实属少见。

有时，主持者钱三强不得不抱憾提出要求，请发言者尽量言简意赅，轮不到机会发言的可提交书面稿印发，以至连九十高龄的夏衍发言讲亲历五四运动，也只好临场遵从讲得言简意赅。夏老那天是让人搀扶着到场的，行动、说话都很缓慢，声音轻柔，但他抚今追昔，言辞切切，说道：从历史上看，我国科学文化的欠发达，最主要的原因就是民主政治的薄弱。同样，我国民主建设的薄弱，也是与科学文化教育事业的落后直接相关的。只有科学的充分发展，只有国民文化素质的普遍提高，一个国家才可能实现真正的民主政治。〔3〕

第五次也是最后一次（1989 年 4 月 20 日）"科学与文化论坛"举

〔1〕 钱三强：《在全社会发扬科学精神，提倡科学道德，讲求科学方法》，《科技日报》1988 年 6 月 18 日。
〔2〕 郑必坚：《文化是"综合国力"极为重要的组成部分》，《自然辩证法报》1988 年 6 月 19 日。
〔3〕 夏衍：《科学与民主不可分》，《自然辩证法报》1988 年 10 月 4 日。

行时，由于临近"五四"纪念日，这次论坛同时兼作纪念座谈会，参加者比以往各次都多，达到百余人。在龚育之、钱学森、于光远、李昌、张光斗、朱丽兰、胡启恒、温济泽、沈元等相继发言后，钱三强以"科学·民主·现代化"为题，作了总结性发言。他根据儿时对父亲参加新文化运动的记忆，回顾了七十年前提出"科学"与"民主"口号的历史，认为七十年后的今天，中华民族正处在现代化的新征途上，需要更高地举起科学与民主的旗帜，进行新的发展战略思考。他的话讲得诚恳激越：

> 现在的问题是，要创造科学技术进步的良好的社会环境，建立科学技术和社会相互促进、共同发展的机制。我们需要科学的思想方式和工作方式，需要适应时代潮流的现代意识、现代知识和现代文化观念，更要有决胜的胆略和气概去从事社会主义现代化建设。……我们要大力发展科学文化事业，用科学技术推进现代化，更要用科学精神推进改革事业，因为僵化的体制不改革，科学技术成果就难以转化为生产力，教育也难以发挥作用。
>
> 科学离不开民主。民主调动了人民群众进行现代化建设的积极性。我们讲民主，就要树立人的主体意识，坚持独立自主、平等竞争的原则，使社会主义现代化建设充满活力，生机盎然。[1]

原本计划"科学与文化论坛"还要进行若干次专题会议，已经着手准备的，如"对中西文化传统的认识和两种文化的关系问题""企业文化在企业发展中的作用问题""科学与二十一世纪的中国和世界""科

[1]《科技日报》1989 年 5 月 3 日。

488

钱三强和何泽慧晚年在中关村家中

学与时代精神"等。后来，因故论坛不办了，但钱三强倡扬"软科学"的热情并没有消退，他继续用不同方式作出自己的努力。他说过，从1936年离开清华园到1948年再回到清华园，他这10多年是从事"硬科学"研究，后来的几十年，总起来看，虽然工作内容比较杂，可是都还与科学工作有关系，也就是"软科学"。【1】

　　熟悉钱三强的人，从来感觉不到他为自己放弃"硬科学"而选择"软科学"留有遗憾，相反，他总是对所从事的事业充满信心。

　　一次，《中国青年报》记者问了他这方面的问题，钱三强借用马克思的一段话作了回答："如果我们选择了最能为人类福利而劳动的职业，我们就不会为它的重负所压倒，因为这是为全人类所做的牺牲；那时我

【1】　钱三强：《科坛漫话》，知识出版社1984年版，"序"。

489

们感到的将不是一点点自私而可怜的欢乐，我们的幸福将属于千万人，我们的事业并不是显赫一时，但将永远存在；而面对我们的骨灰，高尚的人们将洒下热泪。"[1]

---

[1] 钱三强：《寄厚望于青年——接待〈中国青年报〉记者时的谈话》，《中国青年报》1982 年 11 月 27 日。

这就是他

历史留痕

钱三强的名字，在中国以至世界范围响亮了几十年。20 世纪 40 年代，由于发现重原子核三分裂和四分裂现象，各国物理界知道了他；新中国成立伊始，因为参与筹划中国科学迅速起步、有序前行和为世界和平事业作出贡献，中国科学技术界和国际公众开始关注他，熟悉他，钦佩他；50 年代，受命在中国领导创建原子能研究基地，各方有志人士和青年学子追随他，信任他，并且协力同心用自己的双手和智慧，"吃面包从种麦子开始"，艰苦奋斗，终以让世界惊诧的速度爆炸了中国第一颗原子弹和氢弹，共和国的丰碑上留下了他的名字，同时记录下他那个"满门忠孝"的精英集体——笔者 2000 年作过统计，曾经在钱三强组建并领导的研究所工作过，作出了重要成就和突出贡献，而当选为中国科学院院士或中国工程院院士的科学技术专家，计有 44 人之多；国家授予"两弹一星功勋奖章"的 23 位科学家中，有 7 人出自钱三强领导的研究所。这同样都是令人惊诧的事实。

有一首诗确切、全面勾勒了钱三强的一生，诗的作者是著名光学家、"两弹一星功勋奖章"获得者王大珩院士。读者稍稍留意一下会发觉，王大珩和钱三强是彼此相识时间最长（1921 年孔德小学部起）、知之甚深的学友和同事，他的诗作自然值得一见。笔者第一次读到这首诗，是王老刚写就的手稿，那是钱先生逝世不到两周，后来刊登在《清华校友通讯丛书》复26册上，题目为《忆三强，我的挚友》。现照录于此（原注省略）：

幼自更名志气先　人道少年非等闲

四载清华攻"牛爱"　一朝出国成大贤

纷纭战火历辛苦　难得何姐结良缘

诚赞华夏有居里　铀核三分创新篇

祖国革命换人间　英才驰骋有地天

计穷顽敌施细菌　敢邀正义揭凶焰

两研纵横继往业　一院科学展宏颜

原子大事奠基业　春雷一声秉穹轩

十年动乱耐磨炼　响应改革志趣坚

霞光照晚红灼灼　赢得国际好名衔

须知继业满桃李　荣哉奋拓半百年

相识七旬称莫逆　哀悼挚友痛心弦

综合接触到的材料和许多知情人士的言谈，大家认为，钱三强是一个想做事、敢做事、能做事，并且做成不少大事的人。但同时，他是一个有情有趣、不装不隐的普通人。这里就公众少知的普通人钱三强的一些鲜活事写上几笔，兴许对全面了解传主的"原来面貌"有所补益。

功成不居　不搞特殊——因为他是党员

早在20世纪50年代，钱三强就先于其他回国科学家入了党，当了部级领导，又多有建树和社会影响，人们以为对他特殊一点理所应当，而钱三强不这么看待自己。在党内，他自始至终做一名普通党员。他在《自传》里写，入党是"人生的重大转折"，此后的几十年中，无论风雨沧桑，即使在被停止了党籍的非常岁月里，他最放在心上的，依然是如何符合党员称号，做一名合格的共产党员。

在大环境比较宽松的一段时间里，研究所一批从国外回来的科学家，都很客气亲和，常用"×公"或"××先生"互称，"钱公""钱先生"，更是叫得频繁。他入党以后，听了这些称呼觉得别扭了，科学家彼此这样称呼，他不便说什么，但对于青年人特别是党团员，他提出要求，要大家改称"同志"，直到他当了科学院副院长以后，上上下下、口头或笔下，都称他"三强同志"，笔者做了他十六年秘书，也这样称呼了十六年。每当听到大家这样称呼，他很高兴，说这样更显得亲切，没有距离了。

钱三强一直是工作和社会活动很繁忙的人，但凡党小组开生活会，他都要腾出时间参加，并且按照通知要求写好发言提纲，或作思想汇报，或对照检查问题。1990年进行党员重新登记，党小组和支部会比较多，已是77岁高龄、又多次患过心脏病的钱三强，每得到通知他必到。在党员学习阶段，经过个人自学和集体讨论后，为了检查学习效果，安排了一次开卷笔试，试题共有15道，他和其他党员一样，用工整的钢笔字逐题作了答写；党员重新登记前，要进行个人小结，他又亲笔写了2000多字的稿子，先在会上宣读，听取大家的评议和意见，再作修改，然后抄清上交，一丝不苟。

他的这种一以贯之的精神，使得同组同支部的党员都受到活生生的榜样教育。就在那一年，经过所在支部党员一致推荐，钱三强被评为中国科学院（京区）模范共产党员。

严以律己　廉洁奉公——是他的风格

1975 年，钱三强恢复工作后一段时间，每天要乘公共汽车上下班，风雨无阻。冬天刮风下雪，他身穿长棉袄，腰间系条围巾，头上戴一顶遮耳棉帽，每天往返于中关村和三里河之间。

钱三强的住房，是 20 世纪 50 年代初建成的专家楼，当时条件不错；但年经月久，后来破旧了，周围的现代建筑多了高了，采光很不好，不是出太阳的晴天，屋里就要开长明灯；暖气管子比较细又老化，冬天供热温度上不来，多数日子要穿棉衣看书写东西。1985 年在许多人劝说下，自己花钱在他和何泽慧同住的卧室装了一台窗式空调，可是全年开不了几次，他说，电力供应本来紧缺，又没有动力电源，开空调既浪费能源，还可能影响别人正常用电。

80 年代中期，科学院在中关村黄庄盖了几栋大面积的新楼，供给院领导和老科学家居住。本来在向国家主管部门申请建房指标时，特别列出了钱三强住房状况须改善的理由，可是房子盖好后，经过几番动员，钱先生和何先生执意不搬进新房，他们甚至想出一个不成立的拒迁理由，说新楼离图书馆远了（当时图书馆未迁现址实际还近些），不方便。

他们住了近六十年的旧房子，多次留下温家宝等领导人的足迹，领导人每提起换房子，他们就说，住习惯了，挺好，挺好。2007 年 8 月 3 日，温家宝再次来到这处熟悉的老房子，看望 93 岁高龄的何泽慧先生，温总理又一次说起房子："三强不在以后，我想过，通过组织给您换个房子。"何先生这次则以"在这里住久了，有好多记忆"，回谢了总理的关心。温家宝接下话深情地说：我知道，坐在这里就想起很多事来。这里留下了记忆，也留下了精神。三强同志和您，中国人民都不应该忘记，也不会忘记。

494

普通人　真挚情

"看不出他是大科学家，他比普通人还普通。"这是科学院机关许多老人回忆钱三强发出的感慨。

在家里，钱三强和何泽慧过的是普通人生活，自己洗衣服，自己做饭，自己排队买菜，每天提着小兜兜到奶站取牛奶；衣服破了自己补，补了再穿，舍不得扔掉，他们常说："笑破不笑补嘛，穿补丁衣服不丢人。"直到流行时尚的二十一世纪，何泽慧先生有时还穿打补丁的衣服，她又说："旧衣服穿着舒服。"

因为钱三强和何泽慧平时穿戴极普通，说话不显派头的缘故，他们经常被世俗眼光误解。一年冬天，他们一起到货物比较齐全的西单菜市场买菜，何先生正选购昂贵一块多钱一斤的冬笋，这时一位中年女售货员上下打量两人一眼后，用不屑的口气对何先生说："老太太，冬笋很贵的！看清楚价钱，（指着价牌）不要看错了小数点呀。"

1978 年 10 月，何泽慧要随同国务院副总理兼科学院院长方毅出访联邦德国和法国，钱三强陪她去前门新大北照相馆照相制作护照。那天，他们两人都穿平常的衣服和布鞋，摄影师提醒她换衣服梳整头发，何先生坐着不理会。摄影师误以为镜头前是位少见识的街道婆婆，调侃她："老太太，福气好哇，出国看儿子还是看女儿呀？"何先生轻声回一句："我谁也不看。"

当"剩饭剩菜打包"还被视为丢脸面的年月，钱三强、何泽慧早就自带饭盒这样做了。那时好些人不理解，甚至有人讥笑他们"吝啬""小气"。钱先生、何先生并不介意旁人的眼光和议论，他们想的和做的是不能让东西白白浪费掉。

钱三强自己生活省俭节约，可他从不看重金钱。早在 1959 年 3 月，他就写报告主动请求停止享受每月 100 元的学部委员津贴；1971 年 7 月他恢复组织生活起，每月自愿交党费 100 元；同时，他一贯注意体贴他人，舍得为别人花钱，特别是对那些做服务性工作不大为人在意的普通人。

1977 年夏，钱三强代表科学院和物理学会在黄山召开理论物理和天体物理会议，为了对会议工作人员（主要是合肥中国科技大学的青年教师和行政人员）半月之久的辛勤劳动，表达谢意，他趁会中被邀至屯溪市做报告的机会，私下拿出 100 元现金让秘书上街采购些糖果、茶叶、香烟之类，在会议结束的那天晚上，请全体工作人员开茶话会，他热情讲话，感谢和鼓励大家。许多人第一次享受到大科学家的如此尊重，内心很激动，发言时声音沙哑，抹眼泪。但没有几个人知道，茶话会不是用会议费开销的，钱三强不让秘书声张。后来但凡他主持的一些会议，他都会以多种方式向会议工作人员表达谢意。

那时科学院机关大楼有个"服务班"，四五名工作人员全是女性，她们每天负责清扫楼内会议室、卫生间和院领导的办公室、送开水等。钱三强同样不忽视这些做杂务的临时工，每年"三八"妇女节，他总要亲自买包糖果向她们祝贺节日，即便这个时候他住在医院里，也不会忘记写张字条，托带糖果表示心意。

钱三强谢世已经三十多年了。这期间，中国科学院搞过 50 周年和 60 周年院庆活动，在一些座谈会上，在出版的征文集里，总能听到和见到关于钱三强的内容，许多那时候的中年人、青年人，讲他们曾经接触到的钱三强，或者写长篇诗句，或者说上印象深刻的几件事，既有叙述他为初创科学院和组织"两弹"攻关的业绩，也不乏讲他作为普通人留在大家心目中的那些细小事。真正可以说印记如铸，岁月留情。

钱三强传

附录

钱三强生平大事年表

1913 年

10 月 16 日出生于绍兴，取名秉穹，祖籍吴兴

1914 年

夏，随母迁居北平

1919—1924 年

先后就读于北平高等师范附属小学和孔德学校

1926 年

"秉穹"改名"三强"

1928 年

冬，参加北平全市中学乒乓球比赛，获男子单打第四名

1929 年

读孙中山《建国方略》，产生"工业救国"思想

考入北京大学理科预科，拟提高英文再考上海交通大学，当工程师

1931 年

升入北京大学物理系本科

1932 年

放弃北大三年学历考入清华大学物理系

1933 年

父亲钱玄同书赠"从牛到爱"，勉励向牛顿和爱因斯坦学习

1934 年

参加清华合唱团和拔河队

1935 年

选修"实验技术"训练课，学会了吹玻璃做实验设备

选为清华乒乓球校队，五大学团体冠军主力

参加"12·16"游行，反对当局出卖华北

1936 年

清华毕业，入北平研究院物理所任研究助理员

1937 年

年初，发表第一篇论文《铷分子离解的带状光谱和能量》（美国《物理评论》）

考取公费留法，入巴黎大学居里实验室读镭学研究生

10 月，开始由导师伊莱娜·居里和弗莱德里克·约里奥指导博士论文

1938 年

听伊莱娜报告接近发现核裂变的实验，后由哈恩得出正确结论

在东方饭店庆祝"台儿庄大捷"，结识中共旅法支部孟雨

与伊莱娜合作发表《铀和钍产生稀土放射性同位素的比较》

协助约里奥改建成"可变压力云室"，并用它首先拍到核裂变径迹照片

1939 年

父亲钱玄同于一月十七日在北平逝世，终年 52 岁

在法兰西学院见证约里奥"链式反应"的实验

在巴黎接待王大珩、彭桓武等清华校友

1940 年

以《含氢物质在 PO-α 粒子轰击下所产生的质子群》获法国理学博士学位

巴黎沦陷，随难民逃难

重回法兰西学院，获"居里-卡内基研究讲学金"

发表《射钍的 γ 射线》等研究报告

1941 年

回国途中因日美太平洋战事爆发，滞留里昂

在里昂大学临时受邀指导两名学生做毕业论文实验

1942 年

在里昂物理学会报告 α 粒子对照相乳胶底版的影响作用

往法国和瑞士边界疗养院，看望在此疗养院治病的伊莱娜·居里

得到约里奥代为办理的证明文件，重返占领区巴黎，继续科学研究

1943 年

通过国际红十字会，接到何泽慧寄自德国的 25 个单词短信

任法国国家科研中心副研究员，代约里奥指导研究生

发表研究论文 5 篇

1944 年

在实验室储物柜内，无意中发现约里奥秘密加入法共的材料，予以暗中保护

给在瑞士旅游的何泽慧寄信，托转告国内家人，在巴黎平安

发表研究论文 4 篇

升任法国国家科研中心研究员，自带研究生

1945 年

被派往英国布列斯托尔大学鲍威尔研究室，学习新发明的核乳胶技

术，并成为法国应用该技术的开创者

往帝国学院拜访汤姆逊教授

在英法宇宙线会议上作报告，并投影何泽慧寄来的正负电子弹性碰撞照片，被《自然》称之为"一项科学珍闻"

由旅法党组织安排，在伦敦会见中共人士邓发和陈家康，获《论联合政府》剪报

应胡适和赵元任约见，诚邀回国到北大执教和做研究

1946 年

在伦敦出席世界科学工作者协会，当选为个人理事

与何泽慧在东方饭店举行婚宴，约里奥–居里夫妇亲临祝贺

搅散特务机构企图操纵的"和平促进会"，被华文报纸戏称为"李逵式的人物"

带领研究小组研究三分裂现象，并发表《俘获中子引起的铀的三分裂》等。其间，何泽慧发现首例四分裂

接待竺可桢、赵元任、李书华参观在法兰西学院的实验室

获法国科学院亨利·德帕维物理学奖金

1947 年

接受清华大学邀聘，致信梅贻琦成立原子物理研究中心，允拨 5 万美元启动

升任法国国家科研中心研究导师，指导 3 名研究生

发表个人署名的《论铀三分裂的机制》

胡适致信国防部部长和参谋总长，提出"关系国家大计"研究原子物理，钱三强被列为"第一流物理学者"之首

1948 年

回国前夕获约里奥–居里夫妇共同签署的评议书，称其 10 年期间所

指导的学者中"钱最为优秀"

偕何泽慧回国抵上海，全部行李被无端扣两月余

美国驻中国大使馆查询钱在北平主办原子物理中心事，并责成有关机构督促停办

拒绝登机"南往"，坚留北平迎接解放

1949 年

提出带外汇托约里奥购科学仪器，获尚在西柏坡的周恩来批准

随郭沫若团长在布拉格出席世界和平大会，其间获解放南京消息，相拥喜泣，彻夜难眠

致信在美国的葛庭燧和《留美学生通讯》编者，动员中国学者回国服务

陪同郭沫若访问苏联科学院，听取瓦维洛夫院长介绍情况

缺席当选全国青年联合会副主席（主席廖承志）

为毛泽东、周恩来接待意大利《团结报》记者担任翻译

起草《建立人民科学院草案》，获得批准

被任命为中国科学院计划局副局长，参与筹建科学院，"实为科学院最初组织时之灵魂"

1950—1951 年

近代物理所成立，先任副所长，1951 年起任所长

请来彭桓武成立理论组，并亲自选调黄祖洽、邓稼先、于敏等一批骨干

被选为中国物理学会副理事长（1983 年起任理事长）

选址中关村建起第一栋科研楼——原子能楼

1952 年

陪同郭沫若出席奥斯陆世界和平理事会执行局会议

受郭沫若和世界和平理事会委托，在布拉格邀组国际委员调查美国在朝鲜和中国施放细菌武器。调查团由英、法、意、苏、瑞典、巴西7名独立科学家组成

受邀为唯一联络员，陪同国际调查团赴朝鲜和中国东北实地调查取证

出席国际调查报告书签署发布仪式，确认美国进行了细菌战

为毛泽东、周恩来和郭沫若会见国际调查团做现场翻译

陪同宋庆龄、郭沫若出席维也纳第三次世界和平大会，其间由巴西生物学家代表国际调查团宣读调查结论

1953—1954 年

率中国科学院代表团（26 位各学科著名科学家）访问苏联二月余，参访 98 个研究机构、11 所大学等

向苏联科学界作《中国近代科学概况》报告

先后在科学院院务会议和政务院会议上报告访苏工作，决定采纳建立学部委员制度等建议

任中国科学院学术秘书处秘书长，后改任科学院副秘书长

被批准加入中国共产党，介绍人为张稼夫、于光远。郭沫若书赠马克思语录祝贺

应邀向彭德怀等介绍原子弹技术，建议要建"一堆一器"

1955 年

应约同李四光向周恩来讲解原子能发展和铀矿资源情况

向毛泽东主持的中央书记处扩大会议讲解原子弹、氢弹原理。中央决策中国启动发展原子能应用

被推选为中国科学院首批学部委员

赴苏签订合作协议，苏援建重水反应堆和回旋加速器

被任命为建筑技术局副局长，负责一堆和一器的建设

率热工实习团（共 40 余人）赴苏对口全面学习，要求"弄懂会做"，时间半年到一年

1956 年

赴苏谈判参加杜布纳联合核子研究所，培养中国急需人才

选为党代表出席党的八大，并作个人发言

其间，为毛泽东会见与会部分外国代表团团长担任翻译

成立主管原子能应用的三机部（后改二机部），被任命为副部长，部长为宋任穷

1957—1958 年

制订和平利用原子能发展规划，纳入国家 12 年长远规划

为接收苏联提供原子弹教学模型，推荐邓稼先到核武器所工作

接连在二机部党组会上受到批判

重水反应堆和回旋加速器建成，研究所实行二机部和科学院双重领导，改名原子能研究所，仍任所长

1959—1961 年

出席杜布纳联合核子研究所政府代表会议

苏联专家撤走后，先后推荐朱光亚、程开甲、郭永怀、王淦昌、彭桓武、周光召等到核武器研究所顶替苏联专家

布置王承书等为铀浓缩厂启动攻克理论难关，使铀浓缩厂顺利投产

布置王方定等研制点火中子源，并合成新化合物于 1964 年成功应用

组织攻关协调组联合攻关，在上海冶金所研制成扩散分离膜并达到量产，解决了铀分离厂急需

选调黄祖洽、于敏、何祚庥等成立轻核理论组，指导对氢弹开展预

研，计写出 69 篇研究报告，探讨并解决许多关键问题

选调丁大钊、蔡敦九等成立轻核反应实验组，指导配合理论探索。两组工作成果对我国氢弹快速研制成功起了重要作用

1962—1965 年

出席聂荣臻主持的广州科技会议，听了周恩来和陈毅对我国知识分子队伍的评价，觉得迎来科学春天，心情愉快

推荐程开甲和吕敏、陆祖荫等组建核试验技术研究所，并审定该所提出的试验方案，上报获准

核试验前几小时得到刘杰告知消息，充满信心说"一定会响的"

原子弹爆炸后第三天，被派往河南信阳农村参加"四清"，过阶级感情关一年

受张劲夫委托，组织理论物理学家开展基本粒子结构研讨，提出物质结构的"层子模型"

1966—1972 年

被作为"靶子"抛出来，并发动群众批判

被隔离审查和监督劳动两年余

在陕西郃阳"五七干校"劳动近三年

1971 年 7 月恢复组织生活，每月交党费 100 元

1972 夏因病回到北京

1973—1976 年

偶尔经批准接待外宾，先后接待过 A. 玻尔、吴健雄和袁家骝等

1975 年 8 月起，胡耀邦整顿科学院期间，受委托组织并主持系列"百家争鸣"座谈会 9 次

与何泽慧共同撰写《原子能发现史话》

1977 年

主持高能加速器方案论证会

率科学代表团出访澳大利亚

在黄山主持基本粒子和天体物理会议，邀请杨振宁到会作学术报告

陪同邓小平先后会见邀请来华的西欧、联邦德国、美国高能加速器专家

率科学代表团出访罗马尼亚和南斯拉夫

1978 年

出席全国科学大会，聆听邓小平论述"科学技术是生产力"和"知识分子是工人阶级一部分"，感触尤深

任中国科学院副院长、党组成员

率科学代表团出访法国和比利时。其间，前往巴黎梭镇坟地祭奠两位导师约里奥–居里夫妇

在庐山主持基本粒子会议

在桂林主持微观物理思想史讨论会

主持推荐人工合成胰岛素申请诺贝尔奖工作

1979 年

国务院任命兼任浙江大学校长（至 1983 年）

主持起草关于增选学部委员的报告和实施办法

出席全国第一次科学学讨论会，发表讲演

在青岛主持"生物学未来"会议

1980 年

在从化主持广州（国际）粒子物理理论研讨会，杨振宁和李政道受邀同时与会。会后陪同邓小平在人民大会堂会见并宴请海外华裔学者

出席核学会成立大会，任名誉理事长，作"温故而知新"演讲

在中南海为中央书记处首讲《科学技术发展简况》

主持首次民主选举学部委员，中断 23 年的工作得以恢复

率中国科学院代表团访美，与美国科学基金会和史密森博物研究院签订合作协议

由诺贝尔奖得主西博格陪同参访劳伦斯实验室，并获其回赠的《论铀核三分裂的机制》等 3 篇英文稿

1981—1984 年

患急性心肌梗塞住院救治

在第四次学部委员大会上仍被推为副院长兼数理学部主任

任国家学位委员会副主任，学位制自此设立

任国家奖励委员会副主任，恢复中断 20 余年的科学奖励制度

免去科学院副院长，改任特邀顾问

出版《科坛漫话》

1985—1989 年

任自然科学名词审定委员会主任

接受法国总统签署的"法兰西荣誉军团军官勋章"

与朱洪元合写《新中国原子核科学技术发展简史（1950—1985）》

出席核裂变发现 50 周年纪念会，作"我对五十年前发现核裂变的一些回忆"演讲

主持"科学与文化论坛"系列讨论会 5 次

出版《重原子核三分裂与四分裂的发现》科普著作

应邀向清华大学全校学生干部发表知识分子如何成长的演讲

1990—1992 年

参加全国政协知识分子政策研讨组，为改善科技人员工作条件和待遇向中央提出报告

以个人名义致信国务院总理，促使又中断 10 年的学部委员增选实现制度化规范化，为实行院士制度创造了条件

为香港《紫荆》创刊撰文《中国原子核科学发展的片段回忆》，《人民日报》海外版全文转载

应中央文献研究室约稿，撰写毛泽东的回忆文章，载《不尽的思念》一书

1992 年 5 月 29 日，出席缅怀聂荣臻座谈会，作《科技工作者的知心领导人》回顾发言，几度哽咽。座谈会当晚心脏病严重复发

1992 年 6 月 28 日在北京医院逝世，终年 79 岁

1999 年

党中央、国务院、中央军委追授"两弹一星功勋奖章"

钱三强主要科学论著目录

[1] Band Spectra and Energy of Dissociation of the Rubidium Molecule （铷分子的带光谱与离解能）。

Ny Tsi-Zé and Tsien San-Tsiang （Institute of Physics, National Academy of Peiping, Peiping, China）. Phys. Rev., 1937, 52.91.1936 年在清华大学物理系毕业后，于北平研究院物理研究所，在严济慈先生指导与合作下完成的第一个实验研究工作。

[2] Sur les groupes de protons émis lors de bombardement des substances hydrogénées par les rayons α（含氢物质在 α 粒子轰击下所产生的质子群）。

Tsien San-Tsiang. C. R. Acad. Sc., 1939. 208, 1302. 1937 年留法，在巴黎镭学研究所，此为博士论文的简报。

[3] Comparaison du rayonnement des isotopes radioactifs des terres rares formés dans l'uranium et le thorium （铀和钍产生的稀土放射性同位素辐射的比较）。

Iréne Curie et Tsien San-Tsiang （Institut du Radium de Paris）. J .de Phys., 1939, Serie Ⅶ , 10, 495. 是与伊莱娜·居里合作的。实验证明铀和钍受中子照射后产生的镧 β 放射性是相同的，对那时提出不久的裂变概念是一个很好的支持。

[4] Les groupes de protons émis lors du bombardement des substances

hydrogénées par les rayons α du polomium. I（含氢物质在 PO-α 粒子轰击下所产生的质子群）。

Tsien San-Tsiang（Laboratoire Curie, Institut du Radium）J. de Phys., 1940, Série Ⅷ, 1, 1, 是巴黎镭学研究所居里实验室作的博士论文的第一部分。

[5] Les groupes de protons émis lors du bombardement des substances hydrogénées par les rayons α du polonium. Ⅱ（含氢物质在 Po-α 粒子轰击下所产生的质子群）。

Tsien San-Tsiang（Laboratoire Curie, Institut du Radium）. J. de phys., 1940, Série Ⅷ, 1, 103. 是在巴黎镭学研究所居里实验室作的博士论文的第二部分。

[6] Sur le rayonnement γ du radiothorium（射钍的 γ 射线）。

Jean Surugue et Tsien San-Tsiang, présentée par M. Charles Maurain, C. R. Acad. Sc., 1941, 213, 172.

[7] Sur la diffusion et la nature du recul radioactif（放射反冲的扩散及其本性）。

C. Chamié et Tsien San-Tsiang（Institut du Radium）. J. de Phys. 1941, Serie Ⅷ, 2, 46.

[8] Intensité des rayons γ mous du radioactinium（射锕的 γ 射线强度）。

Tsien San-Tsiang（Laboratoire Curie de l'Institut du Radium）. J. de Phys., 1942, Serie Ⅷ, 3, 1. 用了简明而巧妙的方法，确定 γ 射线的能量（±2KeV）。

[9] Nuclear Levels of the Compound Li_5（Li_5 复合核能级）。

G. Beck et Tsien San-Tsiang（Institut de physique Générale de la Faculté des Sciences de Lyon）. Phys. Rev., 1942, 61, 379.

[10] Collision de la particule α et du proton et structure du noyau composé $^5_3$Li（α 粒子同质子的碰撞与 $^5_3$Li 复合核能级）。

Guido Beck et Tsien San-Tsiang（Faculté des Sciences de Lyon et Institut du Radium de Paris）. Cahiers de Phys., 1942, No. 8, 19.

[11] L'enregistrement des particules ionisantes par 1'émulsion photographique（用照相乳胶记录带电粒子）。

Tsien San-Tsiang et Pierre Cüer. Société Françaies de physique, Résumés des communications faites en séances（Section de Lyon）, Reunion du Mercredi 9 Décembre 1942. Cahiers de phys., 1943, No. 14, 61. 是在里昂时期所做的早期探索核乳胶探测粒子的较好工作。

[12] Sur la complexité du rayonnement γ du RaD（RaDγ 射线的复杂性）。

Tsien San-Tsiang. C. R. Acad. Sc., 1943, 216, 765.

[13] Sur le rayonnement γ de 1'actinium et de 1'actinium K（Ac 和 Ack 的 γ 射线）。

Marcel Lecoin, Marguerite Perey et Tsien San-Tsiang. C. R. Acad. Sc., 1943, 217, 146.

[14] Intensité absolue des électrons de conversion de RaD（RaD 的内转换电子的绝对强度）。

Ouang Te-Tchao, Jean Surugue et Tsien San-Tsiang. C. R. Acad. Sc., 1943, 217, 535.

[15] Intensité des rayons γ mous et des rayons X de fluorescence de RaB+RaC（RaB+RaC 的软 γ 射线与 X 荧光的强度）。

Tsien San-Tsiang. C. R. Acad. Sc., 1943, 217, 599.

[16] Intensité des rayons γ mous et des rayons X de fluorescence de RAc

et ses dérivés（射铜及其子代的 γ 射线与 X 荧光的强度）。

Tsien San-Tsiang. C. R. Acad. Sc., 1943. 217, 685.

[17] Intensité des rayons γ du radium D（RaD γ 射线强度）。

Tsien San-Tsiang. C. R. Acad. Sc., 1944, 218, 503.

[18] Les caractéristiques du noyau composé $^5_3$Li et la résonance mixte（$^5_3$Li 复合核的特性）。

Tsien San-Tsiang. C. R. Acad. Sc., 1944, 218, 996.

[19] Relation entre le parcours et l'énergie des électrons de vitesses moyennes et faibles（中速与低速电子的射程—能量关系）。

Tsien San-Tsiang. Annales de Physique, 1944, 19, 327.

[20] Sur le rayonnement gamma de l'actinium et de l'actinium K（Ac 和 AcK 的 γ 射线）。

Marcel Lecoin, Marguerite Perey et Tsien San-Tsiang（Institut du Radium, Paris）. Cahiers de physique, 1944, No.26, 10.

[21] Le spectre L de fluorescence du RaD（RaD 的荧光 L 谱线）。

Marcel Frilley et Tsien San-Tsiang. C. R. Acad. Sc., 1945, 220, 144.

[22] Parcours des rayons α de l'ionium（锾 α 射线的射程）。

Irène Curie et S. T. Tsien. J. de Phys., 1945, Série Ⅷ, 6, 162.

[23] Sur les photoélectrons des rayons γ de RaD（RaD γ 射线的光电子）。

Tsien San-Tsiang et Claude Marty. C. R. Acad. Sc., 1945, 220, 688.

[24] Sur l'existence des rayons γ de très faibles énergies du radium D（RaD 的极低能 γ 射线的存在）。

Tsien San-Tsiang et Claude Marty. C. R. Acad. Sc., 1945, 221, 177.

[25] The γ-rays of Radium D（RaD 的 γ 射线）。

Tsien San-Tsiang（Laboratorie Curie, Institut du Radium, and Laboratoire de Chimie Nucléaire du Collège de France, Paris, France）. Phys. Rev., 1946, 69, 38.

[26] Fine Structure of the α-rays from Protactinium（镤 α 射线的精细结构）。

Tsien San-Tsiang（Laboratoire de Chimie Nucléaire du Collège de France, Paris, France）. M. Bachelet, and G. Bouissières（Laboratorie Curie de 1'Institut du Radium, Paris, France）. Phys. Rev., 1946, 69, 39.

[27] Parcours et structure fine des rayons α du protactinium（镤 α 射线的射程与精细结构）。

Tsien San-Tsiang（Laboratoire de Chimie Nucléaire du Collèg de France）. M. Bachelet et G.Bouissieres（Laboratorie Curie de 1'Institut du Radium）. J. de Phys. 1946, Série Ⅷ, 7, 167.

[28] Étalonnage d'une nouvelle plaque photographique pour la mesure des parcours des rayons α（为测量 α 射线射程用的新型照相乳胶片的刻度）。

Tsien San-Tsiang, Raynond Chastel, Henriette Faraggi et Léopold Vignéron. C. R. Acad. Sc., 1946, 223, 571.

[29] Sur la tripartition de 1'uranium provoquée par la capture d'un neutron（俘获中子引起的铀的三分裂）。

Tsien San-Tsiang, Raymond Chastel, Ho Zah-wei et Léopold Vigneron. C. R. Acad. Sc., 1946, 223, 986.

[30] Preuve expérimentale de la quadripartition de 1'uranium（铀的四分裂的实验证据）。

Ho Zah-wei, Tsien San-Tsiang, Léopold Vigneron et Raymond Chastel. C. R. Acad. Sc., 1946, 223, 1119.

[31] Quelques anomalies liées a la conversion interne des rayons γ（γ 射线内转换的一些反常现象）。

M. Frilley, J. Surugue et Tsien San-Tsiang. J. de Phys., 1946, Série Ⅷ, 7, 350.

[32] Un nouveau mode d'explosion de L'uranium（铀裂变的新模式）。

Tsien San-Tsiang. Atomes, 1947, No.10, 23.

[33] Énergies et frèquencies des phénomènes de tripartition et quadripartition de 1'uranium（铀三分裂与四分裂现象的能量与几率）。

Tsien San-Tsiang, Ho Zah-Wei, Raymond Chastel et Léopold Vigneron, Présentée par M.Frédéric Joliot. C. R. Acad. Sc., 1947, 224, 272.

[34] On the New Fission Processes of Uranium Nuclei（铀核的新的裂变过程）。

Tsien San-Tsiang, Ho Zah-Wei.R.Chastel and L.Vigneron（Laboratoire de Chimie Nucléaire du Collège de France, Paris, France）. Phys. Rev., 1947, 71, 382.

[35] Sur 1'énergie de fission du thorium（钍的裂变能量）。

Tsien Szn-Tsiang, Ho Zan-Wei et H. Faraggi, transmise par Frédéric. Joliot. C. R. Acad. Sc., 1947, 224, 825.

[36] Sur le mécanisme de la tripartition de 1'uranium（铀三分裂的机制）。

Tsien San-Tsiang, présentée par Frédéric Joliot. C. R. Acad. Sc., 1947, 224, 1056.

[37] Ternary and Quaternary Fission of Uranium Nuclei（铀核的三分裂与四分裂）。

Tsien San-Tsiang, Ho Zah-Wei, L.Vigneron and R. Chastel（Laboratoire de Chimie Nucléaire, Collège de France, Paris）, Nature, 1947, 159,773.

［38］Sur les particules légères émises en connection avec les fragments de fission du thorium（与钍裂变碎片伴随发射的轻粒子）。

Tsien San-Tsiang et Henriette Faraggi, présentée par Frédéric Joliot. C. R. Acad. Sc., 1947, 225, 294.

［39］Nouveaux modes de fission de l'uranium: tripartition et quadripartition（铀裂变的新模式——三分裂与四分裂）。

Tsien San-Tsiang, Ho Zah-Wei. R. Chastel et L.Vigneron（Laboratoire de Chimie Nucléaire du Collège de France）. J .de Phys., 1947, Série Ⅷ, 8, 165, 200.

［40］Sur l'estimation rapide des énergies d'électtons de vitesses moyennes et faibles（中速与低速电子能量的快速估计）。

Tsien San-Tsiang, C.Marty et B. Dreyfus〔Laboratoire de Chinie Nucléaire. Collège de France（Paris）〕. J. de Phys.,1947, Série Ⅷ, 8, 269.

［41］On the Tripartition of Heavy Elements（重元素的三分裂）。

Tsien San-Tsiang（Laboratoire de Chimie Nucléaire, Collège de France, Paris, France）. Phys. Rev., 1947, 72, 1257.

［42］Sur la bipartition et la tripartition des éléments lourds（重元素的两分裂与三分裂）。

Tsien San-Tsiang（Maître de Recherches au Laboratoire de Chimie nucléaire du Collège de France）. J. de Phys., 1948, Série Ⅷ, 9, 27.

［43］《科坛漫话》，知识出版社 1984 年版。

［44］《重原子核三分裂与四分裂的发现》，科学技术文献出版社 1989 年版。

［45］《钱三强科普著作选集》，上海教育出版社 1990 年版。

［46］《钱三强论文选集》，科学出版社 1993 年版。

［47］《钱三强文选》，浙江科学技术出版社 1994 年版。

致　谢

已经暮齿晚年了，再一次对 10 年前出版的《钱三强传》进行系统修订和校改撰写，主要是为了完成或者说更接近传主钱三强先生"还我原来面貌"的希冀使然；同时，也是作者对客观情况认知发展变化的不断补正。

这次长时间修订过程中，又得到了许多人士的鼎力帮助，实际意义上它是一篇集体之作。由衷感谢所有提供过帮助的师长、同事和朋友们。

回想以往，首先最应感谢的，是钱三强先生对我在任秘书 16 年一直的亲近与信任；感谢何泽慧先生在钱先生过世后，无数次同我谈钱先生，谈往事，谈她自己；感谢钱家几位亲人德充先生及祖玄、民协、思进等，热情接受访谈，提供文字资料和照片；感谢与钱先生交往久知之深的彭桓武先生，几次细讲他对钱先生的认识，还帮助纠正原传稿中一处重要时间错误；感谢多位资深人士和学者专家自述亲历中，记下许多有关钱先生的鲜活事迹，弥足珍贵。

感谢中国科学院档案馆、清华大学档案馆、中组部档案馆，以及巴黎居里博物馆，为查阅钱先生的早年资料提供特别方便。还要感谢我曾经的同事和忘年朋友陈丹，长期以来在繁忙工作之余，不辞辛劳帮助一遍一遍打印手写稿，并提出许多好的建议。

为这本传记顺利出版，中国科学院给予了积极支持，主管科学院院史研究项目的王扬宗教授和刘晓教授，始终热心关注并协力襄助，钱先生早年与布列斯托尔大学鲍威尔教授的几通信函，还是刘晓教授采集提供的。人民出版社领导非常重视钱三强传的出版，辛广伟总编辑亲自电话转达作者，一定要出好钱老这本传记。该书责任编辑吴广庆先生及有关人士，细心审阅传稿，提供意见，校正错误，做了出色的编辑工作。在此，一并致以诚挚谢意。

谨以《钱三强传》共同纪念钱三强先生诞辰 110 周年！

书中不当之处，诚请批评指正。

葛能全

2023 年春节于中关村

责任编辑：吴广庆

装帧设计：曹　春　汪　莹

图书在版编目（CIP）数据

钱三强传／葛能全　著 . — 北京：人民出版社，2023.10（2024.3 重印）

ISBN 978 – 7 – 01 – 025953 – 6

I. ①钱…　II. ①葛…　III. ①钱三强（1913–1992）– 传记

　IV. ① K826.11

中国国家版本馆 CIP 数据核字（2023）第 174159 号

钱三强传

QIAN SANQIANG ZHUAN

葛能全　著

人民出版社 出版发行

（100706　北京市东城区隆福寺街 99 号）

北京华联印刷有限公司印刷　新华书店经销

2023 年 10 月第 1 版　2024 年 3 月北京第 2 次印刷

开本：710 毫米 ×1000 毫米 1/16　印张：33.25　插页：1

字数：450 千字

ISBN 978 – 7 – 01 – 025953 – 6　定价：98.00 元

邮购地址 100706　北京市东城区隆福寺街 99 号

人民东方图书销售中心　电话（010）65250042　65289539